1945년 해방 직후사

1945년 해방 직후사

현대 한국의 원형

정병준 지음

2023년 11월 24일 초판 1쇄 발행
2024년 7월 1일 초판 6쇄 발행

펴낸이 한철희 | **펴낸곳** 돌베개 | **등록** 1979년 8월 25일 제406-2003-000018호
주소 (10881) 경기도 파주시 회동길 77-20 (문발동)
전화 (031) 955-5020 | **팩스** (031) 955-5050
홈페이지 www.dolbegae.co.kr | **전자우편** book@dolbegae.co.kr
블로그 blog.naver.com/imdol79 | **인스타그램** @dolbegae79 | **페이스북** /dolbegae

편집 김진구·오효순
표지디자인 이경민 | **본문디자인** 이은정·이연경
마케팅 심찬식·고운성·김영수·한광재 | **제작·관리** 윤국중·이수민·한누리 | **인쇄·제본** 한영문화사

ISBN 979-11-92836-48-5 (93910)

책값은 뒤표지에 있습니다.

1945년 해방 직후사

현대 한국의 원형

정병준

돌베개

1945년의 한국, 한국인들에게 바침

차례

1장   폭풍

: 건국준비위원회, 조선총독부의 종전 대책과 이중권력의 창출

일러두기

1. 인용문의 강조 표시(밑줄)와 중괄호(( ))는 인용자(이 책의 저자)가 한 것이다.
2. 조직, 단체, 정당명 등은 약칭으로 기술하기도 했다. 예: 인공(조선인민공화국), 임정(중경임시정부), 건준(건국준비위원회), 한민당(한국민주당), 한독당(한국독립당), 조공(조선공산당), 독촉중협(독립촉성중앙협의회) 등.
3. 지명, 인명, 조직명의 표기 가운데 '중경임시정부', '앳치슨'(George Atcheson Jr.), '굿펠로우'(Preston M. Goodfellow) 등은 외래어표기법에 따르지 않고 학계의 관행과 저자의 뜻에 따라 표기했다.

서문

이 책의 출발에 대한 이야기는 시간을 거슬러 올라가야 한다. 원래 이 책은 『김규식 평전』의 제4부로 시작되었다. 해방 직후부터 1945년 말까지를 다룬 이 책의 줄거리는 필자가 1985년 한국 현대사에 대한 첫 걸음마를 떼면서 출발했다고 해도 과언이 아니다. 한국 현대사에 관심을 가진 학부생들이 모여 공부를 시작했는데, 한국 현대사를 다룬 적절한 통사, 개론서, 안내서를 찾을 수 없었다. 궁리 끝에 국립중앙도서관에 가서 각 도청이 발행한 도사, 시군지 등의 해방 직후 현대편을 복사했다. 깜짝 놀랐던 것은 수십 개 도·시·군의 현대편을 복사했는데도 그 분량이 수십 쪽을 넘지 않았다는 점이다. 건국준비위원회라는 이름은 가물에 콩 나듯 등장했고, 조선인민공화국(인공)이나 인민위원회라는 명칭은 아예 존재하지도 않았다. 마치 1945년 해방 이후 한국 현대사는 공백과 진공의 상태였던 것처럼 묘사되어 있었다. 공교육이나 대학에서 한국 현대사는 가르치지 않았다.

　　다른 한편 이 시기의 건국준비위원회와 인민공화국 등을 처음 탐구해 한국 현대사 연구를 개척한 이들의 연구에는 사실과 평가가 혼재되어 있었고, 일종의 선험적이고 선언적인 의미를 지녔다. 예를 들어 조선건국준비위원회(건준)가 조선총독부와의 타협의 산물로 탄생했는데, 어떻게 건국의 준비 기구 역할을 하게 되었는지는 아무리 읽어도 쉽게 납득할 수 없었다. 나아가 건준이 좌우합작 기구로 출발했으나, 조선공산당(조공)

등 좌익의 우세와 이에 맞선 우익의 대립 및 탈퇴로 민족통일전선 기구로서의 위상을 잃어버렸다는 설명도 요령부득이었다. 이에 맞서 한국민주당(한민당) 측은 건준이 조선총독부의 사주를 받아 친일정부를 수립하려한 공산주의자 여운형의 책동이라고 욕설을 퍼부었다. 미군정이 진주한이후 벌어진 한민당의 권력 장악과 그 실체에 대해서도 정확한 사정을 파악하기 곤란했다. 해방 직후 1945년 말까지 벌어진 한국의 정치적 격변에는 충분한 자료나 합리적 설명이 결여되어 있었고, 전체적 상황 파악이어려웠다. 언뜻 중요한 사실과 비밀의 편린이 번쩍인 것 같았지만, 실체와 전체상은 미로와 미궁의 세계였다.

때마침 브루스 커밍스(Bruce Cumings)가 쓴 『한국전쟁의 기원』(*The Origins of the Korean War*) 제1권(1981)의 복사판을 서점에서 구입했는데, 말 그대로 충격 그 자체였다. 국립중앙도서관에서 얻을 수 있는 해방 직후사 관련 자료가 수십 쪽에 그쳤다면, 그의 책에는 한국에서전혀 듣지도 알지도 못했던 지방 군 단위의 한국 현대사가 거의 100여 쪽에 걸쳐 상세히 설명되어 있었다. 남한의 거의 모든 지방 군 단위의 생생한 해방 직후 역사가 건준-인민위원회를 중심으로 정확한 자료에 근거해서 밀도 있게 설명되어 있었다. 지금까지도 해방 직후 중앙 및 지방 정치사에 관해서는 커밍스의 책을 뛰어넘는 연구를 볼 수 없다고 해도 과언이아니다. 커밍스는 한국인들의 기억에서 의도적으로 마멸되었고, 그 시대를 증명하는 자료도 존재하지 않아 객관적인 역사의 부재로만 기억되던해방 직후의 역사를 입체적이고 구체적으로 복원하는 데 성공했다. 이런측면에서 커밍스는 지워지고 잊힌 현대 한국의 역사를 미국 자료를 통해복원해서 한국인들에게 알려준 것이다. 나아가 그 구조와 의미를 미국의수준, 한국의 수준, 중앙과 지방의 차원에서, 그리고 미국인의 입장에서설명한 것이다. 문제는 그 시대와 기억을 의도적으로 마멸시켜야 했던 시대의 유산이 여전히 한국 사회에 지배적인 힘으로 작동하고 있다는 데 있었다.

커밍스는 한국전쟁 전문가로 알려져 있지만, 정확하게 얘기하자면 한국전쟁이 아니라 한국전쟁의 '기원들' 전문가이며, 더 정확히는 주한 미군정 시기 남한 현대사 전문가였다. 한국 현대사 연구가 초보적 수준이었다고 한다면 커밍스가 보여준 학문의 세계는 원숙하고 헤아릴 수 없는 장벽이었다. 학부생 때 떠듬떠듬 읽은 그 책의 충격과 전율은 아직도 잊히지 않는다. 책장을 넘길수록 펼쳐지는 전혀 알지 못했던 미지의 세계, 그 세계를 능수능란하게 설명해내는 깊은 통찰력, 미국 대외정책·대한정책의 구조와 남한 중앙정치와 지방인민위원회의 역사 등이 눈보라처럼 매섭고, 번갯불처럼 찬란하게 빛을 발했다. 가장 큰 충격은 한국 현대사를 외국인이 왜 이렇게 잘 알고 있는가, 한국에서는 왜 한국 현대사를 연구하거나 가르치지 않는가 하는 원초적인 질문이었다. 다른 한편 이는 평범한 한국인에게 자괴감과 상실감을 줌으로써 한국인 연구자로서의 역할이라는 자각과 도전의식을 불러일으키는 계기가 되었다.

1980년대에 접할 수 있었던 한국 현대사 연구는 한민당 출신으로 김규식의 비서를 지낸 중도파 송남헌의 『해방3년사』, 남조선로동당 출신 김남식의 『남로당연구』, 1980년대 첫 번째 한국 현대사 연구자였던 홍인숙·안종철 등의 건준 연구, 기자 출신 심지연의 『한국민주당연구』, 계몽적 수준의 『해방 전후사의 인식』, 반공적 입장에서 실사구시를 표방한 김준엽·김창순의 기념비적인 『한국공산주의운동사』, 미국의 보수·반공적 시각을 반영했으나 선구적인 이정식·스칼라피노의 『한국공산주의운동사』, 미군정기 전남미군정에 참여했던 그랜트 미드(Grant Meade)의 미군정 연구, 『시카고 신』의 기자였던 마크 게인(Mark Gayne)의 『일본일기』(*Japan Diary*) 등이었다. 유익하고 선구적인 연구였으나, 대부분 회고록이나 경험담, 인상비평적 선험적 연구, 연대기적 자료집 수준을 벗어나지 않았다. 정확히 무슨 일이 벌어졌는지를 제대로 설명한 책을 찾기 어려웠다. 이에 비해 커밍스의 『한국전쟁의 기원』은 전혀 다른 연구 세계와 연구 수준을 개척했다고 해도 과언이 아니었다.

커밍스의 설명은 미군정의 진주 이후 1947년 말까지 남한에서 벌어진 중앙정치와 지방정치를 미국 자료에 근거해 추적한 점에서 미덕과 장점이 있었다. 인민위원회를 중심으로 전개된 남한 내 혁명과 반혁명, 미국 대외정책의 국제주의(internationalism)와 국가주의(nationalism), 봉쇄(containment) 및 롤백(roll-back : 반격) 등을 그의 책을 통해 알게 되었다. 한국 현대사에 대한 전문가로서의 통찰력, 누구도 접근하거나 보지 못한 미국 문서보관소의 자료에 근거했다는 자신감이 그 책의 저류에 흐르고 있었다. 한국전쟁 개전과 관련해 음모설이나 추정, 중대한 사실 오류로 빛바랜 『한국전쟁의 기원』 제2권(1990)보다는 제1권이 학문적으로 탄탄하고, 자료적 근거가 명확하며, 논리와 설명에 흔들림이 없었다. 커밍스의 연구에 후속한 1980년대의 건준, 인공, 미군정기 등 한국 현대사 연구들은 이런 측면에서 커밍스에게 큰 신세를 진 셈이다. 커밍스가 발굴한 미국 자료들의 원천을 따라가서 연구가 이뤄지기 시작했고, 한국이라는 작은 지역을 통해서 미국의 대외정책 일반을 탁월하게 설명한 입론은 독자들을 매료시켰다. 이 때문에 커밍스는 과도한 찬탄과 과중한 질시의 대상이 되었다. 모차르트를 시기한 살리에르의 시선이 신문지상을 통해 명성을 얻으려던 자칭 한국 현대사 학자들 사이에 넘쳐났다. 날선 서평과 비평이 고조될수록 커밍스의 명성과 영향력이 증폭되는 기현상이 지속되었다.

이때 혜성처럼 등장한 재미사학자 방선주 교수는 다른 측면에서 학문적 야망을 가진 한국 연구자들에게 궁극적 자극의 원천이 되었다. 방선주 교수는 커밍스가 활용한 자료의 보고(寶庫)를 우리에게 알려줌으로써, 사실상 한국인 연구자에 의한 한국 현대사 연구를 가능하게 만들었다. 이런 측면에서 방선주 교수는 한국 현대사 연구의 실현 가능성을 펼쳐 보여준 개척자이자 안내자였다. 미국국립문서기록관리청(The National Archives and Records Administration: NARA)에서 수십 년간 한국 현대사 관련 자료를 발굴하고 연구해온 방선주 교수는 주한미군이 『주한미군사』(History of the United States Armed Forces in Korea: HUSAFIK) 편찬을 위해 수집한 주한 미24군단 정보참모부 군사실 문서철, 한국전쟁기 미군이 북한에게서 빼앗은 소위 '북한노획문서철' 등 한국 현대사의 결정적이고 귀중한 자료들을 공개하고 그 중요성을 알려줌으로써 한국 현대사 연구자들을 매혹시켰고, 새로운 미국 자료의 세계로 인도했다. 방선주 교수가 쓴 주한미군 군사실 문서철, 북한노획문서철에 대한 연구 및 해제는 한국 현대사 연구자들에게 빅뱅에 맞먹는 충격을 선사했고, 동시에 미국 자료의 바다를 탐험할 수 있는 학문적 나침반(學問指南)을 제공했다. 한국 현대사에서 연구의 수준과 시대 구분은 방선주 교수의 등장 이전과 이후로 나뉜다고 해도 과언이 아닐 정도로 그는 한국 현대사 연구가 앞으로 나아가는 데 결정적인 기여를 했다.

필자도 주한미군 군사실 문서철에 근거해서 여운형과 김규식의 좌우합작운동을 석사학위 논문으로 쓴 이래 자료의 바다를 탐험하게 되었다. 미군정 자료가 전하는 역사적 진실의 충격과 시대의 격정을 억누를 수 없어 『몽양 여운형 평전』을 썼다. 박사과정생이 된 지 얼마 안 된 서른 살 때의 일이었다. 박사 논문을 쓰지 않고 책을 내자 학과 선생님들은 그 무모함에 한결같은 우려와 걱정의 시선을 보냈다. 천방지축이었고, 세상이 어떻게 구성되고 구동되는지를 알지 못하던 때였다. 더 정확히는 그런 문제에 관심이 없었고, 관심을 가질 이유도 없다고 멋대로 생각하던 시절이었다. 되돌아보면 격동의 1980년대를 지나 지금까지 지내오는 동안 잘못될 수도 있었던 많은 경우와 경로에서 누군가의 호의와 좋은 운을 만나 여기에 이르렀다. 그 관용과 관대함에 감사할 따름이다. 초심자로 시작한 이 일이 어느덧 40여 년에 이르렀다. 시대의 호명, 학문적 자극, 도전과 응전이 함께했고, 초학으로 입문해 장년에 이르렀다. 이 책은 이런 측면에서 한국 현대사에 대한 필자 나름의 성찰의 결과다.

이 책은 애초 『김규식 평전』의 일부로 기획된 원고로서 해방 직후 1945년도를 다루었다. 사실 김규식이 귀국하기 이전의 국내 정치와 상황에 초점을 맞추었다. 해방 직후사를 구성하는 인간군상과 인간관계의 그물망이 이 책의 핵심 이야기다. 이 책은 누구도 기억하지 않는 이야기, 기록되지 않은 역사, 그러나 한국 현대사의 출발점이 된 역사를 다루고 있다. 그 출발점이 어떻게 만들어졌는가, 그 구성요소는 무엇이었는가, 어떤 인간관계의 길항작용이 작동했는가, 그 출발점의 시대적·역사적·공간적 좌표와 의미는 무엇인가를 묻고 있다. 이것이 이 책의 핵심 질문이자 대답이다.

최초에 이 글을 시작한 것은 주한미군사령관 존 하지 중장의 개인 정치고문으로 몇 개월 동안 일했던 조지 윌리엄스 소령과 관련한 기록을 우연히 발견한 데서 비롯되었다. 미국 장로교역사연구소에 소장된 13쪽에 달하는 윌리엄스의 강연 및 질의응답을 읽는 순간 미군정 초기 어떤 일이 벌어졌는지 직관적으로 깨닫게 되었다. 20대에는 알지 못했던 역사를 60대에 접어드는 문턱에서 이해하게 된 것이다. 수십 년간 다양한 역사 기록과 자료, 증언, 연구, 문맥 등을 읽고 연구하고 경험한 결과 어느 순간 각(覺)을 얻게 된 것이다. 그다음은 윌리엄스의 알려지지 않은 역할을 하지 중장의 정치고문들, 즉 미국 국무부에서 파견한 정치고문들이 어떻게 생각하고 판단했는지를 찾아 읽게 되었다. 이런 과정에서 전혀 몰랐던 미군정 통역, 기독교, 연희전문학교, 기독교자문회의, 연희전문 정부 등에 관한 기록과 판단을 얻게 되었다. 마지막으로 일제의 패망과 관련해서 조선총독부의 종전 대책, 여운형의 건국동맹과 건국 준비 작업이 어떻게 결합되어서 건준이라는 의외의 결과물을 창출하게 되었는지의 과정을 추적하게 되었다.

역사에 운명이 존재한다고 생각하지 않지만, 역사학자로서 해방 직후사로 회귀하게 된 것은 운명적 사건이었다고밖에 말할 수 없겠다. 한국 현대사 연구에 첫발을 디딘 지 거의 40여 년이 되어서, 다시 해방 직후사로 돌아오게 되었기 때문이다. 학부생이 가졌던 학문적 도전과 의문이 환갑 즈음에야 학문적 응전과 답을 내놓을 수 있게 되었기 때문이다. 오랫동안 온축하고 궁구했던 문제들에 대한 답은 한순간 눈 깜짝할 사이에 정리되었다. 2022년 겨울부터 2023년 봄까지 몇 개월 동안에 이 책을 완성했다. 엉킨 실타래의 중요 대목을 풀게 되자, 나머지는 스르르 저절로 풀린 셈이다. 자료와 자료가 서로를 소개하고, 등장인물과 등장인물이 서로 얘기를 주고받으며, 내가 듣고 싶었던 얘기들, 궁금했던 이유들을 하나씩 설명해주었다.

이 책은 해방 직후 벌어진 일의 비사(祕史)이며, 알려지지 않은 이야기들로 채워져 있다. 우리 모두 알고 있다고 생각한 건준, 인공, 미군정, 초기 반탁운동 등에 대해서 기록되지 않은 일들이 기록된 일보다, 혹은 기억된 일보다 기억되지 않은 일들이 더 중요하고 결정적이었다고 얘기하고 있다. 이 때문에 책의 내용과 구성은 항간의 말로 상식의 저항을 불러일으킬 수도 있다. 이 책이 다루고 있는 범위는 다음과 같다.

첫째, 해방 직후 건준의 성립 과정이다. 여기에는 크게 세 가지 힘이 작용했다. 조선총독부의 종전 대책, 여운형의 건국 준비 활동, 한민당 계열의 맞대응이다. 지금까지 건준은 해방 당일 여운형과 조선총독부 정무총감이 만나 타협한 산출 정도로만 이해되어왔다. 그런데 입장과 화자에 따라 전혀 다른 세 가지 설명 버전이 존재한다. 총독부 측은 종전 대책의 일환이자 치안유지 내책으로 여운형과 거래를 했으나, 여운형 측이 약속을 어기고 건준을 행정권 이양의 도구로 삼았다고 설명하고 있나. 반면 여운형 측은 건국동맹을 기반으로 한 건국 준비 대책 및 작업의 연장선상에서 총독부의 교섭을 받아들인 결과 건준이 성립한 것으로 설명하고 있다. 총독부의 전후 공작을 우려해 적극적으로 총독부와 협상했고, 그 결과 탄생한 건준은 한국인들에게 해방의 공간과 기회를 제공했다는 설명이다. 한민당 측은 여운형이 총독부와 친일정부 수립을 위해 거래한 결과 건준이 탄생했으며, 건준은 총독부로부터 자금 지원을 받은 친일정부 수립 시도이자, 공산주의자들의 음모라고 주장했다.

총독부, 여운형, 한민당의 각기 다른 설명은 모두 자신의 입장에 따른 상황과 사실의 설명이라는 점에서 일면 타당한 면이 있으나, 사실의 전체상을 대변한 것은 아니었다. 가장 중요한 점은 1945년 8월 10일경부터 총독부가 종전 대책에 골몰했으며, 여운형 측과 교섭을 개시했다는 사실이다. 또한 여운형이 해방 이전부터 한민당 계열과 함께 건국 준비 공작에 착수했으나 그들로부터 거부당했다는 사실은 지금까지 거의 주목받지 못했다. 당사자들도 이를 적극적으로 해명하지 않았다. 즉 총독부의 종전 대책과 여운형의 교섭, 여운형-한민당계의 교섭은 모두 1945년 8월 10일부터 8월 15일 사이에 긴박하게 진행된 바 있다. 나아가 해방 이후 10여 일 동안 여운형-한민당계-총독부 간에 건준의 재편과 방향을 둘러싼 협의와 교섭이 긴밀하게 진행된 바 있다. 이러한 사실은 기존의 회고록, 연구, 기록에서 거의 드러나지 않았거나 주목받지 못했다. 대부분의 연구들은 물론 건준에 참가하거나 관련 당사자들조차도 8월 15일 당일에 갑작스레 모든 일이 벌어진 것처럼 설명함으로써 사태의 전모를 파악하는 데 실패했다. 따라서 이 책은 건준 탄생의 과정에 대한 총체적이고 종합적인 설명을 제공하려고 노력했다. 해방 공간에서 건준이라는 독특한 자생 권력은 조선총독부가 세운 전후 대책과 상호작용하며 일제 통치의 유산 위에 존재했다. 그 내부에는 건준을 주도한 여운형·좌파 세력과 안재홍·한민당 등 우파 세력의 힘겨루기와 총독부의 개입 및 공작이 뒤엉켜 있었다. 이런 측면에서 건준은 본질적으로 한국인들의 자생적 권력이자 일제 통치의 잔재와 공존하는 과도적이고 이중적인 권력이었다.

둘째, 건준의 변화 과정이다. 건준은 불과 20여 일 만에 단명했고, 해방 직후 관련 자료가 소략한 관계로 연구가 심도 있게 진행되지 못했다. 그런데 지금까지 알려진 건준의 변화 과정은 정확한 사실조차 제대로 파악하지 못한 것이었다. 예를 들어 건준의 2차 개편, 3차 개편, 전국유지자대회 대표 명단 등에 대해서는 날짜와 구체적인 사실조차 정확하게 파악하지 못했다. 가장 큰 오류 중의 하나가 건준 2차 개편 명단에 한민당 계열의 주요 인사들이 포함되었다는 점을 근거로 건준이 최초에는 민족통일전선적·좌우합작적 조직이었으나, 좌익 계열의 세력 확대와 우익 계열의 반발 및 탈퇴로 성격이 변화했다는 설명이다. 필자의 연구에 따르면 한민당 계열은 건준에 참가한 적이 없다. 한민당 계열은 해방 후 총독부의 의중과 궤를 같이해서 10여 일 동안 건준을 유지자대회, 치안유지회 등 비혁명적 조직으로 변화시키려 시도함으로써 사실상 건준을 장악하려 했으나 참담하게 실패했다. 해방 이전 여운형의 합작 제안 거부, 해방 직후 총독부와 함께 시도한 건준 장악 및 개편 시도의 실패는 한민당 계열이 여운형·건준·인공에 대한 극도의 반감과 비난을 표출하는 중요한 계기가 되었다. 지금까지 관련 당사자들은 물론 연구자들도 건준의 2차 개편, 3차 개편의 배경·이유·경과 등에 대해서 정확하게 알지 못했거나 제대로 설명할 수 없었다.

셋째, 인공의 성립 과정이다. 인공의 성립 과정에 대해서는 충분한 자료를 찾을 수 없었지만, 건준이 인공으로 전환하는 과정에 대한 기성 연구, 증언, 자료 등에 기초한 합리적 설명을 제시하려고 했다. 혁명적 시기의 혁명적 대처라는 것이 당대의 설명이지만, 가장 중요한 핵심은 박헌영 등 좌익 지노사들의 서울 중심주의, 상황 대응적이고 즉흥적인 정세 판단, 지하비밀조직 활동의 경험에서 비롯된 비밀스럽고 조급하고 무책임한 결정 등이 복합된 것으로 판단했다. 누구도 책임지지 않았던 중앙인민공화국의 성립과 지방인민위원회의 열광적 지지가 결합된 비대칭적 상황은 한국 현대사를 비극의 대참극으로 이끄는 주요 동력이 되었다고 생각한다.

넷째, 미군정의 진주와 한민당의 대응이다. 이미 잘 알려져 있다고 생각하는 독자도 많겠지만, 이 책이 다루고 있는 범위와 내용을 살펴본다면 우리가 알고 있는 것은 사실의 극히 일부일 뿐이며, 전체 역사의 파편에 불과하다는 것을 알게 된다. 하지의 공식 통역이었던 친일파 이묘묵, 조선총독부의 공식 영어 통역관 오다 야스마, 대화숙의 숙장으로 사상전담 검사였던 나가사키 유조 등 아마 대부분의 독자들이 처음 들어보는 인물들이 한국 현대사의 초기 국면에 어떤 영향을 끼쳤는지를 보게 될 것이다. 필자가 나가사키 유조에 대해 알게 된 것은 이정식 교수가 발굴한 나가사키 유조의 회고록을 통해서였는데, 이정식 교수는 이묘묵의 악행을 기록한 대목은 소개하지 않았다. 귀축영미(鬼畜英米)·타도영미를 내세운 최선봉 친일파로 가득했던 한민당은 여운형과 건준·인공을 친일정권이자 공산주의자라는 양립 불가능한 주장으로 무고하는 한편, 자신들은 보수적이고 친미적이고 좋은 교육을 받은 민주주의자이자 애국자로 소개하면서, 미군정하의 권력을 추구하는 삼중의 전술을 구사했다. 이들은 주한미군이 듣고 싶고, 행하고 싶던 바를 대변했는데, 뜻밖에 대성공을 거두게 되었다. 미군정기 적산불하로 벼락부자가 생겨난 것처럼 한민당은 미군정기 벼락권력, 벼락감투를 쓰게 되었다. 그러나 그 방향과 목적 등은 당대 한국의 국가적·민족적·시대적 대의와 일치하지 않았다.

다섯째, 조지 윌리엄스를 비롯한 미군정 초기 하지의 개인 정치고문, 주한 선교사 출신 및 그 자제들의 알려지지 않은 역할이다. 여기에 대해서는 타이완국립대학의 하가(Kai Yin Allison Haga) 교수의 연구로부터 도움을 받았다. 우연히 읽게 된 하가 교수의 윌리엄앤메리대학 박사학위 논문에서 윌리엄스가 1946년 1월 감리교 선교단에서 행한 연설문을 알게 되었고, 이 글을 찾아 읽는 순간 미군정 초기에 벌어졌던 많은 비밀들이 일거에 해결되었다. 윌리엄스는 버지니아 의과대학 교수로 평생을 지냈으며, 미국 병리학계의 주요 전문가로 알려져 있을 뿐 한국과 관련된 사항은 그의 공식적 약력에 전혀 소개된 바 없다. 한국과 미국에서 그가 미군정기에 수행했던 역할에 대해서는 거의 알려져 있지 않다. 그는 공주 영명학교를 설립한 선교사 프랭크 윌리엄스의 아들로 제물포에서 태어났다. 우연히 해군 의무장교로 인천에 상륙하는 하지 군대를 에스코트하게 되었으며, 유창한 한국어 실력 덕분에 하지의 정치고문으로 활약했다. 윌리엄스의 역할은 친미, 반공, 기독교, 연희전문학교 등의 기준으로 하지의 주한 미군정 주요 인사정책을 좌지우지한 것이었다. 미국에서는 "아무것도 아닌 자"에 불과했지만, 미군정 초기 하지의 정책을 수행하는 데 있어서 결정적인 역할을 했다. 워싱턴 국무부에 보고하거나, 도쿄 맥아더 사령부에 보고할 의무가 없었던 윌리엄스의 역할은 한국 현대사의 운명을 결정하는 데 중요하게 작동했다. 또한 그와 더불어 언더우드 가족, 윌리엄스 가족 등 한국에 뿌리내렸던 선교사의 자제들이 미군정 초기 주요 정책을 결정하는 데 중요한 역할을 했다. 윌리엄스는 하지의 명령에 따라 고문회의에 참석할 인사들을 선별했고, 그 이후 각 도 차원에서 고문회의가 조직되었다. 이들은 대부분 기독교, 한민당 출신자로 채워졌다. 바꿔 얘기하자면 보수적이고, 좋은 교육을 받고, 반공적이고 친미적·친기독교적인 인사들이 고문회의를 주도했다. 그 결과 중앙과 지방에서 7만 5,000명의 한국인 관리가 1945년 말까지 임명되었는데, 그들의 임명 기준은 고문회의와 한민당이 정한 것이나 다름없었다. 친일파는 물론 무자격자들이 단숨에 하늘의 별을 따듯 권력의 중심에 서게 되었다. 비극은 정해진 이치였다.

여섯째, 결과적으로 미군정의 초기 정책은 미 국무부가 특정 정치 세력과 연계하지 말라고 한 지침을 위반한 것이었다. 미군정은 진주 직후 조선총독부에 대한 정책(관리 유임에서 해임으로), 인공에 대한 정책(반反

인공), 임시정부에 대한 정책(적극 지지 및 조기 귀국)에서 서로 다른 세 가지 태도를 취했다. 그리고 이것은 미군정이 본국으로부터 부여받은 권한을 넘어서 사실상 미국의 대한정책을 대체하는 효과를 갖게 되었다. 미군정의 초기 정책은 반인공에 그친 것이 아니라 친임정 정책을 추구함으로써 스스로의 입지와 행동 공간을 결정했기 때문이다. 진주 초기 좋은 교육을 받은 보수주의자, 즉 한민당의 조언에 따라 모든 한국인이 인공을 부정하고 임시정부를 절대 지지한다고 판단한 미군정은 임시정부의 귀국을 서둘렀고, 이는 정무위원회 계획으로 구체화되었다. 미군정은 임시정부 지지와 귀국을 결정함으로써, 본국의 공식 대한정책인 다자간 신탁통치 계획을 부정하는 궤도에 들어설 수밖에 없었다. 정무위원회 계획은 1945년 10월 16일 이승만의 귀국 이후 독립촉성중앙협의회(독촉중협)라는 정치조직을 통해서 구체적으로 추진되고 있었다. 문제는 1945년 12월 모스크바에서 3국 외무장관 회담이 개최되기 전에 미군정 예하에 일종의 과도정부 형태인 정무위원회, 국무회의를 좌우합작 형태로 제시해야 하는데, 좌익은커녕 귀국한 임시정부도 독촉중협＝정무위원회＝국무회의 참가를 거부했다. 또한 이승만과 한민당은 임시정부를 자신들이 주도하는 독촉중협에 얼굴마담 정도로 활용할 생각이었다. 참가 세력이 각자 뻔한 정치적 목표를 추구하는 가운데, 미군정과 이승만·한민당이 추진한 반탁 정무위원회＝독촉중협 계획은 실패할 수밖에 없는 유치한 정치공학적 기획이었다.

한국 현대사에서 반탁운동을 주도한 것은 귀국한 임시정부 계열로 각인되어 있다. 그러나 미군정 초기(1945년 9월~12월)에 진정한 의미의 반탁운동을 주도한 것은 미군정과 이승만·한민당 계열이었다. 이들은 루스벨트가 1943년 이래 국제적으로 합의하고, 국내적으로 공식화한 대한정책(다자간 국제 신탁통치)을 반대하며 무산시키는 한편, 그 대안으로 미군정 예하의 과도정부 형태를 출범시키려 했다. 이는 미국 자료에는 정무위원회, 전한국국민집행부, 통합고문회의로 표현되었고, 한국 현실정치에서는 독촉중협으로 구체화되었다. 즉 정무위원회 계획의 현실정치 구현이 독촉중협의 건설이었다. 한국 현대사의 운명을 좌우한 실질적인 동력과 모멘텀은 1945년 말 반탁운동이 아니라 미군정 초기 미군정 주도의 반탁운동이었다는 점이 이 책의 주요한 결론에 해당한다. 이야기가 여기에 이르게 된다면 해방 직후사에 대한 연구가 왜 아직까지 비밀의 화원에 감춰져 있었는지를 다시 한번 생각하게 된다.

이 책은 해방 직후 1945년 말까지 벌어진 다양한 역사적 사건과 상황을 다루고 있지만, 모든 정치 세력과 정치 상황을 다루지는 않았다. 필자가 생각할 때 역사의 분기점을 만드는 데 기여한 동력과 그 동력의 출처와 방향을 다루었을 뿐이다. 그럼에도 불구하고 이 책은 오랫동안 필자가 가져왔던 해방 직후 한국 현대사의 우여곡절에 대한 나름대로의 설명이자 조감도에 해당한다. 이 책이 근거하고 다룬 자료들의 대부분은 일반 독자들은 물론 전문 연구자들에게도 알려지지 않은 것들이다. 이 점에서 이 책은 지금까지 진행된 해방 직후사에 대한 연구사들과는 질적으로 다른 위치에 있다고 자부한다.

야심만만했지만 서툴고 현실을 외면하다시피 한 좌익의 모험주의와 무책임성, 일제강점기 이래 경제·사회·문화적 우위를 점했지만 정통성이 결여된 우익의 물불 가리지 않는 정치적 욕망과 책략, 용의주도했던 조선총독부의 종전 대책과 공작, '순진'했으나 미국의 시대를 수년 앞서간 미군정의 초기 판단과 정책, 미군정 초기 하지의 알려지지 않은 개인적 정치고문들의 역할, 용감하고 혁명적이었으나 테러와 공작의 희생자가 된 여운형의 이야기 등이 여기에 복잡하게 얽혀 있다.

연구사 정리와 비슷한 유형의 이 글을 쓰게 된 것은 처음 해방 직후사를 접하는 독자들을 위한 안내서가 필요하다는 생각에서였다. 이 책을 통해 해방 직후사를 처음 접하는 독자들과 연구자들도 이 책의 연구사적 지형과 주장을 헤아리는 게 쉽지 않으리라 생각하기 때문이다. 서문을 통해서 이 책의 연구사적 좌표를 파악할 수 있었으면 하는 바람이다.

각 시대는 그 시대의 주인공들에 의해 운명과 경로가 결정된다. 해방 직후사 역시 우리가 개입할 수 없는 곳에서 중대한 결정이 이뤄진 것이다. 우리는 역사란 거인의 어깨 위에서 결정된 경로의 운명과 불가피성, 결말을 바라볼 뿐이지만, 그 시대를 사는 사람들에게 이는 한 치 앞을 내다볼 수 없는 생사를 건 인정투쟁이었다. 시대라는 씨줄과 인간 행동이란 날줄로 직조된 역사는 그 시대만의 문양을 남긴다. 내가 읽은 해방 직후사는 찬란한 해방의 희망과 열정으로 시작해서, 서로를 밀어내고 증오한 끝에 분노와 좌절의 대충돌로 베틀의 첫 작업을 끝냈다. 수많은 이들의 희망과 열정으로 시작해 분노와 좌절의 그러데이션으로 남겨진 해방과 분단의 시대가 지금 우리에게 말하는 바는 명확하다. 외면하지 말 것, 진실과 대면할 것, 용감하게 직시할 것, 감정적일 수 있으나 냉정을 유지할 것, 비관도 낙관도 불허할 것 등이다.

금단의 영역 한국 현대사에 발을 디딘 후 여기에 이르렀다. 역설적으로 한국 현대사를 제대로 기억할 수도, 연구할 수도, 가르칠 수도 없었던 시대를 만난 덕분에 한국 현대사 연구자가 되었다. 금단 너머를 상상한다는 짜릿한 흥분과 도전으로 한 생을 살았다. 시대가 여러 차례 몸을 바꾸어, 더 이상 거대 악도, 거대 담론도 모두의 동의를 얻기 힘든 21세기에 접어들었다. 후진국 민중으로 태어나 거대한 독재와 부패에 맞서 싸운다고 생각했던 개발도상국의 국민은 이제 선진국의 시민으로 출생·성장해 전혀 다른 세계관과 시대관을 가진 세대들과 함께 살고 있다. 식민지·점령·전쟁을 경험한 윗세대의 헌신과 우려가 그 위에 드리워져 있다. 이런 누층적이고 다중적인 시대와 세대로 구성된 현대 한국이 역동적이지만 자기분열적이고, 상호투쟁적이며 인정투쟁을 벌이는 것은 어쩌면 당연한 귀결일 것이다. 그럼에도 불구하고 이제 우리가 해방 직후의 이 시대를 좀 더 자유롭게 조망하고 평가할 수 있는 시점에 도달했다고 생각하면 지나친 낙관주의일까?

원래 이 책은 『김규식 평전』 제4부 작업으로 출발했지만, 내용상 김규식은 거의 등장하지 않고, 전체적으로 1945년 해방 직후사를 다루는 통사가 되었다. 『김규식 평전』 작업이 200자 원고지 1만 매 이상을 넘는 방대한 작업이 됨으로써, 출판사에서도 전체 분량을 한꺼번에 다루기 어렵게 되었다. 전후 사정을 고려하고, 출판사의 상황을 더하게 되자, 별도의 단행본으로 출간하기로 결정하게 되었다.

초고를 완성한 후 여러 선생님들에게 의견을 들을 기회를 가질 수 있었다. 한국학중앙연구원의 이완범 교수님이 초고를 일별한 후 상세한 논평을 해주셨다. 한양대 박찬승, 성신여대 홍석률, 국사편찬위원회 박진희, 서원대 김지형, 국가기록원 이승억·조이현, 서울대 한모니까, 제주 4·3평화재단 양정심, 군사편찬연구소 김선호, 이화여대 강영심 선생님 등도 초고를 읽고 귀중한 논평을 해주셨다. 아마 이분들도 오래전에 읽었던 해방 전후사의 기억을 더듬거리며 이 책의 연구사적 위치를 가늠하기 어려운 면이 있었으리라 생각한다. 고맙고 죄송스러운 마음이다.

방대한 원고를 다루는 중 이 책을 담당하게 된 돌베개 편집부 김진구, 오효순 님께 감사의 말을 전한다. 『한국전쟁』으로 인연을 맺은 이래 네 번째 내는 단행본이다. 한국의 지성계를 향한 한철희 대표의 여전한 분투와 노력에도 감사 인사를 드린다.

결국 연구 세계에서의 삶이란, 다른 선행 연구자들이 쌓아놓은 연구와 자료와 논리의 징검다리 위에 서서 한 걸음을 더 내딛고, 징검다리 하나, 노둣돌 하나를 놓는 것과 다를 바 없다. 역사학에서 비약, 도약, 워프는 존재하지 않는다. 그런 기적이 존재하지 않는다는 성실한 마음이 역사학의 미덕일 것이다. 이 책을 쓰면서 가졌던 기쁨과 흥분을 되돌아보면, 한국 현대사에 첫발을 디뎠던 청년의 호기심 어린 궁금증이 떠오른다. 소년과 청년의 경계에 서 있던 그의 그림자는 어느새 장년으로 길게 기울어 있고, 연구자로서 누릴 수 있는 햇볕은 이제 한 뼘을 조금 넘을 뿐이다. 아직도 자신의 이야기를 호소하는 몇 편의 글이 기다리고 있으니 부지런히 나아갈 뿐이다.

2023년 초여름
로마에서 시에나로 향하는 기차 안에서

폭풍

: 건국준비위원회, 조선총독부의 종전 대책과
이중권력의 창출

새는 알에서 빠져나올 길을 찾아 투쟁한다. 알은 세계다.

태어나려는 자는 먼저 한 세계를 파괴해야만 한다.

— 헤르만 헤세, 『데미안』

프롤로그

1945년 8월 일본 히로시마와 나가사키에 미국의 원자폭탄이 투하되었다. 소련은 8월 9일 만주, 내몽골, 한반도 세 방면에서 일본을 공격하기 시작했다. 이날 히로히토는 어전회의에서 포츠담선언의 항복조건을 수락하고 천황제 유지를 조건으로 항복 의사를 밝혔다. 2차 세계대전의 종전을 맞는 시점에서 한반도는 급격하게 변화의 소용돌이에 빠졌다. 미국과 일본의 항복조건에 대한 의향이 교환된 후 일본은 무조건항복을 선언했다. 미국, 소련, 조선총독부 등이 제각각 일본의 패전이라는 상황에 맞춰 대응하기 시작했고, 한반도 남북의 혁명세력들도 혁명적 시기에 혁명적 방식으로 움직였다. 외부의 결정력과 내부의 혁명적 동력이 조우하면서 해방정국의 국내 정치는 소용돌이치기 시작했다.

미국은 태평양전쟁을 주도하고, 원자폭탄을 투하해 일본의 전쟁 의지를 꺾었으나, 1945년 중반까지 대일전을 종식시키기 위해서는 소련의 군사력이 중요하다고 판단했다. 1945년 2월 얄타회담으로 대표되는 얄타체제는 루스벨트-스탈린의 상호 신뢰와 이해 조정을 통한 협력관계의 상징이었다. 스탈린은 얄타회담에서 미국과 영국으로부터 러일전쟁

(1905)으로 상실한 뤼순과 다롄항의 확보, 만주철도에 대한 지배권 인정, 사할린·쿠릴열도의 인도 등을 전제조건으로 대일참전을 약속했다. 스탈린은 독일과의 전쟁에서 승리하고 3개월 후 대일 개전을 공언했다. 그런데 루스벨트가 갑작스럽게 사망하고 대통령직을 승계한 트루먼은 원자폭탄 개발에 성공하자, 1945년 7월 포츠담에서 소련과의 '전시 외교'를 지연시켰다. 전시의 마지막 회담에서 독일과 이탈리아 문제는 물론 한반도 문제 등 외교적으로 해결되어야 할 난제들이 제대로 논의되거나 결정되지 않은 채 방치되었다. 외교의 지연이었다. 포츠담회담 과정에서 미국이 소련을 배제하고 단독으로 일본을 점령할지 모른다는 스탈린의 우려가 본격화되었다.

스탈린은 극동지역의 군사력을 단기간에 증강시키며, 소련군의 대일전 준비에 박차를 가했다. 스탈린은 동북아시아에서 소련의 이익을 확보하기 위해 최대한의 교두보를 확보해야 한다는 지정학적 관점에서 사고했다. 일소불가침조약을 파기한 소련이 8월 9일 세 방면에서 일본 관동군을 공격하자, 일본군 대본영과 일본 정부는 경악했다. 히로히토의 포츠담선언 수락에는 소련군의 공격 개시가 중요한 역할을 했다. 소련은 천황제와 자본주의라는 일본 국체의 핵심을 완전히 부정하는 공산주의 적국이었다. 일본 정부는 연합국 중 미국의 후의에 큰 기대를 걸었다. 한반도 북부를 공격하기 시작한 소련군은 웅기와 나진 등에서 일본군과 교전하며 진격했다. 8월 15일 종전이 선언되었을 때 소련군은 원산항을 점령하기 위해 전투 중이었다.

이에 맞서 미국은 동북아시아의 어느 지점에서 소련을 저지할 것인지를 심도 있게 고민하기 시작했다. 그 결과 두 가지 방안이 마련되었다. 첫 번째는 1945년 8월 10일 전후에 마련된 북위 38도선에 의한 한반도의 분할 점령이었다. 당시 태평양 최북단에 있던 미군은 오키나와에 있었기 때문에 미국의 현실적 군사력에 비추어 38선은 미국이 희망하는 가장 북쪽에서 소련의 팽창을 저지할 수 있는 지점이었다. 38선은 현상적으로 남북을 반분하는 것처럼 보였지만, 인구의 3분의 2가 38선 이남에 거주하며, 부산·인천·군산·목포 등 주요 항구와 500년 이상 정치·경제의 중심이었던 수도 서울을 포함하고 있었다. 이 분할 방안은 갑자기 등장하거나, 임기응변으로 마련된 것이 아니었다.[1] 그 출발점은 1943년 12월 1일 발표된 카이로선언이었다.

1943년 11월 하순 카이로회담에서 미국은 이미 한반도 신탁통치에 관한 연합국의 합의가 이뤄진 상황에서 중국이 한국의 독립을 요구하자, 이를 한반도에 대한 영토적 야심으로 해석했다. 또한 한반도가 강대국의 이해가 교차하는 지정학적 위치에 있으므로, 특정 국가, 즉 중국의 이해를 옹호하거나, 회담에 참석하지 않았지만 잠재적 이해관계를 가진 소련의 이익을 배제한다면 향후 국제 분쟁의 단서가 될 것이라고 판단했다. 또한 한국인들은 오랫동안 식민 통치하에 있었고 해외의 독립운동 세력은 분열되어 있어서 자치 능력이 없다고 평가했다. 이런 지정학적 조건과 한국의 상황을 고려할 때 합리적인 해법은 국제적 신탁통치를 실시한 후 한국을 독립시키는 방안이었다. 이런 측면에서 1943년 12월 카이로선언의 "상기 강대국은 한국인들의 노예상태에 주목해 적절한 시기에 자유와 독립을 회복케 한다"라는 한국 조항은 다음 세 가지로 요약된다. (1) 한국인의 자치 능력 결여, (2) 적절한 시기(in due course), 즉 한반도 신탁통치의 실시, (3) 장래 자유와 독립의 회복. 즉 카이로선언은 한반도에 대한 중국의 이해를 억제하고, 소련의 잠재적 이해를 보장하며, 한국인의 자치 능력 결여를 고려해 미국이 중심이 된 국제 신탁통치를 실시한다는

---

1   김기조. 1994, 『38선 분할의 역사』, 동산출판사; 이완범, 1994, 『미국의 38도분할선 획정에 관한 연구(1944~1945)』, 연세대학교 정치학과 박사학위 논문; 신복룡, 2000, 『한국분단사연구』, 한울.

것이었다. 미국, 영국, 중국, 소련이 여기에 합의했다. 카이로선언은 한국 독립의 국제적 공약이자 신탁통치에 대한 국제적 합의라는 양면적 결정이었다. 미국은 전후 한반도에 대한 중국의 영토적 야심(한국의 즉시 독립을 요구)을 신탁통치라는 국제적 합의로 억제하고, 신탁통치를 통해 소련의 잠재적 이익을 보장함으로써 스탈린을 무마하고 국제적 분쟁 소지를 제거하고, 한국에게는 자유와 독립의 국제적 공약을 제시한 것이었다. 반면 미국은 한반도 문제에 대한 국제적 개입과 중재, 국제적 프로세스의 주관자가 됨으로써, 전후 대한정책, 한반도 개입의 단초를 공식화했다.[2] 이로써 카이로선언은 미국이 한반도에 "원치 않는 십자군"(reluctant crusade)으로 개입하고 연루되는 계기가 되었다.[3]

이후 미 국무부, 3부 조정위원회, 전쟁부 등은 한반도 정책을 논의하기 시작했고, 1944년에 이르면 미 국무부와 군부는 한반도의 군사점령 후 군정 실시, 신탁통치, 유엔을 통한 독립이라는 전후 한반도 처리 방안에 합의했다.[4] 이에 근거해 미군의 한반도 주둔을 보증할 수 있도록 다양한 한반도 분할안이 모색되었다. 1945년 7~8월 무렵에는 북위 40도선 분할안, 북위 38도선 분할안, 4개 연합국 공동점령 방안 등 다양한 한반도 분할안이 논의되었고, 포츠담회담 즈음에는 북위 38도선 분할안이 도출되었다.[5] 한반도는 도마 위의 잉어와 같은 신세였고, 강대국 정치의 희생물이 되었다.

2   정병준. 2014, 「카이로회담의 한국 문제 논의와 카이로선언 한국 조항의 작성 과정」, 『역사비평』 107호.
3   "원치 않는 십자군"은 제임스 매트레이의 책 제목을 빌린 것이다. James I. Matray, 1985, *The Reluctant Crusade: American Foreign Policy in Korea, 1941~1950*(제임스 I. 매트레이 지음, 구대열 옮김, 1989, 『한반도의 분단과 미국: 미국의 대한정책, 1941~1950』, 을유문화사).
4   브루스 커밍스 지음, 김주환 옮김, 1986, 『한국전쟁의 기원』 상권, 청사, 204쪽.
5   여러 가지 한반도 분할안에 대해서는 각주 1의 김기조, 이완범, 신복룡의 연구를 참조.

스탈린은 북위 38도선 분할점령안을 흔쾌히 수락했는데, 독일-한국-일본을 미국과 소련이 공동으로 분할점령한다는 사고의 연장선상이었다. 연합국은 이미 독일·베를린을 분할점령했으며, 한반도를 분할점령한 후 최종적으로 일본을 분할점령한다는 생각이었다. 일본에 대해서도 4개 연합국의 분할점령 방안이 논의되던 상황이었다.[6] 실제로 스탈린은 사할린을 점령하기 위해 소련군 사단을 파견하려고 했으나, 맥아더의 강력한 저지로 무산되었다. 얄타협정에서 쿠릴열도에 대한 소련의 권리가 인정되었으므로, 소련군은 8월 15일 이후에도 쿠릴열도와 홋카이도 사이에 존재하는 섬들을 계속 점령했다.[7] 한반도에서는 해방의 환호가 채 사라지기도 전에 분단이라는 실체가 모습을 드러냈고, 곧 모든 것을 지배하는 힘의 원천이 되었다.

두 번째 선택은 미 육군을 파견해 남한을 점령하는 것이었다. 동북아시아에 능통한 인물로 한국 점령에 적합한 후보자는 2명이었다. 장제스 중국 국민당 군대의 참모장을 지낸 10군 사령관 조지프 스틸웰(Joseph W. Stilwell)이 가장 유력한 후보였으나, 스틸웰은 장제스와 중국 국민당 정부를 직설적으로 비판했기 때문에 장제스의 반대에 부딪혀 임명이 무산되었다. 그다음 후보는 웨드마이어(Albert C. Wedemeyer) 장군으로 현직 주중미군사령관이었다. 웨드마이어는 극동의 상황과 아시아에 정통했으나, 복잡하고 중요한 중국의 사정 때문에 한국에 배치될 수 없었다.

6   Memorandum for the President. Subject: National Composition of Force to Occupy Japan Proper in the Post-Defeat Period. (1945. 8. 13) RG 59, State Department, Decimal File, 740 00119 Control (Japan)/8-1845.
7   소련군은 8월 15일 이후로도 '전투'를 계속해 쿠릴열도 남단의 쿠나시르, 에토로후, 시코탄, 하보마이 등을 점령했다. 일본군은 소련군의 점령에 협조적이었다. 소련의 쿠릴열도 점령은 9월 2일 일본의 정전협정 서명 이후인 9월 5일에 끝났다. 하세가와 쓰요시(長谷川毅) 지음, 한승동 옮김, 2019, 『종전의 설계자들: 1945년 스탈린과 트루먼, 그리고 일본의 항복』, 메디치.

그 결과 한반도에서 가장 가까운 오키나와에 있던 24군단 사령관 존 하지(John R. Hodge)가 한반도 점령 임무를 맡게 되었다. 하지는 '태평양전쟁의 패튼', '군인 중의 군인'이라는 평을 들었으나, 정치적 임무나 행정을 맡아본 적이 없었으며, 특히 한반도와 동아시아에 대해서는 전혀 지식이 없었다. 그의 참모들도 전투 요원이었을 뿐, 군정에 대한 전문적 지식이나 아시아에 대한 기초적 소양이 없었다.[8] 이 때문에 제임스 매트레이 등의 전문가들은 트루먼 대통령이 하지에게 한국 점령 임무를 맡긴 것은 최악의 실수였다고 평가했다. 2차 세계대전 이후 트루먼은 미군이 점령할 세계 각 지역에 장군들을 임명했는데, 일본 점령을 담당한 맥아더(Douglas MacArthur), 독일 점령을 담당한 클레이(Lucius D. Clay), 이탈리아 점령을 담당한 클라크(Mark W. Clark) 등에 비교해볼 때 하지는 정무 능력이 없고 군인으로서 명성과 자질을 갖추지 못했다는 것이다.[9] 일본을 점령한 맥아더는 미군과 합동참모부 등에 이름이 널리 알려진 태평양전쟁의 영웅이자 아시아 전문가였고, 독일 점령 임무를 맡은 클레이와 이탈리아 점령 임무를 맡은 클라크는 해당 지역 전문가로서 명성이 높았다. 반면 하지는 육군사관학교 출신도 아니었고, 외교 업무나 민사는 물론이고 일반적인 행정 경험조차 없는 군인이었다. 단지 한국과 가까운 곳에 주둔하고 있다는 이유로 선택되었을 뿐, 복잡한 한국 점령 업무를 맡기에는 부적합한 인물이었다. 그래서 그에게는 위로부터의 지도와 정

8　리차드 로빈슨 지음, 정미옥 옮김, 1988, 『미국의 배반』 과학과사상, 25~26쪽; Charles M. Dobbs, 1981, *The Unwanted Symbol: American Foreign Policy, the Cold War, and Korea: 1945~1950*, Kent State University Press, p.32; James Matray, 1995, "Hodge Podge: American Occupation Policy in Korea, 1945~1948," *Korean Studies*, volume 19, p.19; 브루스 커밍스, 1986, 앞의 책, 214~215쪽.

9　James Matray, 1995, 앞의 글, pp.17~38. 인종차별이 심한 일리노이에서 성장한 하지는 반공주의에 대한 패러노이드를 가지고 있었으며, 전쟁이 끝났음에도 불구하고 귀국하지 못하고 열악한 상황에서 남한에 근무하는 병사들에 동화되어 조기 철군을 목표로 반공주의적 정책을 강화함으로써 남한의 정치 상황을 극단으로 몰고 갔다.

책 지시가 필요했지만 도쿄와 워싱턴의 혼란과 우유부단, 확실한 정보의 부재 등으로 미군의 한반도 점령은 무능한 통치가 되어버렸다.[10] 이 때문에 하지가 아닌 스틸웰이나 웨드마이어가 점령을 맡았다면 남한이 그렇게 "엉망진창"(hodge-podge)이 되지는 않았으리라는 가정은 설득력이 있다.

마지막으로 일본의 대응이었다. 특히 조선총독부는 8월 15일 소련군의 남한 점령을 기정사실화하고 여운형과 안재홍에게 치안유지를 부탁했으며, 평소라면 절대 수용할 수 없는 다섯 가지 조건으로 조선건국준비위원회(건준) 설립에 동의했다. 그런데 상황은 예상과 달리 흘러가 총독부가 통제할 수 없는 범위로 일이 전개되었다. 먼저 소련이 아니라 미국이 북위 38도선 이남을 점령한다는 사실이 8월 22일 전해졌다. 나아가 과도기에 단순히 치안유지에 협조할 것으로 기대했던 건준이 서울에서 치안유지, 식량 배급, 정치범 석방 등 실질적 행정권을 행사했고 총독부 권력이 붕괴된 지방에서도 정치적 진공상태를 메우며 행정권을 장악했다. 건준은 한국인의 기대와 희망에 기대어 자치정부, 자치권력으로 나아가고 있었다. 총독부는 잘못된 상황 판단과 타협의 결과를 바로잡으려 했으나, 이미 통제할 수 없는 상황이었다. 8월 16일 서대문형무소에 수감되어 있던 2,000여 명의 정치범이 석방되어 종로까지 행진하는 광경은 한국인들에게 해방의 의미를 직관적으로 보여주었다. 독립투사들이 석방되어 자유롭게 도로를 활보하며 해방의 만세가 울려 퍼졌지만, 일본 경찰이나 군은 개입할 수 없었다. 한국인들이 거대한 대오를 이루어 행진한 것은 1919년 3·1운동 이래 최초의 대사건이었다. 이것이 해방의 공간이었다. 건준은 한국인이 해방을 실질적으로 향유할 수 있는 정치적 집회, 결사,

10   그레고리 헨더슨 지음, 박행웅·이종삼 옮김, 2000, 『소용돌이의 한국 정치』, 한울, 202~204쪽.

언론의 자유를 허용함으로써 해방의 물리적·심리적 공간을 제공했다. 이제 한국인들은 국제 사회가 한국에게 허용한 해방의 범위를 벗어나, 즉시 자주독립의 길로 나아가고자 했다. 상황이 여기에 이르자 건준은 조선총독부의 통제를 벗어난 "프랑켄슈타인과 같은 괴물"이 되었다.[11] 미군 주둔 소식이 들리자 총독부와 조선 주둔 17방면군은 대책과 공작을 계획하기 시작했다.

---

[11] United States Armed Forces in Korea, *History of the United States Armed Forces in Korea*, Manuscript in Office of the Chief of the Military History, Washington, D.C. Part II, Chapter 1(『주한미군사』(*HUSAFIK*) 2부 1장). 이 자료는 주한미24군단 정보참모부 군사실이 작성한 『주한미군사』(*History of the United States Armed Forces in Korea*: *HUSAFIK*)의 초고로 워싱턴 군사편찬위원장실에 소장되어 있다. 1988년 돌베개에 의해 『주한미군사』 1~4권으로 영인되었으며, 최근 국사편찬위원회가 번역해 한국사데이터베이스로 웹서비스하고 있다. 원문에는 각 권이 부(Part)로, 목차는 장(Chapter)으로 표기되어 있으며, 이하에서는 『주한미군사』(*HUSAFIK*) '1부 1장'의 형식으로 인용하겠다.

조선총독부의 종전 대책과 여운형

1) 여운형과 건국동맹의 활동(1943~1945)

1945년 초가 되자 일본의 패전은 명백한 사실이 되었다. 조선총독부는 종전 대책에 분주했고, 조선 주둔 일본군 17방면군은 미군 상륙에 대비한 방어대책을 수립하느라 분망했다. 그러나 어떻게 패전할 것인가, 언제 패전할 것인가가 문제였지 일본의 패전은 돌이킬 수 없는 사실이었다. 일본은 항공모함과 전함 등이 격파되면서 해군력을 상실했고, 제공권은 미군이 장악한 상황이었다. 1945년 3월 9~10일 커티스 르메이(Curtis LeMay)가 지휘하는 미 육군항공대 B-29 279대의 대공습은 한순간에 도쿄를 잿더미로 만들었다. 1,665톤의 대형 폭탄과 네이팜탄이 함께 투하되었고, 도쿄는 불바다가 되었다. 단 한 번의 대공습으로 도쿄에서만 8만~10만여 명의 사상자가 발생했다. 이는 히로시마와 나가사키에 투하된 원자폭탄의 살상력에 맞먹는 것으로, 히로시마에서 약 9만~14만 명, 나가사키에서 6만~8만 명이 사망했다. 대본영과 육군참모본부가 1억 옥쇄를 주장했지만, 도시에서는 농촌으로 대피하라는 소개령이 내려졌고, 모든 자원은 통제·배급되었으며, 일상이 중단된 지는 오래였다. 전쟁기계 일본은 사회 전체가 팽팽히 당겨진 활시위처럼 최대 인장 한계에 도달한 극한 상태였고, 미세한 충격에도 곧 파열되기 직전이었다.

한반도는 전쟁의 직접적 피해와는 거리가 있었다. 미 공군기의 공습과 출현이 간헐적으로 보고되었지만, 인명피해나 공포를 불러일으키지는 않았다. 1942년 미드웨이 해전에서 거둔 미군의 승리는 태평양에서 일본군의 침몰을 상징하는 사건이었고, 연이은 해전과 도서 공방전에서도 일본이 패배하면서 일본의 최종적 패전이 목전에 있었지만, 한반도에서 일본의 패전을 예상한 사람은 많지 않았다.

일제는 중일전쟁 발발 이후 개량주의적 민족주의자들조차 용납하지 않았다. 흥업구락부 사건과 동우회 사건은 이승만과 안창호를 지지하는 온건하고 체제순응적이었던 기호파(동지회)와 서북파(흥사단)마저 대량 검거해 말살하려 한 일제의 기획이었다. 뚜렷한 범죄혐의가 없던 이들은 석방을 대가로 위력에 굴복하고 친일의 길을 걸어갔다. 총력전에 대비한 일제의 총후안전(銃後安全) 대책의 결과였다. 흥업구락부·동우회 관련자들은 전향과 반성을 맹세하고, 신사에 참배한 후 휼병금 또는 위문금을 내고 전면적이고 공개적인 친일활동에 나서야 했다. 특히 1942~1943년 일본과 한국에서 조직적으로 전개된 학병 권유 유세는 이들이 친일파로 넘어가는 분수령이 되었다.

한편 일본은 진주만 공습 이후 싱가포르, 필리핀, 인도네시아, 인도차이나로 진격하면서 불패의 전쟁기계처럼 비쳤다. 일본이 미국과 영국의 군사력을 격파하고 동남아시아와 태평양으로 진격하는 모습에서 일본이 지배하는 전후 세계를 상상하는 것은 전혀 이상한 일이 아니었다. 즉 일본의 최종 승리를 예감하고 이에 편승해서 한국인이 2등 국민으로서 기회와 도전의 기회를 얻어야 한다고 생각한 부류도 적지 않았다. 1910~1920년대 독립운동이나 혁명운동에 몸담았던 이광수·최남선 등의 문인들과 장덕수·조두원 등 좌우파의 인사들은 진심으로 마음에서 우러나오는 친일활동을 벌였다.[12] 이들에게 일본의 패망과 한반도의 해방은 "아닌 밤중에 찰시루떡 받는 격"으로 충격적이고 전격적인 사건이었다.

반면 해방을 예견하고 대비한 사람들도 소수 존재했다. 그 중심에 여운형과 조선건국동맹이 있었다. 여운형에게 일제의 패망은 수년 전부터 예견된 대사변이었고, 기다리고 준비했던 해방의 순간이었다. 즉 일제의 패망과 한국의 해방은 누군가에게는 전혀 예상하지 못했던 충격이었던 반면 누군가에게는 준비하고 예견했던 미래의 실현이었다. 이런 입장과 판단의 차이는 해방정국에서 대응의 차이로 이어졌고, 곧 진보적 흐름과 보수적 흐름의 충돌로 흘러갔다. 여운형은 1942년 도쿄를 방문했을 때 목격한 미군기의 폭격과 손웅(손치웅) 등이 전해오는 단파방송 소식, 일본군과 정계의 소식통 등을 통해 정세를 정확하게 판단하고 있었다.[13]

여운형은 도쿄에서 일본군의 전투기가 미군기를 요격하지 못하는 것을 보고 미국의 군사적 우위와 최종적 승리를 직감했다. 귀국 후 홍증식 등 친구들에게 이 사실을 얘기했고, 소문이 퍼져나가 1942년 12월 일본군 헌병대에 검거되었다. 1943년 서대문형무소에 수감 중이던 여운형은 옥중에서 일본의 패전과 한국의 해방 가능성에 대비한 구상을 하기 시작했다. 징역 1년 집행유예 3년을 선고받고 출옥한 여운형은 1943년 8월

---

12   해방 후 이광수는 자신의 친일행위를 변명하면서, 일본의 패전은 예상하거나 상상할 수 없는 일이었다고 술회했다. 이광수는 『나의 고백』에서 "일제에 협력하면서 참정권과 평등권을 얻어 민족을 보존하면 독립에 한 걸음 더 나아갈 수 있다고 생각했다"고 주장했다. 친일시를 많이 쓴 서정주도 "일본이 그렇게 쉽게 질 줄 몰랐다"고 회고했다. 최남선만 『자열서』를 쓰고 반성했다.

13   정병준, 1993b, 「조선건국동맹의 조직과 활동」, 『한국사연구』 80. 손웅(손치웅)은 경성중학 학생으로 취미로 만든 단파방송 수신기를 통해 미국과 중국에서 전해오는 VOA(미국의 소리) 방송 및 임시정부 인사들의 방송을 듣고 여운형에게 전달했다. 손치웅, 2009, 『여운형의 밀사』, 몽양여운형선생 60주 추모기념회고록, 호주 한국역사기념 명예전당설립위원회.

10일 조선민족해방연맹이라는 비밀조직을 만들었고, 1년간의 준비 끝에 1944년 8월 조선건국동맹을 발족시켰다.[14] 건국동맹은 두 가지 특징을 지녔는데, 하나는 명칭이고, 다른 하나는 조직 활동이었다.[15]

1940년대 초가 되면 국내외에서 '건국'이라는 명칭을 붙인 조직들이 등장하기 시작하는데, 건국이라는 명칭은 일본이 전쟁에서 패배한다는 정세 인식을 전제로 한 것이다.[16] 이는 건국동맹의 주체들이 일제의 패전을 기정사실로 전제하고서 조직을 결성했음을 의미한다. 미국을 비롯한 연합국의 대일전 승리를 전제로 했던 만큼 건국동맹의 가장 중요한 목적은 일제 패망 뒤 건국을 준비하는 작업이었다. 건국동맹은 일제의 패망과 한국의 해방, 그 이후에 다가올 건국이라는 민족적·시대적 과제를 고민하고 준비했다. 국내에서 이러한 정세관을 갖고 전국적 규모로 투쟁하고 건국을 준비한 곳은 건국동맹뿐이었다. 일제의 패망과 한국의 해방이라는 대사변을 맞이하기 위한 대책과 준비가 있었으므로 해방 직후 건국준비위원회가 바로 조직되고 운영될 수 있었다. 즉 건준은 누군가의 선물이나 우연으로 급조된 것이 아니라 주체들의 선구적 정세관과 투쟁의 결과 해방과 동시에 발족한 기구였다.

1945년에 접어들어 건국동맹의 핵심 간부들은 2차 세계대전의 추이

---

14   『1947년판 조선연감』은 "1943년 8월 10일 여운형 씨를 중심으로 결성된 조선민족해방연맹이 조선인민당의 역사적 발단이다. 익년 8월 조직·정보 연락·대책 연구 등 3부문의 횡적 조직하에 조선건국동맹으로 발전·강화하였다"라고 쓰고 있으며(조선통신사 편, 1946, 『1947년판 조선연감』, 55쪽), 1945년 건국동맹을 계승해 조직된 조선인민당은 1946년 8월 10일 창건 3주년 기념식을 거행했는데, 이는 건국동맹의 전신인 조선민족해방연맹을 당의 기원으로 설정했음을 의미한다(『조선인민보』 1946년 8월 2일자; 『독립신보』 1946년 8월 2일자).

15   정병준, 1993b, 앞의 글.

16   태평양전쟁기 중경임시정부는 건국강령을 선포함으로써 해방 이후 건국에 대비했고, 국내에서는 건국준비위원회라는 명칭의 소규모 비밀결사가 조직된 바 있다. 일제의 패망과 한국의 해방이 임박했다는 인식과 정세관을 반영한 것이었다. 정병준, 2009, 『광복직전 독립운동세력의 동향』, 독립기념관 한국독립운동사연구소.

와 국제정세에 대한 좀 더 정확한 정보를 접하게 되었고, 이에 근거해 해방을 맞이하기 위한 주동적인 준비 작업과 무장투쟁을 고려하기 시작했다.[17] 이에 따라 이정구에게는 1942년부터 준비해오던 식량조사와 대책이, 장권에게는 치안대 조직에 관한 자세한 계획이 맡겨졌다.[18] 이러한 준비 작업이 있었기에 해방 직후 이정구는 건국동맹 안에 농정위원회(農政委員會)를 조직하고 그 산하에 식량대책위원회를 구성했으며 이는 건준으로 편입되었다.[19] 장권을 중심으로 해방 직후 건준 치안대가 동일한 경로로 활약하기 시작했다.[20]

또한 각 부문에 대한 공작이 진행되어 부녀운동(이각경), 청년노동자 포섭(전사옥, 최현국, 변재철, 이인규), 중학·전문·대학생 및 청년훈련소 및 해양소년단에 대한 공작(김종설, 정두희, 문규영), 전국철도종업원의 연락조직체 준비(철도국원 조윤환, 서재필, 여용구, 홍성철), 국민학교 교원활동대인 지도별동대 조직(국민학교 교원 조흥환, 성기원, 김동호) 등이 추진·준비되었다.[21]

1945년 3월경에는 건국동맹의 일을 돕는 "방계의 일"로 후방교란과 노농군 편성을 계획하고 건국동맹원 조동호, 이석구, 이걸소 3인이 최원택, 정재달, 이승엽과 함께 군사위원회를 조직했다.[22] 전세가 연합군에게 유리한 국면에 접어들었으니, 연합군의 대일전에 발맞춰 군사위원회를 조직한 후 국내 무장봉기와 철도 파괴 등을 통한 일본군의 후방교란을

17   이만규, 1946, 『여운형투쟁사』, 민주문화사, 183~184쪽.
18   이기형, 1984, 『몽양 여운형』, 실천문학사, 193~194쪽.
19   이만규, 1946, 앞의 책, 175쪽; 이기형, 1984, 앞의 책, 193~194쪽; 여운홍, 1967, 『몽양여운형』, 청하각, 137~142쪽.
20   조준호, 2016, 「여운형과 체육인들의 건국치안대에 관한 연구」, 『한국체육사학회지』 21권 3호.
21   이만규, 1946, 앞의 책, 175쪽.
22   이만규, 1946, 앞의 책, 176쪽.

시도한 것이다. 경기도와 황해도를 중심으로 하는 경인지구와 강원도 삼척지구에 책임자 파견 및 인물 규합에 착수하고 대구·부산·목포·흥남·청진·평양·진남포 각 지구에 책임자를 물색하거나 혹은 책임위원의 임무를 전했다.[23] 이렇게 구체적인 임무와 지역이 특정된 것은 그만큼 건국동맹·군사위원회의 활동이 전국적으로 광범위하게 진행되었음을 보여준다.[24] 국외에서는 만주군의 박승환을 중심으로 만주군 내 군사조직을 설치했다.[25]

이와 같이 일제에 대한 투쟁 및 건국 준비를 위한 조직인 건국동맹의 지방적 차원 또는 대중적 차원에서의 조직력과 대중성이 어떠했는가는 확실하지 않다. 건국동맹이 각 도 단위의 책임자를 선정하고 대중 확보에 주력했으며, 구체적인 명단을 제시한 것으로 보아 도 단위 간부진이 결성된 것은 분명했다.[26] 건국동맹의 도 단위 책임자 중 평안남도의 김유창(金裕昌)은 해방 직후 평안남도 인민정치위원회에 공산당 측 위원으로

---

23 이만규, 1946, 앞의 책, 175~176쪽. 군사위원회와 관련하여 이석태의 『사회과학대사전』은 후방교란을 위한 목적의 노농군 편성이 결의되었지만 이렇다 할 실천사업은 없었다고 기술하고 있으며 『1947년판 조선연감』 「조선인민당」 항목에는 1945년 초에 공산주의협의회와 횡적 연락을 갖고 노농병 편성을 목적으로 한 군사위원회를 설치하고 만주에서 조선독립군(국군준비대의 모체)을 결성했다고 기술하고 있다. 군사위원회가 설치된 것은 분명하지만 전국적 규모에서 조직을 준비하고 연락하는 단계에서 해방을 맞았을 것으로 추정된다.

24 이에 대해서는 정병준, 1993b, 앞의 글; 정병준, 2009, 앞의 책; 변은진, 2016, 「8·15 직전 국내 독립운동세력의 정세관과 건국준비운동」, 『한국독립운동사연구』 53; 변은진, 2014, 「1932~1945년 여운형의 국내활동과 건국준비」, 『한국인물사연구』 21; 변은진, 2018, 『일제 말 항일비밀결사운동 연구―독립과 해방, 건국을 향한 조선민중의 노력』, 선인 참조.

25 김선호, 2022, 「국가건설기 여운형 그룹의 북한군 창설과정 참여와 월남」, 『동방학지』 197.

26 건국동맹의 도 단위 간부들은 다음과 같다. 충청남북도(신표성, 김종우, 유웅경, 장준), 경상남도(명도석), 경상북도(이상훈, 정운해), 강원도(정건화, 정재철), 전라남북도(황태성), 황해도(여권현), 평안남도(김유창), 평안북도(이유필), 함경남도(이증림), 함경북도(최주봉), 중앙(이석구, 현우현, 황운, 이걸소, 김문갑). 이만규, 1946, 앞의 책, 171쪽.

참가했으며, 평안북도의 이유필(李裕弼)은 신의주 치안유지회를 만들고 곧이어 평안북도 자치위원회 위원장이 되었다. 건국동맹 도 단위 책임자가 해방 후 건준·인민정치위원회의 위원이나 위원장이 될 수 있었던 것은 해당 지역에서의 명망이나 대표성 때문이지만, 다른 한편으로 건국동맹과의 관계, 해방에 대한 조직적 준비 및 대책이 있었기에 가능한 일이었다.[27] 즉 건국동맹은 중앙에서만 건준으로 이어진 것이 아니라, 도·군단위 지역에서도 상당수의 자치위원회 혹은 건준 지방 지부로 이어진 것이다. 건국동맹 관련자들이 해방을 계기로 조직을 확대하고 대중화, 합법화해서 건준 지방 지부 등을 조직했을 것이다.

1941년 경성콤그룹이 와해된 이후 건국동맹은 일제 말기 거의 유일한 전국적 규모의 비밀조직이었으며, 당연히 다수의 독립운동가 및 유·무명의 인물들이 건국동맹과 연계되었다. 건국동맹의 이명동체(異名同體) 원칙 때문에 자신이 건국동맹원인 줄 모르는 경우도 허다했다. 예를 들어 일제 말기 경북 성주에 은거하며 비밀조직 건국동맹의 "남한 책임자로 추대"되었다가 8월 7일 성주경찰서에 체포되어 왜관서에서 해방을 맞이한 심산 김창숙(金昌淑)은 건국동맹의 위원장이 여운형이라는 사실을 몰랐다.[28] 경북 성주 출신으로 남경군관학교를 나온 후 의열단에 가입했다가 1936년에 체포된 정세호(鄭世鎬)는 1926년 나석주의 동양척식주식회사·식산은행 투탄·총격사건 연루자로 지목되었는데, 나석주는 김창

---

27   김유창과 이유필에 대해서는 森田芳夫, 1979, 『朝鮮終戰の記錄(資料編)』 제1권, 巖南堂, 310~311쪽; 한근조, 1970, 『고당 조만식』, 태극출판사, 378쪽; 和田春樹, 1983, 「소련의 대북한정책 1945-1946」, 『분단전후의 현대사』, 일월서각, 249, 256쪽; 森田芳夫, 1987, 「소련군의 북한진주와 인민위원회의 결성」, 『한국사회연구』 5, 한길사 참조.

28   심산사상연구회 편, 1981, 『김창숙』, 한길사, 257~259쪽. 김창숙은 여운형과 안창호가 일제 감옥에서 규율을 잘 지켜서 상표를 받았다며 그들을 비판했다. 김창숙은 옥중투쟁으로 다리를 못 쓰게 될지언정 지조와 절개를 지키겠다는 절개형·지사형의 인물이었던 반면, 여운형과 안창호는 아무것도 할 수 없는 감옥에서 빨리 나가 사회에서 운동을 하겠다는 현실적이고 합리적인 인물이었다. 같은 책, 250~253쪽.

숙이 제공한 자금으로 권총과 실탄을 구입했다.[29] 정세호에 따르면 1936년 귀국 이후 십수 년간 38회의 검속을 받았고, 해방 직전 "일개 건국동맹원"으로 다시 검거되었다가 옥중에서 해방을 맞았다.[30] 즉 최소한 경북 성주군에는 건국동맹 지부가 설립되어 활동하고 있었다고 볼 수 있다.

이만규의 회고에 따르면 여운형의 권고로 조직과 연락 활동에 나선 투사 가운데 건국동맹에 가맹하지 않은 사람이 많았는데, 이들은 건국동맹원은 아니지만 "몽양의 혁명운동에 동지적 협력을 하려고 모험하고 싸우기를 맹시한" 사람들로 여운형이 건국동맹을 중심으로 동지들을 규합한 것이라고 했다.[31] 해방 후 학병동맹, 국군준비대 등 청년·학생층 지도자들도 자신의 항일투쟁 경력에 건국동맹 이력을 써놓는 경우가 많았다.[32] 현재 남아 있는 북한노획문서철 중 김일성대학 교원 명부·이력서에는 여운형·건국동맹 관련자들이 다수 나타나 있다. 체육부 교원으로 되어 있는 방원철은 신경군관학교 1기생(1942)으로 건국동맹 만군 조직책 박승환의 권유로 건국동맹에 가담했다. 해방 후 여운형의 지시에 따라 박승환과 함께 월북해 북한군 창설에 가담했고 김일성대학 교원으로 재직 중 체포되었다. 여운형 암살 이후 석방되어 월남한 뒤 한국군에 편입했다.[33] 이기건·박창암·박임항·최창륜·김인수 등이 여운형의 지시로 월북했던 만군 또는 학병 출신이며, 이들의 지도자 박승환은 북에서 병으

29   김창수, 1988, 「의열투쟁」, 『한민족독립운동사』 4, 국사편찬위원회.
30   정세호, 「항변서」(1945. 12), 1993, 『조선공산당문건자료집(1945~46)』, 한림대학교 아시아문화연구소, 52~54쪽. 정세호는 해방 후 장안파 공산당에 가입했고, 철원에서 철원인민정치학교 책임자로 활동했다. 정세호는 인민공화국 결성식에 인민대표로 출석했으며, 10월 20일 전국인민위원회 대표자대회에 출석한 사이에 장안파라는 이유로 반당분자로 몰려 쫓겨났다. 이 항변서는 이에 대해 항의하는 글이다.
31   이만규, 1946, 앞의 책, 176쪽.
32   정병준, 1994, 앞의 책, 99~100쪽.
33   方圓哲, 「自敍傳」(1947. 3. 24), 北朝人委 敎育局, 一九四七年度 金日成大學發令件, 北朝鮮人民委員會 敎育局, 1947, NARA, RG 242, SA 2006, Box 12, Item 32. 방원철은 5·16쿠데타에 가담한 만군 인맥 중 한 명이다.

로 사망했다.[34] 해방 후 학병동맹을 조직한 왕익권도 여운형 그룹과 관련을 맺고 있었는데, 월북 후 북조선검찰소 검사부장과 김일성대학 교수(1947)를 지낸 경력이 있다.[35] 또한 건국동맹은 해방 직전 전국에 조직원을 갖춘 유일한 단체로 산하에 농민동맹 등을 두고 있었다.

건국동맹은 해외 독립운동 세력과의 연락과 연대에 중점을 두었다. 가장 긴밀한 관계를 맺은 쪽이 중국 연안(延安)의 독립동맹이었는데, 독립동맹 측은 건국동맹을 자신들의 국내 분맹(分盟)으로 인식할 정도였으며, 양자 사이에는 긴밀한 연락이 오갔다. 김태준과 박진홍의 연안행에서 드러나듯 국내에서는 연안독립동맹·조선의용군에 대한 소식과 정보가 존재했으며, 이들과 연계하려는 움직임이 분명하게 존재했다. 여운형 자신도 연안독립동맹과 중경(重慶)임시정부 사이에서 논의되는 해외독립운동자대표대회에 참석하기 위해 연안으로 탈출할 계획을 한 적이 있었다.[36] 여운형은 임시정부 특파원들과도 연계되어 있었다. 일제 말기 해외 독립운동 세력이 국내에서 연대할 수 있는 유일한 독립운동가가 여운형이었으므로 이는 당연한 귀결이었다. 국내에서는 여운형을 중심으로 독립운동가들이 결집하기 시작했고, 해외에서도 여운형과의 연락 및 연대가 가장 현실적이고 실현 가능한 방안이 되었던 것이다.

건국동맹은 비밀 지하조직이었지만, 조선총독부의 정보망에서 벗어나기 어려웠다. 1945년 7월 24일 부민관 폭파 사건이 발생하고 이후 함남에서 공산당 비밀활동이 발각되어 정재달 등이 검거되었다.[37] 해방 직

34 　김선호, 2022, 앞의 글.
35 　王益權, 「自敍傳」(1947. 9), 北朝人委 敎育局, 一九四七年度 金日成大學發令件, 北朝鮮人民委員會 敎育局, 1947, NARA, RG 242, SA 2006, Box 12, Item 32; 정병준, 1994, 앞의 책, 96~97쪽.
36 　이만규, 1946, 앞의 책, 173쪽; 정병준, 1994, 앞의 책, 108~110쪽.
37 　정재달이 관련된 사건이 정확히 무엇이었는지는 미상이다. 서중석이 관련한 공산주의자협의회 관련자들은 1945년 3~6월 사이 검거되어 함남 함흥형무소에 수감되었다. 공산

전인 1945년 8월 4일부터 이걸소(李傑笑), 황운(黃雲), 이석구(李錫玖), 조동호(趙東祜) 등의 건국동맹원이 체포되기 시작했다. 검거는 전국적으로 실시되어 지방 간부 다수도 체포되었다. 여운형은 검거되지 않았지만, 조선총독부는 여운형의 비밀조직 구성과 좌익계 청년 및 학생들에게 미치는 영향력을 파악하고 있었다. 패전 당시 총독부 측이 여운형에게 치안 유지 교섭을 의뢰한 것은 그가 가진 두 가지 조건과 능력 때문이었다. 첫째, 좌익 및 청년·학생들에게 영향력이 있는 독립운동가로서 상당한 조직력을 갖추고 있다는 점, 둘째, 총독부 측과 상호 이해를 절충해서 치안 유지를 교섭할 수 있는 합리적인 인물이라는 점이었다. 즉 여운형은 조직력과 영향력은 물론 합리성과 교섭력을 가진 좌파 인물이었던 것이다. 일제 패망과 소련군 진주를 앞두고 있던 조선총독부는 여운형이 좌파적 지향을 갖고 청년과 학생들에게 영향력이 있으며 조직적 배경도 갖추고 있지만, 공산당원들처럼 맹목적이거나 원칙론을 앞세우기보다는 교섭이 가능한 합리적 인물이라고 판단했다.

2) 조선총독부의 종전 대책과 여운형 교섭
   (1945년 8월 10일~8월 14일)

1945년 8월 6일 히로시마, 8월 9일 나가사키에 원자폭탄이 투하되었다. 한순간에 도시 전체가 파괴되는 한편 수만 명이 즉사했고, 뒤이어 수만

주의자협의회는 여운형·건국동맹과 연계된 조직으로 김태준을 중국 연안에, 김일수·김재갑을 소련에 파견한 바 있다. 경성제대 출신 역사학자인 김석형·박시형·김득중이 이 사건으로 함흥형무소에 수감되어 있다가 해방을 맞았다. 김태준, 2020, 「북한 간부이력서를 통해 본 일제 말 사회주의운동과 네트워크의 연속성 - 경성제국대학 법문학부 독서회 참여자를 중심으로」, 『한국독립운동사연구』 72.

명이 후유증으로 추가 사망했다. 8월 9일 소련군이 전격적으로 일본에 대해 선전포고를 하고 서쪽에서 자바이칼 방면군, 동쪽에서 제1극동 방면군, 북쪽에서 제2극동 방면군이 만주의 관동군을 공격하기 시작했다. 소련군 150만 대 관동군 71만 3,000, 조선·사할린·쿠릴 일본군 28만의 대결이었다. 같은 날 도쿄에서는 포츠담선언의 수락 문제와 소련군에 대한 대책을 논의하기 위한 어전회의가 열렸다. 패전의 순간이 황궁 안까지 갑자기 들이닥친 것이었다. 어전회의는 논란 끝에 "천황의 국법상의 지위"를 유지한다는 조건으로 포츠담선언을 수락하기로 했다. 외무성은 8월 10일 도메이통신(同盟通信)을 통해 일본 정부가 포츠담선언을 수락했다는 보도를 군이 검열하고 있던 단파방송이 아닌 모스부호를 통해 흘려보냈다.[38]

경무국장 니시히로 다다오(西廣忠雄)에 따르면 "단파방송을 통해" 일본이 국체호지(國體護持, 즉 천황제 유지)를 조건으로 포츠담선언을 수락했다는 것을 조선총독부 수뇌부가 8월 10일에 알게 되었다. 도쿄에서는 어떠한 통지도 없었지만, 종전이 되면 연합군이 진주해 일본군은 무장해제될 것이 분명했으며, 청진에 상륙하고 있던 소련군이 기차로 남하하면 경성까지 20시간이면 도달할 수 있는 상황이었다. 총독부 당국은 소련군이 와서 조선인 정치범들을 석방해 적색정권을 수립할 것이며, 그때 약탈·폭행 및 부화뇌동하는 일반 민중의 움직임이 있을 것으로 예상했다. 니시히로가 복안으로 세운 대책은 종전 결정과 동시에 제일 먼저 정치범과 경제범을 석방하고, 그다음으로 치안유지를 조선인의 손에 맡기는 방안이었다. 니시히로는 이런 시국에서 치안유지를 할 수 있는 인물로

---

38   최고전쟁지도회의가 원래 결정한 조건은 황실의 안태, 자주적 철군, 전쟁 책임자의 자국(일본) 처리, 보장점령을 하지 않는다는 네 가지였는데, 어전회의에서는 "천황의 국법상의 지위"를 유지한다는 한 가지 조건으로 변경되었다. 하세가와 쓰요시(長谷川毅), 2019, 앞의 책, 417~451쪽.

여운형, 안재홍, 송진우를 생각했다.[39] 즉 총독부 경무국장은 첫째, 8월 10일 외무성의 포츠담선언 수락 소식, 즉 일본의 항복에 따른 종전 임박, 둘째, 소련군의 청진 상륙 및 서울로 진격할 가능성, 셋째, 조선인 폭동에 대비해 여운형·안재홍·송진우를 이용한 치안유지 방안 등을 동시에 떠올린 것이다. 이는 조선총독부 고관들의 증언과 자료에 근거한 모리타 요시오(森田芳夫)의 기술이다.

그런데 이후 조선총독부의 치안유지 교섭의 전말에 대해서는 의견이 크게 엇갈린다. 먼저 모리타 요시오는 여운형, 안재홍, 송진우를 거론한 니시히로의 증언을 바탕으로 총독부 측이 3명에게 모두 기대를 걸었거나 접촉했을 가능성을 시사했다. 그러나 모리타는 8월 10일부터 15일까지 여운형을 제외한 다른 인물을 접촉한 사실을 구체적으로 설명하지 않았고, 8월 15일 당일 엔도 류사쿠(遠藤柳作) 정무총감과 여운형의 접촉만을 거론했다. 나아가 당사자인 엔도 류사쿠도 1957년 『국제타임즈』(國際タイムズ)와의 인터뷰에서 여운형과는 치안 대책을 교섭했지만 정권 이양 교섭은 하지 않았고, 송진우와는 전쟁이 끝나기 전 여러 번 협력을 호소했으나 거부당해 다시는 교섭하지 않았다고 밝혔다.[40] 엔도 류사쿠의 육성은 다음과 같다.

한국에서는 내가 최초에 송진우 씨에게 이 문제〔치안유지 교섭〕를 상담했으나 송씨가 거부했기에 여씨를 선택했다고 전해지고 있는 모양인데, 이는 오해다. 나는 송씨 및 안재홍, 장덕수와 회견한 것은 종전 이전 총력연맹(總力聯盟)에 협력을 요청한 적은 있지만 이들은 깨

---

39 「전 조선총독부 경무국장 니시히로 다다오(西廣忠雄) 증언」, 森田芳夫, 1964, 『朝鮮終戰の記録: 米ソ兩軍の進駐と日本人の引揚』, 巖南堂書店, 67~68쪽.

40 遠藤柳作, 「政權授受の眞相を語る」, 「宋氏への交渉は誤報」, 『國際タイムズ』 84, 1957년 8월 16일; 송남헌, 1985, 『해방3년사』 I, 까치, 6, 14쪽.

끝이 거부했기에 나도 이들의 신념을 이해해 두 번 권유하지 않았다. 이 때문에 종전 후 송씨나 안씨와 교섭한 적은 없다.[41]

이후 1959년 9월 16일 재일사학자 강덕상이 일본 중앙일한협회 회의실 별실에서 조선사료연구회 호즈미(穗積眞六郎, 총독부 식산국장 출신 일본인 世話會 회장) 세미나 연구집회 직전 엔도와 직접 인터뷰했는데, 엔도는 자신이 송진우를 만난 것은 친일단체 총력연맹과 관련한 협력을 의뢰하기 위해서였고, 해방 이후로는 만난 적이 없다고 증언했다.[42] 이에 근거해서 국내에서는 총독부 측에서 송진우와 교섭한 적이 없거나 과장되었을 것이라는 견해가 다수를 점했다.[43] 정무총감 엔도 류사쿠는 관료이자 정치인 출신으로 활달하고 개방적이라는 평을 들었다. 도쿄제국대학 법문학부 출신으로 고등문관시험에 합격한 후 조선총독부에서 근무했고, 이후 아오모리현, 미에현, 가나가와현, 아이치현 지사를 지냈다. 1928년에 중의원, 1936년에 귀족원 의원을 지냈다. 1933년에 만주국 총무청장을 지냈으며, 1939년 아베 노부유키(阿部信行) 내각의 서기관장을 지냈다. 아베가 1944년 7월 조선총독으로 부임할 때 정무총감으로 부임했으며, 함께 패전을 맞았다.[44]

둘째, 한민당은 송진우·김준연·장덕수가 총독부 측으로부터 '정권

41 遠藤柳作, 「政權授受の眞相を語る」, 「宋氏への交渉は誤報」, 『國際タイムズ』 84, 1957년 8월 16일; 姜德相, 2019, 『日帝末期暗黑時代の灯として(呂運亨評傳)』, 新幹社, 288쪽.
42 강덕상, 「조선총독부 출신 관료들의 구술사」, 한국학기획연구사업 – 그 성과와 전망, 2007년 11월 29일; 이완범, 2019, 「해방 직후 국가건설 노력과 미국: 미·일관계에 규정된 조선건국준비위원회, 1945. 8. 14~9. 9」, 『한국의 대외관계와 외교사(현대편1)』, 동북아역사재단, 206쪽.
43 이완범 교수에 따르면 이영근, 김대상, 이동화, 진덕규 등이 '송진우 교섭설'은 사실이 아닐 가능성이 높다고 기술했다. 이완범, 2019, 앞의 글, 205~206쪽.
44 엔도는 패전 후 무사시노은행(武藏野銀行) 설립자 겸 사장, 아오키현의 참의원을 지낸 바 있다. 취미를 '무도'(武道)라고 적을 정도로 스포츠를 좋아했다. ja.wikipedia.org/wiki/遠藤柳作(2023년 3월 14일 검색).

엔도 류사쿠 인터뷰, 『國際タイムズ』 1957년 8월 16일자.

인수'에 대한 사전교섭을 제의받았으나, 친일의 오명을 쓰지 않기 위해서
교섭을 거부했다고 주장했다.[45] 그런데 한민당의 '정권 인수' 교섭이란 존
재할 수 없는 주장인데, 총독부 측이 항복하고 정권을 인수·인계할 대상
은 한국인이 아니라 연합군, 그중에서도 소련군이었으며, 총독부의 유일
한 목표는 과도기의 치안유지였기 때문이다. 즉 '정권 인수' 운운은 한민
당의 마타도어일 뿐이며, 여기에 여운형을 친일로 매도함으로써 여운형
과 건준 및 인공(조선인민공화국)에 정치적 타격을 가하려는 의도였음은

45　韓國民主黨 宣傳部, 1948, 『韓國民主黨小史』; 金俊淵, 1959, 『獨立路線』, 시사신보사; 古
　　下先生傳記編纂委員會, 1965, 『古下宋鎭禹先生傳』, 동아일보 출판국, 195, 304~310쪽;
　　光州府 總務課, 1946, 『解放前後 回顧』; 金度演, 1967, 『나의 人生白書』, 경우출판사; 李
　　仁, 1967, 「解放前後 片片錄」, 『新東亞』 8월호; 李仁, 1974, 『半世紀의 證言』, 명지대학교
　　출판부; 仁村記念會, 1976, 『仁村金性洙傳』, 인촌기념회; 趙炳玉, 1986, 『나의 回顧錄』,
　　해동; 許政, 1979, 『내일을 위한 證言』, 샘터사.

의문의 여지가 없다. 또한 송진우 측이 미군과의 협력을 내세우고 총독부의 치안유지 교섭을 거부했다는 이야기도 사후에 미화된 것이 분명하다.

1945년 10월 우익 테러리스트로 유명한 양근환(梁槿煥)의 주최로 열린 각 정당 수뇌 간담회에서 송진우는 자신이 박석윤, 총독부 사무관, 일본군 참모, 경기도지사(이쿠다 세이사부로生田淸三郞) 등과 교섭했지만 '설사병'을 핑계로 교섭에 불응했다고 주장했다.[46] 이 자리에는 여운형, 안재홍, 송진우, 백관수, 최근우, 장덕수, 이현상, 조동호, 김형선, 최용달, 허헌 등 당대 좌우파 최고 정치인들이 참석했으므로, 거짓말이 아니었을 것이다. 송진우가 만났다는 사람들의 직위로 미루어 과도적 치안유지, 정권 인수 교섭 같은 사안이 논의되기는 어려운 측면이 있다. 또한 조선총독부가 소련군의 참전과 한반도 진입을 두려워하는 상황이었으므로, 한국 측에 도움을 청하더라도 우파인 송진우에게 기대할 수 있는 바가 거의 없었다.

다만 조선총독부가 패전 후 종전 대책을 강구하는 시점이었고, 니시히로 경무국장도 송진우를 종전 대책의 주요 상대역으로 평가하였으므로, 송진우 쪽에 실무진 차원의 접촉과 교섭을 시도했지만, 송진우 측의 거부로 고위급 교섭으로 진척되지 않았을 가능성도 있다. 미군정기 검사총장을 지낸 항일변호사 출신 이인은 8월 11일 경기도지사가 송진우를 만나 국내 치안을 부탁받았으나 병을 핑계로 두 번이나 거절했다고 기록했다.[47] 그런데 이인은 송진우가 총독부 및 여운형과의 교섭 거부를 단독으로 처리한 것을 무책임하다며 힐난했기 때문에, 이는 전문한 것에 불과하다.

송진우의 총독부 측 접촉 경과를 설명하며 여운형이 친일정권을 수

---

46   『朝鮮週報』1945년 10월 15일자.
47   李仁, 1967, 앞의 글, 360쪽.

립하려 했다고 비난한 김준연은 가장 상세한 주장을 폈다. 복간 직후인 1945년 12월 2일자 『동아일보』 기사에서 김준연은 8월 10일 송진우가 이소사키(磯崎) 경무국 보안과장, 하라다(原田) 차석 사무관, 가미사키(神崎) 등 조선군 참모 2명을 만나 '행정위원회' 조직을 의탁받았으나 거절했고, 8월 11일과 12일에도 동일한 교섭이 있었으나 거부했으며, 8월 13일 이쿠다 경기도지사, 오카(岡) 경기도 경찰부장의 교섭도 거절했으며, 8월 14일에는 자신이 직접 경기도지사와 경찰부장을 만났으나 거절했다고 썼다.[48] 1959년 회고록에서 김준연은 송진우와 총독부 보안과장 등과 처음 접촉한 날을 8월 12일로, 경기도지사 및 경찰부장과 접촉한 날을 8월 13일로 변경해 기술했다.[49]

송진우 측이 총독부 하급 실무자들과의 교섭을 거부한 것은 사실로 보이지만, 교섭의 수준과 내용에 대해서는 알 수 없다. 엔도의 직접 진술에서 분명히 알 수 있는 것은 엔도 류사쿠 정무총감이 송진우를 만나지 않았다는 사실, 또한 적어도 엔도 정도의 고위급에서는 송진우와 접촉하지 않았다는 사실이다. 다만 하급 경찰, 사무관, 일본군 참모 등이 송진우에게 교섭과 정보 교환 등의 시도를 했을 가능성은 있다.

김준연은 "총독부 권력의 4분의 3의 힘"으로 밀어줄 것이며 "신문, 라디오, 교통기관, 검사국 등이 다 밀어줄 터이니 일본인의 거류를 인정하며 그 사유재산을 보호해달라"는 요청을 받았다고 주장했다. 그런데

---

48 「國民大會의 發端, 國民大會準備會 副委員長 金俊淵」, 『東亞日報』 1945년 12월 2일자. 인명은 김준연의 1959년 『獨立路線』에서 가져온 것이다.

49 「國民大會의 發端, 國民大會準備會 副委員長 金俊淵」, 『東亞日報』 1945년 12월 2일자; 金俊淵, 1959, 『獨立路線』, 시사신보사. 김준연은 도쿄제대 독문과를 나와 독일 유학을 한 바 있는 엘리트로 제3차 조선공산당(ML당)에 가담했으나, 전향 후 반공·극우의 대표적 인물이 되었다. 특히 해방 후에는 다수의 모략·음모사건에 관계했으며, 1949년 김구 암살은 물론 1954년 신익희-조소앙의 뉴델리 밀회설의 배후로 이름이 오르내린 바 있다. 정판사 위폐사건 공판의 검사 김홍섭이 그의 사위였다.

송진우 등 한민당 계열은 일제의 패망과 해방에 대한 어떤 준비도 되어 있지 않았으니 설령 총독부의 '치안유지' 교섭을 받았다고 해도 이를 감당할 조직적 뒷받침이나 정책적 구상·준비·대책이 전무했다. 따라서 송진우가 총독부 측의 교섭을 거부한 것은 감당할 수 없는 일에 대한 두려움 때문이었을 가능성이 높다.[50] "친일 협력자였던 송진우, 김성수 등은 해방 직후에 민중의 심판을 두려워하여 정치무대의 표면에 나타날 수 없었다"는 주장도 있다.[51]

또한 후술하듯이 패전 후인 8월 17일부터 22일까지 총독부는 경북도지사 김대우(金大羽)를 중간에 내세워 여운형과 송진우의 합작을 추진했으며, 김대우는 친일파·우파·명망가 중심으로 건준을 치안유지회로 변경하는 방안을 구상했고, 송진우의 찬성을 얻은 바 있다.[52] 즉 송진우 측은 8월 12~13일에 여운형 측의 정백과 합작 논의를, 8월 17~22일에 김대우를 매개로 총독부 측과 건준의 치안유지회 변경 및 건준 참가 논의를 깊숙이 진행한 바 있다. 그렇지만 해방 이후 여운형과 건준이 주도하는 정국이 확연해졌고, 총독부를 매개로 한 치안유지회 참가가 무산되자, 여운형을 친일파이자 공산주의자라고 무고하기 시작한 것이다. 더 정확하게 말하자면 송진우 측은 여운형과 건준이 향유하고 있던 해방정국의

---

50 일제 말기 송진우 등 한민당 주요 관련자들의 회고록에는 이들이 일세의 패망과 한국의 해방을 준비한 일은 드러나지 않는다. 일제 탄압에 너무 분해 술을 마시고 이불을 뒤집어쓰고 한탄했다거나 침실에서 골패로 소일했다는 서술이 있다. 고하선생전기편찬위원회, 1990, 『독립에의 집념 - 고하 송진우 전기』, 동아일보사, 414~423쪽.

51 고영민, 1987, 『해방정국의 증언 - 어느 혁명가의 수기』, 사계절, 19쪽. 지은이는 고준석으로 해방 당시 경성일보 간부였다. 한편 서울 주재 러시아영사관에 근무했던 샤브시나는 송진우가 "제1차 세계대전 이후 일본에 살면서 도쿄 헌병대에 근무했다. 이후 그는 중국 북몽부에 있는 일본 군국주의지들이 괴래할 때 활동저으로 참여했다"라고 썼지만 (파냐 이사악꼬브나 샤브쉬나 지음, 김명호 옮김, 1996, 『1945년 남한에서』, 한울, 118쪽), 3·1운동기 송진우는 중앙학교 교장이었고 이후 동아일보 사장(1921)에 취임한 이래 언론인으로 활동했기 때문에 이는 사실이 아니다.

52 森田芳夫, 1964, 『朝鮮終戰の記錄 : 米ソ兩軍の進駐と日本人の引揚』, 巖南堂書店, 71쪽.

권력을 자신들이 차지할 수도 있었던 기회를 놓친 것에 대한 분노로 가득
차 있었다.

송진우 측은 해방 직후 여운형의 반복적인 협력 및 합작 제안도 거부
하고 아무것도 하지 않는 상태로 해방정국에 임했다. 해방 후 한민당이
할 수 있는 유일한 활동은 여운형이 "친일정권 수립을 음모한 공산주의
자"라고 끊임없이 공격하는 것이었고, 그 중심인물은 바로 송진우와 총
독부의 사전교섭설을 가장 크게 선전한 김준연이었다.[53]

여운형이 친일정권을 수립하려는 친일파라는 비난과 공산주의자라
는 비난은 양립 불가능한 것이지만 미군정이 혐오하고 경계하는 두 가지
범주를 결합함으로써 미군정에게 호소하고자 했다. 해방 후 한민당의 세
가지 길은 여운형을 친일파이자 공산주의자라고 공격하는 것, 자신들이
중경임시정부를 절대 지지한다고 주장하는 것, 그리고 미군정의 신뢰를
얻어 고위 관직을 차지하는 것이었는데, 뜻하지 않게 대성공을 거두게 되
었다.

셋째, 이만규·이동화·최하영·정상윤 등 건국동맹 측의 입장으로, 정
무총감 엔도로부터 8월 15일 치안유지 교섭을 제안받았으며, 여운형이
다섯 가지 조건을 내걸어 수락한 후 건준을 발족했다는 것이다. 즉 건준
이 조선총독부와의 타협의 산물로 탄생한 것은 사실이지만, 총독부 측의
제안인 과도적 시기의 치안유지라는 제한적 굴레에서 벗어나 한국인이
해방을 주체적으로 맞이할 수 있는 건국 준비의 공간을 마련해서 정권 수
립 운동으로 나아갔다는 것이다.[54]

---

53 김준연은 여운형이 1945년 6월 정무총감 엔도 및 보호관찰소장 나가사키와 함께 팔당에
    배를 띄워놓고 연안에 가서 마오쩌둥을 설득해 일본 및 소련과 연합해 영국과 미국을 공
    격할 것을 상의했으며(「國民大會準備會의 一年〔上〕副委員長 金俊淵」, 『東亞日報』 1946
    년 9월 7일자), 해방 당일 10시 창덕궁 경찰서 앞에서 자신을 만나 "공산혁명으로 일로
    매진하겠소"라고 발언했다고 주장했다. 「國民大會의 發端, 國民大會準備會 副委員長 金
    俊淵」, 『東亞日報』 1945년 12월 2일자.

여운형과 건국동맹 측의 입장은 총독부로부터 치안유지 협력을 요청 받았지만, 주체적 입장에서 타협한 후 정권 수립 및 건국 준비의 길로 나 아갔다는 뜻으로 볼 수 있다. 사실상 건준이 해방 공간에서 기여한 최대 의 공로는 한국인이 해방을 절감할 수 있는 집회·결사·언론의 자유, 해방 의 공간을 물리적으로 보장했다는 것이다. 즉 8월 16일 서대문형무소를 비롯한 전국 각지의 형무소에서 정치범 2만여 명이 풀려나 거리를 활보 하며, 수많은 한국인이 이 대열에 합류해 '조선 해방 만세'를 외치는 대규 모 시위 행진을 벌였음에도 불구하고 일본 경찰이나 헌병이 제지하거나 개입할 수 없는 상황이 펼쳐진 것이다. 한국인에게 진정한 해방의 날은 8월 16일 정치범과 독립투사들이 석방되어 서대문에서 종로까지 행진함 으로써 실현되었다. 여운형과 건준의 공로는 한국인이 일제의 패망이 한 국의 해방임을 실감할 수 있는 직관적 광경을 만들고, 한국인들의 정치· 경제·사회적 요구를 자유롭게 표현할 수 있는 시공간을 마련한 데 있었 다. 그것이 바로 해방의 공간이었다.

1945년에 접어들자 총독부 측은 이미 치안유지책과 우발 대책을 상 의하기 위해 여러 차례 여운형을 만났다. 일본군 참모본부의 대좌, 경무 국 도경찰부장, 경무국장 등이 여운형을 찾아와 시국 문제로 면담했으며, 여름에는 엔도 정무총감의 초청으로 회견하기도 했다. 이 자리에는 나가 사키 유조(長崎祐三) 검사와 백윤화(白允和) 판사가 동석했다. 시국 문제 는 대부분 치안유지책에 관한 것이었는데, "소련과 전쟁이 난다거나 미 군이 상륙하면 조선인이 폭동하지 않겠는가?"라는 질문이 주종이었고,

54 이만규, 1946 앞의 책: 여운홍, 1967, 앞의 책: 이기형, 1984, 앞의 책: 최하영, 1968,
「政務總監, 韓人課長 呼出하다」, 『月刊中央』 8월호: 이동화, 1900, 「8·15를 전후한 여운
형의 정치활동」, 『해방 전후사의 인식』, 한길사: 鄭相允, 1968, 「建準天下20日」, 『月刊中
央』 8월호: 宋南憲, 1964, 「不協和音의 政界山脈」, 『思想界』 12권 18호, 8월호: 李榮根,
「8·15解放前後のソウル」, 『統一朝鮮新聞』 1970년 8월 15일: 이영근, 1990, 「통일일보
회장 고이영근 회고록(상): 여운형·건준의 좌절」, 『월간조선』 8월호.

이에 대해 여운형은 일종의 국민의용군 같은 조선인 청년부대를 조직하고 조선인 유력자로 조선방위원을 선임해 독자성을 부여하고, 정치범 등을 석방하고 학생과 청년들을 가혹하게 다루지 말라고 요구했다. 여운형은 엔도의 요청으로 방위·치안·사상·식량에 관한 3,000자 논문을 써주었는데, 글은 고경흠이 쓰고 글씨는 이각경(李珏卿)이 썼다고 한다.[55]

여운형은 해방 후 정세에 대해서 다음과 같이 예상했다. (1) 일본 항복 후 일본인은 곧 조선에서 일반행정 및 치안에서 손을 뗄 것, (2) 일본 항복 후 연합군과 대표자가 곧 국내로 들어오고 연합국 대표가 서울에 모일 것, (3) 위의 사항이 빨리 실현될 것, (4) 소련군이 먼저 북한에서 행한 것처럼 미군도 남한에 들어와서 똑같은 방법으로 행정 일체를 조선인에게 이양할 것.[56]

이에 따라 여운형은 건국동맹을 발기자로 삼아 각계각층을 망라한 임시정부, 즉 과도정부를 수립하려고 계획했다. 이만규의 진술에 따르면 여운형은 8월 11일부터 본격적인 건국 준비 활동에 돌입한 것으로 판단된다. 이날 여운형은 연합군이 서울에 진주하면 네 가지 조건을 제시하겠다고 이만규에게 말했는데, (1) 연합군의 해방에 감사하지만 국내외 조선인 혁명운동의 공도 크다는 것, (2) 정권 수립에 내정간섭을 하지 말고 엄정 중립을 지켜달라는 것, (3) 조선 내 공장 및 시설은 적산이 아니라 조선인의 재산이라는 것, (4) 치안을 조선인에게 맡겨줄 것 등이었다.[57]

여운형의 측근으로 지근거리에서 건준에 관여했던 이천추(李千秋)는 여운형의 건국 준비 활동이 8월 10일경부터 시작되었다고 회상했다.

---

55   이만규, 1946, 앞의 책, 183쪽.
56   이만규, 1946, 앞의 책, 185쪽.
57   이만규, 1946, 앞의 책, 186~187쪽.

몽양 선생으로부터 연락을 받은 것은 8·15 해방 직전인 8월 10일경이었다. 장소는 혜화동의 남상일(南相一) 씨 자택이었다. 그는 당시 어느 통신사의 사장이었는데, 몽양과의 관계는 알지 못한다. 그러나 그는 나를 알고 있었다. 거기서 조동호를 위시해 이강국, 최용달 등 건국동맹의 대물급이 출입하고 있는 것을 보고 몽양이 신뢰하는 아지트임을 알았다. 나에게 말한 것은 "인간관계를 정리해보게"라는 것이었다. 인간관계라는 것은 각계각층 인명의 정리였다. 구체적으로 말하면 해방 후에 등장 배치될 인명록을 만드는 것이었다. 단 무엇보다 친일파는 배제하고 유능하고 청결한(흠결이 없는), 우선 중앙부터, 이어서 전국에 달하는 독립운동에 공로가 있는 인물의 명부를 만드는 것이었다. (⋯) 몽양이 알고 있는 것은 1923~1929년까지로 당시 서대문감옥에 빽빽이 들어차 있던 제1, 제2, 제3(ML당), 그리고 신간회의 광주학생대회사건, 간도공산당의 폭동에 관련되어 연행되었던 무리 등의 인명과 그 인품을 내가 점검하는 것이 목적이었을지 모른다.[58]

즉 8월 10일경부터 여운형의 지시로 해방 후 국가 건설의 임무를 맡길 각계각층의 인사명단을 정리하는 작업이 이뤄진 것이다. 친일파를 배제하고, 유능하고 흠이 없는 독립운동 경력자들의 명단과 인품을 평가했다는 것이다. 이 증언에서 이천추가 거론한 남상일은 당시 『매일신문』 기자였으며, 해방 후 국제통신과 합동통신의 상무를 지낸 바 있다. 이천추가 8월 10일에 만났다는 인물 중 조동호는 8월 4일 헌병대에 검거되었기 때문에, 최소한 이 일이 8월 4일 이전이거나, 해방 후에 만났던 일을 혼

---

58 李千秋, 『夢陽呂運亨先生を偲ぶ-彼の思想と行動』, 미간행 원고, 50~54쪽; 姜德相, 2019, 앞의 책, 286~287쪽.

동했을 가능성이 있다. 『여운형투쟁사』에 따르면 경성제대 출신 엘리트 공산주의자들인 최용달·이강국·박문규 등은 건국동맹원은 아니었지만 여운형의 권고로 "혁명·건국사업에 동지적 활동"을 하기로 한 인물들이었다.[59]

이 증언을 한 이천추는 본명이 이광(李珖)으로 서울청년회 간부 출신의 공산주의자다. 경기도 양주 출생으로 배재고보를 졸업하고 1922년에 일본 도요대학(東洋大學)에 유학했으며, 1924년 경성노동회, 1926년 조선공산당에 입당한 이래 경기도당 위원, 고려공산청년회 중앙위원 등을 지냈다. 1928년에 검거되어 1930년에 5년형을 선고받고, 1934년에 출소했다. 해방 후 이광은 건준 제1회 확대위원회 135명에 포함되었으며, 이정구와 함께 건준 양정부를 담당했다. 전국인민대표자대회에서 인공 전국인민위원 후보에 선정되었고(1945년 9월 6일), 서울시인민위원회 시민생활대책위원회 위원(1945년 11월)이 되었다. 1946년 2월 민주주의민족전선(민전) 중앙위원에 선출된 바 있다. 해방정국에서 건준, 인공, 민전에서 중앙간부직에 선임될 정도로 경력과 활동 배경을 지닌 인물이다.[60] 해방 후 일본으로 밀항했다가 감옥생활을 했고, 한국전쟁 이전에 월북해 『인민일보』 편집위원을 지내다가 홍콩을 거쳐 일본으로 갔다. 이후 조총련에서 활동했으며, 민족통일문제연구소를 설립해 김삼규와 함께 활동했다. 1950년대 조봉암 처형 반대, 1987년 양 김씨 단일화 운동에 이름을 올렸다.[61]

이천추가 남상일의 자택에서 만났다는 '건국동맹의 대물' 이강국은

59   이만규, 1946, 앞의 책, 176쪽.
60   강만길·성대경 엮음, 1996, 「이광」, 『한국사회주의인명사전』, 창작과비평사, 317쪽; 국사편찬위원회 한국사데이터베이스 검색 결과 종합. 『왜정시대인물자료』에 따르면 이광은 이영(李英), 정백(鄭栢), 신표성(愼杓晟) 등 장안파 및 건국동맹 관련 사회주의자들과 친밀했던 것으로 나온다.
61   류재순, 1990, 「이천추 – 마지막 사회주의자의 조용한 갈망」, 『월간 다리』 3월호.

이광(1930년). 국사편찬위원회 한국사데이터베이스.

1946년에 이렇게 회고했다.

> 왜군의 무조건 항복은 8월 12일경에는 결정적이었다. 그래서 총독부
> 로부터 여운형 씨에게 항복 후 치안을 확보하는 데 대한 책임을 져달
> 라는 요청이 있었는데 그때 교섭 내용은 치안유지회를 구성하되 그
> 당시 총독부 조선인 고관과 민간인 유지를 망라하도록 해달라는 뻔
> 뻔한 것이었다. 여 선생은 단연코 이를 거절하고 순연한 조선 애국
> 혁명가들로 구성할 것을 주장하고….[62]

즉 8월 12일경에 조선총독부가 여운형에게 총독부 한국인 고관과 민

---

[62] 「나의 8·15 회고(6) 民戰 李康國 씨: 활발하던 건준 탄생 전야, 환멸에서 희망의 세계로
  나서자」, 『자유신문』 1946년 8월 16일자.

간인 유지를 망라한 치안유지회를 조직해서 치안 확보에 도움을 달라고 요청했다는 것이다. 즉 친일파를 중심으로 치안유지회를 만들어 여운형을 얼굴마담으로 활용할 생각이었던 것이다. 이러한 진술은 당시의 상황에 비추어볼 때 설득력이 있다. 총독부 측이 8월 10일 본국의 포츠담선언 수락 사실을 인지한 후 종전 대책을 수립했다면 친일파 중심의 치안유지회를 만들어 여운형의 협력을 얻는 방식을 구상했을 가능성이 높다. 여운형은 좌파 및 청년·학생들에게 영향력이 있는 인물이었고, 건국동맹이라는 조직적 뒷받침도 되어 있는 상황이었기 때문이다. 나아가 여운형은 합리적인 대화가 가능한 독립운동가였다는 점도 총독부가 주목했을 것이다.

1957년 엔도 류사쿠는 해방 직전 조선총독부가 본격적으로 대책을 강구하기 시작한 것은 8월 13일경이라고 했다.

우선 내가 생각하는 것은 일본의 항복과 동시에 일시적으로 조선에 무정부상태가 이어질 것을 걱정했는데, 민중의 안녕질서를 어떻게 지킬 것인가가 제1의 목적이었다. 나는 1919년 3월 1일의 독립만세운동의 정황과 조선 민중의 마음속에 잠복해 있는 독립의 열망을 알고 있었기에, 만약 해방된 기쁨과 동반해 흥분하게 되면 무질서한 폭동도 일어날 우려가 다분했기에, 날짜는 분명히 기억할 수 없으나 확실히 13일에 경무국장을 중심으로 최고재판소의 검사장, 헌병대장 등 치안 관계자의 회의를 소집해 그 대책을 토의했다. 거기서 당시 조선 민중 사이에 명망이 높고, 과거 독립운동의 경력으로도, 그리고 나도 깊은 우정을 가지고 있고, 내가 평소 씨의 민족운동에 대한 이해와 존경의 마음을 가지고 있던 여운형 씨에게 치안 문제를 위탁하게 되었다. 그래서 8월 15일에 씨를 총독부에 초빙해, 정치범을 석방하는 것과 동시에 치안 문제에 대해 책임을 맡아줄 것을 요청했다.[63]

강덕상에 따르면 엔도 류사쿠가 여운형을 신뢰하게 된 것은 중국과의 화평교섭과 관련해 협의를 한 적이 있었고 여운형을 개인적으로 신뢰하고 있었기 때문이다.[64] 이천추는 여운형과 엔도 류사쿠가 8월 15일에만 만난 것이 아니라 8월 10일경부터 15일까지 지속적으로 여러 차례 만났다고 주장했다.

해방 직전 당시 여운형은 분망해서, 때때로 엔도 류사쿠(조선총독부 정무총감)로부터 호출이 있으면 회합하는 모양이었다. 그래서 8월 15일 아침, 또한 엔도로부터 전화가 있어서 몽양은 엔도의 관사에 갔다. 그날 정오에 일본 천황의 '포츠담선언'을 무조건 수락한다는 방송을 나는 남상일의 자택에서 들었다. 때는 왔다. 나는 준비를 완료해서, 후에 몽양의 지시를 기다리고 있었다. 나는 다음 날 계동의 임용상의 옛 저택(건국준비위원회 사무소)의 작은 서양식 건물로 출근했다.[65]

이천추에 따르면 여운형과 엔도의 면담은 8월 15일 한 차례에 그치지 않았다. 엔도는 8월 10일경부터 15일까지 권력 내부에서 혼란 방지책을 종종 협의했고, 엔도는 그 결과를 가지고 그때그때 여운형과 협의했으며, 여운형은 또한 그 내용을 건국동맹의 동지에게 전달해서, 직접 행동으로 옮길 준비를 했다는 것이다.[66] 이는 이강국이 얘기한 8월 12일경부터 총독부 측이 여운형에게 치안유지회 결성을 요청했다는 주장과

63   遠藤柳作,「政權授受の眞相を語る」,「宋氏への交渉は誤報」, 『國際タイムズ』 84, 1957년 8월 16일.
64   姜德相, 2019, 앞의 책, 287쪽.
65   李千秋, 『夢陽呂運亨先生を偲ぶ－彼の思想と行動』, 미간행 원고, 50~54쪽; 姜德相, 2019, 앞의 책, 288쪽.
66   姜德相, 2019, 앞의 책, 288쪽.

같은 맥락이다. 이와 관련해 이규태는 일본 측 연구 중 치안유지협력회라는 총독부 어용조직이 하룻밤 사이에 건준으로 간판을 바꿔 달았다는 주장을 소개하고 있는데,[67] 이는 1946년 이강국이 회고한 치안유지회와 일맥상통한다.

총독부 내에서 유일한 한국인 과장(농상국 농상과장)이었던 최하영은 8월 11일 엔도 정무총감이 자신을 불러서 종전 대책을 상의했다고 했다. 엔도는 자신이 8월 10일부터 조선 민족지도자 세 사람을 개별적으로 만나 의견을 청취했는데, 모두 초토전술을 해서라도 일본인과 생사를 같이 하겠다는 입발린 소리를 했다고 밝혔다.[68] 즉 최하영에 따르면 8월 10일부터 엔도 정무총감이 한국인 지도자들과 종전 대책 및 치안 대책을 논의하기 위해 접촉을 시작했다는 얘기였다. 또한 엔도 면담 직후 니시히로 경무국장은 최하영에게 "통치권을 조선인에게 어느 정도 이양한다면 누구에게 이양하는 게 좋겠느냐? 최 과장이 그 중간 역할을 해주면 좋겠어"라고 권유했다고 한다. 이에 최하영은 도쿄제대 선배로 만주국 폴란드 총영사를 지낸 박석윤을 소개했고, 박석윤이 여운형을 설득해 건준이 치안권을 이양받도록 했다고 주장했다.[69] 상해에 있던 박석윤은 당시 서울에 돌아와 있었다. 최하영은 박석윤이 만주국 폴란드 총영사를 지낸 후 "독립운동에 종사"했다고 했지만, 박석윤은 이강국이 지목한바 총독부가 구상한 치안유지회에 포함될 "총독부 조선인 고관"에 해당하는 인물이었다. 송진우는 해방 후 열린 각 정당 수뇌 간담회(1945년 10월 5일)에서 8월 12일경 박석윤과 일본군 참모를 만난 자리에서 총독부와 타합(打合)을 권유받았다고 했으니, 박석윤은 최하영의 추천을 받기 이전부터 총독부

---

67   吉野直也, 1990, 『朝鮮軍司令部, 1904∼1945』, 國書刊行會, 261쪽; 이규태, 2003, 「8·15 전후 조선총독부의 정책」, 『한림일본학연구』 8, 77쪽.
68   최하영, 1968, 앞의 글, 126∼127쪽.
69   최하영, 1968, 앞의 글, 128쪽.

의 복심으로 종전 대책 및 치안유지 협조책을 구하기 위해 한국인 민족주의자들과 접촉하고 있었다.[70]

이런 증언과 자료들을 종합해보면, 해방 직전 여운형과 엔도 등 총독부 핵심들과 종전 대책을 위한 협력과 논의가 있었던 것은 8월 15일 하루가 아니었으며, 최소한 8월 10일부터 15일까지 연속적으로 이루어졌을 가능성이 있다. 최초에는 총독부 한국인 고관과 친일파 중심의 치안유지회를 구성하는 방안에 대해 여운형과 논의를 시작했고, 협력의 가능성이 점쳐졌다. 이 과정이 8월 10일부터 14일까지 지속되었으며, 여기에 박석윤, 최하영 등 총독부 내 한국인 고관들이 중개 역할을 한 것으로 보인다.

그렇다면 송진우와 한민당은 왜 자신들이 총독부 측의 교섭을 받았다고 주장했는지를 다시 살펴볼 필요가 있다. 송진우 측은 여운형이 마치 2차 세계대전 때 프랑스의 페탱이나 중국의 왕징웨이, 필리핀의 라우렐처럼 외세에 부용한 반역·반민족정권을 수립하려 한 것처럼 비난했는데, 아마도 가장 큰 이유는 여운형이 해방 직전 총독부 측과 접촉하면서 동시에 송진우 측과도 협력을 모색했기 때문일 것이다.

관련자들이 모두 생존해 있던 1946년에 간행된 『조선해방연보』(朝鮮解放年報)는 여운형 측이 일제 패망에 따른 치안 및 민생 문제, 그리고 건국 준비를 위해 송진우 측과 8월 12일과 8월 13일 이틀에 걸쳐 비밀 교섭을 벌였으나 의견 대립으로 결렬되었다고 쓰고 있다.[71] 집필자 명단에 정백(鄭栢)이 포함되어 있으므로, '조선건국준비위원회' 항목은 정백 자신이 쓴 것으로 보인다. 이에 따르면 여운형을 대리한 정백이 송진우 측의 김준연을 만났으며, 다음과 같이 의견이 엇갈렸다고 한다.

70 「新朝鮮建設의 大道」, 1945, 『朝鮮週報』 1권 1호, 11쪽.
71 民主主義民族戰線, 1946, 『朝鮮解放年報』, 文友印書館, 79~80쪽; 이규태, 2003, 앞의 논문, 74쪽.

- 여운형 측 주장

(1) 일제는 이미 포츠담선언에 의하여 무조건 항복이 결정되었으므로 조선 인민이 자주, 자위적으로 당면한 보안 및 민생 문제를 위시하여 주권 확립에 매진할 것.

(2) 국내에서 적에 대항하여 항쟁했던 인민 대중의 혁명역량을 중심으로 대내외 혁명단체를 총망라하여 독립정부를 세울 것.

- 송진우 측 주장

(1) 왜정이 완전히 철폐될 때까지 그대로 참고 있을 것. 총독부가 연합군에게 조선의 정권을 인도하기 전까지는 독립정권을 허용하지 않으므로 적과 투쟁할 수 없음.

(2) 재(在)중경의 김구를 중심으로 한 임시정부를 정통으로 환영 추대할 것.[72]

여운형 측은 일제가 패망하니 보안 및 민생 문제인 치안과 식량 문제 등을 중심으로 대책을 수립하고, 국내외 혁명단체를 망라해 독립 준비, 곧 건국 준비를 해서 정부를 수립하자고 제안한 반면, 송진우 측은 일제가 망할 때까지 수수방관하고 임시정부를 추대하자고 맞섰다는 내용이다. 아무것도 하지 말고 수수방관하자는 송진우의 태도는 민족의 운명을 누군가가 결정해줄 때까지 기다리자는 이야기였다. 긴박한 정세에 임하는 민족 지도자나 정치가의 태도라고 보기 어려운, 극히 소극적이고 수동적인 반응이었다.

---

72 民主主義民族戰線, 1946, 위의 책, 79~80쪽; 이규태, 2006, 「해방 직후 건국준비위원회의 활동과 통일국가의 모색」, 『한국근현대사연구』 36, 11쪽. 『조선해방연보』의 편집위원 4명 중 이강국, 박문규, 최익한이 건준 간부 출신이므로 건준에 관한 기술은 이들의 사실확인을 거친 것이라고 볼 수 있다.

여운형을 대리해 김준연과 교섭했다는 당사자 정백은 1945년 말 비밀
보고서(1945년 11월 7일)에서 이날의 일을 다음과 같이 기록하고 있다.

> 8월 15일이 박두하기 5일 전부터 일본 항복설이 유력하게 전파되엿
> 다. 민족대회 관계의 여운형, 안재홍은 8월 12일 석방된 정백과 함께
> 협의하고, 독립에 대한 구체적 정책 수립을 준비하기 위하여 동아일
> 보파의 송진우와 합력의 필요를 실현코저 정백은 김준연을 만나 누
> 차 회의가 잇엇다. 송 측에서는 일본 정권이 완전 붕괴되기 전에 그
> 의 치하에서 준비되는 정권은 폐탄 정권의 위험이 잇슴으로, 임시정
> 부가 오기를 기다리겟다고 협력을 거부하엿서다. 그것은 큰 오해엿
> 다. 시세추종주의엇다. 항적(降敵) 압혜 건국 준비는 민주주의 전선
> 에 결부되는 반제적이며 혁명적인 것이다.[73]

정백의 진술에서도 (1) 8월 10일부터 일본 항복설, 즉 포츠담선언 수
락설이 유력하게 전파되었다는 점, (2) 8월 12일 여운형, 안재홍, 정백
등은 독립을 준비하기 위해 동아일보파의 송진우와 합력하기 위해 김준
연과 수차례 회의를 가졌다는 점, (3) 송진우 측은 일본 붕괴 전에 정권
수립은 불가하며, 임시정부를 기다리겠다며 협력을 거부했다는 점 등이
확인된다. 즉 일제의 포츠담선언 수락 및 항복설이 퍼진 이후 여운형 등
은 건국 준비를 추진했지만, 송진우 측은 일본의 완전 붕괴 이전에는 움
직이기를 거부하고 임시정부의 귀국을 희망한다며 반대했다는 것이다.

---

[73] 鄭栢, 「八月 十五日 朝鮮共産黨 組織經過 報告書」(1945년 11월 7일), 1993, 『조선공산
당문건자료집(1945~46)』, 한림대학교 아시아문화연구소, 7쪽. 이 문서는 한국전쟁
기 미군이 확보한 북한노획문서철에 포함되어 있다. RG 242, Korean Documents,
No.201232 「朝鮮共産黨文件」. 이 문서 꾸러미는 미군 ATIS가 1950년 11월 6일 평양에
서 노획한 것이다.

민족대회에 대해 정백은 "여운형, 안재홍, 정백 등이 패퇴하는 총독부 적진의 최후 발악인 박해와 음모를 역이용하면서 내선일체 반대, 민족자주를 고조하여 민족대회 소집을 운행하다가 적의 제지를 받은 것"이라고 설명하고 있다. 1945년 연안과 중경에서 개최 준비 중이던 해외독립운동자대회의 연장선상에서 국내에서도 민족대회 개최를 추진했던 것으로 보인다.[74] 안재홍도 자신과 여운형이 해방 직전에 민족대회를 추진했다고 밝힌 바 있다.[75] 같은 맥락에서 정백은 8월 17일 건준 설립을 "민족대회 소집 추세의 발전"이었다고 기록하고 있다.[76]

그런데 8월 12일과 13일이라면 여운형과 총독부 사이에 치안유지에 관한 협력, 즉 치안유지회 혹은 치안유지협력회 이야기가 오가는 상황이었으므로 비밀교섭이었을 가능성이 있다. 송진우 측은 여운형과 총독부 측 사이에 오고 간 치안유지회 혹은 치안유지협력회 수준의 조직과 조건을 듣고 여운형이 주도하는 총독부 합작의 종전 대책을 거부했을 것이 분명하다. 여운형 측은 건국동맹 이래 구상해온 건국 준비를 염두에 두고 총독부와 협의하면서, 다른 한편으로는 송진우 측과도 연합을 모색했지만, 송진우 측에서는 건국동맹의 복화술을 알아듣지 못한 채 총독부와의 협의 상황만 파악하고 거부의사를 밝힌 것으로 볼 수 있다. 그런데 막상 해방이 되어보니 조직된 것은 총독부 중심의 치안유지회가 아니라 말 그대로 '건국준비위원회'였던 것이다.

송진우 측이 느꼈을 배신감과 당혹감은 아마도 해방 후 총독부 측이 건준 측에 느꼈을 배신감을 능가했을 것이다. 해방 후 송진우 측은 자신이 총독부 측의 교섭을 거부했음을 강조했지만, 사실상 8월 12일과 13일

74   정병준, 2009, 앞의 책.
75   安在鴻, 「八·一五 당시의 우리 政界」, 1983, 『民世安在鴻選集』 2, 지식산업사, 473쪽; 김인식, 2005, 『안재홍의 신국가건설운동』, 선인, 45~58쪽.
76   鄭栢, 1993, 앞의 글, 8쪽.

여운형 측과의 교섭 과정에 관한 정보 누락이나 불충분에 대해 불만이 폭발했을 것이다. 여운형 측 교섭을 친일적 치안유지 수준에서 생각해 거부했는데, 해방이 되어 뚜껑을 열어보니 사실상 행정권이 이양된 상황이었기 때문이다. 반면 여운형 측은 8월 15일 총독부와 5개 조의 극적인 타협만 강조했을 뿐, 8월 10일부터 14일 사이에 있었던 총독부와의 교섭에 대해서는 침묵을 지킨 셈이다.[77]

정백은 물론 당시 상황을 기술한 다수의 회고와 기록에서 조선총독부와 송진우 측의 접촉을 증명하거나 설명하는 자료는 나타나지 않는다. 오직 김준연의 기록에서만 그런 주장이 강하게 제시되고 있다. 그런데 김준연은 정백 측과 접촉한 것이 사실이므로, 만약 총독부가 송진우와 접촉했다면, 김준연은 정백과 비밀리에 회동했을 때 자신들이 이미 총독부와 접촉해서 치안유지 협력 제안을 거부했음을 강조했을 것이다. 그런데 김준연은 어떤 글에서도 자신이 정백과 해방 직전 비밀리에 교섭했다는 사실을 기록하고 있지 않다.[78] 상황이 이러하므로 김준연이 주장하는 8월 10일부터 14일까지 총독부 관계자와 송진우·김준연의 교섭은 사실상 김준연이 정백과의 회동에서 들은 이야기를 총독부 측의 이야기로 윤색했을 가능성도 있다.

여운형은 8월 4일 서울에서 조동호·황운·이석구 등이 검거되고, 지방에서도 김창숙 등이 검거되자, 최근우, 김세용(金世鎔), 이여성, 이상백(李相白), 김기용(金麒鎔), 이만규(李萬珪) 등으로 중앙부를 재건했다.

---

77 이만규는 "1945년 8월 14일에 경무국장이 權○○더러 '일본이 항복하게 되니 呂運亨더러 독립운동 준비를 하라'고 이르는 말"을 들었고, 8월 15일 엔도를 만났다는 내용만 기술하고 있다. 여기 나오는 권○○은 권태석일 것이다. 이만규, 1946, 앞의 책, 188쪽.

78 김준연이 정백을 거론한 것은 1945년 8월 15일 오후 3시경 "건준 조직부장 정백"이 자신에게 "소련군이 곧 경성에 들어오고 우리가 곧 내각을 조직할 터인데 당신이 후회하지 안겠소?"라고 발언했다는 대목뿐이다. 「解放과 政治運動의 出發(上)」, 白南教」, 『동아일보』 1946년 8월 15일자. '白南教'는 김준연의 오식이거나 필명이다.

8월 10일 이후 정세가 긴박하게 돌아가기 시작했고, 총독부 측의 협의 요청이 이어졌기 때문이다. 속칭 재건된 중앙 간부는 이전 간부진을 전혀 알지 못했고, 개별 재건위원들도 자신의 임무만을 알았을 뿐 다른 위원의 존재를 모르는 경우가 있었다.

이천추는 8월 10일경부터 남상일(南相一)의 혜화동 자택에서 조동호, 이강국, 최용달 등이 출입했다고 증언했으며, 여운홍은 8월 9일부터 운니동 송규환(宋圭桓)의 집에서 이상백, 이여성, 양재하, 이동화, 이정구, 김세용 등 "젊은 학자들이" 모여 정치·경제·문화·농업 등 각 분야에 걸친 전문적 조사 연구를 시작했다고 썼다.[79] 8월 10일 전후 여운형을 중심으로 하는 건국동맹의 건국 준비 작업이 여러 장소에서 비밀리에 동시다발적으로 진행되고 있었던 것이다.

여운형은 8월 11일 이만규에게 독립선언문 작성을 부탁했다. 조동호가 맡기로 했던 일인데, 그가 검거되는 바람에 이만규가 대신하게 된 것이다. 이만규가 준비한 이 제2의 3·1독립선언은 "사람이 사람을 누르지 못하고 개인이 개인을 착취하지 못하며 친일파는 배제하되 저급관리 중 악질이 아닌 사람은 포용"하는 민주주의 국가 건설, 개인 평등, 친일파 배제, 국내적 절대평등 및 융화, 국제적 선린외교를 추구했다.[80] 이만규는 8월 15일 오전 독립선언문을 청서(淸書)하다가 해방을 맞았다. 또한 여운형은 이여성과 김세용에게 국호와 국기의 제정을 맡겼다. 모두 8월 10일 이래 급격하게 변하는 정세에 대응한 여운형과 건국동맹의 움직임이었다.

즉 여운형은 1943년 이래 건국 준비 활동에 전념하고 있었는데, 1945년 8월 10일 일본의 포츠담선언 수락 소식이 전해지자 세 방면으로

---

79   여운홍, 1967, 앞의 책, 133쪽.
80   이만규, 1946, 앞의 책, 189쪽.

건국 준비 작업을 구체화했다. 첫째, 1945년 8월 10일부터 조선총독부 측으로부터 요청을 받고 치안유지 협력 문제를 협의하면서 총독부 측이 원래 의도했던 친일파 중심의 치안유지회 계획을 상황 대응적 방향으로 조정했다. 둘째, 건국동맹 내부에서는 식량 대책·치안대 등 현안 문제에 관한 준비된 대책을 실행에 착수하게 하는 동시에 독립선언문·국호·국기 제정 등 본격적인 건국 준비 사업을 진행했다. 셋째, 송진우 및 한민당 계열과 건국 준비에 관해 여러 차례 연합을 시도했다. 그리고 일본의 패전이 확정되는 순간 사실상 행정권 이양 및 포기에 해당하는 5개 조건을 제시해 총독부의 동의를 이끌어냈다.

여운형은 총독부와 협의하는 태도를 취하면서, 8월 15일 친일 협력적인 치안유지회의 성격을 건국준비위원회로 완전히 전환한 것이므로, 건준은 짧게는 8월 10일부터 8월 15일까지 여운형-총독부 간 협의의 귀결이었으며, 길게는 1943년 8월 이래 여운형의 건국 준비 활동의 종착점이었다. 바꿔 말하면 여운형은 이미 구상하고 있던 '건국 준비' 작업을 시기와 기회를 정확하게 포착하여, 총독부의 친일적 치안유지 협력을 건국준비위원회로 탈바꿈시킨 것이다. 이런 점이 바로 여운형의 장점이자 특기였지만, 정적들에게는 유연함을 넘어 기회주의적이고 친일적인 태도로 공격받는 빌미가 되었다. 그 결과 구체제 일제의 통치와 해방의 공간이 연결되었으며, 총독부와 여운형 양쪽이 타협한 결과 건국준비위원회가 탄생했다.

건준은 조선총독부와 타협한 결과 탄생했지만, 『데미안』의 유명한 문구처럼 조선총독부의 체제와 식민 통치의 공간을 완벽하게 파괴하고 태어난 것이다. 새로 태어난 건준이 어디로 가게 될지는 시대와 조건에 달려 있었다.

일제의 패망·한국의 해방·건국준비위원회의 출범

1) 여운형과 총독부의 합의: 치안유지와 건국 준비의 간극

8월 10일 천황제 유지를 조건으로 포츠담선언을 수락한다는 일본 외무성의 통보는 연합국에 의해 거부되었다. 일본이 취할 수 있는 유일한 선택지는 '무조건 항복'뿐이었다. 그러나 연합국, 특히 미국의 외교·군사 전문가 중에는 일본 사정에 정통한 지일파가 적지 않았다. 필리핀 총독, 국무장관, 전쟁부장관을 역임한 원로 정치인 헨리 스팀슨(Henry L. Stimson) 전쟁부장관이 교토에 원자폭탄을 떨어뜨리는 안을 반대했다는 일화는 잘 알려져 있다. 1893년 신혼여행차 일본에 갔을 때 교토를 직접 방문했고, 1929년에는 국무장관 임명자로 도쿄를 방문했던 스팀슨은 일본인의 정신적·문화적 도시인 교토를 파괴할 경우 일본인들의 적개심을 자극할 것을 우려했다.

　일본의 조건부 항복에 대한 정식 회답은 스웨덴 정부를 통해 미국에 전달되었다. 포츠담선언을 수락하지만 천황제 유지를 보장해달라는 조건이었다. 트루먼 대통령은 조건부 항복은 있을 수 없으며 무조건 항복이어야 한다고 결정했다. 하지만 일본에게 전달된 미국 측 회답의 4항은 "궁극적인 일본의 국가 체제는 일본 국민이 자유롭게 표명한 의사에 따라 정해질 것이다"라고 명시함으로써 전후 일본에서 국민의 자유선택에 따라 천황제 유지가 가능하다는 것을 시사했다. 일본에 보낼 회답은 영국, 호주 등 영연방국가, 중국 등에 통보되었는데, 영국은 일본군의 무장해제를 위해서 천황제 유지가 필요하다는 의견을 제시하며 천황을 상징으로 인정하고 군벌을 제거해야 한다는 의견을 제시했다. 호주는 천황을 법정에 세우고 통치권을 박탈해야 한다는 입장이었고, 중국도 천황의 항복문서 서명을 요구했다. 그러나 미국은 영국의 입장을 확인하고 그대로 밀고 나갔다.[81]

8월 14일 오전에 열린 어전회의에서 소위 "천황의 성단"으로 포츠담 선언 수락과 무조건 항복이 결정되었다. 정오에 회의가 끝났고 참석자들은 모두 울었다. 일부 군인이 궁정 쿠데타를 시도했지만 곧 진압되었고, 다음 날 정오에 방송될 천황의 항복 선언 원고가 녹음되었다.

8월 14일 오후 11시 포츠담선언을 수락한다는 천황 조서의 원고가 도메이통신 경성지국에 전화로 통보되었다. 니시히로 경무국장은 이를 확인한 후 엔도 정무총감에게 보고했다. 니시히로는 추후에 일어날 수 있는 사태에 대한 대비책을 설명하고 엔도의 동의를 얻었다. 이날 밤 엔도 정무총감은 경성보호관찰소장 나가사키 유조 검사에게 전화해 다음 날인 15일 오전 6시에 여운형과 함께 관저로 와달라고 통지했다. 여운형에게 치안유지의 협력을 의뢰하기 위해서였다. 8월 15일 오전 6시 반, 나가사키 보호관찰소장은 여운형과 동행했으며, 일본어를 잘 못하는 여운형을 위해 경성지방법원 백윤화 판사가 통역으로 배석했다.[82]

---

81   하세가와 쓰요시(長谷川毅), 2019, 앞의 책, 431~473쪽; 「포츠담선언 수락을 둘러싼 연합국과 일본정부 사이의 외교 서한」, 『매일신보』 1945년 8월 16일자.

이후에 전개된 여운형과 엔도 정무총감의 회담은 화자에 따라서 차이가 난다.

먼저 여운형은 8월 16일 휘문중학교 운동장에 모인 군중에게 연설하면서 다음과 같이 설명했다.

조선 민족해방의 날은 왔다. 어제 15일 아침 8시 엔도 조선총독부 정무총감의 초청을 받아 "지나간 날 조선 일본 두 민족이 합한 것이 조선 민중에 합당하였는가 아닌가는 말할 것이 없고 다만 서로 헤어질 오늘을 당하여 마음 좋게 헤어지자. 오해로서 피를 흘린다던지 불상사가 일어나지 않도록 민중을 잘 지도하여달라"는 요청을 받았다.

나는 이에 대하여 다섯 가지 요구를 제출하였는데 즉석에서 무조건 응락을 하였다. 즉

(1) 전 조선 각지에 구속되어 있는 정치 경제범을 즉시 석방하라.

(2) 집단생활인만치 식량이 제일 문제이니 8월, 9월, 10월의 3개월 치 식량을 확보 명도하여달라.

(3) 치안유지와 건설사업에 있어서 아무 구속과 간섭을 하지 말라.

(4) 조선 안에 있어서 민족해방의 모든 추진력이 되는 학생 훈련과 청년조직에 대하여 간섭을 말라.

(5) 전 조선 각 사업장에 있는 노동자를 우리들의 건설사업에 협력시키며 아무 괴로움을 주지 말라.

이것으로 우리 민족해방의 첫걸음을 내디디게 되었으니 우리가 지난날에 아프고 쓰렸던 것은 이 자리에서 모두 잊어버리자. 그리하여 이 땅을 참으로 합리적인 이상적 낙원으로 건설하여야 한다. 이때 개인의 영웅주의는 단연코 없애고 끝까지 집단적 일사불란의 단결로 나

---

82   森田芳夫, 1964, 앞의 책, 69쪽.

아가자. 머지않아 각국 군대가 입성하게 될 것이며 그들이 들어오면 우리 민족의 모양을 그대로 보게 될 터이니 우리들의 태도는 조금도 부끄럽지 않게 하여야 한다. 세계 각국은 우리들을 주목할 것이다. 그리고 백기를 든 일본의 심흉을 잘 살피자. 물론 우리들의 아량을 보이자. 세계 신문화 건설에 백두산 아래에 자라난 우리 민족의 힘을 바치자. 이미 전문대학 학생의 경비원은 배치되었다. 이제 곧 여러 곳으로부터 훌륭한 지도자가 오게 될 터이니 그들이 올 때까지 우리 는 힘은 적으나마 서로 협력하지 않으면 안 될 것이다.[83]

이만규의 기록에는 엔도 정무총감이 여운형을 불러놓고 비장한 낯빛으로 "일본은 이제 패전하였다. 오늘이나 내일로 곧 발포되겠다. 그대는 치안을 맡아가라. 이제부터 우리의 생명 보전은 그대에게 달렸다"라고 발언한 것으로 나온다.[84]

여운형의 연설에는 "민중을 잘 지도하여달라"로 되어 있고, 이만규의 글에는 엔도가 먼저 "그대는 치안을 맡아가라. 이제부터 우리의 생명 보전은 그대에게 달렸다"로 되어 있다. 여운형은 자신이 정치범 및 경제범 석방과 3개월치 식량 유지 등 다섯 가지 조건을 요구해 관철시켰다고 설명했다. 여운형이 미리 준비해둔 다섯 가지 조건을 제시했고, 엔도 정무총감이 이를 수용했다는 것이다.

총독부 정무총감, 경무국장 등과 단독으로 회담하면서도 당당하게 요구 조건을 제시해 관철시켰다는 여운형과 이만규의 설명은 해방정국을 주도하는 여운형의 정치가로서의 대담성과 도량, 정국을 바라보고 개척하는 높은 시야와 능력을 보여주기에 충분하다. 단기필마로 엔도 정무총

---

83   「건준위원장 呂運亨, 엔도와의 회담경과 보고」, 『매일신보』 1945년 8월 16일자.
84   이만규, 1946, 앞의 책, 188쪽.

감 등 총독부 고관들에게 행정권 이양을 주장해 관철시킨 독립운동가이자 정치인으로서의 위광이 비치는 것이다.[85]

다음은 총독부 고위 관리들의 증언에 따른 모리타 요시오의 설명이다.

엔도 정무총감은 여운형을 제2면회실로 안내했다.

"오늘 12시 '포츠담선언'을 수락하는 천황의 조칙이 내릴 것이오. 그리고 ① 늦어도 17일 오후 2시경까지는 소련군이 서울에 입성할 것 같소. 먼저 일본군의 무장을 해제하고 형무소의 정치범을 석방할 것이오. 이렇게 되면 두 민족의 충돌이 일어날지도 모르겠소. 우리는 불상사를 사전에 방지하기 위해 ② 사상범이나 정치범을 미리 석방하고 싶소. ③ 연합군이 들어올 때까지 치안유지는 총독부가 맡겠지만 측면에서 협력해주길 바라오."라고 말했다. 이에 대해 여운형은 "기대에 부응하도록 노력하겠다"고 답했다.

이때 방에 들어온 니시히로 경무국장도 참석해서, 석방을 하기 전에 사상범과 정치범에게 망동하지 말아달라는 것과 민중 가운데 특히 청년과 학생이 폭동의 중심이 될까 우려하여 이들에게 냉정을 유지하라고 설득해줄 것을 여운형 씨에게 의뢰했다. 또한 ④ 엔도 정무총감은 여운형 씨로부터 안재홍 씨에 대해 "함께 치안유지에 협력해달라"는 전언을 의뢰하고 자리를 떠났다.

그다음에 니시히로 경무국장은 여운형 씨에게 "치안유지 협력에 필

---

85 안재홍은 이렇게 평했다. "대체 몽양은 일본인 정객 또는 장관급 군인 등을 함께 만나서 천하대세를 논하고 자기의 포부를 말하고 하는 총론식 추론에는 가다가 일품이라고 칭찬해 좋을 만치 당당한 바 있었으나, 각론적인 구체론은 얼만큼 명상(明爽, 밝고 시원함)을 결(缺)하는 바 없지 않았다." 안재홍, 1981, 「몽양 여운형 씨의 추억」(1947년 9월), 『민세 안재홍 선집』 2권, 204쪽.

요하면, 조선인 경찰관을 당신 밑으로 옮겨도 좋다"고 했다. ⑤ 여운형 씨로부터 식량 문제에 대해 질문이 있자, 니시히로 경무국장은 "10월까지는 괜찮다"고 답했다. 또한 ⑥ "치안유지법에 걸려 경찰서·헌병대에 유치되어 있는 사람들을 석방하고 싶다"는 요구에 "그것은 물론이다. 형무소에 있는 사람조차 석방할 것이다"라고 답했다. ⑦ "집회의 금지를 풀어줬으면 한다"는 여운형 씨의 말에 니시히로 경무국장은 집회의 자유를 약속했다. 또한 여운형 씨는 "석방자에 대해 성실하게 건국에 노력하도록 나 자신이 한마디 말하고 싶다"고 희망했다.

회담을 마치면서, 여운형 씨는 니시히로 경무국장에게 "건강을 기원한다"며 악수를 나눴다.[86]

모리타의 기록은 여운형이나 이만규의 기록과는 사실관계가 다르고, 뉘앙스도 상당히 다르다. 모리타의 기록을 여운형 및 이만규의 기록과 비교해서 그 의미와 차이점을 정리하면 다음과 같다.

첫째, 엔도 정무총감의 발언에서 가장 주목할 점은 8월 17일 오후 2시까지 소련군이 서울에 들어올 것으로 예상했다는 것이다. 엔도가 어떤 근거에서 이런 발언을 했는지는 알 수 없다. 나아가 여운홍에 따르면 해방당일 여운형이 엔도로부터 조선이 분단되고 한강을 경계로 미소 양군이 분할점령하며, 경성은 소련군의 점령지역이 될 것이라는 말을 들었다고 한다. 또한 1961년 여운홍이 도쿄에서 엔도를 직접 만나 문의했더니 "도쿄 내무성에서 온 전보에 조선이 분단점령된다"는 내용이 있었다는 것이다.[87] 한반도 북부에서 교전 중이던 소련군의 경성 점령은 예상 가능한

---

86   森田芳夫, 1964, 앞의 책, 70~71쪽.
87   여운홍, 1967, 앞의 책, 136~137쪽.

일일 수도 있지만, 8월 15일 시점에서 한반도 분단을 일본 내무성과 총독부가 인지했다는 것은 사실이 아니다.

38선 분할을 포함한 연합군 일반명령 제1호는 8월 10일 초안이 작성되었고, 8월 11일과 12일에 국무부·전쟁부·해군부 3부 조정위원회의 여러 회의에서 검토되었으며, 8월 14일 3부 조정위원회의 승인을 받은 후 대통령의 재가를 받았다. 이후 8월 15일 마닐라의 연합군 최고사령관 맥아더 장군에게 송부되었고, 동시에 영국과 소련 정부의 동의를 받았다. 일반명령 제1호가 맥아더에 의해 공표된 것은 1945년 9월 2일이었다.[88] 일본 정부가 일반명령 제1호를 인지한 것은 1945년 8월 20일 항복조항 접수차 마닐라에 파견된 참모차장 가와베 도라시로(河邊虎四郎)가 맥아더를 만난 이후였다. 맥아더로부터 일반명령 제1호를 접수한 일본 정부는 38선 분할과 미소의 한반도 분할점령 사실을 8월 22일 내무차관을 통해 조선총독부 정무총감에게 통보했다.[89] 한국인들은 8월 20일 서울에 살포된 웨드마이어 장군 명의의 전단을 보고 미군이 진주할 것이라는 사실을 알았다.[90] 상황이 이러하므로 엔도가 38선 분할을 내무성 전보를 통해 인지한 것은 8월 22일이었음이 분명하다.

『주한미군사』(HUSAFIK)는 소련군이 8월 16일 경성에 도착하고 미군은 8월 17일에 도착해 양군의 경성 공동점령에 관한 소문이 있었고, 8월 15일 소련이 점령한 북한 지역의 해적방송이 서울에 즉시 임시정부가 수립될 것이며, 임시정부 주요 구성원 3명이 8월 16일 경성역에 도착할 것이라고 보도해서 군중이 경성역으로 달려갔다고 기술했다.[91] 일본전화통신공사(日本電信通話公司)가 펴낸 자료집에 따르면 8월 15일 경성 주

---

88   김기조, 1994, 앞의 책, 266~267쪽.
89   山名酒喜男, 1956, 『朝鮮總督府終政の記錄』, 中央日韓協會, 25쪽.
90   森田芳夫, 1964, 앞의 책, 266쪽.
91   『주한미군사』(HUSAFIK) 2부 2장, 9~10쪽.

재 소련 영사 니콜라이가 경성중앙전화국장 스즈키에게 원산역장과의 전화 통화를 요청했고, 원산역 역장과 통화 중에 소련군의 원산 통과 여부를 문의한 후 "우리 나라 군대가 오후 5시까지, 늦어도 밤 8시까지는 경성에 도착할 것"이라는 말을 남기고 사라졌다고 한다.[92] 여하튼 총독부 간부들은 8월 15일 이후 소련군의 서울 점령을 예상할 수밖에 없었을 것이다. 미군은 오키나와에 주둔하고 있었고, 한반도의 분할점령이란 생각하기 어려운 상황이었기 때문이다. 여운형에게 치안유지 협력을 부탁한 것도 소련군의 한반도 석권을 기정사실로 받아들였기 때문일 것이다.

둘째, 모리타는 정치범과 사상범의 석방이 최초에는 엔도 등 총독부의 대책으로 구상되었다고 기록하고 있다. 모리타의 설명에 따르면 이는 8월 10일 일본의 포츠담선언 수락 소식이 전해진 후 니시히로 경무국장이 생각한 복안(腹案)이었다. 소련군이 들어와 적색정권을 세우면 당연히 정치범과 사상범이 석방될 것이므로 총독부가 선제적으로 대응해야 한다는 것이었다. 8월 14일 오후 11시경 일본의 포츠담선언 수락과 무조건 항복 결정이 도메이통신으로 전달되자, 니시히로 경무국장은 즉시 엔도 정무총감에게 보고했고, 엔도는 정치범과 경제범의 즉각 석방 문제를 미즈노(水野) 고등법원 검사장, 고우치(高地) 조선헌병대사령관에게 양해를 구했고, 미즈노가 하야타(早田) 법무국장에게 통보했다. 이때가 8월 15일 오전 3시였다.[93] 그러나 여운형 측의 기록은 이와 확연히 다르다.

이만규에 따르면 여운형이 엔도 정무총감에게 정치범의 석방을 요구했는데, 엔도는 "연합군이 들어올 때까지 두겠다"고 대답했다는 것이다. 그런데 여운형이 당일 석방을 강력하게 주장해 승낙을 받았다는 것이다.[94] 나아가 현장에서 정치범과 사상범의 석방을 주도한 것은 여운형이

---

92   日本電信通話公司, 1965, 『電氣通信史資料』 II, 朝鮮之部 12章.
93   森田芳夫, 1964, 앞의 책, 69쪽.

었다. 여운형은 8월 15일 자신이 두 차례 투옥되었던 서대문형무소를 찾아가 정치범과 사상범의 석방을 교섭했지만, 준비 미비로 성사되지 못했다. 이튿날인 8월 16일 여운형이 다시 서대문형무소를 찾았고, 2,000여 명의 독립투사들이 석방되었다. 이들은 서대문에서 종로까지 행진했다. 독립투사들이 옥에서 풀려나 자유롭게 대로를 활보하는 모습은 일제의 패망과 한국 해방의 직관적인 광경을 만들어냈다. 한국인들이 이들을 환영하며 해방 만세, 독립 만세를 외쳤지만, 어떤 일본인도 경찰도 이들을 제지하지 않았다. 정확히 말하면 일본인은 거리에서 자취를 감추었다. 전국의 정치범과 사상범이 석방된 것은 여운형과 건준의 첫 번째 공로가 되었다.

셋째, 엔도는 여운형에게 "치안을 맡아가라"(이만규의 설명)고 한 것이 아니라 "연합군이 들어올 때까지 치안유지는 총독부가 맡겠지만 측면에서 협력"해달라고 요청했다. 측면 요청을 한 것은 여운형에게 치안 보조 역할을 주문한 것이다. 총독부 측이 여운형에게 기대했던 역할은 사상범·정치범, 청년·학생들이 석방된 뒤 폭동을 일으키지 않고 냉정을 유지하도록 설득하는 것이었다. 총독부 측이 보기에 여운형은 소련 진주에 대비해 좌파적이며, 청년과 학생들에게 영향력을 미치면서도, 총독부와 합리적으로 대화하고 타협할 수 있는 인물이었다.

그런데 총독부의 계산대로 일이 흘러가지 않았다. 일제의 패망이 선언된 순간 거의 모든 한국인 경찰이 출근하지 않고 숨어버린 것이다. 일선의 경찰과 행정력은 서울과 지방을 막론하고 일순간에 중단되었다. 여운형이 조직한 건준 치안대가 치안을 담당했으며, 지방에서도 보안대나 치안대 등 다양한 명칭의 조직이 이를 담당하기 시작했다. 이들은 또 행정기관을 접수하고 '적산'을 접수하기 시작했다. 누구도 저지할 수 없는

---

94   이만규, 1946, 앞의 책, 191쪽.

해방의 순간, 정권이양의 순간이 전국적으로 벌어진 것이다. 이는 총독부가 원하던 바가 아니었지만, 건준이 총독부의 허가와 승인을 받은 조직이었으므로, 총독부가 통제하거나 저지할 수도 없는 기이한 상황의 소산이었다.

넷째, 총독부 측 증언에 따르면 엔도 정무총감이 여운형에게 안재홍과의 협력을 요청한 것으로 되어 있다. 여운형과 안재홍은 불굴의 항일투사로 일제시기 신문사 사장을 지내며 같이 항일투쟁을 했지만, 여운형은 좌파적 경향이 강한 반면 안재홍은 비타협적 민족주의자의 전형으로 불릴 만큼 우파적 경향이 강했다. 여운형은 건국동맹 조직 활동 과정에서 안재홍에게 "자신있게 비밀을 지킬 200여 명의 동지가 있으니 지하조직을 만들자"고 제안했으나 안재홍이 거절했다. 이후 안재홍은 여운형과 함께 민족자주·호양협력(互讓協力)·마찰방지 3개 항을 가지고 일제 당로(當路), 즉 일제 당국자와 여러 번 절충을 했다는 것이다.[95] 이는 해방 후 한민당 등이 비난한 여운형·안재홍과 총독부의 교섭을 뜻한다.

안재홍은 해방 직후 '민·공협동론'을 내세우며 민공협동으로 민족해방의 완성, 민족자주 독립국가의 완성을 주장하며 "민족주의자를 일선에 당로(當路)케 하고 좌방(左方) 제군은 제2선에 후퇴하라"고 수시로 강조했으며, 중경임시정부를 지지해 신정부를 수립하자고 주장한 바 있다. 또한 이승만이 귀국한 후 독립촉성중앙협의회의 핵심 주역이 되었다.[96] 해방 직후 안재홍의 노선은 '중경임시정부 영립보강론(迎立補強論)'으로 대표되는데,[97] 이런 중도우파적 입장의 안재홍이 건준에 합류한 것은 엔도

95   안재홍, 1981, 「몽양 여운형 씨의 추억」(1947년 9월), 앞의 책, 204쪽.
96   안재홍, 1981, 「민정장관을 사임하고」, 앞의 책, 261쪽; 안재홍, 1981, 「8 15 당시의 우리 정계」, 앞의 책, 474쪽; 정윤재, 1992, 「해방 직후 한국 정치사상의 분석적 이해 – 안재홍·백남운 정치사상의 비교분석」, 『한국정치학회보』 26–1, 30쪽.
97   안재홍의 중경임시정부 영립보강론은 중경임시정부가 국제사회의 승인을 받은 과도정부로 집정(執政)하며, 국내외 모든 혁명역량으로 중경임시정부를 보강·확충하여 신국가

정무총감의 권유였다고 모리타는 강조했다. 이는 엔도 등이 한국인 민족주의자를 동원하는 한편 총독부 내 한국인 고위관료를 합류시켜 치안유지회를 결성하는 기획을 추진했음을 의미한다. 총독부의 지시에 따라 8월 16일 경북도지사 김대우가 대구에서 비행기를 타고 상경해 엔도 정무총감 및 니시히로 경무국장과 면담한 후 여운형 – 송진우 합작을 중재하려 한 것도 같은 맥락이었다.[98]

　다섯째, 식량 문제에 대해 여운형은 "집단생활인만치 식량이 제일 문제이니 8월, 9월, 10월의 3개월치 식량을 확보 명도하여달라"고 요구한 것으로 되어 있고, 이만규도 "집단생활지인 경성의 식량을 8월, 9월, 10월 3개월분을 확보하라"고 요구한 것으로 기록했지만, 모리타는 여운형이 식량 사정을 묻자, 니시히로가 10월까지는 상황이 괜찮다고 답한 것으로 기록하고 있다. 여운형 측이 건국동맹을 조직한 이래 가장 중시한 현안 문제가 치안과 식량 대책이었음을 감안한다면 이는 심사숙고 끝에 준비된 대응책이었다. 주요 통제물자이자 전쟁 전략물자인 식량이 일제 말기 공출되어 배급제로 운영되는 상황이었기 때문에 대도시 서울에서 식량 수급 문제가 치안 확보 문제와 함께 중요한 현안이었다. 이에 대한 대비책을 마련 중이었으므로, 여운형은 즉석에서 질문을 던졌고, 니시히로의 답을 듣고서 3개월분의 식량을 확보했다고 설명하게 된 것이다.

　여섯째, 여운형이 치안유지법으로 경찰서와 헌병대에 구금되어 있는 사람들의 석방을 요구하자, 니시히로는 형무소 수감자까지 석방하겠다고 밝힌 것이다. 포츠담선언 수락 소식을 들은 이후 니시히로가 복안으로 정치범과 경제범의 석방을 생각했지만, 여운형은 경찰과 헌병대에 구금되

　　를 추진한다는 것이다. 원래의 출처는 고심백, 1945, 「각당각파의 인물기」, 『민심』 11월호, 40쪽에 등장하는 것으로 김인식의 명명에 따른 것이다. 김인식, 2005, 『안재홍의 신국가건설운동 1944~1948』, 선인, 181~182쪽.

98　　森田芳夫, 1964, 앞의 책, 71쪽.

어 조사받고 있는 모든 인사들의 석방까지 요구했다. 이 역시 준비된 질문이었고, 8월 10일 이래 총독부와 협의하는 과정에서 여운형이 가장 중요하게 설정했던 목표였을 것이다. 이 때문에 이만규는 5개 조의 첫 번째에 "전 조선의 정치범과 경제범을 즉시 석방하라"는 요구를 관철한 것으로 기록했다. 정치범과 경제범의 석방은 일제의 패망과 함께 한국의 해방을 상징하는 가장 대표적인 사건이었고, 이것이 해방의 공간을 만들어냈기 때문에 가장 중요한 의미를 지녔다. 이들의 석방으로 건준은 치안유지 협력기관에서 주체적 정권기관으로 대변신할 수 있었다.

일곱째, 여운형은 집회 금지 해제를 요청했고, 니시히로는 집회의 자유를 약속했다. 즉 해방 공간에서 한국인의 정치·경제·사회·문화적 이해와 요구를 반영하는 집회의 자유와 공간은 여운형이 니시히로의 대화에서 확약받은 것이었다. 니시히로는 이 약속이 몰고 올 후과를 전혀 예상하지도 기대하지도 못했을 것이다. 여운형은 니시히로에 대해 "그 사람은 스포츠맨이다"라고 평했다고 한다.

여운형 측과 총독부 측의 기록을 종합하면 다음과 같다. 첫째, 조선총독부는 여운형에게 치안유지 협력을 얻을 계획이었고, 여운형은 이를 기회로 실질적인 건국 준비 활동에 나설 계획이었다. 즉 양자는 서로 다른 목표를 향해 협의하고 협력하기로 한 것이다. 총독부가 이런 계획을 세운 것은 일본의 무조건 항복과 소련군의 한반도 진격이라는 상황 때문이었다. 그리고 협력 대상으로 여운형을 선택한 것도 그가 좌파적 민족 지도자라는 점, 사상범 및 정치범과 청년·학생들에게 영향력을 행사해 폭동 대신 냉정을 유지하게 할 수 있는 인물이라는 점 때문이었다. 치밀한 행정과 계획적이고 민활한 대처로 유명한 조선총독부의 고위관료들이 세운 종전 대책이 여운형 측이 미리 구상해둔 건국 준비 활동과 결합되면서, 상황을 전혀 다른 방향으로 이끌었던 것이다.

둘째, 여운형의 5개 조는 짧게는 8월 10일 이래 총독부와 협의 과정에서 도출된 핵심적인 조건이었으며, 길게는 1943년부터 여운형이 건국동맹을 통해 준비해온 일제 패망 후의 대책의 귀결이었다. 총독부 측 기록에는 5개 조의 완전한 형태나 각 조문별 검토가 명확히 드러나지 않으나 8월 16일 여운형이 휘문중학교 연설에서 엔도 정무총감에게 5개 조를 요구하고 즉석에서 응낙을 받았다고 설명한 것으로 보아 준비된 대책이었다고 판단된다.

다만 여운형이 5개 조를 문서 형태로 총독부 측에 제시했다기보다는 엔도와 협의하는 과정에서 자연스럽게 구두로 합의된 사항으로 볼 수 있다. 먼저 (1) 정치범 및 경제범의 석방은 총독부의 기획으로 출발했으나 경찰과 헌병대에 구금된 인사까지 포함한 전체 한국인 수형자의 석방은 여운형의 준비된 요청에 의해 완성되었다. 또한 이 조치가 한국인들에게 실질적인 해방의 광경과 공간을 제공했다. (2) 서울의 3개월치 식량 확보는 여운형이 미리 준비해온 양정 대책을 니시히로와의 문답 과정에서 확인한 것이다. (3) "치안유지와 건설사업에 아무 구속과 간섭을 말라"는 조건은 사실상 총독부가 제시한 치안유지 협력 방안을 기술한 것에 다를 바 없다. 총독부 측은 가장 중요한 치안유지의 측면 협조에 대해서 여운형에게 전권을 부여하겠다는 태도를 취했고, 니시히로 경무국장은 "치안유지 협력에 필요하면, 조선인 경찰관을 당신 밑으로 옮겨도 좋다"고까지 제안했다. 이는 여운형이 운영하게 될 건준 치안대의 권한을 무한 허용하겠다는 뜻이었다. (4) 학생 훈련 및 청년 조직 허용과 (5) 각 사업장의 노동자 협력에 대한 허용 등은 정확하게 어떤 논의 과정을 거쳤는지 알 수 없지만, 여운형이 요구한 집회 금지의 해제 및 집회의 자유를 니시히로가 수용했음을 반영한 것으로 판단된다. 또 총독부가 주장한 청년과 학생의 냉정 유지와 관련해 여운형이 이들의 조직화를 해결 방안으로 제시했을 가능성이 높다.

여운형은 총독부와 협의 과정에서 가장 중요한 네 가지 사항, 즉 정치범과 경제범의 석방, 3개월치 식량의 확보, 치안유지의 자율성, 집회·결사의 자유를 엔도 정무총감과 니시히로 경무국장에게 확인받은 것이다.[99] 이것이 나중에 여운형 측에 의해 5개 조로 알려지게 된다.

셋째, 총독부와 타협한 결과 여운형은 일정한 자율적 활동 공간과 권한을 확보했다. 일면으로는 총독부와 타협한 것이지만, 일면으로는 오랫동안 구상해온 건국 준비 활동과 자신감을 반영한 것이었다. 이제 여운형은 해방정국을 주도할 수 있는 권한과 공간을 확보했고, 이를 한국인들에게 선사함으로써 진정한 해방의 시공간을 만들게 될 것이었다. 시작은 총독부와의 협의와 합의를 통한 것이었지만, 해방의 공간이 열리자 그것은 36년 일제 통치의 댐이 붕괴되는 것을 의미했다. 쏟아져 나온 민중의 격정, 환희, 기쁨은 커다란 분류(奔流)가 되어 자신의 길을 개척하기 시작했다. 그 순간 일제의 통치가 실질적으로 종말을 고했다.

이상의 과정을 정리하면 다음과 같다. 1945년 8월 10일 일제의 포츠담선언 수락 사실이 알려진 후 총독부는 종전 대책에 분망했다. 총독부는 조선인 고위 관리, 친일파 등을 동원해 여운형과 접촉하며 치안유지회 등의 타협적 협력 방안을 모색했다. 이 과정에서 여운형은 송진우 그룹과도 협력을 모색했으나, 거절당했다. 8월 15일 일제 패망이 현실화되고, 소련군의 38선 이남 진주 가능성이라는 위기가 팽배하자, 여운형은 5개 조건을 제시하며 승부수를 던졌다.

5개 조는 사실상 주요 행정권의 이양 혹은 포기를 의미하는 것이었다. 총독부는 희망하거나 계획하지도 않았고, 평소라면 절대 동의하지도

---

99   경성 수재 소련 총영사 폴리안스키는 총독부와 여운형 사이에 4개 요구 사항을 전제로 사회 질서유지에 관한 합의가 이루어졌다고 외무성에 보고했나. 이는 (1) 모든 정치범의 석방, (2) 언론·출판·집회 및 결사의 자유 보장, (3) 조선인을 위한 3개월분 식량 보존, (4) 학생들의 조직의 자유 보장이었다. 이창주, 1996, 「1945년 해방 과정의 조선상황과 공산당 재건계획」(1945. 10. 8. 서울 주재 소련 총영사 뽈리얀스키 보고서), 『조선공산당사(비록)』, 명지대학교출판부, 279쪽.

않았을 여운형의 5개 조건에 대해 어쩔 수 없이 동의했다. 5개 조건은 여운형과 엔도 정무총감, 니시히로 경무국장의 논의·타협 과정의 산물이었는데, 총독부가 구상하고 있던 치안유지 협력책과 정치범·경제범 석방 계획에 여운형이 적극 찬성하고 식량 사정 확인과 집회의 자유를 확보하게 되자 실질적으로 주요 행정권을 이양하는 상황이 되었다. 나아가 건국준비위원회라는 조직이 합법적으로 간판을 걸고, 안재홍이 경성방송국 라디오 방송을 하는 순간 전국에서 일본의 경찰치안과 행정력은 마비되었고, 한국인 관리 및 경찰은 잠적했다. 그 공간을 건국준비위원회와 치안대·보안대가 장악했다. 실질적인 권력의 이양이었다.

이로써 치안유지회 혹은 치안유지협력회라는 타협적 조직을 구상했던 총독부와 여운형의 논의는 돌연 여운형 주도의 건국준비위원회 출범으로 대변신하게 된다. 즉 여운형은 합리적으로 총독부에 대처하면서, 한국인들을 해방의 공간으로 안내했다. 반면 이러한 과정은 해방이라는 공간이 일제의 통치와 지배로부터 완전히 독자적이고 단절적인 공간이 아니라 일제 통치가 변형·변용된 연장선상에 놓여 있는 동시에 한국인들의 해방·독립·건국의 열망 속에 위치하고 있는 다층적이고 복잡한 공간이었음을 의미했다.

2) 건국준비위원회의 출범: 일제 통치의 종말, 해방의 공간

8월 15일 이후 역사는 총독부가 계획하고 예상한 것과는 전혀 다른 방향으로 전개되었다. 일단 총독부 측은 여운형과 건준이 치안유지에 협조하리라고 예상하면서 관료주의의 관성으로 움직였다.

8월 15일 여운형과 엔도의 회담이 있은 후 니시히로 경무국장은 오카(岡) 경기도 경찰부장을 시켜 송진우와 교섭했으나 송진우는 응하지 않았다.[100] 아베 총독은 한국인 지사 중 "실천력이 있는" 김대우 경북지사에게 시급히 서울로 올라오라고 전화했고, 다음 날 김대우는 대구에서 비행기를 타고 서울에 왔다. 8월 16일 밤 김대우는 정무총감과 경무국장을 만난 후 여운형과 송진우의 합작을 추진했다. 8월 17일 여운형은 총독부의 이런 취지에 동의해, 박석윤·최근우·정백 3명을 위원으로 추천했다. 송진우는 기뻐하며 김대우에게 따뜻하게 "개인으로서는 여운형 씨와 함께하게 된 것을 양해 바랍니다"라며 자기 측 위원으로 장덕수, 백관수, 김준연 3명을 추천했다.[101] 이때 김대우의 구상은 여운형, 안재홍, 송진우 3명 및 양측의 추천자 외에 유억겸, 양주삼 및 천도교 간부, 그 외 한국인 측에서 덕망이 있는 인물을 추가해서 새롭게 총독부 측으로부터 치안유지 협력을 승낙을 받자는 것이었다. 이 구상에 대해 송진우는 찬성했다. 김대우는 경북의 치안 상황이 소연한 가운데 영주와 영덕군청이 습격을 당했다는 정보가 있어서 이상의 경과를 아베 총독에게 보고하고 8월 22일 비행기를 타고 대구로 돌아갔다.[102]

이상은 모리타 요시오의 책에 기술된 내용이다. 즉 송진우는 패전 후 총독부의 치안유지 교섭에 응해서, 김대우 경북도지사를 매개로 한 치안유지회의 개편에 동의하고 이를 기대하고 있었던 것이다. 8월 15일부터 8월 22일 이전에 벌어진 일이었다.[103]

---

100   「조선총독부 경국무장 西廣忠雄 談」; 「경기도보호관찰소장 長崎祐三 談」; 長崎祐三, 1958, 「コケシと時計」, 森田芳夫 編, 『須江杢二郎さんをぶ』, 學習院大學東洋文化硏究所; 遠藤柳作, 「政權授受の眞相を語る」, 「宋氏への交涉は誤報」, 『國際タイムズ』 84, 1957년 8월 16일; 森田芳夫, 1964, 앞의 책, 70쪽.

101   송남헌은 이 부분에서 송진우가 "여운형과는 같이 일하고 싶지 않다는 단서를 달았다"고 썼는데(송남헌, 1985, 앞의 책, 13쪽), 모리타 요시오(森田芳夫) 책의 원문에는 "呂運亨氏といっしょになることはお許し願いたい"라고 되어 있다. "여운형 씨와 함께하게 된 것을 용서해주시기 바랍니다", 즉 여운형과 일하게 된 것을 양해해달라는 뜻이다. 중요한 대목에서 오역을 한 것이다.

102   森田芳夫, 1964, 「경상북도지사 金大羽 談」, 앞의 책, 71쪽.

103   森田芳夫, 1964, 앞의 책, 71쪽. 모리타는 (1) 송진우 본인이 경기도지사의 치안유지 협

이로써 미군의 진주를 전후한 시점에서 왜 송진우 측이 자신에게 먼저 접촉한 총독부 측의 치안유지 교섭을 거부한 후 여운형이 동의함으로써 공산주의적 친일정부를 수립하려 했다고 비난했는지를 가늠할 수 있다. 「황국신민의 서사(誓詞)」를 입안할 정도로 비상하고 적극적인 친일파 김대우가 주선해서 여운형·안재홍·송진우, 박석윤·최근우·정백, 장덕수·백관수·김준연, 유억겸·양주삼 및 천도교 간부 등으로 새로운 치안유지회 개편을 희망했던 것이다. 인적 구성이나 비율, 성향에서 우파 지향이 뚜렷했으며 유명한 친일파들이 다수 포함되어 있었다. 총독부의 고위 관리였던 김대우, 박석윤은 물론 장덕수, 유억겸, 양주삼 등은 모두 한국 정부의 친일진상규명위원회가 인정한 친일반민족행위자 인명사전에 오른 인물이다. 또한 송진우, 장덕수, 백관수, 김준연, 유억겸, 양주삼〔감리교 감독으로 정당 소속은 아니지만 한민당 계열로 분류〕은 한민당의 핵심 인물이므로 여운형 중심의 '치안유지회', 즉 건준을 대체할 수 있는 대안이었다. 이 방안은 미군 진주 후 1945년 10월 5일에 조직된 고문회의와 유사한 구성이자 기능을 지향한 것이었다. 인물의 구성과 지향이 거의 유사했다. 어쩌면 미군정 고문회의 구상은 이 시점에서 송진우와 한민당 인사들이 건준의 치안유지회 개편 시도에서 착안한 결과였을 수도 있다.

이러한 치안유지회 개편 방안은 이강국이 1946년에 증언한 "치안유지회를 구성하되 그 당시 총독부의 한국인 고관과 민간인 유지를 망라하도록 해달라"는 요청의 구체안이었다. 여기에 송진우는 기대를 걸었던 것이다. 이러한 총독부 측과 김대우의 공작을 여운형 측이 거부하기는 곤란한 과도기적 상황이었지만, 여운형은 충실한 사전 준비가 되어 있었고,

력 의뢰(1945년 여름 및 패전 직후)를 거부했다는 주장(1945년 10월 5일), (2) 경기도 경찰부장, 경기도지사의 송진우 치안유지 교섭과 거부에 대한 김준연의 주장 등을 소개하고 있다.

기회가 열리자 기민하게 대응했다. 그 결과 총독부가 구상하고 희망했던 치안유지회는 한국인들의 건국준비위원회로 탈바꿈했다.

　반면 총독부의 대책과 김대우의 구상은 현실세계에서 완벽하게 파괴되었다.

> 해방의 환희 중에 조선 민중의 정권 획득에의 움직임은 노도(怒濤)와 같이 격렬해서, 엔도 정무총감이 여운형 씨에 대해 공작을 다시 할 여지는 없었다.[104]

　"성난 파도와 같은 조선 민중의 정권 획득 움직임", 이것이 바로 여운형과 건준이 만들어낸 공간이었다. 현대 한국이 기억하는 해방의 공간은 한국인들이 전찻길에 운집해서 만세를 부르는 유명한 장면으로 대표된다. 그렇지만 이 사진은 8월 15일이 아니라 8월 16일에 촬영된 것이다.

　8월 15일에는 아무 일도 일어나지 않았다. 여운형은 엔도 정무총감과 회견을 마치고 곧바로 건준 수립에 착수했지만, 서울 시내는 평소와 다를 바 없었다. 12시에 천황의 옥음(玉音)방송이 있었다. 전파 잡음이 심했고, 히로히토가 궁중에서 쓰는 용어로 연설했기 때문에 한국인은 잘 알아들을 수 없었다. 다만 한 가지 분명한 것은 일본이 패전했다는 사실이었다. 그러나 이 시점에서도 일본의 패망이 한국의 해방과 독립의 길로 연결된다고 생각한 사람은 많지 않았다. 일본인은 물론 한국인도 땅에 엎드려 울었다. '일본제국이 패전했다'는 인식이 지배적이었다. 15년 전쟁으로 일본과 자신을 일체화했던 한국의 청년들도 '모국 일본'이 패전했다는 사실에 비통해하며 대성통곡을 했다. 서울은 물론 부산, 평양, 만주에서도 동일한 일이 벌어졌다. 이날 오후 5시에는 히로시마에서 폭사한 의

104　森田芳夫, 1964, 앞의 책, 71쪽.

친왕의 아들 이우(李鍝)의 장례식이 경성운동장에서 조선 주둔군 주관 육군장으로 거행되었다. 장례식에는 아베 노부유키 총독, 엔도 류사쿠 정무총감, 17방면군 사령관 고즈키 요시오 등이 참석했다.[105] 평온하고 일상적인 하루였다.

여운형은 신속하게 움직였다. 이미 준비해온 것을 실행할 순간이었기 때문이다. 여운형은 재건 건국동맹원을 소집했다. 이만규는 운니동으로 뛰어가 장권(張權)이 치안대를 준비하고, 이정구(李貞求)가 식량대책위원을 소집하고, 이여싱, 김세용, 이강국, 박문규, 양재하, 이상백 등이 모인 것을 목격했다. 여운형은 운니동을 기획처로 삼았고, 안재홍과 다른 곳, 즉 임용상의 계동 자택을 실행부로 삼아 기획처의 기획을 그곳에서 실행케 하기로 결정했다. 연락책임은 여운형이 맡았고, 그의 부재시 이만규가 기획처를 총괄하기로 했다. 운니동은 장소가 좁아서 이들은 곧 종로청년회관, 즉 YMCA로 사무실을 이전했다.

해방 직후 건국동맹의 주요 결정 사항은 치안유지만 하는 '치안대'로 머물 것이 아니라 정치활동을 병행하기로 한 점이었다. 즉 총독부의 치안유지협조회가 건국준비위원회로 변모하는 결정적인 순간이었다. 이만규에 따르면 기획처에서 정치활동을 결정한 이유는 두 가지였다. 첫째, 지하운동에는 합법적 투쟁이 타당하지 않지만 정치운동은 합법적 수단과 비합법적 수단을 함께 써야 한다. 해방 후 열화와 같이 일어날 정치열을 치안대 하나로만 충족시킬 수 없기 때문에 정치운동에 들어가는 것이 당연하다. 둘째, 치안유지라면 시민 전체를 동원하는 방식이므로 친일분자를 제외하기 어렵고 한번 치안사업에 참가한 친일분자는 반드시 나중에 정치활동에도 참가하려 할 터인데 그때 가서 배제하기는 곤란하기 때문이었다.[106]

---

105 「이우공 전하 어장의」, 『매일신보』 1945년 8월 16일자.

여운형은 8월 15일 오후 4시 다수의 건국동맹원들과 함께 서대문형무소를 찾았다. 총독부가 이날 오후 4시에 정치범을 석방하기로 약속했기 때문이다. 그러나 아직 법무국 절차가 남아 있다며 8월 16일 오전 10시에 석방하기로 했다. 각 지방에는 15일에 석방하라는 통지를 보냈다.[107] 청주에 있는 예방구금소는 여운형 본인이나 대리인이 가야 했으므로, 여운형의 종제 여운일(呂運一)이 대리로 가서 석방시켰다.

여운형은 8월 16일 오전 9시에 약속한 대로 서대문형무소를 다시 찾았다. 이강국, 최용달, 나가사키 유조 검사와 백윤화 판사가 동행했다. 서대문형무소는 그가 두 차례 수형생활을 했던 곳이었다. 여운형은 형무소 강당에 모인 석방자들에게 연설했다. 오랜 노고를 치하하며 조선 민족의 해방의 날이 왔으며, 조선과 일본 양 민족의 장래를 위해 경거망동을 피해달라고 했다. 최용달은 의류와 식량 등이 종로에 준비되어 있다고 알렸다. 여운형 일행은 경성형무소(경기도 고양군 용강면)의 정치범 석방에도 입회했다.[108]

한반도의 해방은 서대문형무소의 옥문이 열림으로써 찾아왔다. 오전 11시부터 환호성이 터졌고, 머리를 빡빡 깎은 독립투사들이 보따리 하나씩을 들고 감옥 문을 나섰다. 독립투사들이 풀려나자 군중이 몰려드는 것은 당연한 이치였다. 2,000여 명의 독립투사를 에워싼 인파의 행렬은 끝이 보이시 않을 정도로 거대한 물결을 이루었다. 각종 사상단체를 포함한 시위행렬이 종로에 이르렀을 때 종로 장안빌딩에는 '조선공산당경성지구위원회'라는 간판이 걸려 있었다. 거리는 '해방의 순간'을 만끽하는 한국인으로 가득 찼고, 화물차·자동차·전차에 탄 한국인들도 이 행렬에 동참

106   이만규, 1946, 앞의 책, 190쪽.
107   「사상, 경제, 노무관계범이 석방케 되다」, 『매일신보』 1945년 8월 16일자.
108   森田芳夫, 1964, 앞의 책, 76~77쪽.

했다. "조선 해방 만세", "대한 독립 만세"가 연이어 울려 퍼졌다. 일장기에 덧칠을 한 태극기가 휘날렸다. 거리에 일본인, 일본인·한국인 경찰, 헌병은 없었다. 일본인은 죄다 어디로 갔는지 길거리에서 사라졌다. 갑자기 일본인이 없는 서울 거리가 된 것이다.

인파 행렬은 곧 휘문중학교로 향했다. 여운형을 보겠다는 학생과 청년, 기타 군중 5,000여 명이 휘문중학교에 모여 여운형을 청했다. 여운형의 자택은 계동에 있었다. 오후 1시였다. 여운형은 "우레 같은 열광적인 박수소리" 속에 연단에 올라서 군중을 격려했다. 20분간의 짧은 연설이었다. 여운형은 엔도와의 회담 경과, 5개 조 제시와 일본 측의 수용 과정을 설명했다. 총독부가 한국과 일본이 헤어지는 순간이 왔으니 서로 좋게 헤어지고, 피를 흘리고 불상사를 일으키지 않도록 도와달라고 요청했다며, "항복한 일본인에 대해 아량을 보이자"고 했다.[109] 이것이 총독부와 여운형이 합의한 치안유지 협조의 핵심 내용이었기 때문이다. 또한 여운형으로서도 폭동, 방화, 약탈, 살인, 강간과 같은 폭력과 무정부상태가 벌어지는 것은 절대 피해야 할 일이었다. 패전 당시 한반도에는 37만 5,000명의 일본군이 주둔하고 있었다.[110] 여운형이 격정적으로 연설하는 장면은 단파방송 수신기를 만들어 일제 말기 전황을 전했던 손웅(손치웅)에 의해 촬영되었다.

이날 건준 명의로 작성된 전단이 서울 시내에 살포되었다. "자중과

109 「건준위원장 呂運亨, 엔도와의 회담경과 보고」, 『매일신보』 1945년 8월 16일자; 이만규, 1946, 앞의 책, 191~192쪽.

110 HQ. XXIV Corps, Office of the A. G. of S. G-2, OB Section, "OB Estimate for Korea", 21 Aug. 1945; 『주한미군사』(HUSAFIK) 1부 7장 「일본군의 무장해제와 송환」. 반면 17방면군 사령관은 23만 명으로 보고하고 있다. 上月良夫, 上月朝鮮軍管區司令官上奏文, 『朝鮮終戰の記錄: 資料編』 第一卷, 7~9쪽; 장원석, 2012, 「8·15 당시 여운형의 과도정부 구상과 여운형·엔도 회담」, 『아시아문화연구』 27, 241쪽. 1945년 9월 27일부터 12월 28일까지 남한에서 귀환한 일본군은 17만 6,241명이었다. 최영호, 2013, 『일본인 세화회』, 논형, 133~134쪽.

안정을 요청한다"는 전단은 "경거망동은 금물"이며 "절대 자중으로 지도층의 포고"에 따르라고 했다.[111] 이는 총독부와 합의한 치안유지 협조의 뜻을 전한 것이었지만, 건국준비위원회라는 공식 조직이 출범했음을 공개적으로 알린 첫 행보였다.

8월 16일 오후 3시 10분부터 약 20분 동안 건준 준비위원 안재홍이 경성중앙방송국을 통해 라디오 연설을 했다.[112] 8월 15일 자정을 넘어 여운형과 합작한 안재홍은 '건국준비위원회'라는 명칭을 정했고, 경성방송국 라디오 연설을 8월 16일 3시, 6시, 9시 세 차례 반복했다. 안재홍의 연설에서 핵심은 건준의 사명과 일본인의 생명 및 재산에 대한 보장을 강조하는 것이었다. 안재홍은 건준의 사명을 크게 세 가지로 설명했다. 첫째, 건준 소속으로 학생, 청년대, 경관대로 구성된 경위대(警衛隊)를 결성해 일반질서를 정리하며 추후 정규군에 해당하는 무위대(武衛隊)를 창설할 것, 둘째, 식량의 확보에 노력할 것, 셋째, 경향 각지의 기결·미결수 총 1,100명의 청소년, 학생, 정치범을 석방할 것 등이었다. 그 외 물자배급의 유지, 통화의 안정, 미곡 공출, 대일협력자 문제 등을 언급했다. 그런데 안재홍이 가장 많이 강조한 것은 일본인의 생명과 재산의 보호였다. 안재홍은 짧은 연설 내내 한일 민족 충돌의 방지, "추호라도 마찰이 없도록 하는 것", "일본인 주민의 생명과 재산의 보장을 실현"할 것, "일본인 주민의 심사감정을 자극함이 없도록 진력"할 것, 재일동포 500만이 있으니 "조선재주 1백 기십만 일본 주민 제씨의 생명 및 재산의 절대 확보"를 역설했다. 총독부 측이 요구한 치안유지 협조의 핵심이 바로 이 점이었고, 이에 동의해 건준이 조직되는 시공간을 확보했으며, 안재홍이 라디오

---

111   『매일신보』 1945년 8월 16일자.
112   「건준 준비위원으로서 안재홍이 한일 간 自主互讓할 것을 방송」, 『매일신보』 1945년 8월 17일자.

휘문중학교에 도착, 연설하는 여운형(1945년 8월 16일). ⓒ 손치웅

로 전국에 해방과 건준의 성립을 선언할 수 있었던 것이다. 안재홍은 "민족성패가 달린 비상한 시기에 임하여 만일 성실 과감하고도 총명 주밀(周密)한 지도로써 인민을 잘 파악 통제함이 없이는 최대의 광명에서 도리어 최악의 범과(犯過)를 저질러서 대중에게 막대한 해악을 끼칠 수가 있는 것"이라며 건준이 해방정국이라는 '최대의 광명'에서 최악의 범과를 저지르지 않도록 통제하는 기관이라고 강조했다.

건준 부위원장 안재홍의 연설은 돌이켜보면 해방을 맞이한 한국인들의 격정과 환호를 거의 담고 있지 않은 반면 일본인 보호를 지나치게 강조하고 있는 듯 보였다. 마음껏, 목청껏 환호작약하는 모습이 없는 것이다. 이는 해방 공간이 일제 통치의 연속선상에 놓여 있으며, 건준이 총독부와 타협의 결과 탄생한 경과를 반영했기 때문이다. 그렇지만 안재홍의 연설을 들은 한국인들의 반응은 전혀 달랐다. 안재홍의 라디오 연설은 총독부가 해소되고, 일본군은 무력을 포기했고, 치안대와 정규군이 창설되며, 치안유지와 식량배급, 물자통제, 통화안정 등을 다루는 "건국준비위원회"라는 새로운 정부가 수립되었다는 느낌을 주었기 때문이다. 경황이 없던 총독부는 안재홍의 원고를 사전에 검열하지 못했다.

건준 설립을 알리는 안재홍의 라디오 방송은 전국 각지에 해방의 문을 활짝 열었다. 하루 뒤인 8월 17일 한반도의 남단 전남 광양에서는 일장기에 덧칠한 태극기가 게양되었고, 군민들이 덩실덩실 춤을 추며 해방 경축대회를 벌였다. 서울 시내에서는 치안대나 보안대 완장을 두른 군중이 각 경찰서와 파출소를 점거하고 일본인 경찰을 추방했다. 본정(本町)·용산 경찰서 이외에 모든 경찰서에는 조선건국준비위원회 경위대라는 간판이 새로 달렸다. 모리타의 기술에 따르면 경찰의 무기도 넘어갔다. 한국인들은 신문사, 회사, 공장, 큰 상점, 대학, 전문학교 등의 기관 및 시설도 접수할 것을 요구했다. 남한에서는 평온과 질서가 유지되었지만, 소련군이 진격하고 있던 북한의 주민들이 보인 반응은 달랐다. 평양에서는 일본 신사가 불탔고, 여러 곳에서 방화가 일어났다.

한국인에게 진정한 해방의 날은 8월 15일이 아니라 8월 16일이었다. 서대문형무소의 옥문이 열렸고, 여운형이 휘문중학교에서 연설했으며, 안재홍이 경성방송 라디오에서 건국준비위원회의 성립을 알렸다. 서울은 8월 16일 해방의 만세로 가득 찼고, 그 기세는 8월 17일이면 전라남도 광양까지 달려나갔다. 아마추어 사진작가 이경모는 이날 광양에서 벌어진 일들을 사진으로 찍어 기록으로 남겼다.[113] 대나무 끝에 일장기 히노마루에 청색 덧칠을 해 만든 태극기를 들고 달려나가는 군중 위로 해방의 환희와 약동하는 기운이 넘쳐나는 사진들이다.

8월 15일은 일본이 무조건 항복한 날이지만 아무 일도 벌어지지 않았다. 하지만 8월 16일은 서대문감옥 문이 열리고 독립투사들이 풀려난 해방의 날이자 서울 건준의 날이었고, 8월 17일은 전국에서 해방경축식이 벌어진 날이었다. 3일 만에 세상은 일제의 철권통치에서 일제의 패망으로, 거대한 식민지 감옥에서 독립투사들이 석방되는 한국의 해방, 해방의 한국으로 변모했다. 혁명적 시기의 혁명적 변화, 비상한 시기에 비상한 조치, 비상한 수단의 결과였다.

8월 16일 안재홍이 명명한 조선건국준비위원회가 조직되었다. 치안유지와 질서 확보, 정권 수립의 기초를 만드는 것이 임무였다. 송진우와 한민당 계열은 협력을 거부했고, 건준은 건국동맹을 중심으로 조직 설립에 착수해 8월 17일에 제1차 부서를 결정했다.

이 사이 건국동맹은 치안유지와 식량 관리에 중점을 두고 활동에 착수했다. 해방 직후 여운형의 지시를 받은 장권은 8월 16일에 일반체육 무도계 대표, 시내 각 중학교 체육 교원, 전문학교 학생 대표 등을 모아 건국청년치안대를 조직하고 활동을 전개했다.[114] 건국치안대는 9월 2일 건국준비위원회로 통합되었다. 식량 관리는 이정구, 김재홍 등이 준비해온 대책을 건국동맹 농정위원회 밑에 식량대책위원회를 두어 관리했다. 식량대책위원회는 건준 양정부로 흡수되었다.[115]

---

113   이경모, 1989, 『격동기의 현장: 이경모 사진집』, 눈빛. 이경모에 대해서는 정병준, 「해방과 분단의 민족사」, 같은 책을 참조.

114   이만규, 1946, 앞의 책, 194~195쪽. 치안대는 (1) 청년·학생 2,000명을 동원해 서울의 치안 확보에 노력, (2) 지역별·직장별 치안대를 조직해 중요 자재·기관을 확보, (3) 응원대를 파견해 폭동을 진압, (4) 수원지 경비, (5) 전기회사 및 철도국과 연락하여 교통 원활에 노력, (6) 전문대학 학생 100명을 국내 각지에 파견하여 지방치안대를 조직, (7) 지방 유지대표가 승인을 받아 지방치안대 162곳 조직 등의 활동을 벌였다.

115   이만규, 1946, 앞의 책, 199~200쪽.

8월 16일부터 전국 28개 형무소에서 약 2만여 명의 정치범과 사상범, 경제범 등이 석방되었다.[116] 이들이 고향으로 돌아가면서 전국적으로 자생적인 치안위원회, 자치위원회, 치안대, 보안대 등의 이름을 가진 각종 위원회가 조직되기 시작했다. 독립투사들은 해방된 나라에 혁명적 기운과 동력을 불어넣었다. 자생적으로 조직된 위원회들은 곧 건준의 지방지부로 재편성되었고 1945년 8월 말에 이르면 전국 145개 시·군에 건준지부가 설치되었다.[117]

일제가 패망하고, 한국인이 자유롭게 해방의 기쁨을 만끽할 수 있는 해방의 공간이 열리자 폭발된 에너지는 총독부 통치를 붕괴시키고 새로운 질서를 향해 달려나갔다. 총독부의 예상과 달리 일본인, 경찰, 관리에 대한 공격은 미미했다. 대신 새로운 국가 건설의 에너지가 건국준비위원회로 결집했다. 무너진 둑처럼 한국인들의 환희와 열정이 쏟아져 내렸다. 치안유지회, 치안유지의 협력 정도로 생각했던 여운형 측의 신속한 대응은 총독부가 감당할 수 없는 한국인들의 에너지와 결합해 해방 한국의 시공간을 장악했다.

이만규는 『매일신보』 기사를 인용해 해방 직후 건국준비위원회 본부

---

116 1943년 7월 말 당시 전국의 재소자는 모두 2만 3,241명이었으며, 행형기관은 형무소 14
    곳, 형무소 지소 9곳, 소년형무소 3곳, 소년형무소 지소 2곳 등 총 28개소가 전국에 산재
    해 있었다. 경성일보사, 1945, 『조선연감』(1944년판), 392쪽.
117 민주주의민족전선, 1946, 앞의 책, 81쪽. 145개소는 당시 남한의 모든 군을 합친 148개
    소에서 추출해낸 남한만의 지부 숫자일 가능성이 높다. 1945년 9월 4일 건준 서기국이
    파악한 지부는 140개소였다(『매일신보』 1945년 9월 4일자). 1945년 10월 현재 인민위
    원회는 전국 7도 12시 131군에 설치되었다(민주주의민족전선, 1946, 앞의 책, 90쪽).
    1945년 11월 20일부터 22일까지 개최된 전국인민위원회 대표자대회는 전국 218개 군
    에 216개소의 인민위원회가 조직되어 있으며 그중 남한은 145개 군 중 148개, 북한은
    70개 군 중 70개라고 집계했다. 김남식 편, 1974, 「전국인민위원회 대표자대회 의사록」,
    『남로당연구자료집』 2, 고려대학교 아세아문제연구소, 23쪽. 브루스 커밍스는 145개 지
    부는 어림잡은 숫자로 아마도 과소평가된 것으로 보았다. 브루스 커밍스 지음, 김주환
    옮김, 1986, 『한국전쟁의 기원』(하권), 청사, 106쪽.

전남 광양에서 열린 해방축하군민대회(1945년 8월 17일). ⓒ 이경모(눈빛 제공)

를 이렇게 묘사했다.

> 계동의 건국준비위원회는 연일연야 눈코 뜰 새 없이 바쁘다. (…) 이 본부에 새벽부터 문화, 사상, 경제, 교육 각계의 저명인사가 연달아 드나든다. 신문기자반, 사진반, 영화촬영반, 방송반 등의 자동차, 오토바이가 끊일 새 없이 들어 닿는다. 이웃 어느 부인은 죽을 쑤어 이고 오고, 어느 할머니는 밥을 해 이고 온다. 또 어느 집 부인네는 설탕물과 꿀물을 타서 쟁반에 받혀들고 와서 "선생님 잡수시게 해주셔요" 하고 쟁반을 내놓고 자취를 감춘다. 또 어느 청년은 가벼운 주머니를 기울여 기금으로 바치고 간다. 어데가 이만한 우리들의 단결력과 애정이 숨어 있었던고. 밤이 깊어도 방마다 환하게 켜진 불빛은 꺼질 줄을 모르고 그대로 진통을 계속한다. 우리 삼천만 형제는 마음으로부터 이 위원회의 원만한 건투를 염원하여 마지않는다.[118]

이만규는 해방 직후 "지방에서 찾아오는 혁명적 인사가 매일 수백 명 내지 수천 명에 달하였다"라고 기록했다.[119] 이강국도 경성본부에 연락하기 위해 찾아오는 사람이 매일 수백 명 내지 수천 명에 달했다고 했다.[120] 최소한 해방 직후 건준은 한국인들의 희망과 염원의 실현인 것처럼 보였다. 일제 패망과 한국 해방을 연결하는 그 지점에 건준이 위치해 있었고, 그 역할을 여운형이 수행했다.

---

118 「태동하는 조선, 건국위원회 본부 표정」, 『매일신보』 1945년 8월 18일자.
119 이만규, 1946, 앞의 책, 208~209쪽.
120 「전국인민위원회 대표자대회 의사록」, 36쪽.

막간극: 건준의 분열과 조선인민공화국의 창설

1) 건준의 제1차·제2차 개편과 분열

건준은 8월 15일 여운형과 총독부의 치안유지 협력에 관한 타협으로 여운형이 요구한 5개 조에 대한 동의에서 출발했지만, 곧 치안유지 협력이 아니라 행정권 이양, 실질적인 정부 준비로 나아갔다. 8월 16일 조직명을 '건국준비위원회'로 정한 후, 사상범과 정치범이 석방되고, 여운형이 휘문중학교에서 연설하고, 안재홍이 경성방송 라디오 연설을 통해 사실을 확정하자 일제 통치의 종말, 한국인의 행정권 접수, 건국 준비로 나아간다는 점이 명백해졌다. 이후 미군이 진주하기 전까지 형식적·공식적 정부기구인 조선총독부와 현실적·내용적 정부 역할을 수행한 건국준비위원회가 병존했다. 과도적인 이중정부의 시기였다.

　이 시기 건준을 둘러싸고 크게 세 가지 힘이 작용했다. 첫째, 건준 내부의 분화와 분열이었다. 둘째, 건준을 향한 송진우와 동아일보 계열의 반격 준비였다. 셋째, 조선총독부의 공작 및 개입 시도였다. 이 세 가지 힘이 뒤엉키는 가운데, 전국에서는 건준을 중심으로 신생 정부를 구성하려는 자발적이고 자율적인 움직임이 본격화되었다. 건준 중앙은 8월 16일부터 9월 6일까지 불과 20여 일 만에 단명했지만, 한국 현대사의 진로에 결정적 영향을 끼쳤다.

먼저 건준은 8월 17일 제1차 부서를 결정했다.[121]

위원장: 여운형　　　　　부위원장: 안재홍
총무부장: 최근우　　　　재무부장: 이규갑
조직부장: 정백　　　　　선전부장: 조동호, 최용달
무경부장: 권태석[122]

제1차 부서는 건국동맹원을 중심으로 간단하고 임기응변적으로 정해졌다. 부위원장 안재홍은 평소 여운형이 해방 후 건국 문제를 상의하려고 했던 안재홍·조만식·송진우·박헌영·허헌 등 심중에 두었던 몇 사람 중의 한 명이며, 엔도 정무총감의 적극적인 권유를 받은 바 있으므로 부위원장으로 합류했다. 안재홍은 8월 15일 자정을 지나 여운형과 계동에서 만나 장시간 단독 회견을 했다. 안재홍은 여운형의 의도가 자신이 추구하는 민족주의 진영 주도의 건국 방침과는 상당히 거리가 있었다고 회고했다.[123] 건준이 좌파적 이니셔티브를 가지고 움직이고 있었음에도, 안재홍은 건준에 동참할 필요가 있다고 판단했다. 첫째, 일제 패망 후 한국인들이 자중함으로써 일본 군벌의 잔인한 발악으로 인한 대량 유혈 사태를 방지하

121　건준의 제1차 간부진(1945년 8월 17일)과 제2차 간부진(1945년 8월 22일)은 개편 당시 공개되거나 언론과 대중의 주목을 받지 않았다. 언론에 공개된 것은 제3차 간부진(1945년 9월 6일)뿐이었다. 제1차, 제2차, 제3차 간부진 명단은 『조선해방연보』에 게재되어 있으며, 일자는 제1차와 제2차만 기록되어 있다.

122　민주주의민족전선, 1946, 앞의 책, 80쪽; 송남헌, 1985, 앞의 책, 35쪽.

123　안재홍, 1981, 「몽양 여운형 씨의 추억」(1947년 9월), 앞의 책, 204쪽. 안재홍은 사실 "내면에서는 이날로써 거의 결렬"하였다고 썼다.

는 것, 둘째, 현존 시설과 기구·기계·자재 및 계획문서를 완전히 보관·관리해 독립정부에 인계·활용할 필요성, 셋째, 독립정부는 독립운동의 정통 지도기관인 중경임시정부를 최대한 지지하면서 국내외 혁명세력으로 보강 및 확충을 할 필요 등이었다.[124]

총무부장 최근우는 3·1운동기부터 여운형의 동지로 1919년 도쿄에 갈 때도 동반했으며, 해방 직전 만주에서 건국동맹의 연락원으로 중경임시정부와의 연락을 위해 베이징까지 간 바 있다. 재건 건국동맹 중앙부였다. 조직부장 정백은 8월 12일에 석방된 뒤 건국동맹에 합류했는데 해방 직전 송진우 측과 치안유지 및 건국 준비에 관해 협상에 나설 정도로 신임을 받았으며, 건준 내부에서 모사를 담당한 인물이다. 조직부장을 맡은 것은 그만큼 수완이 좋고, 좌익 노장층에 발이 넓다는 뜻이었다.[125] 선전부장 조동호는 1918년 여운형과 신한청년당 창당에 가담하고 3·1운동기 김규식의 파리강화회의행을 주도한 평생동지였다. 신문기자를 지낸 경력 때문에 선전부장이 된 것으로 보인다. 선전부의 최용달은 경성제대 출신 엘리트로 이강국 등과 원산 사건으로 검거되었던 공산주의자이며, 보성전문학교 교수 출신이었다. 건국동맹원은 아니었지만 여운형의 권유로 "혁명·건국사업에 동지적 역할"을 한 바 있다. 해방 후 재건파가 건국준비위원회에서 세력을 확대하는 데 기여했다.

무경부장(武警部長) 권태석은 안재홍의 추천으로 건준에 합류한 것

---

124 안재홍, 1981, 「민정장관을 사임하고」, 앞의 책, 260~261쪽.
125 정백은 윤형식, 고경흠 등과 함께 여운형이나 건준 본부의 허락을 받지 않고 8월 21일 휘문중학교 강당에서 건준 경성지회를 조직하고 위원 15명을 선발한 바 있다. 이 사건은 건준 내부 불화의 한 원인이 되었다. 정백은 이영, 최익한, 이우적 등과 함께 반박헌영파의 중심인물이 되었다. 월북과 남하를 거듭하다 보도연맹 간사장에 임명되었다. 그만큼 이쪽저쪽에서 쓰임이 많은 인물이었다. 한국전쟁기 북한군에 의해 처형되었다. 윤소영, 1994, 「정백: 동지를 팔고 전향한 권모술수가」, 반민족문제연구소, 『청산하지 못한 역사』 3, 청년사.

으로 추정된다. 서울청년회계 출신으로 춘경원당과 신간회에서 활동했던 권태석은 해방 후 건준에 참여했다가 탈퇴한 후 신한민족당, 비상국민회의를 거쳐 한국독립당(한독당)에 참여했다.[126] 해방 이전 건국동맹에 참가했다면, 무경부가 담당하는 건국치안대와 연관이 있어야 하지만 그런 기록이 없으며, 안재홍과 함께 건준을 탈퇴한 것으로 미루어 안재홍의 추천으로 함께 동참했던 것으로 판단된다. 8월 22일 건준 제2차 개편에서 권태석은 무경부를 개편한 치안부에서 선전부로 옮기고, 건국동맹 출신 재건파 공산당원 최용달이 치안부를 맡고, 건국동맹에서 치안 대책을 준비하며 해방 직후 건준 치안대를 조직한 장권 등이 보강되었다. 건준 내에서 권태석의 위치가 매우 유동적이었음을 의미한다.[127] 재무부장 이규갑은 어떤 경로로 선임되었는지 미상이다. 이규갑은 3·1운동기 상해로 건너가 한성정부 소식을 전한 목사이자 독립운동가였다. 독립운동의 대

---

126   박순섭, 2019, 「권태석의 항일투쟁과 민족통일운동」, 『한국민족운동사연구』 101.

127   이인은 권태석과 관련해 이런 회고를 남겼다. 권태석은 치안유지법 위반 4년 후 만주에서 일본총영사관 경찰과 연락·협조했으며, 귀국 도중 아편 소지 혐의로 검거되었다. 총독부 보안과장 야기 노부오(八木信雄, 전남지사 역임)의 지시를 받은 전 헌병보조원 장명환(張明煥)이 권태석을 면회했다. 장명환(장명원)은 권태석에게 당신이 여운형과 안재홍을 알고 있으니 소지한 현금 250만 원과 다량의 아편으로 대사업을 권유하라며 권태석을 석방시켰다. 권태석은 그중 50만 원을 자기 비용으로 사용하고 나머지와 아편 매가 대금은 총독부가 후원하는 어용정당 조직에 쓰기로 했다. 여운형, 안재홍, 권태석, 이승복 등 20명을 규합해서 어용정당을 논의하다가 용산헌병대 밀정에게 검거되었고, 가택수색 결과 상당량의 아편이 발견되었다. 여운형이 석방을 교섭했으나 아편 때문에 20여 명이 경성지방검사국에 송치되었다. 이인은 자신이 여운형과 관련된 이 기록들을 본 뒤에 서기국장 윤지선에게 특별보관하라고 지시했다고 주장했다(이인, 1967, 「해방 전후 편편록」, 『신동아』 8월호, 355~356쪽). 권태석 개인이 250만 원과 아편을 밀매한 자금으로 총독부가 후원하는 어용정당을 추진하다 헌병대 밀정에게 검거되었다는 이인의 주장은 신뢰하기 어렵고 설득력이 부족하다. 권태석이 장명환(장명원)과 친밀한 사이였던 것은 분명하다. 권태석은 일제 말기 반도의용정신대들 소식하고 김두한 등 종로 깡패들을 모아 훈련시켰던 고등계형사 장명원(창씨명 야기八木)의 친구였고, 장명원의 후견인인 야기 총독부 보안과장과 친밀한 사이였다. 장명원은 야기의 성을 따라 창씨를 할 정도였다. 「피의자신문조서」(1949년 8월 31일, 1949년 5월 24일), 반민족행위특별검찰부, 피의자 장명원(張明遠).

표성과 역사성 등이 고려되었을 가능성과 안재홍의 추천을 받았을 가능성을 생각해볼 수 있다.

한민당은 훗날 건준 초기 인선이 극소수로 이루어졌을뿐더러, 친일색채가 농후한 사람 또는 공산주의자들이 있었다고 비판했다.[128] 건국동맹을 기반으로 급박하게 건준이 구성되면서 벌어진 일이었지만, 친일파의 본산이던 한민당이 할 만한 이야기는 아니었다. 친일 운운은 여운형과 권태석을 거론한 것이며, 공산주의자는 정백, 이강국, 최용달 등을 겨냥한 것이었다.[129]

1945년 8월 22일에는 건준 중앙위원회를 확충해 12부 1국제를 채택했고 8월 25일에는 선언과 강령을 발표했다.[130] 건준은 제1차 부서가 "직접적인 투쟁 과정 속에서 단련되어 성립된 것이 아니라 임기응변식으로 조직되었고 지도층이 보인 조급성이 혁명적 인민대중을 동원하지 못하고 전위 지도부와 대중이 서로 괴리되는 결함을 내포"했기에 중앙조직의 확대와 강화가 요구되었다고 설명했다.[131]

128   한국민주당선전부, 1948, 『한국민주당소사』(심지연, 1984, 『현대한국정당론: 한국민주당연구 II』, 창작과비평사 수록, 274쪽).

129   한민당은 여운형이 주도한 비밀결사 건국동맹이 사실상 고이소(小磯) 총독의 알선으로 조직하려고 했던 홍아동맹이라는 친일 정치단체였으나, 다나카(田中) 정무총감의 반대로 실패했고, 어용학자 오카와 슈메이(大川周明)와 함께 경남 해운대 온천 등에서 황민운동을 벌이기로 약속했다고 주장했다(심지연, 1984, 앞의 책, 272～273쪽). 1939년 만주군의 국수주의자 이시하라 간지(石原莞爾)가 만든 동아연맹에는 만주협화회의 박석윤, 강영석, 조영주, 진학문, 이범익, 권일 등과 조선에서는 장덕수가 회장을 맡고 김성수가 자금을 댔다. 坪江汕二, 1966, 『朝鮮民族獨立運動祕史』, 巖南堂書店, 245～246쪽; 송건호, 1984, 『한국 현대사론』, 한국신학연구소출판부, 286～287쪽.

130   건준 선언의 발표일은 기록마다 상이하다. 『조선해방연보』의 일지에는 8월 21일로 되어 있으나, 본문에는 8월 28일로 기록되어 있다. 이만규는 8월 25일로 기록하고 있다. 『매일신보』에 따르면 9월 2일 오후 3시 건준 서기국이 발표한 것으로 되어 있다. 「위원회에서 선언 발표」, 『매일신보』 1945년 9월 3일자.

131   민주주의민족전선, 1946, 앞의 책, 87～88쪽; 홍인숙, 1984, 「건국준비위원회에 관한 연구」, 이화여대 정외과 석사학위 논문, 32～38쪽.

위원장: 여운형	부위원장: 안재홍
총무부: 최근우	조직부: 정백, 윤형식
선전부: 권태석, 홍기문	재정부: 이규갑, 정순용
식량부: 김교영, 이광	문화부: 이여성, 함상훈
치안부: 최용달, 유석현, 장권, 정의식	교통부: 이승복, 권태휘
건설부: 이강국, 양재하	기획부: 김준연, 박문규
후생부: 이용설, 이의식	조사부: 최익한, 김약수
서기국: 고경흠, 이동화, 이상도, 최성환, 정화준[132]	

개편된 제2차 간부 진영에는 좌우파가 모두 망라되었다.[133] 제2차 간부에 대한 분석은 홍인숙과 이정식에 의해 시도된 바 있는데,[134] 이정식은 제2차 간부진을 여운형계, 안재홍계, 서울계, 재건파, 무소속 등 다섯 부류로 분류했다.[135] 제2차 간부진을 유형화한 강점이 있지만, 당시 현실과 어긋나는 점이 있다.

첫째, 안재홍계가 과대평가되었고, 실제로는 한민당원(함상훈), 공산당원(김교영, 양재하, 권태휘), 정치색이 중도파였으나 당시 정치성향이 미상인 인물(유석현, 홍기문) 등이 안재홍계에 포함되어 있다. 양재하는 공산당이지만 건국동맹원이었다. 김교영은 조선청년총동맹 출신으로, 해방 후 건준 활동 후 곧바로 월북해 북한에서 활동했다.[136] 안재홍계가 명

---

132 민주주의민족전선, 1946, 앞의 책, 85쪽.
133 인적 구성에 대한 분석은 홍인숙, 1984, 앞의 논문, 31~38쪽; 이정식, 1992, 「여운형과 건국준비위원회」, 『역사학보』 134·135합집을 참조.
134 홍인숙은 건준을 여운형의 건국동맹 계열, 안재홍의 신간회 계열, 성백의 조신공산당 계열의 3대 세력으로 구분했다. 홍인숙, 1984, 앞의 논문, 45쪽.
135 이정식, 1992, 앞의 글, 58~59쪽.
136 홍인숙, 1984, 앞의 논문, 33쪽, 47쪽. 김교영은 한민당 발기인 명단에도 이름이 올라 있다.

[표 1-1] 1945년 8월 22일 제2차 건준 중앙위원회 간부의 분류와 경력

분류	이름	직책	계열	경력
여운형계	여운형(呂運亨)	위원장	여운형계	신한청년당, 3·1운동, 임정, 고려공산당, 조선중앙일보 사장, 건국동맹, 2차례 투옥, 인민당, 근민당, 좌우합작, 암살
	이여성(李如星)	문화부장	여운형계	북풍회, 건맹, 인민당, 1기 최고인민회의
	최근우(崔謹愚)	총무부장	여운형계	3·1운동, 건맹, 인민당
	이동화(李東華)	서기국원	여운형계	건맹, 인민당, 평남민보 주필, 김일성대 강사, 월남, 통일사회당
	이병학(李丙學)	치안부원	여운형계	체육인, 역도장, 민전, 체육단체회장
	이상도(李相濤)	서기국원	여운형계	일본노동조합전국협의회, 조선중앙일보, 건맹
	장권(張權)	치안부원	여운형계	체육인, 건맹, 인민당, 사회민주당
	고경흠(高景欽)	서기국장	여운형 측근	고려공청 일본부, 조선공산주의자협의회, 조선중앙일보, 건맹, 인민당, 사로당, 근민당, 노동당 후보위원
	양재하(梁在廈)	건설부원	안재홍계 — 여운형계	조선일보, 건맹, 민전, 2대 의원, 납북
	정화준(鄭和濬)	서기국원	여운형계	조선통신 기자, 인민당원, 민전
	정순용(鄭珣容)	재정부원	미상 — 여운형계	좌익이라고 함[이정식의 주장]
장안파	정백(鄭伯)	조직부장	공산당	서울계, 장안파
	윤형식(尹亨植)	조직부원	공산당	서울계, 조선청년총동맹, 해방일보·독립신보, 민전, 재건파 조공프락치, 2기 최고인민회의 대의원
	이광(李珖)	식량부원	공산당	ML당, 건맹, 장안파, 남로당
	정의식(鄭宜植)	치안부원	공산당	ML당, 조선청년총동맹, 정백 지명으로 4차 조공, 1949년 총살형
	최성환(崔星煥)	서기국원	공산당	서울계, 장안파, 신민당, 사로당, 근민당, 1기 최고인민회의 대의원
	최익한(崔益翰)	조사부장	공산당	일월회, ML당, 장안파, 민전, 사로당, 근민당, 1기 최고인민회의 대의원

분류	이름	직책	계열	경력
장안파	권태휘(權泰彙)	교통부원	안재홍계 — [장안파]	권익수(權益洙), 혁청단, 서울청년회, 조선공산당, 조공재건사건, 민전
	김교영(金敎英)	식량부장	안재홍계 — [장안파]	조선청년총동맹, 조선일보, 건준 후 월북, 1차 노동당대회 서열 391위
재건파	박문규(朴文圭)	계획부원	공산당	경제학자, 건맹, 재건파, 미야케(三宅) 사건, 북한농림상, 노동당 중앙위원
	이강국(李康國)	건설부장	공산당	건맹, 재건파, 원산 사건, 북조선인위 사무국장, 처형
	최용달(崔容達)	치안부장	공산당	건맹, 재건파, 원산 사건, 보전교수, 북조선인위 사법국장
안재홍계	안재홍(安在鴻)	부위원장	안재홍계	청년외교단, 조선일보 사장, 신간회 총무, 조선어학회, 9차례 투옥, 입법의원, 민정장관, 2대 의원, 납북
	권태석(權泰錫)	선전부장	공산당 — 안재홍계	서울계, 춘경원당, 신간회, 신한민족당, 비상국민회의, 한독당
	이승복(李昇馥)	교통부장	안재홍계	조선일보, 신간회, 화요회, 조선국민당
	이의식(李義植)	후생부원	안재홍계	의사, 경성시 인민위원, 조선국민당
	유석현(劉錫鉉)	치안부원	안재홍 추천	의열단, 건준치안부, 민주독립당, 민족자주연맹
	홍기문(洪起文)	선전부원	안재홍계	조선일보, 일월회, 신간회, 불참, 민주독립당
한민당계	김약수(金若水)	조사부원	공산당 — 한민	ML당, 한민당, 제헌의원, 국회프락치사건
	김준연(金俊淵)	계획부장	공산당 — 한민	ML당, 한민당, 불참
	이규갑(李奎甲)	재정부장	목사 — 한민	3·1운동, 임시정부, 신간회, 한민당
	이용설(李容卨)	후생부장	의사 — 한민	흥사단, 한민당, 불참
	함상훈(咸尙勳)	문화부원	안재홍계 — 한민	조선일보, 한민당, 불참

[비고] 분류는 이정식의 분류를 수정한 것이다. 서울파를 장안파로 적었으며, 한민당계를 추가했다. 변경된 계열은 — 표시로 구분했다. 불참은 유석현의 증언에 따라 이정식이 건준에 불참한 것으로 표기한 것이다.

[출전] 이정식, 1992, 「呂運亨과 建國準備委員會」 『역사학보』 134·135합집, 58~59쪽 및 다음 자료를 참고해서 작성. 李萬珪, 1946, 『呂運亨鬪爭史』, 民主文化社; 李萬珪, 1947, 「夢陽呂運亨鬪爭史」 『新天地』 8월호; 南載熙, 1982, 「統促의 老先輩님들① (劉錫鉉님)」 『민족통일』 4월호; 南載熙, 1982, 「統促의 老先輩님들④ (李東華님)」 『민족통일』 10월호; 홍인숙, 1984, 「건국준비위원회에 관한 연구」, 이화여대 정외과 석사학

4. 막간극: 건준의 분열과 조선인민공화국의 창설　　　　　　　　　　105

위 논문, 32~38쪽; 국사편찬위원회 한국사데이터베이스; 강만길·성대경 엮음, 1996, 『한국사회주의인명사전』, 창작과비평사; 류재순, 1990, 「이천추 - 마지막 사회주의자의 조용한 갈망」, 『월간 다리』 3월호; 장원석, 2012, 「8·15 당시 여운형의 과도정부 구상과 여운형·엔도 회담」, 『아시아문화연구』 27; 박순섭, 2017, 「『獨立新報』의 좌경화에 대한 개념사적 접근」, 『역사연구』 32; 박순섭, 2019, 「권태석의 항일투쟁과 민족통일운동」, 『한국민족운동사연구』 101.

확한 것은 권태석, 이승복, 이의식으로 안재홍과 함께 건준을 탈퇴해 국민당을 창당(안재홍, 이승복, 이의식)하거나 신한민족당·한독당에 가담(권태석)한 중도우파적 인물들이다.

둘째, 여운형계는 상대적으로 과소평가되었다. 공산당 서울파나 재건파로 분류된 세력이 실제로 큰 범주에서 여운형계에 포함되는 인물들이다.[137] 서울계로 분류된 권태석, 정백, 윤형식, 이광, 정의식, 최성환, 최익한 중 정백과 이광은 건국동맹원이었다. 다른 인물들도 식민지시대 여운형과 연관되었거나 정백을 통해 연결된 '온건 공산주의자'들이었다. 재건파의 박문규, 이강국, 최용달은 모두 경성제대 출신 엘리트 공산주의자들인데, 건국동맹원은 아니었지만 여운형 및 건국동맹과 연계해 일제 패망에 대비했던 인물들이다. 또한 이강국, 박문규, 양재하는 이여성, 김세용, 이상백 등과 함께 해방 후 건국동맹 기획처에 속했던 인물들이다.

셋째, 공산당원을 서울계와 재건파로 분류한 것은 해방 직후 시대상황과 맞지 않는다. 서울계는 1920년대 사상단체 또는 파벌이며, 이 경우 다른 파벌은 화요회계, ML계로 분류해야 한다. 해방 직후 상황에선 장안파와 재건파로 구분하는 것이 타당하다. 서울계로 분류된 인물 가운데 정백, 이광, 정의식, 최성환, 최익한은 장안파 혹은 사회로동당(사로당)·근로인민당(근민당)으로 간 대회파·반박헌영파에 속하는 인물들이다.

넷째, 한민당 계열의 우익 인사들을 별도로 분류하지 않은 점이다.

---

137   홍인숙, 1984, 앞의 논문, 49쪽의 〈표10〉 건국준비위원회 간부들의 조직 활동에서의 연계를 참조.

한민당원에 해당하는 함상훈(안재홍계), 김준연·이규갑·이용설(미상)을 다른 계열로 분류했다. 특히 김준연과 함상훈은 건준에서 배제 혹은 불참한 이후 여운형이 친일정권을 수립한 공산주의자라고 비난한 한민당의 대표적인 목소리였다.

이렇게 제2차 건준 간부를 계열별로 나누면 여운형계, 장안파, 재건파, 안재홍계, 한민당계로 구분할 수 있다. 이 중 여운형-장안파-재건파가 원래 여운형의 세력 범위이며 안재홍계와 한민당계가 해방 후 합류한 것이다.

여운형의 동생 여운홍은 건준이 네 세력으로 구성되었다고 회고했는데 공산당원인 극좌파, 비공산주의적인 좌익, 즉 온건한 사회주의자들, 안재홍·이규갑 등의 우익, 여운형을 무조건 지지하는 장권·송규환 등이었다.[138] 송남헌은 건준이 여운형의 건국동맹을 중심으로 하는 사회주의 세력, 안재홍을 중심으로 하는 우익 세력, 이영·최익한·정백 등을 중심으로 하는 장안파 공산주의 세력, 박헌영·이강국·최용달 등을 중심으로 하는 재건파 공산주의 세력이 연합한 정치단체였다고 보았다.[139]

당대를 경험했던 두 사람의 설명을 종합해보면 제2차 건준은 여운형 중심의 비공산주의적 좌파 혹은 사회주의적·좌파적 원로 세력(건국동맹), 장안파 및 재건파 공산주의 세력, 안재홍과 한민당 중심의 우익 세력의 결합이었다. 크게 보면 세 가지 세력이고, 공산주의 세력을 장안파와 재건파로 나누고, 우익 세력을 안재홍 등 중도우파 세력과 한민당 등 우파 세력으로 구분하면 다섯 가지 세력이 연합한 것으로 볼 수 있다. 여기에 여운형 개인의 추종자들이 포함된 것이다.

건준이 해방 직후 현실 정치의 핵심이자 중추 역할을 했으므로, 좌익

---

138   여운홍, 1967, 앞의 책, 150쪽.
139   송남헌, 1985, 앞의 책, 48쪽.

(재건파·장안파)과 우익(한민당)이 모두 자신의 영향력을 확대하는 한편 조직을 장악하려고 시도하는 것은 자연스러운 일이었다. 그런데 8월 22일 건준의 제2차 12부 1국제로의 변경은 언론에 보도되지 않았으며, 큰 주목을 받지 못했다. 8월 22일에 발표된 제2차 건준 간부진 개편에는 사연이 있었다.

먼저 여운형은 8월 18일에 테러를 당해 8월 25일까지 정양하고 있었다. 이만규에 따르면 8월 18일 11시경 계동 자택으로 귀가하던 중 "사택을 엿보던 무뢰한 같은 테러 4인"이 여운형의 두부를 내리쳤다. 이 때문에 여운형은 심한 타박상을 입고 일주일간 고향에서 정양해야 했다. 그 후로 두통이 심했고, 상당한 안정과 치료가 필요했다.[140] 여운형 자신은 "5~6일간 일사병 같은 병세로 정양하고자 시골에 가 있었"다고 했다. 폭풍의 해방정국에서 5~6일 이상 서울을 비워야 하는 상황이었던 것이다. 주한미군사령부 정보참모부는 한민당의 정보를 인용해 "여운형의 하급자 몇 명이 그를 심하게 폭행해서 며칠간이나 드러눕게 만들었다"고 썼지만,[141] 테러범은 일본군 혹은 총독부의 사주를 받은 한국인이었을 가능성이 매우 높다.

이 기간 동안 부위원장 안재홍이 건준의 일을 주관했다. 이만규의 표현에 따르자면 여운형은 "자기주의(自己主義)를 관철하는 데는 혁명적이고 큰 강령에 있어서는 결단적이오 외부 간섭에 있어서는 투쟁적"인데 반해 안재홍은 "모두가 군자적(君子的)이고 타협적이고 순응적이었다."[142] 이만규가 "군자적", "타협적", "순응적"이라고 표현한 것은 바로

---

140 이만규, 1946, 앞의 책, 236쪽. 여운형은 자신에 대한 테러를 측근이 알면 복수를 할까 봐서 일체 비밀에 부쳤다고 했는데, 누가 자신을 공격했는지 알고 있었으며, 측근이 누구에게 복수하려 할지 알고 있었다는 뉘앙스였다.

141 HQ, USAFIK, G-2 Periodic Report No.4(1945. 9. 14), p.4.

142 이만규, 1946, 앞의 책, 216쪽.

한민당 계열 우익 인사와 안재홍의 타협 과정을 지적하는 것이었다.

이미 해방 직전인 8월 12일과 13일에 여운형(정백)-송진우(김준연)의 협의가 무산된 바 있었다. 8월 15일 여운형은 이여성을 송진우에게 보냈고, 다시 사람을 보낸 다음 자신이 직접 원서동의 송진우를 찾아가 함께 건국 준비에 착수할 것을 요청했지만, 송진우는 "경거망동을 삼가라. 중경 정부를 지지해야 한다"며 협동을 거부했다.[143] 이인도 송진우가 8월 15일 여운형을 두 번이나 만났으나 의견 대립으로 함께 일할 수 없게 되었다고 썼다.[144] 8월 17일 여운형은 재차 송진우에게 건준 참여를 요청했지만 역시 거절당했다.[145]

이만규에 따르면 청년 측은 여운형이 송진우의 존재를 너무 과대평가한다며 비판했고, 공산당원 일부는 송진우가 "절대로 임정 맹종주의"를 내세우며 응하지 않는데, 그가 우익 전체의 대표가 아닌 이상 불응한다고 괘념치 말라고 했다. 이들은 여운형이 무릎을 꿇다시피(屈膝的) 하면서 송진우와 타협하려는 것을 반대했다. 반면 여운형은 국내에 표면에 드러난 세력은 기독교·천도교 등 종교단체를 제외하고는 모두 김성수의 동아일보, 보성전문, 중앙학교, 방직회사, 섬유회사 등의 그룹인데, "사업이 모두 민족적으로 훌륭"하며, 이 그룹이 상당한 세력을 가질 것이기 때문에 모시(侮視)할 수 없다는 입장이었다.[146]

현상적으로 합작을 거부한 송진우 측도 가만히 있지 않았다. 먼저 앞에서 살펴본 것처럼 8월 17일부터 22일까지 총독부의 지시에 따라 경북도지사 김대우가 개입한 여운형-송진우 측의 협의가 진행되었다. 여운형 측은 박석윤·최근우·정백 3명을 위원으로 추천했고, 송진우 측은 "기쁜

143   이만규, 1946, 앞의 책, 206쪽.
144   이인, 1967, 「해방 전후 편편록」, 『신동아』 8월호, 360쪽.
145   심지연, 「한국민주당 일지」, 『현대한국정당론: 한국민주당연구 II』, 창작과비평사, 206쪽.
146   이만규, 1946, 앞의 책, 206쪽. 다만 여운형은 이들이 자본주의에 편향된 점을 우려했다.

마음"으로 장덕수·백관수·김준연 3명을 추천했다. 김대우는 여기에 유억겸·양주삼 및 천도교 간부 등을 더해 건국준비위원회를 확대된 치안유지회로 변경하려고 했다. 그러나 이 일은 김대우가 22일 대구로 돌아가면서 중단되었다.

같은 시점에 우익의 김병로, 백관수, 이인, 박명환, 김용무, 박찬희, 김약수 등은 건준에 합류해 건준을 개조해야 한다고 주장하며 김병로·백관수 등이 안재홍과 접촉해 몇 차례 회의를 했다. 김대우의 중재와 김병로·백관수가 안재홍과 교섭한 일이 같은 시점에 이루어졌다는 점은 사실상 두 가지가 동일한 교섭임을 의미한다. 여운형의 와병 중에 이루어진 안재홍과 우익 한민당 계열의 협의에 대해서는 화자에 따라 표현과 내용에 차이가 있다.[147]

첫째, 이만규와 민주주의민족전선(민전) 측의 입장이다. 이만규는 안재홍이 "안으로는 밀려드는 부하의 뒷공론에 내부가 점점 버성기고, 밖으로는 명사 측의 요구에 외압이 강"한 탓에 확대위원회를 만들기로 하고 135명의 위원을 선정했다고 기록했다.[148] 확대위원회 위원 수를 135명으로 기억한 것이다.

민전이 펴낸 『조선해방연보』는 좀 더 자세한 사정을 기록하고 있다. 8월 19일 송진우 일파를 선두로 한 "우익의 기회주의자들"이 김병로, 백관수를 파견하여 합작을 제의했는데, '경성유지자대회'(京城有志者大會)를 열어 건준을 개조하자는 것이었다. 당시 일제 경찰이 음양으로 독립운동에 간섭하려는 상황에서 이들이 주장한 '유지자'는 "적에게서 욕 한번 듣지 않고, 적의 뺨 한번 때리지 못한 왜정 치하의 유지자와 신사"들이었

147   이완범, 2019, 「해방 직후 국가건설 노력과 미국: 미·일관계에 규정된 조선건국준비위원회, 1945. 8. 14∼9. 9」, 『한국의 대외관계와 외교사(현대편1)』, 동북아역사재단.
148   이만규, 1946, 앞의 책, 206쪽.

다. 이들을 건준의 중심세력으로 삼으려 했고, 중경임시정부 귀국 준비를 건준의 목적으로 삼자고 주장했다는 것이다. 이에 맞서 건준 측은 일제와 투쟁한 혁명투사들이 건준의 중심세력이 되어야 하며 김구 일행은 정부가 아니라 개인 혁명가 자격으로 돌아와야 환국을 환영할 수 있다고 맞섰다. 송진우 측과 건준 측 쌍방의 의견은 근본적으로 대립됐다는 것이다. 이것이 "무조건적 망라론"과 "불순분자 제외론"의 대결이었으며, 건준의 "혁명적 세력"은 유지자대회를 일축하고 건준을 확대·강화했다.[149] 『조선해방연보』는 "건준의 지도적 주체들", 즉 안재홍·권태석 등의 "유약성, 투쟁적 전진성의 미약"으로 건준 중앙위원회 확대회의 118명이 발표(9월 3일)되었고, 중앙위원회 위원장 여운형 및 공산계 간부들의 동의 없이 부위원장인 안재홍이 독단적으로 회의를 진행하여 "기회주의적 쁘띠부르조아 층이 다수를 차지하는 위기"가 발생했다는 것이다. 이로써 여운형과 안재홍의 대립이 표면화되었고, 안재홍이 건준을 떠나 조선국민당을 조직하게 되었다는 설명이다.

둘째, 『한국민주당소사』에 기록된 한민당 측의 주장이다. 8월 18일 아침 김병로, 백관수가 건준 본부를 방문해 여운형 위원장, 안재홍 부위원장, 최근우·권태석·이규갑 부장과 함께 두 시간 동안 담판을 해서 "적법적 국민대회 같은 회합"을 개최하지 못한다면 응급책으로 서울 시내 각계각층 유지 인사와 지방 유지들을 참가시켜 "중심기관"을 창설하자고 주장했다. 여운형·건준 측의 "만강찬의"(滿腔贊意)를 얻어 8월 19일 유지대회를 소집하기 위한 초청장을 보내기로 하고, 기성단체 '건국준비회'의 명의로 안재홍 부위원장이 기초해서 발송하기로 했으며, 발송문 중에 "자기 동지 수인이 당황 중에 과오를 범하였으니 용서하시고 다시 상당한 명실상부의 유지자단체를 원한다"는 의미를 넣게 했다. 초청인 명

149   민주주의민족전선, 1946, 앞의 책, 82쪽.

부는 유억겸에게 서울 시내 각계각층 대표 명단을 작성하게 했다. 그런데 8월 23일 권태석이 백관수를 찾아와 변명하며, 초청장을 발송해 유지대회를 할 것이 아니라 건준 확대위원회 방식으로 건준에서 그대로 추천 발표하자고 했다. 김병로, 백관수, 이인, 김약수, 박찬희, 김용무, 박명환 등이 이를 묵인해서 시내 각계각층 명사를 호천(互薦)했다. 8월 25일 이들과 권태석이 함께 62명을 전형했는데, 그날 밤 발행된 『매일신보』에는 임의로 건준 측이 73명을 추가해 총 135명을 초청한다고 발표했다는 것이다. 한민당 측은 "저들 자의로 135명의 명사의 명의를 도용하여 소위 위원회를 개편"했다고 주장했다.[150] 『한국민주당소사』는 이미 한민당이 미군정 권력을 장악한 지 3년 뒤인 1948년에 간행된 것이므로 표현과 내용에서 일방적인 주장을 담았을 가능성이 높다. 특히 "과오를 범했으니 용서" 운운은 여운형과 건준에 대한 사후모독이자, 가공의 허위주장으로 판단된다.

한민당의 주장에 따르면 (1) 처음에는 안재홍과 타협해 유지대회 방안을 추진했으나 건준의 반대로 무산되었고, (2) 다음으로 건준 확대위원회 방안을 모색해 권태석과 김병로 등 한민당계 핵심 인사들이 확대위원 62명을 추천했는데, (3) 건준에서 임의로 73명을 추가해 총 135명을 추천한다고 『매일신보』 1945년 8월 25일자에 보도했으며, (4) 결국 건준이 자의적으로 135명 명사의 이름을 도용해 건준을 개편했다는 것이다.

요점은 한민당계가 추천한 62명으로 건준 확대위원회를 진행했어야 했는데, 건준 측이 73명을 추가한 것은 잘못이며, 명의 도용이라는 것이다. 먼저 『매일신보』 보도는 9월 1일자였으니 기본적인 사실관계가 잘못되었다. 또한 한민당계가 권태석·안재홍과 건준 확대위원회를 결정했으니, 여기에 따랐어야 한다는 주장은 상식적, 정치적으로 이해하기 어렵

---

150   한국민주당선전부, 1948, 『한국민주당소사』(심지연, 1984, 앞의 책, 274~275쪽).

다. 여운형의 준비·대책·결단과 한국인의 해방 염원의 산물인 건준을 한민당 계열이 회의실 공론을 통해 차지하려고 시도하다 실패한 것이기 때문이다. 한민당 계열이 추천한 인사들이 모두 포함된 확대위원 명단의 공표를 명의 도용이라고 주장하는 것은 납득하기 어렵다. 역시 인민공화국(인공) 수립 당시 인민위원 명단에 우익 계열 인사들이 포함된 사실을 소급해 건준 확대위원회에 명의 도용 주장을 덮어씌운 것으로 보인다.

한민당의 김준연은 8월 20일경에 김병로, 백관수 등이 건준을 방문하고, "정권을 정무총감에게 받는 형식을 버리고 각계 유지를 총망라하여 그 자리에서 공론하여 치안을 유지하는 정도로 하여 그 명칭도 치안유지회 같은 것을 채용하라!"고 제의했는데, 찬성자도 많았으나 건준 측에서 응종(應從)치 않아서 성립되지 않았다고 썼다.[151]

셋째, 초기 한민당에 가담했으나 1946년 탈퇴 후 김규식의 비서를 지낸 송남헌은 여러 기록을 종합해서 다음과 같이 설명하고 있다. 건준의 안재홍과 김병로·백관수 등은 '전국유지자대회'를 개최하기로 하고, 즉석에서 480명의 각계 인사의 명단을 작성하여, 8월 18일로 소집일자를 결정하여 소집장을 발송하기로 했다. 그런데 건준에 침투한 박헌영계 재건파의 압력에 의해 이강국, 최용달, 정백 등의 공산주의자들이 반대하여 시간을 끌었다. 양측은 8월 18일 다시 회의를 열어, 건준을 해체하고 전 국민의 총의로 된 새로운 중앙기관을 창설하기 위한 전국유지자대회를 8월 19일 소집하기로 하고, 동석한 유억겸이 전국 유지 480명의 명단을 재확인해 작성했다.[152] 또한 "그간의 건국준비위원회의 과오를 인정하고 명실상부한 유지 단체를 원한다"는 초청장을 안재홍 부위원장의 명의

151   김준연, 「정계회고 일년(해방과 정치운동의 출발)」, 『독립노선』(1984년 돌베개 복각판), 23쪽.
152   유억겸이 작성했다는 전국 유지 480명의 출처는 명시되어 있지 않다. 송남헌, 1985, 앞의 책, 43~44쪽.

로 발송하기로 합의했다. 그런데 초청장은 발송되지 않았고, 8월 23일 무경부장 권태석이 백관수를 방문해 건준 내부 사정을 들어 변명하고, 합의된 확대위원을 건준에서 추천하되 서울 시내 명사로 한정하자고 제안했다. 김병로, 백관수, 이인, 박명환, 김용무, 박찬희, 김약수 등이 이를 묵인했다. 8월 25일 이들은 권태석과 동석해서 62명의 확대위원을 선출했으나, 건준 측이 그날 밤 독자적으로 73명을 추가해 135명의 명단을 발표했다.[153]

이들의 기록과 증언을 종합하면 안재홍(건준) 측과 김병로·백관수 등의 교섭 경과는 다음과 같다.

이들이 공통적으로 지적하는 것은 8월 18일 혹은 8월 19일경에 김병로와 백관수가 건준을 찾아와 안재홍 측과 건준의 개편에 대해 논의했다는 점이다. 한민당의 주장에 따르면 8월 18일 여운형·안재홍 등의 간부진을 모두 만난 것으로 되어 있으나, 『조선해방연보』에는 여운형이 테러로 병중이던 8월 19일에 이들이 건준을 찾아와 안재홍과 협의한 것으로 나온다. 협의가 시작된 시점은 8월 18일 혹은 8월 19일인 것이다.

그런데 협의 시점, 협의 내용, 구체적인 협의 경과 등을 살펴보면, 이들의 협의는 경북도지사 김대우가 중개했다는 총독부의 건준 개편 시도를 건준 측과 한민당 측이 각자의 입장에서 서로 다르게 표현한 것으로 판단된다. 먼저 협의의 시점과 관련해 안재홍과 김병로·백관수의 협의는 엔도 정무총감의 명을 받은 김대우 경북도지사가 여운형·건준 측과 송진우·우익 측의 합작을 교섭하면서 건준을 치안유지회로 다시 복귀시키기 위해 공작 중이던 시기에 진행되었다. 김대우가 중개한 여운형·송진우 협의와 안재홍–김병로·백관수 협의가 동시에 따로 진행되었을 가능성은 없다. 건준 측과 한민당 측은 김대우의 중재를 거론하지 않았지만, 이는

153   송남헌, 1985, 앞의 책, 45~46쪽.

[표 1-2] 안재홍(건준) — 김병로·백관수 등의 교섭 경과(1945년 8월 18~25일)

출처	시점	주체	명칭	위원 수
김대우	8월 17~22일	여운형-송진우 교섭 중재	총독부로부터 새롭게 치안유지 협력	여운형·안재홍·송진우, 박석윤·최근우·정백, 장덕수·백관수·김준연, 유억겸·양주삼 외 천도교, 덕망 있는 인물
이만규		안재홍	확대위원회	135명
『조선해방연보』	8월 19일	김병로·백관수-건준	경성유지자대회	118명
『한국민주당소사』	8월 18~25일	김병로·백관수-여운형·안재홍·건준 간부	유지대회	8월 25일 62명 확정, 건준 73명 추가, 135명 발표
김준연	8월 20일	김병로·백관수-건준	치안유지회	
송남헌	8월 18~25일	김병로·백관수-건준	전국유지자대회	8월 19일 480명(유억겸) 8월 25일 62명 확정, 건준 73명 추가, 135명 발표

[출전] 「경상북도지사 金大羽 談」, 森田芳夫, 1964, 『朝鮮終戰の記錄: 米ソ兩軍の進駐と日本人の引揚』, 巖南堂書店, 71쪽; 이만규, 1946, 『여운형투쟁사』, 민주문화사, 206쪽; 민주주의민족전선 사무국, 1946, 『조선해방연보』, 문우인서관, 82쪽; 한국민주당선전부, 1948, 『한국민주당소사』(심지연, 『현대한국정당론: 한국민주당연구 II』, 창작과비평사 수록, 274~275쪽); 김준연, 「정계회고 일년(해방과 정치운동의 출발)」, 『독립노선』(1984년 돌베개 복각판), 23쪽; 송남헌, 1985, 『해방3년사』 I, 까치 45~46쪽.

총독부의 의향이 강하게 개입된 협의의 다른 이름이었다.

다음으로 협의의 핵심 주제가 건준의 개편이었다는 점에서도 김대우가 중재한 협의와 안재홍-김병로 협의는 동일한 내용이었음을 재확인할 수 있다. 한민당 측에서는 양측이 합의한 결과 개최될 회의를 '경성유지대회', '전국유지자대회' 등으로 불렀으며, 건준이 좁은 범위의 인사들로 구성되어 있다는 점을 개편의 가장 중요한 이유로 제시하면서, 전국은 아니더라도 경성의 유지자들을 망라하는 조직이 되어야 한다고 주장했다. 『조선해방연보』의 지적처럼 해방 공간에서 '유지자대회'라는 명칭을 쓰는 것은 비상식적인데, 그것은 바로 총독부의 의향이었기 때문이다. 여운형·안재홍·송진우 3명 외에 건준 측이 추천한 박석윤·최근우·정백 등과 송진우 측이 추천한 장덕수·백관수·김준연에 유억겸·양주삼을 더하고, 그 외 천도교와 "덕망 있는 인물"을 망라하는 조직을 만듦으로써 건준을 "총독부로부터 새롭게 치안유지 협력"을 받는 조직으로 바꾸려 시도했기 때문이다. 즉 총독부는 한국의 우파적인 유지, 신사, 덕망 있는 인물들을 동원해서 혁명적 건국 열기에 휩싸인 좌파적 건준을 치안유지 협력 단체로 주저앉히고 싶었던 것이다. 그리고 여기에 송진우 측이 적극적으로 가담하기를 기대했던 것이다.

이 때문에 협의 결과 탄생할 조직을 한민당 측은 '유지자단체'라고 기록했고, 김준연은 치안을 유지하는 정도의 '치안유지회'로 기억한 것이다. 총독부는 건준을 '건국 준비'가 아니라 '치안유지' 협조기구로 재편하려 시도했으며, 이를 위해 송진우 등의 우파는 물론 친일파를 동원하며 사용했던 '유지자대회' 방식을 구사하려고 했던 것이다. 이 때문에 한민당 계열에서 유지자대회 방식을 주장하고, 총독부 역시 건준 간부진을 확충해서 좌파적·진보적 경향성을 억제하려 한 것은 사실상 건준의 기능을 중단시키거나 아니면 수적 우세를 통해 건준을 실질적으로 장악하려 한 것이라고 해석할 수 있다.[154]

즉 총독부, 한민당 계열, 안재홍 등 3자의 타협으로 최초에 유지자대회를 추진했는데, 이것이 건준의 반대로 무산된 것이다. 그 시점은 김대우가 대구로 돌아가는 8월 22일로 생각된다. 그다음 권태석이 중간에 나서 한민당 계열 김병로 등과 건준 확대위원회 방안을 모색하기 시작한 것이다.

---

154   이정식은 135명의 확대위원이 결국 국민대회 명단이라고 주장했는데, 부분적으로는 일리가 있다.

그런데 확대위원회(확대회의)의 시점과 인원에 대해서도 진술이 엇갈린다. 위에서 나타난 대로라면 이만규(확대위원회 135명), 『조선해방연보』(9월 3일 중앙위원회 확대회의 118명), 『한국민주당소사』(8월 19일 유지대회 초청, 8월 25일 건준 확대위원회 135명), 송남헌(8월 18일 전국 유지자대회 초청 480명, 8월 25일 건준 확대위원 135명) 등으로 제각각이다. 『한국민주당소사』는 8월 25일 『매일신보』에 확대위원 135명의 명단이 발표되었다고 주장했고, 송남헌도 이를 따랐다.

『매일신보』에 따르면 해당 확대위원 명단은 9월 1일에 게재되었으며, 이들이 9월 2일에 개최될 건준 제2회 위원회에 초청을 받았다고 보도되었다. 해방 직후 당사자들이 직접 기록한 자료에서조차 건준 확대위원 발표 시점을 정확하게 기록한 사례가 단 하나도 없는 셈이다.[155] 숨가쁘게 돌아가는 정세 속에서 하루이틀 사이에도 상황이 급격하게 변화했기 때문이기도 하지만, 그만큼 건준의 속사정이 뒤엉켜 있었음을 의미한다.

사정을 종합해보면 8월 18일경부터 8월 25일까지 전개된 안재홍–김병로·백관수 중심의 교섭은 여운형이 테러를 당해 부재 중인 상황에서 급격하게 진행되었다고 볼 수 있다. 먼저 한민당 계열과 총독부가 희망하는 유지자대회 개최 방식으로 추진하다가, 공산주의자들을 비롯한 건준 간부진의 강력한 반대로 유지자대회는 무산되었다. 다음으로 유지자대회 대신 건준 확대위원회를 개최하는 방식으로 일을 추진했는데, 여운형 위원장이 나타나 이들에게 의견 제출권만 주고 결의권을 주지 말라고 저지했다. 이 때문에 확대위원회를 소집할 수 없는 상황이 되었다.

한민당과 이만규의 기록을 종합해볼 때 권태석–김병로 등의 논의를 거쳐 확대위원회 명단은 8월 25일경에 결정되었지만, 여운형의 반대로 회의가 연기되었다. 건준 내부에서는 당연히 한민당 계열의 주도와 결정

---

155   「각계각층을 망라한 135씨 초청, 위원회의 신구상」, 『매일신보』 1945년 9월 1일자.

으로 확대위원회를 개최할 수 없었기 때문에 추가 인원을 더하는 방안이 논의되었다. 안재홍의 주도로 한민당 계열과 타협을 한 이후 건준의 내부 갈등은 정점으로 치달았다. 결국 8월 31일 여운형이 위원장 사표를 던지고 난 후에야 9월 1일 확대위원회 명단이 공개되었고, 9월 2일 건준 확대위원회 소집이 공표되었다.

이와 같이 건준 발족 직후 8월 18일경부터 8월 25일까지, 혹은 9월 2일까지 벌어진 안재홍-김병로·백관수 중심의 교섭에는 크게 세 가지 힘이 작용했다.

첫째, 건준이 실질적 행정권 이양의 주체로 급부상하자 당황한 총독부 측의 교섭을 빙자한 공작적 의도였다. 총독부는 8월 16일 정치범과 사상범이 석방되고, 안재홍의 라디오 연설이 있은 후 건국준비위원회에 대한 개입과 개편, 방해와 폐지를 다양한 방식으로 시도했다. 8월 17일 엔도 정무총감은 나가사키 유조 검사를 통해 여운형에게 행정권 이양과 기관 접수 등은 연합국이 실시할 것이며 건준은 치안유지 협력의 범위를 넘지 말라고 부탁했다. 8월 18일에는 니시히로 경무국장이 나가사키 검사와 백윤화 판사를 대동해 안재홍 부위원장을 면담하고 건준 해산을 요구했으나 안재홍이 거절했다. 조선 주둔 일본군도 8월 16일 이후 엔도와 여운형의 교섭 사실을 인지한 후 무력 사용을 언급했다. 8월 20일 오카 경기도 경찰부장의 정당단체 해산 명령으로 인민정치당과 고려민주당의 간판이 떼어졌고, 건준에 대해서도 '건국' 두 자를 뗄 것을 강요했다. 8월 21일 건준의 총무부장 최근우는 박석윤을 대동하고 엔도 정무총감을 방문해 약속 위반에 대해 항의했고, 조선 주둔군 참모장을 만나 항의한 결과 건국준비위원회의 간판을 유지하게 된 상황이었다.[156] 조선 주둔군은 8월 15일 저녁, 군 입대 전 경찰이었던 일본 군인 4,000명을 제대시켜 원

---

156   森田芳夫, 1964, 102~103쪽; 송남헌, 1985, 앞의 책, 41~42쪽.

래의 직장에 복귀시켰다.[157] 이강국에 따르면 건준은 8월 20일부터 신문과 라디오를 이용할 수 없어서 극히 곤란한 상태가 되었다.[158]

이런 상황에서 총독부는 건준을 상대로 한 공작의 하나로 송진우 측과의 중재 및 개편 방향을 시도했던 것이다. 김대우가 8월 22일 교섭을 중단하고 대구로 내려간 것은 경북에서의 상황 때문이 아니라, 여러 가지 객관적 사정을 반영한 결정으로 판단된다. 우선 총독부는 이날 소련군이 아닌 미군이 진주한다는 공식 통보를 입수하고 건준이 아니라 미군을 상대로 한 공작에 본격적으로 착수해야 하는 상황이 되었고, 같은 날 건준 제2차 간부진이 발표되는 동시에 안재홍을 중심으로 시도된 건준-송진우 측의 '유지자대회' 개최 방식의 교섭이 사실상 결렬되었기 때문이다.

둘째, 송진우 등 우익 측의 건준 장악 움직임이었다. 송진우 측은 이미 8월 12일과 13일 여운형 측의 '치안 대책' 및 '건국 준비' 합작 제안을 거부했으며, 8월 15일과 16일에도 여운형의 제안을 거부했다. 송진우 측은 여운형의 교섭을 총독부의 치안유지 교섭 정도라고 생각했으나, 8월 16일 사상범과 정치범이 석방되고 안재홍의 라디오 연설 후 건준이 발족해 행정권 이양이 이뤄지자 당황하고 마음이 다급해졌다. 마침 총독부의 위임을 받은 김대우 경북도지사가 8월 17일부터 여운형과 송진우를 중재하기 위해 나서자 송진우 측은 8월 18일부터 25일 사이에 안재홍 부위원장을 중심으로 교섭에 나섰다. 핵심은 '경성유지(자)대회'를 개최해서 건준을 '유지대회', '치안유지회' 등의 이름으로 개편함으로써 실권을 장악하려는 것이었다. 이는 송진우 측과 총독부 측의 이해가 일치하는 지점이

---

157   森田芳夫, 1964, 앞의 책, 102쪽. 『주한미군사』(HUSAFIK)는 이묘묵의 발언(1945년 9월 10일)을 근거로, 8월 17일 조선군사령부는 3,000명의 군인을 민간 경찰로 재배치한 후 건준 간판을 떼고 치안유지회로 변경을 시도했다고 기술했다. 『주한미군사』(HUSAFIK) 1부 3장.

158   「전국인민위원회 대표자대회」, 37쪽.

었다. 송진우 측은 해방을 대비한 어떠한 준비나 대책도 마련하지 않았으며, 여운형 측의 거듭된 합작 및 협력 요구를 거부한 상태였지만, 사실상 행정권 이양과 권력 이동이 이뤄지는 상황이 되자, 여기에 동참하고 안재홍을 통해 이를 장악하려 했던 것이다.

해방 후 안재홍은 한민당 계열의 강낙원(姜樂遠), 유억겸이 조직한 보안대(保安隊)를 건국치안대에 편입하도록 허락한 바 있다. 강낙원은 부부가 모두 반민특위에 검거된 친일파였으며, 유길준의 아들인 유억겸도 일제 말기의 친일행위로 친일인명사전에 등재된 친일파였다.[159] 강낙원은 이후 대한청년단의 고위 간부로 활동했으며, 유억겸은 미군정에 학무국장과 문교부장을 역임하다 1946년에 사망했다. 이들이 조직한 보안대를 장권의 건국치안대에 편입시키면 마찰과 갈등이 벌어질 것은 불 보듯 뻔한 일이었다. 이 때문에 여운형은 이를 거절한 후 이상백에게 안재홍이 "안 하여야 좋을 일을 저질러놓고 뒤처리만 곤란하게 하니 괴롭고 딱하다"고 했다.[160]

안재홍이 송진우 측과 교섭에 돌입하던 시점에 여운형은 테러로 인해 병중이었다. 송진우 측은 중경임시정부 지지를 주장했고,[161] 안재홍도

159   고원섭, 1949, 『反民者罪狀記』, 백엽문화사. 강낙원의 부인은 3·1운동기 활동했던 대한부인회 초대 회장 오현주로, 강낙원의 사주에 따라 일제에 밀고함으로써 조직을 파괴한 바 있다(강영심 선생님 교시, 2023년 7월 14일).

160   이만규, 1946, 앞의 책, 217~218쪽.

161   안재홍의 회고에 따르면 1944년 가을 민족주의자의 한 중진과 회담했는데, 그 사람은 일제 붕괴를 전제로 "중경임시정부가 연합국들의 정식 승인을 받았고, 휘하 10만 독립군을 보유하고 있으며, 미국으로부터 10억 불의 차관을 받아서 이미 1억 불의 전도금을 받았으니 일제 패망 후 10만 군대를 거느리고 10억 불의 거금을 들고 조선에 들어와 친일 거두 몇 무리만 처단하고 행정권을 행사(行施令)할 것이니 만사는 큰 문제 없이 해결될 것이다"라고 했다는 것이다. 민족주 중진은 바로 송진우를 의미했다. 여기서 송진우가 거론한 중경임시정부 소식은 단파방송 전파 사건에서 홍익범 등이 이승만의 VOA 단파방송을 듣고 과장해 퍼뜨린 희망사항일 뿐 사실과 부합하지 않았다. 연합군의 승인, 10만 독립군, 10억 달러 차관, 행정권 행사 등 중경임시정부 이야기는 풍설과 희망사항일 뿐 모두 사실이 아니었다. 안재홍, 「민정장관을 사임하며」(『신천지』 1948년 7

같은 입장이었으므로, 건준을 '치안유지회' 정도로 격하시키고, 중경임시정부가 들어올 때까지 상황 관리를 하는 한편 유지들을 동원해 수적 우세를 점함으로써 건준의 실권을 차지하겠다는 의도였다. 송진우 측은 명목상 중경임시정부 지지를 내세웠지만, 해방 직후 정치 상황에서 건준을 무력화하거나 치안유지회 정도의 수준으로 강등하려 했던 총독부와 이해가 일치했다. 미군정이 들어선 후 한민당은 여운형과 건준이 일제로부터 정권을 이양받은 친일정권이자 공산주의자들이라고 비난했는데, 해방 직후 열흘 동안 한민당 계열이 벌인 일을 복기해본다면 낯뜨거운 주장이다.

셋째, 재건파 조선공산당의 움직임이었다. 여운형이 와병 중인 상태에서 안재홍과 권태석을 중심으로 송진우 측과 급격히 진행된 '경성유지자대회' 개최 및 유지자 혹은 확대위원에게 초청장이 발송되지 않은 가장 큰 이유는 건준 내 공산주의자들인 정백, 박문규, 이강국, 최용달 등이 이 방안에 강력하게 반대했기 때문이다.[162] 특히 재건파 조선공산당 당원이었던 박문규, 이강국, 최용달 등은 모두 경성제국대학을 졸업한 수재이자 공산주의 운동으로 명성을 얻은 운동가였다. 따라서 그들은 자신들이 해방 조선의 공산주의 운동뿐만 아니라 민족의 장래를 이끌어야 한다는 자부심과 자긍심을 가졌다. 또한 정백 등 구식 공산주의자들과는 달리 엘리트주의가 강했다. 이들은 8월 16일에 급조된 장안파와는 달리 소련·코민테른에서 훈련받은 이론적 공산주의자 박헌영을 중심으로 한 재건파의 핵심 인물이 되었다. 8월 20일에 결성된 재건파 조선공산당의 핵심이 된 이들의 엘리트 공산주의자로서의 면모는 해방 후 좌익 청년과 학생, 근로대중에 큰 호소력을 지녔다. 속칭 '성대' 출신 엘리트 공산주의자들이 재

월호),『민세 안재홍 선집』2, 261쪽. 단파방송 사건이 해방 후 이승만의 명성 제고에 미친 영향에 대해서는 정병준, 2005,『우남 이승만 연구』, 역사비평, 399~426쪽을 참고.
162   이만규, 1946, 앞의 책, 217쪽.

건파 조선공산당의 간판이 된 것은 자연스러운 측면이 있었다. 재건파는 급속하게 공산주의 운동의 주도권을 장악하는 한편 건준 내에서도 영향력을 키워나가고 있었다. 이런 상황에서 건준을 전취하기 위한 다양한 힘들이 경합하는 가운데 재건파 조선공산당 측은 우익 계열의 건준 잠식을 방지하는 데 총력을 기울였을 것이다.

안재홍은 건준에 합류하면서 신간회 해체 당시 공산주의자들이 보여준 "아래로부터의 통일전선론", 신간회 해소론 등의 "영도권 싸움"을 우려했으며, 건준이 성립한 해방 당일부터 공산 계열 인사들은 일제 패망 직후 자기들끼리 합동하여 "조선에 즉시 노농정권을 수립하여 공산당 지배하에 재건 조국을 요리"하기로 했다고 평가했다. 이미 8월 16일 오후에는 소련군이 경성역에 도착해 공산 진영을 절대 지지할 것이고, 부산과 목포까지도 소련이 진주할 것을 쉽게 믿어서(輕信), 무산자독재의 노농정권 수립을 벼르고 있었다는 것이다. 안재홍은 8월 15일 당일부터 거의 38시간 철야하는 동안 좌익 인사들이 독자적인 의도를 가지고 건준에서 잠행 공작하는 것을 보았기에 16일 아침에 용퇴하고 결별할 것을 내심 결의했으나 여운형과 정백이 간곡하게 사정을 설명하자 사의를 번복한 바 있었다.[163] 안재홍이 보기에 건준은 신간회의 영도권 투쟁처럼 좌익 공산주의자들의 내부 공작과 이에 맞서는 우익 민족주의자들의 "정권 독천적(獨擅的) 의도"가 충돌하면서 분열투쟁이 발생하고 성장했다. 안재홍의 증언에 따르면 테러로 와병 중인 여운형을 8월 말경 양주군 팔당까지 찾아갔지만, 여운형이 안재홍의 주장에 기울어질 것을 우려한 최용달과 정백이 쫓아오는 바람에 아무 성과가 없었다는 것이다.[164]

결국 안재홍은 "초계급적 협동전선으로 명실상부한 과도적 기구"여

163   안재홍, 1981, 「민정장관을 사임하고」(『신천지』 1948년 7월호), 앞의 책, 259~260쪽.
164   안재홍, 1981, 「몽양 여운형 씨의 추억」(1947년 9월), 앞의 책, 205쪽.

야 할 건준이 마치 독자적 정강을 가진 정당처럼, 운영자들의 조각본부처럼, 해외에서 민족해방운동에 전념하던 혁명전사들의 지도적 결집체인 해외 정권, 즉 중경임시정부와 대립하는 존재가 되었다고 비판하며 건준을 탈퇴했다.[165] 송남헌은 안재홍의 비판을 건준의 좌경화에 대한 비판으로 해석했다. 여운형이 희망한 것은 아니지만 이영, 최익한, 정백 등의 장안파 공산당을 해산케 하고 조선공산당을 재건하여 주도권을 장악한 박헌영파의 집요한 작용에 의한 것으로 판단했다.[166]

결국 건준은 위와 같은 세 가지 힘이 각축하는 가운데, 이들이 건준을 자기네 편으로 견인하기 위해 발산하는 내력(內力)과 외력(外力)의 지배 하에 놓였다. 건준 자체는 전국적으로 형성되기 시작한 자치권력의 상징이자 구심으로 명성을 지녔지만, 건준 중앙을 둘러싸고는 좌익 공산주의자(재건파), 우익 민족주의자(한민당), 조선총독부라는 3각 파도가 권력투쟁을 벌이고 있었던 것이다. 이 와중에 여운형은 테러를 당해 와병 중이었다.

이런 상황을 종합해보면 8월 22일 제2차 건준 개편은 여운형의 부재 중 우익 진영 인사들과 타협책을 모색하던 안재홍의 복안이 반영된 명단으로 추정된다. 제2차 건준 개편에서 곧 한민당의 핵심이 되는 김약수, 김준연, 이용설, 함상훈 등이 간부 명단에 이름을 올린 것은 이러한 협의 및 타협 과정을 반영한 것으로 추정된다. 그런데 유석현의 증언처럼 김준연, 이용설, 함상훈 등 한민당의 핵심 인사들은 건준 참여를 거부한 상태에서 이름만 기재되었을 것이다.

제2차 건준 개편은 건준을 둘러싼 암류(暗流)의 길항이 만들어낸 현

---

165   안재홍, 1981, 「(성명)조선건국준비위원회와 여(余)의 처지」(1945년 9월 10일), 앞의 책, 12쪽.
166   송남헌, 1985, 앞의 책, 48쪽.

상이었다. 이 개편안의 특징은 두 가지다. 첫 번째는 훗날 건준을 친일정권·공산주의 정권이라 비난하던 우익 인사들이 대거 포함된 것이고, 두 번째는 재건파 조선공산당원은 박문규, 이강국, 최용달 3명으로 국한된 반면 장안파 공산당원으로 추정되는 인물은 7명 내외로 확대된 것이다. 아직 재건파의 우위나 영향력이 본격화되기 전이었음을 알 수 있다. 결국 제2차 건준 개편은 건준을 둘러싼 우익 진영의 공세, 안재홍의 수용적 태도, 장안파와 재건파의 경합, 건준을 치안유지회로 변경하려는 총독부의 의도와 공작 등이 결합되어 나타난 결과였다.

이 때문에 제2차 건준 개편은 건준 내부에서 공식성을 지니지 못했던 것으로 보이며, 여운형과 재건파 측의 강한 반발에 부딪혔을 것으로 추정된다. 나아가 이 인선이 진정한 좌우합작의 성격이었는지에 대해서도 의문을 가질 수밖에 없다.

이런 연유로 이 계획은 여운형의 강한 반대에 봉착했다. 이만규에 따르면 외부의 "명사"(名士) 측이 안재홍 부위원장을 끼고 건준 대개혁을 하고, 새 사람을 넣을 계획으로 확대위원회 조직을 강요했고, 내부의 몇 사람도 이에 동조했다. 여운형은 이를 반대하며 부득이하면 의견 제출권만 주고 결의권을 주지 말라고 해서 회의를 소집하지 못했다. 안재홍은 이에 불만을 가졌고, 그래서 9월 2일 회의를 9월 4일로 연기했다. 이만규가 이유를 묻자 안재홍은 흥분된 어조로 "나는 책임 없다. 이 위원회는 벌써 소집하였을 것인데 위원장이 반대하여서 못 열었다"라고 불평을 토로했다.[167]

여운형이 테러를 당한 지 일주일 만인 8월 25일에 공식 석상에 등장해서 건준의 선언과 강령을 발표하게 된 것도 이런 사정이 반영되었을 것이다.[168] 이만규의 표현에 따르자면 선언은 여운형이 거의 새로 썼다고 할

---

167   이만규, 1946, 앞의 책, 217쪽.

정도로 수정되었다. 선언의 몇 가지 특징을 정리하면 다음과 같다.

첫째, 건준의 선언은 여운형이 독립운동가로서 이름을 얻은 1918년 윌슨 미국 대통령에게 보낸 한국 독립청원서를 읽는 듯한 기시감이 있다. 인류, 역사, 세계대전, 해방 등의 용어로 시작하는 첫 문장에서 세계사의 큰 흐름으로부터 한국의 현실을 설명하고자 하는 여운형의 세계관을 엿볼 수 있다.

둘째, 여운형은 건준이 통일전선이라고 밝히고 있다. 해방 후 완전독립을 위한 진보적 투쟁에서 통일전선 결성을 갈망하는 요구를 반영해 건준이 결성되었다는 것이다. 이는 건준의 설립 목적에서도 동일하게 제시되었다. 여운형은 건준의 목적을 두 가지로 제시했는데, "진정한 민주주의적 정권으로 재조직하기 위한 새 국가 건설의 준비 기관"이자 "동시에 모든 진보적 민주주의적 제 세력을 집결하기 위하여 각층각계에 완전히 개방된 통일 기관"이라고 규정했다. 건준은 명칭 그대로 새로운 국가 건설의 준비 기관이자 진보적 민주주의 세력의 통일 기관이라는 것이다.

셋째, 여운형은 건준이 통일전선이지만, 결코 "혼잡된 협동 기관"은 아니라는 점을 강조하고 있다. 아마 이 부분은 안재홍과 송진우 측의 타협을 "혼잡된 협동"으로 질타하는 여운형의 경고로 읽힌다. 그 이유를 이렇게 설명하고 있다. 과거 일제와 결탁하여 민족적 죄악을 범했고, 이후 해방조선의 건설을 도중에 방해할 가능성이 있는 반민주주의적 반동세력에 대해서는 대중적 투쟁을 하고, 이를 극복·배제하고 진정한 민주주의를 실현하기 위해 강력한 민주주의 정권을 수립해야 한다는 것이다. 즉 친일파와 민족반역자를 배제해야 한다는 뜻이며, 이런 부류들이 건준에 '혼잡'하는 것을 막겠다는 의도였다

---

168 이만규, 1946, 앞의 책, 210~211쪽. 「위원회에서 선언발표」, 『매일신보』 1945년 9월 3일자.

넷째, 그렇다면 민주주의 정권은 어떻게 수립할 것인가? "전국적 인민대표회의에서 선출한 인민위원으로 구성"해야 한다고 밝혔는데, 이는 건준의 최종 목적이 조선인민공화국의 수립임을 밝힌 것이다.

다섯째, 해외 독립운동 단체에 대해서는 어떤 태도를 취할 것인가? 즉 중경임시정부 지지론 등과 관련해서 여운형은 이렇게 대답하고 있다. 해외에 조선 해방운동에 헌신한 혁명 전사들과 그 지도적 결합체에 대해 "적당한 방법"에 의해 전심적으로 맞이해야 한다고 했다. 여기서 여운형의 의도는 해외에는 중경임시정부 외에도 연안독립동맹, 소련, 미국 등에 주요 혁명운동 단체가 존재한다는 사실을 강조하려는 것이었다. 여운형은 일제 말기 조선독립동맹과 연락하고 연대해왔으므로 당연히 이들과의 연대를 중시했으며, 중경임시정부 절대 지지 등 우파의 구호에는 동의하지 않았다.

여섯째, 건준은 새 정권 수립 이전까지 일시적 과도기에 치안을 자주적으로 유지하며, 새 정권 수립의 산파 역할을 할 것이라며 세 가지 강령을 제시했다.[169]

같은 날 여운형은 건준 집행위원을 모아놓고 격려하고 연설을 했다. 여운형은 농부나 노동자를 상찬하며 "500년 동안 우리 민족의 혼을 마비시킨 소위 글자나 안다는 지식층 인테리"를 비판했다. "헛되이 질서를 문란케 하거나 또는 비판을 일삼는 사람"들을 겨냥한 것이다. 그 비판의 표적이 누구인지를 모두 알아들었다. 여운형은 "많은 제갈량보다도 한 사람의 충실한 병졸이 필요"하며 "2, 3인의 소수라도 동일한 의견으로 결합하여 견고한 단결을 배양"해야 한다고 강조했다.

---

169   강령은 다음과 같다. 1. 우리는 완전한 독립국가의 건설을 기(期)함. 2. 우리는 전 민족의 정치적·사회적 기본 요구를 실현할 수 있는 민주주의 정권의 수립을 기(期)함. 3. 우리는 일시적 과도기에 있어서 국내 질서를 자주적으로 유지하며 대중생활의 확보를 기(期)함. 이만규, 1946, 앞의 책, 213쪽.

지금 우리가 할 일이 정부조직이 아니고 또 어떠한 기성세력을 형성하려는 것도 아니니 물론 무슨 정권의 쟁탈도 아닙니다. 다만 신정권이 수립될 때까지의 준비를 위한 것과 치안을 확보하는 것뿐입니다. 과언묵행(寡言黙行)이 오직 이 실행에 있습니다. (…) 여러분 중에 단 한 사람이라도 우리 위원회라든지 혹은 내 자신의 직책에 불평이 있고 내 책무를 잘 이행 못하는 점이 있다고 지적한다면 나는 이 자리에서 물러가겠습니다. 그렇지 않으면 서로 협심육력(協心戮力)하여 우리의 사명인 조선 건설의 대업을 위하여 매진하지 않으면 안 될 것입니다.[170]

정부조직도 아니고 정권 쟁탈도 아니고 정권 준비와 치안 확보를 하는 것이 우리가 할 일이다, 나는 언제든지 이 자리에서 물러나겠다는 대목에서 여운형의 소회가 묻어난다. 또한 앞으로 여운형이 당면하게 될 현실 정치의 미래이기도 했다. 총독부의 공작, 우파의 무차별적 인신공격과 좌파의 극좌적 견인, 흔들리는 내부 사정 등이 결합되어 여운형의 정치적 장래를 뒤흔들 예정이었기 때문이다.

2) 소련군의 북한 진주와 평남 건준의 상황[171]

해방 직후 서울에서와 마찬가지로 평양에서도 평안남도 도지사 후루카와

170   이만규, 1946, 앞의 책, 213~214쪽
171   이하의 내용은 정병준, 2021b, 「현준혁 암살과 김일성 암살시도: 성남 건준의 좌절된 '해방황금시대'와 백의사」, 『역사비평』 여름호, 352~360쪽; 정병준, 2022, 「해방 후 장리욱의 교육활동―미군정기 경성사범학교 교장·서울대학교 사범대학 학장·서울대학교 총장」, 유영미·김미혜 엮음, 『백 년 전의 꿈: 다시 읽는 장리욱』, 서울대학교출판문화원, 436~442쪽에 의거한 것이다.

가네히데(古川兼秀) 측에서 패전 후의 치안유지를 위해 한국인 유력자에게 계속 접촉을 시도하고 있었다. 소련군이 선전포고한 상황에서 평양과 서울에서는 소련군의 진주를 기정사실로 전제한 후에 그 대비책을 수립하려고 했다. 특히 한국인 청년·학생, 노동자 등의 폭동·방화·약탈 및 일본인·기관에 대한 공격으로 야기될 수 있는 무정부상태를 우려했다. 패전국의 행정권은 연합국에게 이양해야 하지만, 과도적 시기에 치안유지를 위해 한국인 유력자에게 협력을 구하고자 했던 것이다.

일제의 패전 사실을 확인한 평남지사 측은 강서군 반석에 소개해 있던 조만식 등 한국인 유력자와의 접촉을 시도했다. 조만식은 평남지사 측의 접촉을 거절했지만, 평남지사 측은 김동원(金東元), 최정묵(崔鼎黙), 김항복(金恒福) 등과 면담했고,[172] 오윤선 등을 통한 간접적 연락이 이루어졌다. 장리욱의 회고에 따르면 1945년 봄 이래 평안남도 지사 후루카와 가네히데가 조만식을 비롯한 서너 명을 관사로 초대해 저녁을 먹는 자리에 동석했다. 만찬의 목적은 향후 시국이 달라질 것이니 혹시 모를 민중의 폭동 등이 발생하지 않도록 협조해달라는 것이었다.[173] 1945년 8월이 되면서 서울과 평양의 조선총독부 관리들은 패전을 앞두고 일종의 비상계획을 수립하고 있었던 것이다.

서울에서 8월 16일 오후 건국준비위원회 부위원장 안재홍이 방송을 통해 일본인에 대한 관용과 치안유지를 강조하는 연설을 한 것처럼, 평양에서도 8월 16일 오윤선의 연설이 방송되었다. 조만식은 8월 17일 강서에서 평양에 들어와 산정현교회 장로이자 평생의 동지였던 오윤선의 자택에서 평안남도 건국준비위원회를 조직했다. 일부 일본 측 기록에는 8

---

172   오영진, 1952, 『하나의 증언: 작가의 수기』, 국민사상지도원, 13쪽; 한근조, 1970, 『고당 조만식』, 태극출판사, 368~370쪽.
173   장리욱, 1975, 『나의 회고록』, 샘터사, 202쪽.

월 15일 평안남도 치안유지회가 조직되어 조만식이 위원장, 현준혁이 부위원장이 되었으며, 8월 16일에 조선건국준비위원회 평안남도 지부로 개칭되었다고 나온다.[174] 그러나 8월 15일에 현준혁이 부위원장이 된 평안남도 치안유지회는 존재하지 않았다. 왜냐하면 현준혁은 해방 후 서울에서 파견되었으므로 8월 15일 시점에서 평양에서 활동을 개시하기 불가능했고, 조만식도 8월 17일 새벽 2시경에 평양에 들어왔기 때문이다. 8월 17일 공표된 건준 평남지부는 평남도청과 무관하게 활동을 개시했는데, 그들의 주안점은 치안유지였다.[175]

이미 8월 15일 오윤선 자택 회의에서 최능진 등의 제의로 학생대를 동원하여 치안을 담당하게 할 것, 태극기〔紙型〕를 만들어 각 학교와 단체에 배포할 것, 민간에서 조급히 차를 주선하여 조만식이 있는 반석으로 보낼 것 등을 논의했다.[176] 패전 후 일제는 평양 시내 3개서 중 평양경찰서장에 평남경찰부 보안과장 노덕술(盧德述, 후에 수도청 수사과장)을, 대동경찰서장에는 평남 영원경찰서장이던 김호우(金虎雨)를 앉혀 인심무마책을 썼지만, 2~3일 사이에 전 경찰서가 치안대에 접수되었다.[177] 평남 건준이 조직되자, 최능진은 치안부장이 되어 조만식의 오른팔 역할을 했다.

8월 15일 밤 평양신사가 방화되자 평남도는 제대 군인 400명으로 특

---

174   모리타 요시오(森田芳夫), 정도영 옮김, 1987, 「소련군의 북한 진주와 인민위원회의 결성」,『한국사회연구 5』, 한길사, 290쪽.

175   「과거의 小事는 청산하고 동포여, 건국에 돌진하자」(평남 건준, 1945년 8월 17일 성명),『평양매일신문』1945년 8월 18일자 호외; 박재창, 1985, 「평남건국준비위원회 결성과 고당 조만식: 1945년」,『북한』8월호, 47~48쪽.

176   최능진의 아들 최필립은 8월 13일 일본인 평남지사가 최능진에게 연락해 조만식을 모시고 오라고 해서, 평남지사를 만나러 갔더니 일본이 항복하니 평남을 맡아달라고 해서 8월 13일부터 평남 건준 구성작업을 오윤선 장로 집에서 했고, 8월 13일부터 이미 치안대를 조직했다고 증언했다. 양주군·양주문화원, 2002, 「정의와 원칙의 파수꾼: 최능진」,『양주항일민족운동사』, 대화인쇄, 201쪽; 오영진, 1952, 앞의 책, 22쪽.

177   「비화 한 세대: 군정경찰 27: 평양치안대」,『경향신문』1977년 3월 25일자.

별경찰대를 편성해 평남 경찰부에 대기시키는 한편, 일본군은 치안 상태가 나쁜 곳에 출동시켜 치안을 유지하게 했다. 평양사관구는 버스를 타고 시내를 순회하며 일본군이 건재하다는 소식을 알리며 선전했다. 8월 16일 서대문감옥을 비롯해 전국 형무소에 수감 중이던 정치범과 경제범 등이 석방되었고, 평남도지사도 정치범을 석방했다.

해방 후 북한에는 기독교의 영향이 강했으며, 교인의 수는 약 20만 명으로 평양을 중심으로 한 평남에서는 기독교·민족주의자들의 영향력이 압도적이었다.[178] 조선공산당 평안남도위원회가 1945년 12월에 작성한 보고서에 따르면 평남은 공업지대와 집중된 노동자를 가지고 있어 당 조직의 토대가 충분히 성숙되었지만, "일본제국의 백색학살과 평양을 중심으로 한 기독교사상의 침투와 민족운동의 기형적 발달 등으로 인하야 8·15 이전에는 당의 기초가 없었다고 해도 과언이 아니리만침[만큼] 되었다"라고 쓰고 있을 정도였다.[179]

8월 17일 평남 건준의 부서가 결정·발표되었다.

위원장: 조만식, 부위원장: 오윤선
총무부장: 이주연, 치안부장: 최능진, 선전부장: 한재덕, 교육부장: 홍기주, 산업부장: 이종현
재무부장: 박승환, 지방부장: 이윤영, 섭외부장: 정기수, 무임소위원: 김병연, 한근조, 김광진, 지창규, 노진설, 김동원[180]

178 『로동신문』 1946년 10월 30일자; 김광운, 2003, 『북한정치사연구 I』, 선인, 86쪽.
179 조선공산당 평안남도위원회, 「조선공산당 평안도 제일차 대표대회 보고 연설」(1945. 12. 26), 1993, 『조선공산당문건자료집(1945~46)』, 한림대학교 아시아문화연구소, 64~65쪽.
180 오영진, 1952, 앞의 책, 35쪽; 김병연, 1964, 『평양지』, 평남민보사, 47쪽; 한근조, 1970, 앞의 책, 372~373쪽.

8월 24일 소련군 선발대 카멘슈코프 소령 이하 80명이 수송기 3대로 평양에 들어왔고, 8월 26일 소련25군 사령관 치스차코프 대장과 정치위원 슈티코프를 비롯한 소련군 본대 3,000~4,000명이 평양에 진주해 일본군과 경찰의 무장해제 및 무기인수가 이뤄졌다. 함흥 등에서는 치스차코프 도착 직후 해당 지역 건준 지부와 지역 공산당을 반반씩으로 하는 인민위원회를 구성한 후 바로 정권을 이양했지만, 민족주의자들이 압도적으로 우세한 평양에서는 상황이 달랐다. 치스차코프는 연길에 있던 레베제프 군사위원을 호출했고, 그는 8월 28일 평양에 도착했다. 8월 29일 치스차코프는 조만식 등 평남 건준 측 및 현준혁 등 평남 조공 측과 협의한 결과 평남 건준 절반(16명), 평남 조공 절반(16명)으로 구성된 평남인민정치위원회를 결성케 하고, 8월 30일 평남 인민정치위원회에 행정권을 이양했다.[181] 성립된 평남 인민정치위원회의 부서는 다음과 같았다.

위원장(조만식, 건준), 부위원장(현준혁, 공산)·(오윤선, 건준)
위원(건준): 김병연, 이윤영, 홍기주, 김광진, 정기수, 김익진, 노진설, 장리욱, 최아립, 조명식, 박현숙, 한근조, 김병서, 이종현
위원(공산): 김유창, 김용범, 송창렴, 장시우, 이주연, 장종식, 문태영, 이관엽, 이성진, 허의순, 한재덕, 박정애, 그 외 2명
내무위원(이주연, 공산), 교육위원(장종식, 공산), 사법위원(장시우, 공산), 재정위원(김병연, 건준), 치안위원(김익진, 건준), 상공〔광공〕위원(김광진, 건준), 농촌〔농림〕위원(정기수, 건준), 운수통신위원(이종현, 건준), 보건위원(김병서, 건준)

---

181 와다 하루끼는 민족진영 절반, 공산진영 절반으로 구성된 인민정치위원회의 구성이 소련군이 처음 진주했던 함흥에서 채택된 '함흥 방식'이었다고 설명했다. 와다 하루끼, 1983, 「소련의 대북한정책 1945~1946」, 브루스 커밍스 외, 『분단전후의 현대사』, 일월서각.

평양시장 한근조(건준), 부시장 허의순(공산), 평양치안서장 송창렴
(공산), 동평양[선교]서장 유기선(건준), 서평양[대동]서장 윤무선
(건준)[182]

민족주의자들이 평남 건준과 평남 인민정치위원회를 주도했지만, 소
련군의 진주 이후 공산주의자들과의 충돌이 불가피했다. 소련군의 진주
이후 일본 경찰 무장해제(8월 27일)와 평남 인민정치위원회로의 공식 행
정권 이양(8월 30일) 사이에 일본 경찰, 건준 치안대, 공산당 적위대 사
이에 힘겨루기와 충돌이 발생했다. 평남 인민정치위원회가 구성된 이후
건준 치안대는 해산되었고, 북한 각 지방에서 충돌이 벌어졌다. 9월 2일
부터 9월 16일까지 황해도에서는 좌익의 습격, 우익의 반격으로 양측의
지도급 인사 3명 내지 5명이 사망할 정도로 심각한 상황이 벌어졌다.[183]
그 정점이 9월 3일 현준혁 암살이었다. 평안남도 인민정치위원회 부위원
장이자 조선공산당 평안남도위원회 위원장이던 현준혁은 조만식 등과 함
께 화물자동차를 타고 가다 백주 대낮에 암살당했다.

암살 주범은 남한에서 백의사를 조직하게 되는 염동진 일당이었지
만, 그 배경에는 일제 패망 후 북한 내 정치적 공간을 누가, 어떤 방법으
로 획득할 것인가를 둘러싼 권력투쟁이 있었다. 해방 직후에는 평양에서
민족주의·기독교 세력이 우위를 점했으나, 소련군의 진주 이후 공산주의
세력이 표면상으로는 협력관계를 유지하며 수면 아래에서는 권력 역전을
시도 중이었다. 권력 이행·이양 과정에서 증폭된 건준 치안대 대 공산 적
위대의 갈등이 희생자를 낳게 한 것이다. 소련군의 진주와 함께 평남 건

182 김병연, 1964, 앞의 책, 48쪽: 한근조, 1970, 앞의 책, 378~379쪽: 오영진, 1952, 앞의
     책, 116~117쪽: 와다 하루끼, 1983, 앞의 글, 257쪽: 조영암, 1953, 『고당 조만식』, 정
     치신문사, 51~52쪽.
183 북한연구소, 1990, 『북한민주통일운동사: 황해도편』, 212~215쪽.

[표 1-3] 평남 건준 출신 주요 인사의 월남 후 경력

이름	월남 시기	미군정기 경력	정부 수립 후 경력
김동원	1945년 9월 7일 이전	국민대회준비회, 한민당 발기인, 미군정고문(10. 7)	제헌의원, 국회부의장, 한국전쟁 납북
한근조	1945년 12월 8일 이전	대법원 판사, 사법부 차장	4~6대 국회의원
노진설	1945년 9월 15일	서울공소원 판사(1945. 12), 대법원 판사	중앙선거위원회 위원장, 감찰위원회 위원장, 심계원장
김익진	1948년	—	대법관, 검찰총장
최능진	1945년 9월 15일	미군정 경무부 수사국장	혁명의용군 사건 검거, 처형
장리욱	1945년 9월 중순	경성사범학교 교장, 서울대 총장	맥아더 사령부 고문, 주미대사
김병연	1946년 2월 1일 이전	조선민주당 정치부장	초대 총무처장, 평안남도지사
이윤영	1946년 2월 7일	조선민주당 최고위원, 독립촉성국민회·민족통일본부 최고위원	제헌의원, 2대 사회부장관, 국무총리 서리, 무임소장관
박현숙	1946년 6월 30일 이전	과도입법의원	4·6대 국회의원, 무임소장관

준의 열흘 동안의 "해방황금시대"는 꿈같이 짧은 기간에 끝나기 시작했다.[184]

이후 평남 건준 측 인사들의 월남이 시작되었다. 가장 먼저 김동원이 월남했고, 뒤이어 최능진, 노진설 등이 월남했다. 1945~1946년 미군정 초기에 월남한 평남 건준·조선민주당의 핵심인사들은 미군정기에 중요한 정치적 지위에 올라설 수 있었다. 평남 건준 출신 김동원과 조만식이 하지의 고문회의 고문 11명에 포함되어 선임된 것은 가장 상징적인 일이었다. 남한에서 여운형의 건준·인공을 친일정부·공산주의자라고 맹렬히 비난했던 한민당 계열은 소련군과 협력해 행정권을 이양받은 평남 건준이나 조만식에 대해서는 어떤 비판도 제기하지 않았다. 남한 정계를 주도

---

184   김병연, 1964, 앞의 책, 47쪽; 한근조, 1970, 앞의 책, 377쪽.

하던 건준·인공에서는 여운형 1인만이 고문회의에 포함된 반면, 평남 건준은 월남한 김동원과 평양의 조만식 2인을 고문회의에 포함시켰다. 현실 세계에서 각 정파의 정치적 영향력이나 비중을 고려했다기보다는 미군정과 한민당의 선호도가 반영된 결과였다.

　월남한 평남 건준 측 인사들은 반소·반공 성향이 강했고, 미군정 초기부터 군정의 정책에 큰 영향력을 끼쳤다. 또한 이들은 평남 건준 출신이라는 공통분모에 기초해 생소한 서울에서 서로에게 의지처가 되었다. 민족주의, 기독교, 신간회, 보수주의라는 공통점을 가진 이들의 행보는 활동 분야와 무관하게 서로 통하는 것이었다.

3) 조선인민공화국의 창설과 제3차 건준 개편

건준은 여운형의 건국 준비 활동을 바탕으로, 여운형과 총독부 간 타협의 결과 창설되었지만, 한국인들에게 해방의 공간을 선사함으로써 해방정국에서 자주적 국가 건설의 중심체가 되었다. 총독부, 재건파 공산당, 우파 한민당 계열의 세 방면의 공작과 영향력이 건준의 구심력을 뒤흔들었지만, 최소한 지방에서는 건준이 모든 정치활동의 중심이 되었고, 서울에서와 같은 격렬한 갈등은 벌어지지 않았다.

　지방에서 건준 지부들은 다양한 경로를 통해 조직되었다. 이는 건준의 성격이 다양했으며, 해방 직후 과도기에 건국을 향한 한국인들의 정치적 열망이 자생적으로 반영된 결과였다. 전남 지방의 사례에 따르면 건준 지부는 8월 15일부터 9월 사이에 결성되었는데, 화순(청년수양회)이나 담양(노동조합)처럼 기존의 조직이 존재하던 지역에서는 건준 지부가 빨리 조직되었다. 초기의 조직명은 치안대, 자치위원회 등으로 다양했으며, 서울에서 건준 중앙이 수립되었다는 소식이 전해지자 급속히 건준 지부로 개편되었다. 정치적 성향도 다양해서, 친일지원병이 조직한 지역(장흥), 우익 인사들이 조직한 지역(강진), 좌익 및 진보적 인사들로 조직된 지역(전남 건준) 등이 있었다. 지역별 역량에 따라서는 군청 접수, 경찰서 접수, 일본인 살해 등이 벌어지기도 했다.[185] 지방에서 건준 지부는 일제 패망 이후 과도적 시기의 치안유지 활동을 중심으로 하며, 지역의 상황에 따라 행정권 장악 및 일제 잔재 일소 및 친일파 처단 등을 수행했다.[186] 말 그대로 과도적 시기의 치안유지와 건국 준비 활동을 벌인 것이다.

서울의 경우 여운형 위원장은 내부의 갈등과 외부의 공격, 테러로 인한 쇠약 등이 겹쳐서 결국 8월 31일 집행위원회를 열고 사직 의사를 표명했다. 가장 큰 요인은 안재홍을 매개로 한 한민당 계열의 건준 장악 시도와 이에 맞서는 재건파 공산당원들의 갈등이었다. 간부들도 책임을 인정하는 의미에서 총 사직을 선언했다. 그 후 안재홍도 사표를 제출했다.[187] 이만규의 설명에 따르면 9월 2일 확대위원회에서 총 사직 문제를 처리하기로 했는데 9월 1일 결성된 조선국민당 당수에 안재홍이 추대되었고, 조선국민당은 중경임시정부를 절대 지지한다는 기사가 보도되었다.[188] 이만

185 안종철a, 1985, 「건국준비위원회의 성격에 관한 연구」, 서울대 정치학과 석사학위 논문; Grant Meade, 1951, *American Military Government in Korea*, New York: Columbia University Press(그란트 미드, 1982, 「미군정외 정치경제적 인식」, 『한국 현대사의 재조명』, 돌베개); 안종철a, 1991, 『광주·전남 지방 현대사연구: 건준 및 인민위원회를 중심으로』, 한울; 그란트 미드 지음, 안종철 옮김, 1993, 『주한미군정 연구』, 공동체.
186 건준에 대해서는 다음을 참조. 홍인숙 석사학위 논문; 안종철a 석사학위 논문; 지웅, 1988, 「조선건국준비위원회연구 – 민족통일전선으로서의 성격을 중심으로」, 서울대 정치학과 석사학위 논문; 李景珉, 1984, 「朝鮮分端의 過程 – 呂運亨. 宋鎭禹にとって8·15」, 京都精華大學, 『木野評論』 第15號; 李景珉, 1985, 「第二次大戰後の朝鮮民衆(上) – 建國準備委員會の一考察」, 『木野評論』 第16號; 李景珉, 1986, 「第二次大戰後の朝鮮民衆(中) – 建國準備委員會の一考察」, 『木野評論』 第17號; 李景珉, 1996, 『朝鮮現代史の岐路』, 平凡社.
187 이만규, 1946, 앞의 책, 217쪽.
188 「조선국민당을 결성, 위원장에 안재홍 씨를 추대 결정」, 『매일신보』 1945년 9월 3일자. 강령의 첫 번째 항목이 "우리는 중경에 있는 대한임시정부를 절대 지지한다"였다.

규에 따르면 '안재홍 문제'는 건준 내에서 상당한 물의를 빚었다. 일각에서는 안재홍이 확대위원회를 사면(辭免)할 심산일지 모른다고 의심했다.

『매일신보』에 따르면 사정은 다음과 같았다. 건준은 9월 2일 오후 5시 제2회 위원회를 개최하기로 하고 9월 1일 확대위원 135명에게 안내장을 발송했다.[189] 즉 제2회 위원회에 "각계각층으로부터 진보적인 의견을 대표할 만한 인물을 망라하여 한층 더 강력한 지도부를 성립"하기 위해서 이들을 초청한다는 내용이었다. 그렇다면 기존의 집행부는 어떻게 되는 것인가? 8월 31일 중앙집행부 전원이 여운형 위원장에게 사직서를 제출했고, 여운형의 통솔하에 새로운 중앙집행위원 선정을 비롯한 여러 당면 문제를 해결하기 위해 135명에게 안내장을 발송했다는 것이다.[190] 즉 새로 초청장을 받은 135명의 확대위원으로 건준 제2회 위원회를 개최해서 새로운 중앙집행위원 등을 선정하려고 했다는 것이다.

오세창(吳世昌), 권동진(權東鎭), 여운형(呂運亨), 허헌(許憲), 안재홍(安在鴻), 홍명희(洪命憙), 조만식(曺晚植), 김성수(金性洙), 명제세(明濟世), 김항규(金恒圭), 권태석(權泰錫), 이인(李仁), 정백(鄭栢), 조병옥(趙炳玉), 이두열(李斗烈), 이증림(李增林), 최규동(崔奎東), 백관수(白寬洙), 김도연(金度演), 이극로(李克魯), 최현배(崔鉉培), 조동호(趙東祜), 이영(李英), 정재달(鄭在達), 최선익(崔善益), 윤홍렬(尹洪烈), 조한용(趙漢用), 도유호(都宥浩), 이만규(李萬珪), 김중화(金重華), 김병숙(金丙淑), 원세훈(元世勳), 박찬희(朴瓚熙), 오윤선(吳潤善), 이유필(李裕弼), 이강국(李康國), 최용달(崔容達),

---

189 『매일신보』는 확대위원회를 제2회 확대위원회로 기록했는데, 이는 8월 16일 조직된 건준을 제1회로 상정했기 때문일 것이다.

190 「각계각층을 망라한 135씨 초청, 위원회의 신구상」, 『매일신보』 1945년 9월 1일자.

구자옥(具滋玉), 김교영(金敎英), 이영학(李英學), 김명수(金銘洙).*
방응모(方應謨), 유억겸(兪億兼), 손재기(孫在基), 이규갑(李奎甲),
김준연(金俊淵), 이여성(李如星), 정인보(鄭寅普), 백남운(白南雲),
최익한(崔益翰), 서세충(徐世忠), 최익환(崔益煥), 이광(李珖), 이승
복(李昇馥), 유석현(劉錫鉉), 함명찬(咸明燦), 이종수(李鍾洙), 김약
수(金若水), 정구충(鄭求忠), 함상훈(咸尙勳), 송진우(宋鎭禹), 장덕
수(張德秀), 양재하(梁在厦), 홍기문(洪起文), 정열모(鄭烈模), 윤형
식(尹亨植), 이용설(李容卨), 고경흠(高景欽), 홍증식(洪增植), 양주
삼(梁柱三), 홍영전(洪永傳), 이관구(李寬求), 김양하(金良瑕), 서광
설(徐光卨), 이의식(李義植), 박문규(朴文圭), 김관식(金觀植), 강기
덕(康基德), 정세용(鄭世容), 정운영(鄭雲永), 현동완(玄東完), 이원
혁(李源赫), 허영호(許永鎬), 박명환(朴明煥), 김진국(金振國), 권태
휘(權泰彙), 김광진(金光鎭), 최근우(崔謹愚), 장준(張埈), 오하영
(吳夏英), 최용복(崔容馥), 이규봉(李圭鳳), 정운해(鄭雲海), 박형병
(朴衡秉), 홍남표(洪南杓), 김성수(金成壽), 오덕연(吳德淵), 전영택
(全永澤), 김법린(金法麟), 이임수(李林洙), 윤병호(尹炳浩), 이종익
(李鍾翊), 김세용(金世鎔), 이병학(李丙學), 정의식(鄭宜植), 장권(張
權), 정진용(鄭珍容), 이관술(李觀述), 김태준(金台俊), 김병찬(金炳
燦), 이선근(李瑄根), 김이용(金利龍), 최윤동(崔允東), 백남훈(白南
薰), 김석황(金錫璜), 김양수(金良洙), 박의양(朴儀陽), 주의국(朱義
國), 이의식(李佑植), 이용(李鏞), 정일형(鄭一亨), 서상일(徐相日),
구여순(具汝順), 이봉수(李鳳洙), 채규항(蔡奎恒), 고지영(高志英),
주종의(朱鍾宜), 김홍진(金弘鎭), 박병원(朴秉源), 한림(韓林), 김성
업(金性業), 한설야(韓雪野), 최성환(崔星煥), 이상훈(李相薰), 이동
화(李東華), 정화준(鄭和濬)[191]

[비고] *김명수(金銘洙)는 김철수(金鐵洙)의 오식으로 보인다.

명단을 살펴보면 한민당(김성수, 이인, 조병옥, 최규동, 백관수, 김도연, 최현배, 원세훈, 구자옥, 유억겸, 김준연, 김약수, 함상훈, 송진우, 장덕수, 백남훈, 김양수, 정일형, 서상일), 조선공산당(이증림, 이영, 이강국, 최용달, 최익한, 이광, 홍증식, 박문규, 정운영, 김광진, 정운해, 박형병, 홍남표, 이관술, 김태준, 한설야), 조선인민당(여운형, 조한용, 이만규, 이여성, 윤형식, 고경흠, 최근우, 이임수, 김세용, 장권, 이동화), 조선국민당(안재홍, 이의식, 이승복) 등 주요 정당의 핵심 인사들이 모두 망라되어 있다. 역사성에서는 3·1운동 33인에 속했던 오세창·권동진 등으로부터 명단을 시작하고 있으며, 지역적으로는 조만식·오윤선·오하영·이유필 등 38선 이북 인사와 지방 인사들을 포괄하고 있으며, 종교적으로는 기독교·천도교·불교계 등을 포함하며, 학계·문화계 인사들을 망라하고 있다. 말 그대로 좌파와 우파, 민족주의자와 공산주의자는 물론 당대 저명인사, 유지, 명사들을 모두 거론한 것이므로, 최초 한민당 계열이 주장했던 '경성유지자대회'와 거의 흡사한 모습이었다. 한민당이 추천한 62명과 건준 내부에서 추천한 73명의 확대위원 명단이 바로 이것이었다.

그런데 135명에 이르는 방대한 확대위원이 한자리에 모여서 건준의 방향을 설정하고 간부진을 인선한다는 것은 처음부터 불가능한 일이었다. 만약 회의가 개최된다면 주최 측이 정해놓은 방향으로 회의가 일방적으로 진행되거나, 아니면 중구난방으로 의견이 엇갈려 결렬되는 수밖에 다른 도리가 없었다.

확대위원회는 9월 2일 오후 5시 휘문소학교 강당에서 소집될 예정이었다. 안재홍은 5시 정각이 되자 더 기다리지도 않고 인원이 충족되지 않았다며 9월 4일로 집회를 연기한다고 선언했다. 8월 31일 건준 집행위원들이 총 사직하고, 9월 1일 135명의 확대위원에게 초청장을 발송하고,

---

191　「각계각층을 망라한 135씨 초청, 위원회의 신구상」, 『매일신보』 1945년 9월 1일자.

9월 2일 제2회 건준 위원회를 개최한다는 것은 사실상 불가능한 일정이었다.[192] 건준 측도 워낙 갑자기 초청장을 보냈기 때문에 못 받은 사람, 연락이 안 된 사람들이 있어서 4일로 회의를 미루었다고 설명했다.[193] 그렇지만 이 시점에서 안재홍은 이미 국민당 당수로 추대되었고, 한민당 계열과의 교섭도 완전히 결렬된 상황이었다. 안재홍을 위원장으로 하는 조선국민당은 9월 2일 오후 1시부터 종로 영보빌딩에서 제1회 중앙위원회를 개최하고 안재홍이 주장하는 신민족주의·신민주주의를 앞세운 정강을 발표했다.[194]

9월 4일 확대위원회가 개최되었지만, 우익 측 인사는 참석하지 않았다. 우익 측 교섭위원이었던 유억겸에 따르면 9월 4일이 건준 좌우합작의 마지막 날이었다.[195] 『매일신보』에 따르면 이날 회의 일정과 안건은 다음과 같았다. 4일 오전 11시에 개최 예정이던 회의는 12시 안동(安洞) 건준 강당에서 개최되었다. 출석 위원은 57명으로 재경(在京) 위원 과반수가 넘었다. 부위원장 안재홍은 회의가 "내외 여러 사정으로 수차 연기"되어 죄송하다며 건준 사업이 극히 난관에 봉착했기 때문이라는 개회 인사를 했다. 전형의원 3명을 뽑아 의장에 최근우를 결정했고, 서기국 고경흠

---

192 『조선해방연보』의 일지에는 9월 3일 건준이 135명의 위원을 초청하여, 제1회 위원회를 개최했고, 9월 4일 건준 위원 전체대회를 열어 여운형과 안재홍을 유임하고 허헌을 부위원장에 선임했다고 기록하고 있다. 민주주의민족전선, 1946, 앞의 책, 4쪽.

193 「위원회 보강코저 4일에 위원 초청」, 『매일신보』 1945년 9월 3일자. 건준 서기국은 "재작(再昨) 9월 2일 개최 예정이던 위원회는 연락의 불완전한 탓으로 4일 오전 10시로 연기하였사오니 본 매신(每新: 매일신보) 지상에 기명발표된 제위께서는 소만참회(掃萬參會)하시기 바랍니다"라고 알렸다.

194 「민족전선의 통일, 소선국민당 정강 밤표」, 『매일신보』 1945년 9월 3일자.

195 유억겸은 이렇게 회고했다. "해방 직후 발족한 건준에서 좌우 요인들 사이에 싸움이 적지 않았음은 세상이 다 잘 알 터이지만 나는 그때 좌우합작을 위해 9월 4일까지 동분서주한 일이 있다. (…) 나의 힘 자라는 데까지 애를 써보았으나 끝끝내 별 결과를 못 보고 9월 4일 이후 합작교섭을 단념"했다. 「나의 8·15회고(5) 문교부 유억겸 씨: 건준서 좌우합작 노력, 그때 나의 실패가 계속됨은 유감」, 『자유신문』 1946년 8월 15일자.

이 건준이 (1) 민주주의 독립국가 수립 때까지 과도기적 준비 공작, (2) 해당 기간 중 국민생활의 해결과 치안유지 등의 확보가 목적이었다는 경과보고를 했다. 이어 여운형 위원장과 안재홍 부위원장의 사임에 대한 토의가 벌어졌다. 두 사람은 "너무나 정세가 급박해서 중책을 맡았으나" 지식이 얕고 책임을 감당할 힘이 없는 데다 건강이 좋지 않으니 사임을 수리해달라고 요청했다. 토의 결과 민중이 여운형을 절대 지지하므로 사임을 수리하지 말자는 의견이 과반수를 차지해서,[196] 여운형 위원장과 안재홍 부위원장을 유임하기로 결정했다. 또한 건강 문제가 있으니 부위원장 1인을 증원하기로 하고 허헌을 만장일치로 추대했다. 중앙집행부원 선거는 위원장, 부위원장 등 3인에게 일임하기로 하고 1시 반에 회의를 끝냈다.[197] 이날 서기국의 보고에 따르면 9월 4일 현재 건준 본부와 긴밀한 연락을 취하고 있는 건준 지방 지부는 140개소였다.

여운형은 다시 건준 위원장이 되었으나 안재홍은 건준과 정계를 은퇴한다는 성명서를 냈다. 안재홍은 건준이 "조선 민족 해방운동 과정에 있어서의 초계급적 협동전선으로 명실상부한 과도적인 기구이어야 했음에도 불구하고 편향된 성격, 특히 좌익세력의 집결체로서의 성격"을 지니게 되었다고 비판했다.[198]

9월 4일 확대위원회 이후 건준은 중앙집행위원회 일부를 개편했다. 『매일신보』에 따르면 제3차 개편된 건준 중앙위원회는 9월 6일에 결정되어 인민공화국 설립 후인 9월 7일 건준 서기국 명의로 발표되었다.[199] 제3차 건준 중앙위원회였다. 건준 서기국의 발표에 따르면 9월 6일에 선임

---

196   송남헌은 건준의 종전 간부 35명만이 참석한 상황에서 회의가 개최되었고, 투표 결과 18 대 17로 아슬아슬하게 이겼다며, 이것은 건준이 어느 한쪽에 치우치지 않았다는 움직일 수 없는 증거라고 주장했다. 송남헌, 1985, 앞의 책, 47쪽.

197   『매일신보』 1945년 9월 4일자.

198   안재홍, 1981, 「조선건국준비위원회와 여(余)의 처지」(1945년 9월 10일), 앞의 책, 12쪽.

199   『매일신보』 1945년 9월 7일자.

된 인민위원들로 부서가 결정될 때까지 건준 집행부가 계속될 것이라고 했다. 즉 제3차 건준 집행부는 인민공화국 인민위원이 결정되고 난 뒤에 조직 및 부서가 확정될 때까지 과도적으로 운영되는 기구였다. 이 때문에 제3차 건준 중앙위원회 개편 소식은 인민공화국 인민위원 발표 기사 뒤에 붙어 알려졌다. 즉 제3차 건준 개편일은 지금까지 알려진 9월 4일이 아니라 9월 6일이었다.[200]

8월 22일 제2차 개편 당시 위원이었던 안재홍, 김도연, 정백, 권태석, 홍기문, 이규갑, 정순용, 김교영, 함상훈, 이승복, 김준연, 이상설, 이의식, 이동화 등 14명이 빠진 대신 허헌(부위원장), 전규홍, 함병업, 이종수, 박용칠, 이정구, 정구충, 이경봉, 김세용, 오재일, 김형선, 이순근, 정처묵 등 13인이 새로 중앙간부로 선임되었다.[201]

위원장: 여운형	부위원장: 안재홍, 허헌
총무부: 최근우, 전규홍	조직부: 이강국, 이상도
선전부: 이여성, 양재하	치안부: 최용달, 유석현, 정의식, 장권, 이병학
문화부: 함병업, 이종수	건설부: 윤형식, 박용칠
조사부: 최익한, 고경흠	양정부: 이광, 이정구
후생부: 정구충, 이경봉	재정부: 김세용, 오재일
교통부: 김형선, 권태휘	기획부: 박문규, 이순근
서기국: 최성환, 정처묵, 정화준	

---

200 지금까지 모든 연구들이 9월 4일을 제3차 건준 개편일로 기록하고 있다. 『매일신보』 외에도 『조선해방연보』의 일지 9월 6일자에 "건국준비위원회, 새로운 부서와 조직을 발표"라고 기록되어 있다. 민주주의민족전선, 1946, 앞의 책, 4쪽.

201 안재홍은 제3차 간부진에 부위원장으로 이름이 올랐으나, 사실상 사퇴한 상태였다.

9월 6일 제3차 건준 간부 중 신임 간부의 약력을 정리하면 다음과 같다.

신임 간부진을 분류하면 공산당계 4명(허헌, 함병업, 김형선, 이순근), 여운형계 5명(박용칠, 이정구, 김세용, 오재일, 정처묵), 미상 4명(전규홍, 이종수, 정구충, 이경봉) 등 13명이다. 공산당 계열이 보강된 곳은 부위원장(허헌), 문화부장(함병업), 교통부장(김형선), 기획부원(이순근) 등으로 인원수는 4명이지만 주요 간부직에 배치되었다. 여운형 계열은 건설부원(박용칠), 양정부원(이정구), 재정부장(김세용), 재정부원(오재일), 서기국원(정처묵) 등 당 운영을 책임지는 실무진에 배치되었다. 미상으로 분류한 4명은 미국 유학생 출신으로 곧 미군정 법률고문이 되는 전규홍(김규홍으로 오기됨),[202] 경성제대를 졸업하고 미국에서 유학한 이종수, 의사 정구충, 대한자강회 시절부터 약업에 종사해 청심보명단으로 부를 쌓은 이경봉 등 당시 한민당이나 공산당 어느 쪽에 속하는지가 분명치 않은 전문직 인사들이다.

제2차 간부진이었으나 제3차 간부진에서 배제된 인사는 주로 안재홍 계열과 한민당 계열이며 여운형 계열에서는 이동화·정순용, 장안파에서는 정백 등이다. 전반적으로 안재홍과 한민당 계열이 건준에서 떨어져 나갔음을 알 수 있다.

건맹원이자 건준 간부로 활동했던 도쿄제대 출신 엘리트 이동화는 당시의 좌우 대립 상황을 이렇게 설명하고 있다.

당시 우익 진영 인사들의 완고하고 고루한 생각은 좌익계 투사들의 과격한 소아병적 사상과 너무나 동떨어져 있었으며, 따라서 이들 양

202 　김규홍(金奎弘)이 전규홍(全奎弘)의 오기인 것은 1945년 9월 6일 인민공화국 창설 당시 건준 서기국원 명단에 전규홍으로 기록된 데에서 확인할 수 있다. 『매일신보』 1945년 9월 7일자.

[표 1-4]   1945년 9월 6일 제3차 건준 중앙위원회 간부의 분류 및 경력

직책	이름	이전 직책	계열	경력
위원장	여운형(呂運亨)	위원장	여운형계	신한청년당, 3 · 1운동, 임정, 고려공산당, 조선중앙일보 사장, 건국동맹, 2차례 투옥, 인민당, 근민당, 좌우합작, 암살
부위원장	허헌(許憲)	(신임)	남로당계	항일변호사, 인공, 남로당, 1기 최고인민회의 의장
총무부	최근우(崔謹愚)	총무부장	여운형계	3·1운동, 건맹, 인민당
	전규홍(全奎弘)	(신임)	미상	미국 유학, 일본 주오대 교수, 미군정 법률고문, 총무처장
조직부	이강국(李康國)	건설부장	공산당	건맹, 재건파, 원산(元山) 사건, 북조선인위 사무국장, 처형
	이상도(李相濤)	서기국원	여운형계	일본노동조합전국협의회, 조선중앙일보, 건맹
선전부	이여성(李如星)	문화부장	여운형계	북풍회, 건맹, 인민당, 1기 최고인민회의
	양재하(梁在廈)	건설부원	안재홍계—여운형계	조선일보, 건맹, 민전, 2대 의원, 납북
치안부	최용달(崔容達)	치안부장	공산당	건맹, 재건파, 원산(元山) 사건, 보성전문 교수, 북조선인위 사법국장
	유석현(劉錫鉉)	치안부원	안재홍 추천	의열단, 건준치안부, 민주독립당, 민족자주연맹
	정의식(鄭宜植)	치안부원	공산당	ML당, 조선청년총동맹, 정백 지명으로 4차 조공, 1949년 총살형
	장권(張權)	치안부원	여운형계	체육인, 건맹, 인민당, 사회민주당
	이병학(李丙學)	치안부원	여운형계	체육인, 역도도장, 민전, 체육단체회장
문화부	함병업(咸秉業)	(신임)	공산당	[임정(재무부서기)], 도쿄대, 명륜학원 강사, 인공, 민전, 월북, 조선중앙박물관
	이종수(李鍾洙)	(신임)	미상	경성제대, 조선사회사정연구소, 위스콘신대, [흥사단, 협성실업], 조선일보, 작가, 서울대 교수, 서울사대 학장
건설부	윤형식(尹亨植)	조직부원	공산당	서울계, 조선청년총동맹, 해방일보·독립신보, 민전, 재건파 조공프락치, 1기 최고인민회의 대의원
	박용칠(朴容七)	(신임)	여운형계	메이지대, 인민당

조사부	최익한(崔益翰)	조사부장	공산당	일월회, ML당, 장안파, 민전, 사로당, 근민당, 1기 최고인민회의 대의원
조사부	고경흠(高景欽)	서기국장	여운형 측근	고려공청 일본부, 조선공산주의자협의회, 조선 중앙일보, 건맹, 인민당, 사로당, 근민당, 노동당 후보위원
양정부	이광(李珖)	식량부원	공산당	ML당, 건맹, 장안파, 남로당, 월북, 재일
	이정구(李貞求)	(신임)	여운형 측근	인민당, 민전, 사로당, 근민당, 1기 최고인민회의 대의원
후생부	정구충(鄭求忠)	(신임)	미상	오사카의대, 경성여의전 학장, 서울여자의과대학 학장, 결핵협회 회장
	이경봉(李庚鳳)	(신임)	미상	대한자강회, 대한약업총합소, 중외의약신보, 청심보명단, 조선약품공업협회
재정부	김세용(金世鎔)	(신임)	여운형계	문필가, 인공, 인민당, 민전, 조공 프락치
	오재일(吳載一)	(신임)	여운형계	주오대, 조공재건투쟁협의회, 조선상선, 민전, 인민당 부산지부, 제1기 최고인민회의 대의원
교통부	김형선(金炯善)	(신임)	공산당	조공당원, 중산대학, 중국공산당, 조공재건, 인공, 민전, 남로당
	권태휘(權泰彙)	교통부원	안재홍계―[장안파]	권익수(權益洙), 혁청단, 서울청년회, 조공, 조공재건사건, 민전
기획부	박문규(朴文圭)	계획부원	공산당	경제학자, 건맹, 재건파, 미야케 사건, 북한농림상, 노동당 중앙위원
	이순근(李舜根)	(신임)	공산당	와세다대, 신간회, 반제동맹, 경성콤그룹, 인공, 북조선임시인위 농림국장, 북로당
서기국	최성환(崔星煥)	서기국원	공산당	서울계, 신민당, 사로당, 근민당, 1기 최고인민회의 대의원
	정처묵(鄭處黙)	(신임)	여운형계	포항, 인민당
	정화준(鄭和濬)	서기국원	여운형계	조선통신 기자, 인민당원, 민전

1945년 9월 6일 제3차 건준 중앙위원회에서 배제된 제2차 건준 간부				
여운형계	이동화(李東華)	서기국원	여운형계	건맹, 인민당, 평남민보 주필, 김일성대 강사, 월남, 통일사회당
	정순용(鄭珣容)	재정부원	미상—여운형계	좌익이라고 함[이정식]
장안파	정백(鄭栢)	조직부장	공산당	서울계, 장안파
	김교영(金敎英)	식량부장	안재홍계—[장안파]	조선청년총동맹, 조선일보, 건준 후 월북, 1차 노동당대회 서열 391위
안재홍계	안재홍(安在鴻)	부위원장	안재홍계	청년외교단, 조선일보 사장, 신간회 총무, 조선어학회, 9차례 투옥, 입법의원, 민정장관, 2대 의원, 납북
	권태석(權泰錫)	선전부장	공산당—안재홍계	서울계, 춘경원당, 신간회, 신한민족당, 비상국민회의, 한독당
	이승복(李昇馥)	교통부장	안재홍계	조선일보, 신간회, 화요회, 조선국민당
	이의식(李義植)	후생부원	안재홍계	의사, 경성시인민위원, 조선국민당
	홍기문(洪起文)	선전부원	안재홍계	조선일보, 일월회, 신간회, 불참, 민주독립당, 서울신문 편집장, 남북협상, 1기 최고인민회의 대의원
한민당계	김약수(金若水)	조사부원	공산당—한민당	ML당, 한민당, 제헌의원, 국회프락치사건
	김준연(金俊淵)	계획부장	공산당—한민당	ML당, 한빈낭, 건준에 불참
	이규갑(李奎甲)	재정부장	목사—한민당	3·1운동, 임시정부, 신간회, 한민당
	이용설(李容卨)	후생부장	의사—한민당	흥사단, 한민당, 불참
	함상훈(咸尙勳)	문화부원	안재홍계—한민당	조선일보, 한민당, 불참

[출전] 이만규, 1946, 『여운형투쟁사』 민주문화사; 이만규, 1947, 「몽양여운형투쟁사」, 『신천지』 8월호; 홍인숙, 1984, 「건국준비위원회에 관한 연구」 이화여대 정외과 석사학위 논문, 32~38쪽; 국사편찬위원회 한국사데이터베이스; 강만길·성대경 엮음, 1996, 『한국사회주의인명사전』, 창작과비평사; 김광운, 2003, 『북한 정치사 연구1』, 선인.

자가 화합할 가능성은 거의 전무하였다고 할 수 있다. 심지어는 좌우 양쪽 인사들은 개인적으로도 상종하기를 꺼렸으며, 이들 서로 사이의 불신과 의구와 혐오는 그렇듯 강하였기 때문에 양쪽의 원만한 제휴와 합작이란 사실상 불가능하였던 것이다.[203]

우익 진영의 완고하고 고루한 생각과 좌익계의 과격한 소아병적 사상의 대립, 개인적인 적대감, 인간적 혐오, 불신·의구심으로 인해 원만한 제휴와 합작이 불가능했다는 것이다.

한편 이경민은 건준의 중앙간부와 확대위원을 다음과 같이 분류했다. 여운형은 민족주의 좌파, 안재홍은 민족주의 우파, 정백은 사회주의, 김준연은 보수우파, 정처묵은 미상 등으로 분류했다.[204]

건준 제3차 간부진 개편 과정의 특징을 정리하면 다음과 같다. 첫째, 안재홍계의 인사들이 배제되었다. 부위원장 안재홍의 사표 제출과 동시에 권태석, 이승복, 이의식, 홍기문이 명단에서 제외되었다. 유석현은 이정식에게 안재홍의 추천으로 건준에 들어갔다고 증언했는데, 3차 간부진에도 포함되었다. 이들 중 안재홍, 이승복, 이의식은 조선국민당 창당에 함께했고, 권태석은 신한민족당에 가담했다.

둘째, 한민당계의 인사들인 김약수, 김준연, 이규갑, 이용설, 함상훈이 모두 배제되었다. 이들은 제2차 건준 간부진에 이름만 올라 있을 뿐, 사실상 건준 활동을 하지 않은 것이 분명하다. 특히 제2차 간부진에 이름을 올렸던 김준연과 함상훈은 이후 여운형에 대해 가장 공격적인 비난을 가한 한민당 인사가 되었다.

203   이동화, 1978, 「몽양 여운형의 정치활동: 그 재평가를 위하여(하)」, 『창작과비평』 가을호, 123쪽; 김학준, 2013, 『두산 이동화 평전』, 단국대학교출판부, 191쪽.
204   이경민의 분류와 개별 인물에 대한 설명은 李景珉, 1996, 앞의 책, 101~114쪽을 참조.

셋째, 건준 발족 당시부터 핵심 인물이던 정백이 배제되었다. 그 이유로 몇 가지를 생각해볼 수 있다. 먼저 재건파와 장안파의 대결 결과 정백이 지도하던 장안파가 재건파에 패배한 결과를 반영했을 가능성이다. 다음으로는 정백이 해방 직전부터 송진우 측과 교섭에 나섰고, 안재홍과 김병로·백관수 측의 교섭에 개입하는 등 건준 내부의 갈등에 책임을 지게 되었을 가능성이다. 마지막으로 정백이 8월 21일 건준 경성지회를 독단적으로 결성해 혼란을 초래한 데 대한 문책이었을 가능성이 있다.[205] 이 중에서 역시 경성지회 결성에 대한 문책 가능성이 가장 높다. 정백은 건준의 핵심인 조직부를 담당하고 있었는데, 이 임무가 재건파 공산당원 이강국과 여운형 추종자이자 인민당 간부가 되는 이상도가 맡게 된 점에서 이런 추정을 할 수 있겠다. 여운형이 조직 책임을 확실히 믿을 만한 사람에게 맡긴 셈이다.

넷째, 부서 책임자의 변경에서 특징을 지적할 수 있다. 2차 간부진이 그대로 유지된 부서는 총무부와 치안부로, 건준 내부에서 일정한 항상성이 유지되는 부서였다. 양정부에는 김교영이 빠진 대신 건국동맹 시절 식량 대책을 준비했던 이정구가 포함되었다. 원래 건국동맹 시절부터 강조되었던 치안 및 식량 대책은 건국동맹 시기부터 준비를 담당했던 장권, 이정구가 중심역할을 맡게 된 것이다.

조직과 관련된 부서에서는 재건파 공산당의 입지가 높아졌다. 조직부의 책임자는 장안파 정백과 윤형식 대신 재건파 공산당 이강국, 여운형 직계 이상도가 맡았다. 지방과의 연락을 담당하는 교통부는 안재홍계 이승복 대신 재건파 공산당 김형선이 맡았다. 기획부의 경우에도 한민당계

---

205 언론에는 9월 1일 경성지부회(京城支部會)가 결성되었으며, 15명의 전형위원을 선정한 것으로 나타난다. 15인 전형위원은 윤형식, 최성환, 고경흠, 정백, 이강국, 이인, 조헌영, 황욱, 하필원, 박봉연, 온낙중, 서병인, 이상훈, 이원철, 김광수 등이다. 「전형위원에 15명, 위원회 경성지부회의 발족」, 『매일신보』 1945년 9월 1일자.

[표 1-5] 제1~3차 건준 중앙의 개편 과정 (1945년 8월 17일~9월 6일)

직 함	8월 17일(제1차)	8월 22일(제2차)	9월 6일(제3차)	제3차 간부진 성향
위원장	□여운형◆	□여운형◆	□여운형◆	여운형
부위원장	■안재홍◇	■안재홍◇	■안재홍◇	안재홍
			△허헌◆	남로당계
총무부	□최근우◆	□최근우◆	□최근우◆	여운형계
			△전규홍◇	미상
조직부	■정백▲	■정백▲	○이강국▲	재건파
		○윤형식▲	○이상도◆	여운형계
선전부	■조동호▲	■권태석◇	○이여성◆	여운형계
	□최용달▲	●홍기문◆	○양재하◆	여운형계
치안부 (무경부)	■권태석◇	○최용달▲	□최용달▲	재건파
		○유석현◇	○유석현◇	미상
		○장권◆	○정의식▲	장안파
		○정의식▲	○장권◆	여운형계
		○이병학▽	○이병학▽	여운형계
문화부		○이여성◆	△함병업◆	여운형계
		●함상훈▽	△이종수◇	미상
건설부		○이강국▲	○윤형식▲	장안파
		○양재하◆	△박용칠◆	여운형계
조사부		○최익한▲	○최익한▲	장안파
		●김약수◇	○고경흠▲	여운형계
양정부 (식량부)		●김교영◇	○이광▲	장안파
		○이광▲	△이정구◆	여운형계

후생부		●이용설▽	△정구충▽	미상
		●이의식◇	△이경봉▽	미상
재정부	■이규갑	■이규갑◇	△김세용◆	여운형계(조공)
		●정순용◇	△오재일◆	여운형계
교통부		●이승복◇	△김형선▲	재건파
		○권태휘◆	○권태휘◆	장안파
기획부		●김준연▽	○박문규▲	재건파
		○박문규▲	∧이순근▲	재건파
서기국		○고경흠▲	○최성환▲	신민당
		●이동화◆	△정처묵▼	여운형계
		○이상도◆	○정화준◆	여운형계
		○최성환▲		
		○정화준◆		

[비고] 1. 간부진의 지속성 분류 (□■○●△)

　　　　□: 제1차 간부로 제3차 간부까지 재임한 인물

　　　　■: 제1차 간부로 제2차·제3차 간부에서 배제된 인물

　　　　○: 제2차 간부로 제3차 간부까지 재임한 인물

　　　　●: 제2차 간부로 제3차 간부에서 배제된 인물

　　　　△: 제3차 간부로 선임된 인물

　　　 2. 간부진의 징치적 성향 분류 (◆◇▲▽▼)

　　　　◆: 민족주의좌파, ◇:민족주의우파, ▲: 사회주의, ▽: 보수우파, ▼: 불명

　　　 * 간부진의 정치적 성향 분류는 이경민의 분류에 따라 표시함.

[출전] 민주주의민족전선 사무국, 1946,『조선해방연보』, 문우인서관, 85쪽; 이만규, 1946,『여운형
　　　　투쟁사』, 민주문화사; 송남헌, 1985,『해방3년사』; 李景珉, 1996,『朝鮮現代史の岐路』, 平凡社,
　　　　101~113쪽.

김준연 대신 재건파 공산당 박문규가 책임자가 되었고 재건파 이순근이 추가되었다. 제3차 조직 개편에서 건준의 조직부, 교통부, 기획부를 재건파가 장악한 셈이다.

그 밖의 실무적인 부서에는 여운형 직계가 전면에 배치되었다. 선전부는 안재홍계의 권태석, 홍기문 대신 여운형 직계인 이여성과 양재하가 맡았다. 재정부도 한민당계 이규갑과 정화준[미상] 대신 여운형 직계인 김세용과 오재일이 맡았다. 후생부도 한민당계 이용설과 안재홍계 이의식 대신 정구충과 이경봉이 맡았다. 조사부는 장안파 최익한과 한민당 김약수에서 최익한과 여운형 직계 고경흠으로 변경되었다.

다섯째, 건국동맹의 기획처 소속이던 이여성, 김세용, 이강국, 박문규, 양재하 등이 건준 실무부서의 주요 책임을 맡게 되었다. 이는 건국동맹원들이 건준에 전면 배치된 것이기도 하지만, 사실상 재건파 조공(조선공산당)의 핵심 인물인 이강국, 박문규와 조공 프락치였던 김세용 등의 전면 배치이기도 했다.

여섯째, 건준의 간부진은 8월 17일 제1차 간부진 8명에서, 8월 22일 제2차 간부진 33명으로, 9월 6일 제3차 간부진 33명으로 교체되었는데, 불과 20여 일 만에 이뤄진 3차 개편 과정에서 지도부 교체의 범위와 폭이 컸다. 제1차 간부진 8명 중 제3차 간부진에는 3명(여운형, 최근우, 최용달)만 남았고 5명(안재홍, 조동호, 정백, 권태석, 이규갑)은 사라졌다. 불과 2주 만에 최초 지도부의 3분의 2 가량이 바뀐 것이다. 단지 교체된 것이 아니라 불화 또는 불만으로 사표를 냈거나 배제된 것이다. 제2차 간부진 33명 중 제3차 간부진에서 14명이 제외되었고, 13명이 새로 선임되었다. 위에서 살펴본 것처럼 제3차 간부진에서 배제된 것은 안재홍계, 한민당계, 장안파 등이었다. 이러한 급격한 변동은 건준 중앙의 기반과 구심점이 취약하고 내부 요인과 외부 충격에 매우 취약한 구조를 갖고 있음을 반영했다. 건준 중앙은 중도우파와 우파, 좌파 일부가 배제됨으로써 스스

[표 1-6] 건국준비위원회 중앙간부의 정치적 성향

집행부 계열	제1차 집행부		제2차 집행부		제3차 집행부		확대위원회	
	인수	퍼센트	인수	퍼센트	인수	퍼센트	인수	퍼센트
보수우파	0	0	4	12.1	3	9.1	43	31.9
민족주의 우파	3	37.5	9	27.3	4	12.1	28	20.7
민족주의 좌파	2	25.0	10	30.3	14	42.5	27	20.0
사회주의자	3	37.5	10	30.3	11	33.3	26	19.3
불명	0	0	0	0	1	3.0	11	8.1
소계	8	100	33	100	33	100	135	100

[비고] 확대위원회는 이경민의 책에 중앙위원회로 표시되어 있는 것을 수정한 것이다.
[출전] 李景珉, 1996, 『朝鮮現代史の岐路』, 平凡社, 114쪽.

로 자부했던 '통일전선'적 기초는 근저에서부터 흔들리게 되었다. 나아가 이러한 조직 개편도 일시적인 것에 불과했다. 제3차 조직 개편은 9월 6일 건준이 조선인민공화국으로 변경된 이후 일종의 과도적인 조치였기 때문이다. 건준 제3차 조직은 인공 부서가 결정될 때까지 잠정적으로 그 기능을 대행하기 위한 것이었다.

9월 6일 저녁 9시 경기여고 강당에 모인 1,000여 명은 전국인민대표자대회를 개최해 '조선인민공화국 임시조직법안'을 상정하고 중앙인민위원 55명, 후보 위원 20명, 고문 12명을 선출해 조선인민공화국을 창건했다. 의장을 맡은 여운형은 "비상한 시기에는 비상한 인물만이 비상한 일을 할 수 있다"고 주장했고, 좌익은 인공이 비상한 시기에 비상한 인물들이 비상한 방법으로 수립한 '임시혁명정부'라고[206] 주장했다.

---

206   민주주의민족전선, 1946, 앞의 책, 85~86쪽.

조선인민공화국의 귀결

1) 낙관적 정세관과 과도한 서울 중심주의

9월 6일 회의는 표면적으로는 건준의 주도하에 일사천리로 진행되었다. 위원장 여운형이 의장을 맡았고, 부위원장 허헌이 경과보고를 했으며, 이어 '조선인민공화국' 조직기본법 초안을 축조낭독하여 '다소의 수정'을 거쳐 통과시켰다. 이어 인민위원 선거에 들어갔는데, 건준 위원장 여운형, 부위원장 허헌을 포함한 5명의 전형위원이 55명의 인민위원, 20명의 후보 위원, 12명의 고문을 발표했다. 발표된 명단은 다음과 같다.

- 전국인민위원

이승만(李承晩), 여운형(呂運亨), 허헌(許憲), 김규식(金奎植), 이관술(李觀述), 김구(金九), 김성수(金性洙), 김원봉(金元鳳), 이용설(李容卨), 홍남표(洪南杓), 김병로(金炳魯), 신익희(申翼熙), 안재홍(安在鴻), 이주상(李胄相), 조만식(曺晩植), 김기전(金起田), 최익한(崔益翰), 최용달(崔容達), 이강국(李康國), 김용암(金龍岩), 강진(姜

進), 하필원(河弼源), 김계림(金桂林), 박낙종(朴洛鍾), 김태준(金台俊), 이만규(李萬珪), 이여성(李如星), 김일성(金日成), 정백(鄭栢), 김형선(金炯善), 이정윤(李廷允), 김정권(金正權), 한명찬(韓明燦), 유축운(柳丑運), 이승엽(李承燁), 강기덕(康基德), 조두원(趙斗元), 이기석(李基錫), 김철수(金綴洙), 김상혁(金相赫), 정태식(鄭泰植), 정종근(鄭鍾根), 조동호(趙東祜), 서중석(徐重錫), 박문규(朴文圭), 박광희(朴光熙), 김세용(金世鎔), 강병도(姜炳度), 이순근(李舜根), 김무정(金武亭), 장기욱(張基郁), 정진태(鄭鎭泰), 이순금(李順今), 이상훈(李相勳) (55명)

- 후보

최창익(崔昌益), 황태성(黃泰成), 홍덕유(洪德裕), 이청원(李淸源), 최근우(崔謹愚), 김준연(金俊淵), 한빈(韓彬), 양명(梁明), 최원택(崔元澤), 안기성(安基成), 정재달(鄭在達), 김오성(金午星), 권오직(權五稷), 김두수(金斗洙), 장순명(張順明), 이광(李珖), 최성환(崔星煥), 이임수(李林洙), 현준혁(玄俊赫), 김덕영(金德泳) (20명)

- 고문

오세창(吳世昌), 권동진(權東鎭), 김창숙(金昌淑), 정운영(鄭雲永), 이시영(李始榮), 홍명희(洪命憙), 김항규(金恒奎), 김상은(金相殷), 장도빈(張道斌), 김용기(金容起), 김관식(金觀植), 이영(李英) (12명)[207]

---

207 「건준, 전국인민대표자대회 개최, '인공' 임시조직법안 상정 통과」, 『매일신보』 1945년 9월 7일자.

가장 먼저 눈에 띄는 점은 아직 귀국하지 않은 임시정부 요인들이 대거 포함되었으며, 한민당 인사들도 대거 포함된 사실이다. 이 점이 인민공화국의 출발점이자 한계였으며, 해방 직전부터 건준을 이끌어오던 여운형 세력의 동력이 좌초되는 계기였다.

임시정부 요인으로는 이승만, 김규식, 김구, 김원봉, 신익희, 이시영 등이 포함되었으며, 한민당 간부로는 김성수, 이용설, 김병로, 김준연 등이 포함되었다. 또한 민족주의계의 원로인 오세창·권동진·김창숙·홍명희·장도빈 등은 물론 해외에 있던 빨치산 김일성, 연안독립동맹의 김무정·한빈·최창익·북한의 조만식 등도 포함되었다. 건준 부위원장을 사퇴한 안재홍의 이름도 들어 있다. 당연히 사전 동의나 사후 동의를 얻지 않은 일방적 인선이었다. 그 외에 재건파 조선공산당(이관술, 홍남표, 이주상, 김기전, 최용달, 이강국, 김계림, 박낙종, 김태준, 김형선, 김정권, 한명찬, 이승엽, 강기덕, 조두원, 정태식, 박문규, 이순근, 이순금, 황태성, 홍덕유, 최원택, 안기성, 정재달, 권오직, 장순명, 현준혁)과 장안파 조선공산당(최익한, 강진, 하필원, 정백, 이정윤, 서중석, 이청원, 이영)이 다수를 점했으며, 여운형계(여운형, 이만규, 이여성, 이기석, 조동호, 김세용, 최근우, 김오성, 이임수)도 상당수를 점했다.

어떻게 이런 일방적인 인선이 이뤄졌는지는 정확하지 않다. 남로당 출신인 박일원(朴馹遠)은 9월 4일 허헌이 입원해 있던 경성의전 병원 내과 병실에서 박헌영, 여운형, 정백, 허헌 4인이 비밀리에 만나 인공 창립과 주요 간부진을 협의해 결정했다고 주장했다.[208] 한편으로 이런 인선이 이뤄진 배경에는 해방 직후 건준-한민당 계열의 유지자대회, 확대위원회

---

208   박일원, 1984, 『남로당의 조직과 전술』, 세계, 23쪽. 박일원은 남로당원으로 활동하다가 전향해서 수도경찰청 경위·사찰과, 외무부 정보과장을 역임했다. 1948년과 1949년 두 차례 암살 시도 끝에 남로당원에게 피살되었다.

등을 둘러싸고 다수의 인사를 포함하는 인명록이 여러 차례 작성된 경험이 작용했을 가능성이 있다.

그렇다면 해방 후 중망(衆望)을 모으던 건준이 왜 방향을 갑자기 전환해서 인민공화국을 급조하게 되었는지를 살펴보자. 몇 가지 이유를 생각할 수 있다.

첫째, 미군 진주에 대비하기 위한 목적으로 인공을 창립했을 가능성이 가장 크다. '조선임시혁명정부'로 자임한 인공은 재건파 조선공산당이 주도해서 급조했다는 것이 당대의 일반적 견해인데, 여운형 역시 인공 창립에 부정적인 입장은 아니었다. 여운형 본인의 발언에 따르자면 미군의 진주라는 상황에 대응해서 "연합군이 진주만 하면 즉각에서 국권을 받아들일 수 있도록 〔인공을〕 준비한 것"[209]이었다. 여기에는 북한에서의 선례가 큰 영향을 끼쳤을 것이다. 북한에 진주한 소련군은 각종 자치위원회, 건국준비위원회를 인민정치위원회 또는 인민위원회로 통합해서 행정권을 이양했다. 소련이 진주한 북한에서는 인민위원회가 "조선 인민의 손으로, 조선 인민의 이익을 위한, 조선 인민 자신의 주권을 세우려는 혁명적 정부 기관"으로 등장해 건설과 투쟁의 정부 기관으로 소개되었다.[210]

즉 여운형 등 건준 지도부가 미군 진주에 대비하기 위해서 인공을 만들었을 가능성이 가장 크다. 미군 진주에 대비해 미국에 있는 이승만을 1번으로 인민위원에 지명했으며, 인공 조직을 구성할 때도 이승만을 주석에 선임했다. 건준 지도부는 북한에 진주한 소련군처럼 남한에 진주할 미군도 인공에 행정권을 이양하리라고 생각했을 것이다. 건준 지도부는 북한의 상황을 연합국의 일반정책으로 생각했으며, 연합군이 현지 토착 정

209   「여운형의 회견」, 『매일신보』 1945년 10월 2일자.
210   민주주의민족전선, 1946, 앞의 책, 87~88쪽.

권을 인정하리라는 낙관적인 정세관을 갖고 인공을 창립한 것으로 판단된다.

즉 인공의 창립은 해방 직후 건준 및 좌파세력이 갖고 있던 정국의 주도권을 연장하는 동시에 "연합군과 절충할 만한 인민 총의의 집결체"를 조직함으로써 미군과 갈등 없이 정권을 인수받고, 정식 정부 수립으로 나아가기 위한 방안으로 구상되었다. 부정확한 정보가 범람하는 혼란한 상황 속에서 북한에 진주한 소련군이 취한 확실한 선례를 따라서 남한에 진주할 미군에게 인민위원회·인민공화국을 인정받고자 한 시도였다. 해방 직후의 상황에서 생각해봄직한 방안이었으나, 결과적으로 너무 낙관적이고 주관적인 정세관에 입각한 판단이었다.

둘째, 우익의 중경임시정부 절대 지지에 맞대응하기 위한 방안이었을 가능성이다. 건준은 해방 직후부터 중경임시정부 절대 지지를 내세우는 한민당 계열 및 안재홍과 대립하고 있었다. 건준 장악에 실패하자 우익의 대부분은 9월 1일 대한민국임시정부 환국환영회를 조직했으며, 인공 창립 이후에는 국민대회준비회를 결성했다. 이들은 중경임시정부 지지를 전면에 내세워 정당성을 확보한 후 한국민주당을 결성했다. 이런 맥락에서 인공의 급조는 우익의 임정 봉대(奉戴)노선을 부정하고, 정부에는 정부로 맞서기 위한 노선이었다.[211]

특히 여운형 자신은 1919년 3·1운동 당시 독립운동의 주역이자 임시정부 창립 구성원이었지만, 명실상부하지 않은 임시정부 형태보다는 독립운동가 정당 형태를 주장한 바 있다. 여운형은 1927년 상해에서 체포될 때까지 독립운동에 관여했지만, 임시정부와 거리를 두고 있었다. 또한 1944년 건국동맹 결성 이후 연안독립동맹과 긴밀하게 연락을 주고받으

---

211   손세일은 인공의 급조가 임시정부의 기존 정부 승인 및 협조 공약과 관련이 있다고 추정했다. 손세일, 1974, 『이승만과 김구』, 일조각, 201쪽.

며 연대 관계를 유지했으며, 독립동맹은 건국동맹을 국내 분맹(分盟)으로 생각할 정도였다. 또한 여운형은 김일성 빨치산그룹과도 상호 연대를 시도한 바 있으며, 임시정부에도 연락원을 파견하려고 했다.[212] 이런 개인적 경험과 다양한 해외 독립운동 세력에 대한 접촉면을 확보함으로써 여운형은 현실적 접근을 강조한 것이다.

이만규에 따르면 중경임시정부 환영준비회가 발기되자 여운형, 건준, 건국동맹은 여러 가지 측면에서 중경임시정부 환영을 반대했다. 이만규는 열 가지 이유를 들었는데, 크게 네 가지 비판으로 나뉜다.[213] 첫 번째는 임시정부 자체를 향한 비판이었다. 즉 (1) 임시정부가 성질·구성·외교 측면에서 자멸할 것, (2) 30년간 해외에서 지리멸렬·유야무야한 조직으로 국내 기반이 없어서 군림할 수 없을 것, (3) 30년간 해외에서 낭만(浪漫)한 몇 사람으로 구성된 정권으로 민주주의 국가를 지배할 수 없을 것, (4) 정치이념, 정강, 정책을 모르니 정부로 환영할 수 없을 것, (5) 국제적으로 승인될 수 없을 것, (8) 미국과 소련의 공동 허락 없이는 입국하지 못할 것 등이다. 가히 신랄한 비판이며, 상호존중이 없으니 재건파 조선공산당의 입장을 강하게 반영한 평가였다.

두 번째는 임시정부 외에 해외에 주요 독립운동 단체들이 여럿 존재한다는 이유였다. (6) 해외에는 미주, 연안, 시베리아, 만주 등에 혁명단체가 있고, 임시정부보다 몇 배 크고 실력 있는 단체가 있다. 이들은 임시정부를 안중에 두지 않는데, 임시정부만을 환영하는 것은 불가하다는 것이었다. 주로 연안독립동맹, 만주 빨치산 세력을 염두에 둔 비판이었다.

세 번째는 국내에도 혁명가와 혁명단체들이 존재한다는 이유였다.

212 　정병준, 2009, 앞의 책; 정병준, 1997a, 「여운형의 좌우합작·남북연합과 김일성」, 『역사비평』 38호; 정병준, 2004a, 「해방 이후 여운형의 통일·독립운동과 사상적 지향」, 『한국민족운동사연구』 39.
213 　이만규, 1946, 앞의 책, 225~226쪽.

(7) 국내에서 지하조직을 만들고 혁명운동을 지속하다가 투옥, 고문치사, 옥중 병사, 5~15년간 투옥생활을 한 혁명가들이 존재하는데, "안전지대에 몸을 피하여가며 객지 고생만으로 공을 쌓은 혁명가가 많이 섞인" 임시정부만을 환영하는 것은 공평하지 못하다는 비판이었다.

네 번째는 중경임시정부 환영의 국내 정치적 배경에 대한 비판이었다. (9)"과거의 혁명 공적이 없는 사람의 호가호위(狐假虎威)의 의미와 건국준비위원회의 정권 수립을 방해하는 수단"으로 중경임시정부 환영이 활용된다고 비판한 것이다. 즉 한민당 계열을 향한 비판이었다.

이런 이유로 건준 측은 (10) 중경임시정부뿐만 아니라 해외 동지 모두를 환영해야 한다는 결론을 내렸다.

여운형도 1945년 10월 1일 기자회견에서 "나는 해외 정권을 환영한다. 현재 중경임시정부 외에 미국에도 2개 파가 있다. 연안에도 시베리아에도 정당이 있어서 5개의 정부가 있다. 따라서 한 정부만 지지한다고 하면 해외 동지를 그만큼 분규시킬 뿐이다. 그러므로 모든 해외 동지를 환영해 들여서 국내에 정부를 조직하여야 한다"고 주장했다.[214] 이처럼 여운형은 정확하게 중경임시정부 외에 미국 내 재미한족연합회, 이승만의 동지회, 연안독립동맹, 시베리아 빨치산파 등을 정확히 파악하고 있었다.

결국 중경임시정부 지지에 맞서기 위해서는 국내에서도 정부 형태의 조직을 만들어 대응해야 한다는 논리가 성립할 수 있었다. 실제로 미군정이 인민공화국의 '국' 자 삭제를 요구하며 압박하자, 1945년 11월 전국인민위원회 대표자대회는 임시정부는 '정부' 명의를 마음대로 사용하는데, 왜 인민공화국의 '국' 자는 사용하지 못하게 하느냐며 강하게 반발한 바 있다.

셋째 이유는 건준 자체의 한계를 극복하기 위한 자연사적 자기발전

---

214   『매일신보』 1945년 10월 2일자.

과정이란 건준 주체 측의 설명이었다. 1946년『조선해방연보』는 건준이 갖고 있던 민족통일전선으로서의 자기 한계성을 극복하기 위해 인공을 창립했다고 설명하고 있다. 즉 건준의 지도부가 지닌 유약성, 투쟁적 전진성의 미흡으로 정견과 행동이 통일되지 못했기에, "인민에게 주권을 두는 인민정부 수립을 위한 비상방법으로 임시인민대표대회를 건준의 지정·추천으로 소집하여 중앙인민위원회를 구성"했다는 것이다. "중앙인민위원회는 본질상 건준을 계승한 것이므로 건준의 역사적 사명은 그 종언을 고한 것이다"라고 주장했다.[215] 즉 좌익계에서는 인공의 수립이 민족통일전선의 자기강화 과정이었다고 설명한 것이다.

건국동맹이나 건준은 정권 수립의 구체적인 방법이나 계획을 갖고 있지 않았다. 건국 준비를 내세웠으나, 주로 치안유지와 식량 확보 등의 현안에 주력했기 때문이다. 해방 직후 한국인들의 주체적 노력에 의해 실질적인 행정권 이양이 이루어지자, 건준은 전국인민대표회의에서 선출된 인민위원으로 진정한 민주주의 정권을 수립하며, 여기에 해외 혁명전사와 단체를 적당한 방법으로 포용한다는 수준의 인식을 공표했다.[216] 이런 인식은 (1) 남한 진주 미군이 한국인의 자주적이고 독립적인 정권 수립을 원조 내지 지원할 것이라는 예상, (2) 미소 양군이 일본군의 무장해제 즉시 철수하리라는 예상을 바탕으로 수립된 것이었다. 즉 남북 분단, 미소의 분할점령이라는 객관적 정세에 대한 주의 깊고 신중한 고려가 부족한 상태에서 성급하게 방안이 마련된 셈이다. 결국 미군의 남한 진주와 우익의 중경임시정부 절대 지지에 맞서기 위해서 여운형과 재건파 조선공산당의 주도로 '조선인민공화국'이라는 정부를 창출하게 된 것이다.

어떤 논의와 의사결정 과정을 거쳐서 건준에서 인공으로의 전환이

---

215   민주주의민족전선, 1946, 앞의 책, 85~92쪽.
216   「건준의 선언·강령」,『매일신보』1945년 9월 3일자.

이루어졌으며, 누가 중심적 역할을 했는가 하는 점은 명확히 밝혀지지 않았다. 먼저 여운형은 전국인민대표자대회의 의장으로 등장했고 자신의 지론이었던 "혁명적 시기에는 혁명가가 먼저 정부를 구성하고 나중에 이를 국민들에게 추인받는다"는 요지의 발언을 했지만 인공 수립 이후의 발언과 태도를 미루어보면 인공의 급조 자체에는 회의적이었다는 증언들이 있다. 이만규는 인공이 창립된 후 10월 7일 건준이 해소되었지만, "여운형은 외교적 관계로 보아서는 건국준비위원회를 존속시켜 건국준비위원회를 중심으로 외교를 하는 것이 유리"할 것으로 판단했다고 기록했다.[217] 이동화는 한걸음 더 나아가 여운형은 인공 수립에 수동적이었으며, "박헌영을 중심으로 하는 일부 공산주의자들이 꾸며낸 일종의 정치극"이었다고 주장했다.[218] 박헌영이 미리 계획해서 여운형과 협의를 했는데 그가 동의하자 갑자기 부랴부랴 모여 인민공화국 설립에 관한 회의를 했고, 자신에게도 연락이 없다가 회의를 한다고 해서 밀려가니까 그런 일이 있었다고 회상했다.[219] 여운형의 동생 여운홍도 인공이 "순전히 소아병적인 극렬 공산당원들이 꾸며낸 하나의 연극"이었으며 여운형의 가장 큰 실패작이 되었다고 했다.[220]

또한 여운형이 1945년 11월에 조직한 조선인민당은 1945년 말부터 1946년 초에 걸쳐서 인공과 임시정부를 동시에 해소하고 과도정권으로서 좌우익 연립정권의 성립을 촉구했다. 미군정 측은 조선인민당이 조선인민공화국의 명칭을 '국'에서 '당'으로 바꾸라는 미군정의 요구 및 미군정-인공 측 합의의 결과 조선인민당이 결성된 것으로 파악했다.[221] 이런

---

217 이만규, 1946, 앞의 책, 223쪽.
218 김학준, 2013, 앞의 책, 192쪽.
219 이동화, 1978, 앞의 책, 127~128쪽; 김학준, 2013, 앞의 책, 193쪽.
220 여운홍, 1967, 앞의 책, 153쪽.
221 『주한미군사』(*HUSAFIK*) 2부 2장, 「한국의 정치와 사람들, 제1년차」; HQ, USAFIK G-2 Periodic Report, No.10.

상황을 고려하면 여운형은 인공을 배타적인 정권이나 정식 정부로 생각하지 않았음이 분명하다.[222] 여운형이 인공 수립에 동의한 것은 소련군이 북한에서 행정권을 한국인들에게 이양한 것처럼 미군도 남한의 한국인들에게 행정권을 이양하리라고 낙관적으로 판단했기 때문일 것이다.[223]

남로당 출신 박일원은 조선공산당의 개입이 인공 급조의 배경이라고 설명했다. 박일원은 계급독재와 계급전제 정권을 수립하려는 목적, 중경임시정부의 무능력화, 공산당의 기반을 확고히 하려는 것, 정권을 수립해 반대파를 처단하려는 목적 등이 인공을 급조하게 된 이유라고 주장했다.[224] 한편 조선공산당의 원로인 김철수는 박헌영 등이 서둘러 인공을 수립한 이유로 (1) 어수룩하게 발족시킨 인공이 성립하면 그런대로 공산혁명 정권으로 나아갈 수 있고, (2) 만약 실패할 경우에는 그 책임을 인공에 관여했던 사람들한테 뒤집어씌우기 위해서였다고 주장했다. 김철수는 박헌영은 물론 김삼룡, 이현상 같은 그의 심복들이 인공에서 제외된 사실을 근거로 제시했다.[225]

9월 6일 인공 인민위원 선출 다음 날인 9월 7일 여운형은 해방 후 두 번째 테러를 당했다. 학생모를 쓴 청년 한 명이 포함된 5인조 테러단이 여운형을 결박하려 했고 저항하는 그를 몽둥이로 난타하다가 행인이 나타나자 준비해둔 자동차로 도주했다. 여운형을 결박해 납치한 후 살해하려 했을 가능성이 높은 테러였다. 여운형은 이미 8월 18일에도 테러를 당했는데 20여 일 만에 두 번째 테러를 당한 것이다. 첫 번째 테러 때 머리를 가격당해 완전히 치료되지 않은 상태에서 두 번째 테러를 당한 여운형

---

222   1945년 12월 인민당 총무국장이었던 이여성은 "과도정권으로는 좌우 양익의 연합정권이 설 수밖에 없다", "양 세력을 대표한다고 보이는 인민공화국 임시정부 사이에 아직 의견의 통일이 없는 모양"이라고 했다. 『서울신문』 1945년 12월 18일자.
223   이만규, 1946, 앞의 책, 165쪽.
224   박일원, 1984, 『남로당의 조직과 전술』, 세계, 23쪽.
225   조규하·이경문·강성재 공저, 1987, 『남북의 대화』, 고려원, 50쪽.

은 불면증과 두통에 시달렸다. 주치의 심호섭은 절대안정과 대인접촉 금지를 권했고, 여운형은 심호섭의 고향 가평으로 가서 20여 일 동안 치료를 받았다.[226] 여운형은 1947년 7월에 암살될 때까지 10회 이상의 테러를 더 당했다. 한국 현대사의 현실적 이상주의자가 당면할 운명이었다.

9월 8일 여운형이 부재한 상황에서 인민위원회 제1회 회의가 건준 본부 회의실에서 개최되었다. 37명의 인민위원이 출석했다. 이강국의 개회 선언과 호명에 이어 허헌이 개회사를 했고, 임시 의장 이만규, 서기 정태식이 선임되었다. 정태식은 경과보고를 통해 "비상한 사태에 직면하여 평상한 시기와 같은 민주주의적 선거 방법에 의한 대표 선출은 사실상 불가능"했기에 건준의 전국적 조직을 최대한 동원해 인민대표대회를 개최했다고 주장했다. 각부 위원 선출은 여운형과 허헌 두 사람에게 위촉하기로 가결했고, 각 기관을 접수할 임시위원 선출도 9월 9일에 발표하는 조건으로 여운형, 허헌, 최용달 3인에게 일임했다. 정강 기초위원으로 이강국, 박문규, 정태식 3인이 선임되었다. 테러로 와병 중인 여운형을 제외하면 모두 재건파 공산당원이 주요 권한을 위임받은 것이었다.[227]

중앙 건준이 조선인민공화국, 중앙인민위원회로 전환되자, 지방 차원에서도 건준 지부는 인민위원회로 재편되었다. 전라남도의 경우 인민위원회로 개편하는 작업은 좌익에 의해 주도되었다. 건준 지부가 개편을 통해 인민위원회로 바뀌는 경우(전남 건준, 광양), 건준과는 다른 계열에서 인민위원회를 조직한 경우(함평), 건준 지부를 해체하고 독립촉성중앙협의회의 조직을 만드는 경우(강진) 등이 있었다.[228] 이 과정에서 상당

---

226 이만규, 1946, 앞의 책, 236쪽.

227 「인민위원회 제1회 회의에서 경과보고와 각부 위원 선거의 건 결의」, 『매일신보』 1945년 9월 9일자.

228 안종철a, 1985, 앞의 논문; Grant Meade, 1951, *American Military Government in Korea*, New York: Columbia University Press(그란트 미드, 1982, 앞의 책).

수의 우익이 배제되었고, 지방인민위원회는 좀 더 좌익적 성향이 강화되었다. 주요 도시와 도·군 단위에서 인민위원회가 성립되었고, 1945년 11월 전국인민위원회 대표자대회 이후에는 도·시·군 단위 인민위원회 대표자대회가 공개적으로 개최되었다. 전국인민위원회 대표자대회에는 북한에서 온 대표들도 대거 참가함으로써 인민위원회와 인민공화국이 전국적 조직임을 과시했다.[229] 민족통일전선을 주장했던 건준은 좌익 중심의 인공을 건설함으로써 수명을 다했다. 문제는 인공의 수립으로 건준 내부에서 갈등하며 길항하던 좌우익의 정권 수립 방략이 대외적으로 폭발하며 중경임시정부 지지 진영과 인공 진영이라는 진영 대결, 정부 대결의 양상을 띠게 된 것이다.

북한에 진주한 소련군이 인민위원회로 정권을 이양하는 것을 목격한 재건파 조공(조선공산당)은 낙관적이고 주관적인 정세관에 근거해, 서울의 주요 좌익 인사들을 동원해 하룻밤 새에 공화국을 창출했다. 마법적 수단으로 창출된 인공은 곧 마물(魔物)이 되었다. 그리고 이는 여운형과 건준의 정치적 구심력을 깨뜨렸고, 내외로부터 비판을 초래했다. 중앙의 인공은 미군정은 물론 좌·우익과 북한 공산주의자들의 비판에 당면해야 했다. 미군정은 인민공화국의 해체 혹은 명칭 변경을 요구했으나, 인공은 단 한 글자도 바꿀 의향이 없었다. 자신들의 공화국이 수립되었다고 생각한 지방인민위원회는 미군정의 요청을 단호하게 거부했다. 중앙인민위원회가 낙관적 정세관, 과도한 서울 중심주의, 조급함의 산물이었다면, 지방인민위원회는 조직되자마자 돌이킬 수 없고 누구도 손댈 수 없는 인

---

229   『중앙신문』은 채충식(경북), 최용달(선북), 심응순(황해), 재수칠(힘님), 백남훈(강인), 박형병(경기), 신표성(충남), 장준(충북), 임주홍(전남), 윤일(경남), 김광수(서울), 정태식(중앙) 등과 함께 좌담회를 개최하고, 총 6회에 걸쳐 남북한 인민위원회 상황을 보도했다. 「해방 후 13도 실정보고」(1)~(6), 『중앙신문』 1945년 11월 22~23일자, 25~28일자.

민공화국의 수호자가 되었다. 누구도 책임지지 않았던 지방인민위원회의 운명은 이후 남한을 소용돌이로 몰아넣는 대폭풍우의 근원이 되었다.

2) 조선인민공화국의 최후

9월 14일 인민공화국 중앙인민위원회 부서 책임자가 결정되었다. 여운홍에 따르면 여운형이 신중히 결정해줄 것을 요청했지만, 여운형의 의사가 잘 반영되지 않은 채 공산주의자들의 일방적 결정으로 발표가 이뤄졌다.[230] 여운형은 (1) 정부를 조직하는 데는 군정당국의 양해를 고려해야 하고, (2) 정부의 체면을 유지할 만한 청사가 준비되지 못한 점을 고려해야 하고, (3) 주석 및 부주석은 대통령과 같이 일국 주석의 신분으로 체면을 유지할 만한 준비가 없는 점을 고려해서 부서 발표를 조금 보류하려 했으나, 공산주의자들이 일방적 결정으로 발표가 난 후에야 알게 되었다.[231]

- 조선인민공화국 정부 부서

주석 이승만	부주석 여운형
국무총리 허헌	
내무부장 김구(임시대리 허헌)	대리 조동호, 김계림
외무부장 김규식(임시대리 여운형)	대리 최근우, 강진
재정부장 조만식	대리 박문규, 강병도
군사부장 김원봉(임시대리 김세용)	대리 김세용, 장기욱

---

230 송남헌, 1985, 앞의 책, 51쪽.
231 이만규, 1946, 앞의 책, 263~265쪽.

경제부장 하필원	대리 김형선, 정태식
농림부장 강기덕	대리 유축운, 이광
보건부장 이만규	대리 이정윤, 김점권
교통부장 홍남표	대리 이순근, 정종근
보안부장 최용달	대리 무정, 이기석
사법부장 김병로(임시대리 허헌)	대리 이승엽, 정진태
문교부장 김성수(임시대리 이만규)	대리 김태준, 김기전
선전부장 이관술	대리 이여성, 서중석
체신부장 신익희(임시대리 이강국)	대리 김철수, 조두원
노동부장 이주상	대리 김상혁, 이순금
서기장 이강국	대리 최성환
법제국장 최익한	대리 김용암
기획국장 정백	대리 안기성[232]

이는 여운형이 인공의 지도력의 중심에서 의도적으로 배제되기 시작
했음을 보여주는 최초의 사건이자, 재건파 조선공산당과 조선인민당, 박
헌영과 여운형의 간극이 드러난 상징적인 일이었다. 여운형은 인민의 지
도자라는 칭송을 받았지만, 조직적 결정은 재건파 조선공산당의 수중에
서 이루어지기 시작했던 것이다. 정치적 파장이 작지 않았다. 이 때문에
인공 설립 과정에서 여운형이 능동적이기보다는 수동적이었으며, 이미
대세가 한쪽으로 기울어진 상황에서 어쩔 수 없는 일이었다고 여운홍은
회고했다.[233] 1945년 11월 20일부터 22일까지 개최된 제1차 전국인민위

---

232 「인공의 정부부서 발표」, 『매일신보』 1945년 9월 15일자; 민주주의민족전선, 1946, 앞
의 책, 89~90쪽. 대리 명단은 『조선해방연보』에 실려 있다.
233 여운홍, 1967, 앞의 책, 156쪽.

원회 대표자대회에 불참한 사실에서 알 수 있듯이, 여운형은 이후 인공의 일에 소극적인 입장을 취했다. 해방 공간을 창출하는 데 결정적으로 기여했으나 사실상 인공과 무관한 인물로 1945년 10월 이후 정치무대의 전면에서 점차 사라져가고 있었다.

인공 정부 부서는 제3차 건준을 확대한 측면과 중경임시정부의 정부 구성을 모방한 측면이 혼합된 모양새였다. 건준은 8월 17일 제1차 인선, 8월 22일 제2차 개편, 9월 6일 제3차 개편에 이르러 15개 부서에 달했는데, 인공은 20개 부서를 설치했으니 제3차 건준의 부서에 5개 정도를 증설한 셈이었다. 정부 부서의 명칭은 임시정부의 그것을 차용하고 확대한 것이라고 봐도 무방하다. 주석, 부주석, 국무총리 아래 14부, 3국이 설치되었다. 임시정부에서 사라진 국무총리직을 설치한 것은 실용적인 이유가 작용했을 텐데, 주석 이승만은 미국에 있고 부주석 여운형은 병중이었기 때문에 국무총리직을 신설함으로써 허헌이 실제로 인공을 지도할 수 있도록 한 조치였다. 허헌은 국무총리로서 주석 이승만과 내무부장 김구를 대리하는 등 인공의 최고위직 3개를 관장하면서 실질적 지도자로 활동하게 된 셈이다.

20개의 정부 직위는 주석, 부주석, 국무총리, 14부, 3국으로 구성되었는데, 임시정부 인사 5명(이승만, 김구, 김규식, 김원봉, 신익희), 한민당 인사 2명(김병로, 김성수), 재북 인사 1명(조만식) 등은 모두 본인의 동의를 받지 않은 선임이었으며, 이름만 걸고 대리자가 직을 대신하는 방식이었다. 당사자들은 명의를 도용당하고 실권도 빼앗기는 모양새였다.

이미 인민위원, 후보, 고문 등의 발표에서도 동일한 방식이 적용되었고, 강력한 비판이 제기되었지만, 인공을 주도한 재건파 조선공산당 측은 무모하게 일을 밀어붙인 것이었다. 결국 건준이 인공으로 재편된 후, 인공은 거의 사면초가였다. 창립 직후부터 인공은 미군정과 우익은 물론,

공산주의자들과 북한 공산주의자들로부터 비판받고 거부당했다.

먼저 반(反)박헌영파 공산주의자들은 일제히 인공을 졸속으로 수립한 재건파 조선공산당을 비판했다. 일제시대 3차 조선공산당 책임비서를 지낸 김철수는 좌우익을 막론하고 합작해서 민족통일정부를 세워야 하는데 600명으로 정권을 수립했다고 자랑하는 조선공산당의 입장이 민족운동의 분열책이었다고 비판했다.[234] 날선 비판을 한 것은 장안파도 마찬가지였다. 장안파는 "경솔과 실책", "졸렬", "혁명성 결여", 대중적 토대 결여 등을 거론하며 인공을 비판했다. 대회 소집 과정에서 대중의 훈련과 동원이 없었으며, 대회 진행은 경솔하고 실책투성이였으며, 국가조직임시법안은 혁명성을 완전히 결여했고, 인공 출현이 "조선 혁명운동의 진로에 커다란 장애를 구축"했고, 인공은 대중적 토대 위에 서 있지 않다고 했다.[235] 따라서 장안파는 (1) 인민위원회를 현재의 행정조직에서 선전·선동·조직활동을 위한 강력한 투쟁조직으로 재조직할 것, (2) 제2차 전국인민대표자대회를 빨리 소집할 것, (3) 새로운 전국인민대표자대회를 상설화할 것, (4) 건준은 전국인민대표자대회가 소집되어 진정한 혁명적·민주적 정권 수립이 완수될 때 해소할 것 등을 주장했다.[236] 장안파의 비판은 인공 자체를 향한 것이라기보다는 재건파를 향한 파벌투쟁적 관점을 반영한 것이었지만, 논리적 주장과 근거는 매우 타당한 측면이 있었다. 급조된 인공의 문제점들이 너무 명백했기 때문이다.

---

234   조규하·이경문·강성재 공저, 1987, 앞의 책, 49~50쪽; 「김철수 증언테이프」, 이균영, 1989, 「김철수 연구: 김철수와 박헌영과 3당합당」, 『역사비평』 봄호, 274~275쪽.

235   주민, 「제2회 전국인민대표자대회소집에 관한 제의」, 『혁명신문』 1945년 10월 4일자; 「혁명정권과 인민대표자대회」, 『혁명신문』 1945년 10월 16일자; 진영철, 「제2회 인민대표자대회 소집의 정치적 숭요성」, 『혁명신문』 1945년 10월 4일자; Lee, Chong Sik, 1977, *Materials on Korean Communism 1945-1947*, Center for Korean Studies, University of Hawaii, pp.147, 149, 162; 스칼라피노·이정식 공저, 한홍구 옮김, 1986, 『한국공산주의운동사2: 해방 후편(1945~53)』, 돌베개, 326~327쪽.

236   주민, 「제2회 전국인민대표자대회소집에 관한 제의」, 『혁명신문』 1945년 10월 4일자.

건준과의 합작을 논의했던 한민당 계열의 우익 진영은 '경성유지자
대회', '건준 확대위원회' 방식으로 자신들의 명의가 도용당하자 가만히
있지 않았다. 권동진, 오세창, 김성수, 김병로 등은 자신들은 인공의 인민
위원직이나 고문직을 수락한 적이 없으며, 인공과 전혀 관계가 없다고 비
판했다.[237] 우익 진영은 인공 중앙인민위원회에 국내 우익의 중심인물인
안재홍, 송진우, 장덕수 등이 배제되었을 뿐만 아니라, 국외에 있는 이승
만, 김구, 김규식 등의 지도자의 명망성과 명의를 도용하는 것은 비열한
술수라고 맹비난했다.[238]

미군정 역시 인공에 대해 적대적인 태도를 취했다. 미군정은 1945년
말까지 모두 세 차례 인공을 부정하고 정치적 타격을 가했으며, 최종적으
로 인공을 불법화했다. 미군정의 첫 번째 공격은 여운형이 하지의 고문회
의 고문직을 거부한 직후인 1945년 10월 10일 아놀드 군정장관의 인공
부정 성명이었다. 아놀드는 "흥행가치조차 의심할 만한 괴뢰극을 행하는
배우", "괴뢰극을 막후에서 그 연극을 조정하는 사기한"이라며 여운형과
인공을 비난했다.[239] 아놀드 군정장관의 성명은 욕설과 조롱, 모욕적 문
장으로 인해 대파란을 일으켰다. 언론인들은 한국의 대표적 정치인 여운
형을 모욕한 아놀드에게 격렬히 항의했고, 홍종인의 군정 충고문을 게재

---

237 심지연 엮음, 1986, 「권동진, 오세창, 김성수, 김병로 명의의 성명서」, 『해방정국논쟁사
    1』, 한울, 73쪽.
238 「한국민주당 발기인 일동의 '성명서'」(1945년 9월 8일), 1968, 『자료 대한민국사』 1, 60
    ~63쪽; 한국민주당선전부, 1948, 앞의 책(심지연, 1984, 『한국현대정당론: 한국민주당
    연구 II』, 창작과비평사, 276~277쪽); 백남훈, 1968, 『나의 일생』, 해온백남훈선생기념
    사업회, 154쪽.
239 미군정은 인공이 "한국 내에서 가장 강력한 공산주의적 그룹이며 소비에트 정치운동과
    도 모종의 관련"을 갖고 있으며 상당수 비골수 좌익분자들이 포함되어 있다고 판단했
    다. 「더글라스 맥아더에게 보내는 하지 중장의 전문」, Foreign Relations of the United
    States(약칭 FRUS, 1945), pp.1133~1134. 여운형은 "정치적 기회주의자" 내지 "공산
    주의자"로 평가했다. 「하지의 정치고문 베닝호프가 국무장관에게 보낸 1945년 9월 29
    일자 전문」, FRUS(1945), pp.1063~1064.

한 『매일신보』는 정간처분되었다.[240]

두 번째 공격은 1945년 10월 27일 인공에 대해 공화국의 '국' 자를 삭제할 것을 요청한 것이었다. 10월 7일 하지는 이미 성명서를 통해 여운형을 "이기적이고 사욕적인 지도자"로 지칭하면서 인민공화국을 "공화국"이 아닌 "당"으로 변경할 것을 요구한 바 있다.[241] 10월 27일자 성명은 프레스콧(Prescott) 대령의 명의로 작성되었는데, 수신자를 인민공화국이 아닌 인민공화당으로 명시하고, "사실상 통치권을 갖지 아니한 정당인 귀 단체가 일개의 정부와 같이 감히 국 자를 붙이는 것은 불가하외다. 현재 조선의 군정청은 미국군이 점령한 지역의 정부입니다. 고로 '국' 자는 불필요한 것이오니 귀 당의 명칭에서 차(此)를 삭제할 것이외다"라고 요구했다.[242] 이와 관련해 1945년 11월 22일 전국인민위원회 대표자대회(제3일차)에서 허헌은 좀 더 상세한 설명을 내놓은 바 있다.[243] 허헌에 따르면 10월 28일 여운형은 군정청의 아놀드 군정장관으로부터 공문을 받았는데, 그 내용은 1국 내에 2개 정부가 있을 수 없고, 38이남 한국에서는 군정청만이 유일한 정부이므로 조선인민공화국 정부는 즉시 해소하라는 우의적(友誼的) 권고였다. 여운형은 중앙인민위원회에서 이 문제를 논의했다. 10월 28일과 29일에 걸쳐 논의한 결과 국제법적으로 통치권을 가진 군정이 있으면서 민족의 정부가 존재할 수 있고, 역사적으로도 2차 세계대전기 전승국의 점령하에 있는 패전국의 망명정부가 국외에서 정부로 활동한 바 있다는 주장을 담아 10월 29일 여운형이 이를 군정

240 「아놀드 장관에게 고함」이라는 『매일신보』 1945년 10월 11일자 논설은 홍종인이 쓴 것이다. 조덕송, 1989, 『머나먼 여로』, 다다, 114~119쪽. 『매일신보』 정간에 대해서는 『주한미군사』(HUSAFIK) 1부 2장 참조.
241 『매일신보』 1945년 10월 16일자.
242 「중앙인민위원회, 하지 성명에 대한 담화 발표」, 『서울신문』 1945년 12월 14일자.
243 「전국인민위원회 대표자대회 의사록」, 김남식 편, 1974, 『남로당연구자료집』 2권, 고려대학교 아세아문제연구소, 56~58쪽.

장관에게 전달했다. 그 후 11월 9일까지 여운형이 미군정과의 교섭을 전담했다. 허헌은 여운형을 통해 군정장관을 면담하러 오라는 연락을 받았으나 신병 때문에 응하지 못했다. 대신 김계림을 보냈더니 민정장관 프레스콧은 "생명이 위험치 않고 죽지 않을 정도라면 자동차를 타고 오너라"고 했다.[244] 황해도 백천온천에서 요양 중이던 허헌은 즉시 서울로 가서 11월 10일과 11일에 아놀드 군정장관을 면담했다. 11월 12일에는 원한경(元漢慶, 언더우드)을 통역으로 삼아 하지 중장과 회담했고, 11월 19일 군정장관과 3차 면담을 했다.[245] 미군정이 허헌을 찾은 것은 "허헌이 부원들을 결속하여 군정을 반대하고 있다"는 풍설이 있었기 때문이다. 아놀드는 "인민공화국은 공산주의자가 〔아닌 사람이〕 한 사람 있을지 말지하고 모두 공산주의자다 너도 공산주의자이지"라고 힐난하며 인민공화국 해체를 종용했다. 그렇지만 허헌은 자신은 중앙인민위원회가 내놓은 최초의 주장을 유지했다는 것이다. 이 사이에 인민공화국의 해체, '국' 자삭제, 인민공화당으로의 전환 등의 제안이 있었다는 것이다. 이강국의 추가 설명에 따르면, 10월 10일 아놀드 군정장관을 만났을 때 "이러한 내용은 발표치 말라. 간섭이 있어서 인민공화국을 해체하는 것이 아니고 자발적으로 한다는 형식을 취"해달라고 말했다는 것이다.[246]

세 번째 공격은 1945년 12월 12일 하지의 인공 해체 지령과 비판 성명이었다. 인공 지도부는 1945년 11월 20일부터 22일까지 개최된 제1회 전국인민위원회 대표자대회에서 '국' 자를 삭제하기로 사전에 약속했고, 이에 따라 아놀드 군정장관이 참석했음에도 불구하고 '국' 자 삭제 요구를 "조선 인민의 죽음을 의미하는 것"이라며 거부했다.[247] 허헌에 따르

244 「전국인민위원회 대표자대회 의사록」, 앞의 책, 57쪽.
245 『자유신문』 1945년 11월 23일자.
246 「전국인민위원회 대표자대회 의사록」, 앞의 책, 58쪽.
247 「전국인민위원회 대표자대회 결의문」, 『중앙신문』 1945년 12월 1일자.

면 아놀드 군정장관과 하지 중장을 만나서 인민공화국 해체 문제는 자신이나 중앙인민위원회가 독단적으로 결정할 수 없으니 11월 20일 전국인민위원회 대표자대회를 열어 답을 주겠다고 해서 집회 허가를 받았다. 아놀드는 군인이면서 정치가였고, 하지 장군은 강경한 태도를 보였다. 전국인민위원회 대표자대회 도중인 11월 21일 오후 3시 허헌은 하지 중장의 호출을 받고 간 자리에서 인민공화국 해소를 시급히 결정하라는 독촉을 받았다. 아놀드 군정장관이 11월 20일 대회에 참석해 축사를 했으나 사전에 약속된 '국' 자 삭제 안건이 전혀 논의되지 않았기 때문이다. 이에 따라 10월 22일 긴급안건으로 "자주완전독립촉성의 건"을 상정해 토론했다. 그러나 지방대표들은 인공 해체가 미군정의 의견이 아니라 미군정을 오도하는 반동세력의 이간책이라며 인민공화국 사수를 결의했다.[248] 인민공화국을 바라보는 미군정의 태도가 명약관화했고 사태는 엄중했으나, 지방인민위원회 대표들과 중앙인민위원회는 미군정이 아니라 반동세력의 이간책이 문제라는 식으로 현실 부정과 책임 전가로 사태를 회피하고자 했다. 정확하게 현실을 직시하고 대책을 마련하기보다는 주관적 판단과 낙관적 희망을 뒤섞어 사태를 미봉하고자 했던 것이다. 게다가 대회 당시 한민당의 사주로 500여 명의 테러단이 3일에 걸쳐서 대회장 습격을 시도했으나 미군 헌병의 제지로 무사했기에,[249] 격앙된 대회 참가자들은 상황을 오해하기 십상이었다.

---

248 『자유신문』 1945년 11월 23일자.
249 11월 20일에는 원산에서 온 안재수가 일단 50원의 선금을 받고 방청하다 헌병(MP)에게 체포되었다. 테러단 총본부는 낙산장의 광복군 99명, 화광교단에 본부를 둔 건국청년회, 바포청년회, 유학생동맹, 대의혈맹단, 양호단 등이었다. 한민당에서 40만 원의 자금은 주기로 하고 선금 4만 원을 지불했다. 20일에는 테러단 3명, 21일에는 11명이 체포되었고, 22일에는 파고다공원에서 수백 명이 분산적으로 집결했다. 큰 불상사가 일어나지 않은 것은 미군 헌병들이 무장을 하고 대회장을 지키고 있었기 때문이다. 「전국인민위원회 대표자대회 의사록」, 앞의 책, 58쪽.

하지 장군은 12월 12일 인공의 약속 위반과 방해행위를 격한 어조로 비판했다.[250] 중앙인민위원회는 12월 13일에 즉각 성명을 제출하고, 그간의 경과를 공개하며 맞섰다.[251] 그러나 더 이상 권고에 기초한 우호적 대응은 없었다. 12월 15일 미군정은 존슨 대위 명의로 중앙인민위원회가 청사로 사용하고 있던 옥인정(玉人町) 사무소의 명도를 요구했다. 중앙인민위원회 주장에 따르면 해당 건물은 9월 26일 광공국장의 조사에 따른 인허를 받아 정당하게 사용하고 있었다는 것이다. 12월 19일 오전 11시 40분 CIC 대원 10여 명 등이 옥인정 중앙인민위원회 사무소를 포위 수색하며, 일체의 서류를 압수하고 '중앙인민위원회' 간판을 떼어갔다. 항의하는 관계자들의 신체를 조사하고 구타했다. 중앙인민위원회는 해당 사안을 아놀드 군정장관, CIC 등에 문의하려 했으나 미군정은 응답하지 않았다.[252] 12월 21일 현재 미군이 옥인정 청사를 엄중히 경계하고 있다는 신문 보도로 미루어 중앙인민위원회는 해당 건물에서 즉각 축출되었음이 분명하다. 이후 급변한 정치상황 속에서 인공이 사실상 해체 수순을 밟으면서 중앙인민위원회는 독자적인 건물이나 청사를 갖지 못한 것으로 보인다. 1946년 1월 10일 인공 중앙인민위원회는 각도대표자대회를 조선인민당 회의실에서 개최했고,[253] 이후에는 안국정 민전 사무실에서 더부살이를 했다.[254]

CIC가 중앙인민위원회 사무소를 압수수색하는 시점에서 이미 지방

250 국사편찬위원회, 1968, 「하지, 인공 문제 성명 발표」(1945년 12월 12일)(전단), 『자료 대한민국사』 1, 575~577쪽.
251 「중앙인민위원회, 하지 성명에 대한 담화 발표」, 『서울신문』 1945년 12월 14일자.
252 『자유신문』 1945년 11월 23일자; 『자유신문』·『서울신문』·『중앙신문』 1945년 12월 25일자.
253 『서울신문』 1946년 1월 11일자.
254 1946년 9월 30일 우익 테러단이 조공 본부, 민전 사무국 등을 습격했을 당시, 중앙인민위원회는 민전 사무국에 민청 등과 함께 있었다. 『서울신문』 1946년 10월 5일자.

에서는 남원, 이리, 아산, 당진, 고성, 울진 등에서 지방인민위원회에 대한 압수수색, 사무소 폐쇄, 지도자 검거 등이 이루어지고 있었다.[255] 주한 미24군단 정보참모부의 일일 정보보고서(G-2 Periodic Report)와 주간 정보보고서(G-2 Weekly Summary)에는 각 지방에서 벌어지고 있던 지방인민위원회의 치안 활동, 모금, 관공서 운영 등 실질적 행정 장악을 실시간으로 보고하고 있었는데, 미군정은 이를 중대한 도전이자 위협으로 인식했다. 12월 19일 중앙인민위원회 사무소에서 '중앙인민위원회' 간판이 압수되고 건물이 강제 명도된 것은 미군정 정책의 명확한 분수령이었다.

지방 차원에서 시작된 미군정과 인민위원회의 충돌이 우연하거나 상황 대응적인 것이었다면, 서울 중앙인민위원회 건물 명도와 압수수색은 인공·인민위원회 해체가 미군정의 공식 정책으로 확정되었음을 보여준다. 12월 12일자 하지의 성명은 이전과 같이 단순히 인공 비판에 그치는 것이 아니라, 인공과 인민위원회 해체를 명령하는 공식 지령이었던 것이다. 미군정은 하지의 12월 12일자 지령에 따라 부여, 유성, 옥구, 남원 등지에서 인민위원회 해체 작업에 들어갔다.[256] 유성 인민위원회는 지방민들로부터 모금한 후 영수증을 발급했고, 건국준비위원회를 강제로 해체한 혐의로 간부 23명이 체포되었다.[257] 이후 지방인민위원회의 운명은 결정된 것이나 다를 바 없었다.

북한 공산주의자들 역시 인공에 부정적인 입장이었다. 조공 평남지구확대위원회는 1945년 9월 15일자로 「정치노선에 관하여」라는 20개조 수정강령을 제시했는데, 제1조에 "인민대표회의를 소집하야 인민공화국

255 　『서울신문』·『중앙신문』 1945년 12월 25일자.
256 　HQ, USAFIK, G-2 Weekly Summary, No.15 (1945. 12. 26).
257 　HQ, USAFIK, G-2 Periodic Report, No.105 (1945. 12. 24).

을 수립한다"고 규정함으로써,[258] 서울에서 수립된 인공을 부정했다. 김일성이 북한 정치무대에 데뷔한 1945년 10월 10~13일의 조선공산당 서북5도 당대표자 및 열성자대회는 「정치노선 조직 확대 강화에 관한 결정서」에서 "통일된 주권"을 수립하지 못했다며, "통일된 유일한 인민의 의사를 대표할 인민공화국을 수립"할 것을 요구했다.[259] 이들 문건이 인민공화국의 수립을 주장함으로써 서울의 인공을 간접적으로 부정했다면, 보다 직접적이고 강경하게 서울의 인공을 비판한 것은 조선공산당 북조선분국 제2차 확대집행위원회였다. 1945년 11월 15일에 개최된 확대위원회는 서울에서 수립된 인민공화국이 "반공분자이며 친미분자인 이승만을 비롯하여 친일파, 민족반역자들과 가짜 혁명가인 파벌분자들이 들어가 있으며 참다운 애국자인 건실한 공산주의자들은 들어가 있지 않습니다. (…) 한마디로 하여 '인민공화국'은 소수 특권계급을 위한 반인민적인 부르조아 정권이라고밖에 인정할 수 없습니다"[260]라고 공격했다.

이로써 인민공화국은 물론 이를 주도한 재건파는 남한 정계에서 곤경에 처하게 되었다. 우익 인사들의 명의를 도용했다는 즉각적 항의는 변명의 여지가 없는 것이었으며, 모든 정파가 인공 수립 자체를 공박하며

---

258   이 문건은 재건파와 장안파 기관지 양쪽에 모두 소개되었는데 내용 차이가 있다. 재건파 쪽은 『해방일보』 1945년 10월 31일자, 장안파 쪽은 『혁명신문』 1945년 10월 16일자에 수록되어 있다.

259   『해방일보』 1945년 11월 5일자. 서북5도 당대표자 및 열성자대회 의사록은 「옳은 노선」 이라는 제목으로 간행되었다. 김남식·이정식·한홍구 편, 『현대사자료총서』 11, 돌베개 수록.

260   김일성이 보고했다는 「진정한 인민의 정부를 수립하기 위하여」(분국 제2차 확대집행위원회 보고)는 1979년 『김일성 저작집』에서 처음으로 공개되었다. 회의가 개최되었다는 사실은 1949년 『해방 후 4년간의 국내외 중요일지 1945. 8~1949. 3』에서 확인된다. 그런데 1979년 공개된 문건이 1945년 당시의 원본이 아닌 것은 분명하다. 1945년 확대집행위원회가 서울에서 수립된 인공을 비판했을 수 있지만, 단정적이고 모욕적으로 부정했는지는 의문의 여지가 있다. 한국전쟁 이후 남로당 숙청 이전까지 남한의 인공에 대한 부정과 비난은 공개적으로 행해지지 않았다.

비판했다. 해방 공간에서 건준이 가졌던 능동적이고 주도적인 입장은 방어적이고 수세적인 입장으로 역전되었다.[261] 인공 측은 미군정에 승인을 요청하고 '국' 자 삭제 요청을 거부하는 한편, 귀국한 이승만 등을 찾아가 주석에 취임해줄 것을 애원하는 처지가 되었다. 미군정의 승인을 받아야 정통성과 합법성을 획득할 수 있고, 누군가가 취임해야 명실상부해지는 우스꽝스러운 상황이었다. 인공 스스로 권위와 정통성을 갖는 것이 아니라 외부의 승인과 협력이 있어야 성립할 수 있는 상황이 된 것이다.

이제 인공을 만든 재건파 공산주의자들은 혼란에 빠졌다. 남북을 막론하고 재건파를 제외한 모든 정치 세력이 인공에 적대적이었던 반면 자신들의 '공화국'이 수립되었다고 확신한 지방의 대중들은 공화국에 헌신적이었다. 서울에서는 정치적 곤경에 처해 있고 지방에서는 충성의 열기가 높은, 이런 불협화음의 상황은 재건파 공산주의자들의 선택지를 둘로 압축시켰다.

첫째는 자신들의 과오를 인정하고 미군정의 권위에 복속하는 길이었다. 제1회 전국인민위원회 대표자대회는 '국' 자 삭제를 거부했지만, 인민공화국이 정부를 참칭하거나 정부의 권한을 행사해서는 안 된다는 미군정의 명령을 충분히 이해하며 이를 준수하겠다고 선언했다.[262] 나아가 인공 중앙인민위원회는 일괄 서명과 함께 미군정의 요구에 따라서 (1) 인공이 38선 이남에서 미군정의 주권을 승인하고 (2) 미군사령관의 의사에 반대해 정부를 주장하거나 행동하지 않고 (3) 가능한 방법으로 군정에 협

---

261 『주한미군사』(HUSAFIK)는 해방 직후 좌익의 이점을 다음과 같이 지적했다. (1) 좌익 지배하의 조선인민공화국의 인민위원회 급속 조직화, (2) 반일 지하운동에서 공산주의자들의 리더십, (3) 북한의 적극적인 좌익 지원, (4) 공산당 자체의 훈련된 세포조직, 그리고 미군 점령 시작 전까지 유명한 극우파 지도자들이 귀국하지 않은 점.『주한미군사』(HUSAFIK) 2부 2장.

262 「주한 정치고문 대리 랭던이 국무장관에게 보낸 전문」(1945년 12월 11일), FRUS (1945), pp.1141~1142.

력하겠다는 서약서를 제출했다.[263] 인공 지도부는 타협적으로 이 길을 선택하고 싶었지만, 지방적 차원에서 쏟아지는 압력과 충성을 정면으로 거스를 수 없었다.

둘째는 대중의 압력과 역량에 기초해서 '공화국'을 부정하는 미군정과 싸워 '공화국'의 권위를 실력으로 창출하는 길이었다. 재건파 공산주의자들과 인공 간부진은 인공의 한계에 직면해 첫 번째 길을 선택하려고 했지만, 혁명적 대중은 두 번째 길을 선택하려 했다.

인공을 수립한 1945년 9월 6일 전국인민대표자대회가 졸속적이고 졸렬하다는 비판이 거세지자, 인공은 일반 투표에 의한 총선거 방식으로 1946년 3월 1일 제2차 인민대표자대회를 개최하겠다고 발표했다.[264] 그러나 미군정은 지속적으로 인공을 부정하며 '국' 자를 삭제할 것을 요구함으로써 조공이 실질적으로 인공을 포기하도록 강요했다. 조공은 "미군정의 승인하"에 정부로서 행정권을 행사하고자 했으므로, 미군정과 정면 충돌하는 것은 피하고자 했다. 재건파 공산주의자들과 인공 지도부는 제1회 전국인민위원회 대표자대회에서 '국' 자 삭제를 시도했지만, 지방인민위원회 대표들의 압력에 굴복해 이를 거부했다. 이제 재건파가 사용할 수 있는 방법은 '공화국'을 포기하라고 요구하는 미군정의 압력과 '공화국'의 사수를 요구하는 지방인민위원회 대표들의 압력 사이에서 양자를 자극하지 않으면서 인공을 실질적으로 해소시키는 이른바 '발전적 해소 전술'이었다.[265]

---

263   『서울신문』1945년 12월 14일자;『동아일보』1945년 12월 13일자. 이는 군정이 요구한 문안에 서명한 것이다. 원래는 "(4) 조선인민공화국이 정부라고 암시되는 용어의 공적 사용을 않겠다"는 항목이 있었지만, 중앙인민위원회가 이를 제외하고 서약서를 제출한 것이다. 또한 중앙인민위원회는 (1)의 "미군정의 주권"을 "미군정의 관할권"으로 변경했다.

264   「제2차 전국대표자대회의 정치적 방향에 대한 제의」,『해방일보』1945년 10월 18일자;『자유신문』1945년 11월 16일자.

『주한미군사』(*HUSAFIK*)는 제1회 전국인민위원회 대표자대회가 '국' 자 삭제를 거부한 바로 그날 밤 발전적 해소 전술을 채택했다고 기술하고 있으며, 이정식은 "발전적 해소 전술이란 본질적으로 당이 새롭고 광범한 기초를 가진 통일전선, 즉 중간파의 여러 요소와 소수의 선택된 우익 인물을 포함하는 통일전선을 건설하는 데 정력을 쏟는 동안 인공이 시들어 없어짐을 용인하는 것이었다. 이 전술은 소련의 정책을 따른 것일 뿐 아니라 당시 공산당이 대비하고 있지 못한 미군정과의 정면충돌을 피할 수 있는 유일한 길이었다"라고 설명했다.[266] 발전적 해소 전술을 증명하는 문헌적 증거는 없지만, 재건파 조선공산당은 중앙의 인민위원회를 사실상 해체하면서, 지방인민위원회의 운명을 미군정의 손에 방치한 것이 사실이었다. 재건파 조선공산당은 외면으로 일관했으며, 모든 책임은 미군정의 잘못된 정책으로 돌렸다.

인공에게 남은 마지막 가능성은 1945년 11월에 귀국한 중경의 '임시정부'와 정부 대 정부로서 합작을 시도하는 것이었다. 이승만을 중심으로 진행되던 독립촉성중앙협의회에서 탈퇴한 조선공산당은 12월 5일 「연합국에 보내는 메시지」를 통해 국내외 혁명세력이 연합해 임시정부를 수립한 후 1년 안에 총선을 실시해 정식 정부를 수립하자며 임시정부와 인공의 합작을 주장했다.[267]

12월 12일에는 조선공산당의 박헌영이 민족통일전선의 진전과 임시정부에 관한 담화를 발표했는데 임시정부가 인공의 간부직을 거부한 것을 지적하면서 임시정부를 왕가적·전제적·군주적이라고 비난하는 한편 좌우가 반반씩 세력균형을 이루어 합작할 수 있음을 시사했다.[268] 조선인

265   『주한미군사』(*HUSAFIK*) 2부 2장.
266   스칼라피노·이정식 지음, 한홍구 옮김, 1986, 앞의 책, 352쪽.
267   『서울신문』 1945년 12월 6일자; 『중앙신문』 1945년 12월 6일자.
268   『서울신문』 1945년 12월 13일자.

민당 역시 이 시점에서 인공과 임시정부를 동시에 해체·합작하여 좌우연립정권으로 과도정부를 수립해야 한다고 주장했다. 이는 1946년 1월 1일 인공과 임시정부의 동시 해체를 임시정부 측에 요청한 인공의 입장과 일맥상통하는 것이었다.[269]

결국 1945년 말에 이르러 인공은 최초의 목표였던 민족통일전선체로서 임시혁명정권이라는 스스로의 규정과는 다른 지점에서 표류하게 되었다. 더욱 중요한 것은 이러한 인공의 현실적 위치가 지방의 대중에게는 제대로 설명되지 않았다는 사실이다. 인공은 1946년 2월 민주주의민족전선의 결성으로 자신의 임무를 완수했지만, 모스크바 3상회의 결정에 의해 조선임시정부가 수립되기 전까지 임시정부의 역할을 자임한 민주주의민족전선에 '인민공화국'이라는 이름으로 참가함으로써 논리적 모순의 극치를 보여주었다.[270]

상황이 여기에 이르자 인공의 전신인 건준에 대해서도 한민당 등 우익 진영의 부정적인 평가와 비난이 고조되었다. 설의식은 건준이 "정치혼란, 민족 분열의 씨앗"이라고 주장했고,[271] 김종범·김동운은 당시 여항(閭巷)의 설을 인용해 건준이 지방은 물론 재경 선배 및 동지들과의 제휴·협동을 기피하여 통일전선에 일대 지장을 초래하고 수많은 당파의 족생(簇生)과 난립을 초래했다고 비판했다.[272]

---

269 인민당의 제안은 『서울신문』 1945년 12월 18일자. 임시정부와 인공의 교섭 전말은 이강국, 1946, 『민주주의 조선의 건설』, 조선인민보사 후생부, 87~90쪽을 참조.

270 「민주주의민족전선 결성대회의사록(1946년 2월 15일~2월 16일)」에 실려 있는 민주주의민족전선 선언 참조. 김남식 편, 1974, 『남로당연구자료집』 2, 고려대학교 아세아문제연구소.

271 설의식, 1947, 『해방 이후』, 동아일보사, 2쪽; 심지연, 1982, 『한국민주당연구 I』, 풀빛, 40쪽.

272 김종범·김동운, 1945, 『해방 전후의 조선진상』 (돌베개, 1984 복각판), 59쪽. 이들은 여운형이 엔도와의 회견에서 "일본 거류민 보호 및 3할 잔주(殘住)"를 조건으로 건준을 발기했으며, 그 배후에는 박모·권모 기타 수명의 유력한 총독부 주구배가 있었다고 주장했다. 박모는 박석윤, 권모는 권태석을 가리킨다.

1946년 초 이후 인민공화국 혹은 인공이라는 명칭은 더 이상 등장하지 않았다. 중앙인민위원회는 명목상으로 1947년까지 존재했던 것으로 보인다. 민전에 참가한 이후에도 중앙인민위원회는 여러 사안에 대해 성명서를 제출한 바 있으며, 제1차 미소공동위원회가 개최되는 도중인 1946년 4월 23~24일 제2회 전국인민위원회 대표자대회를 개최했다.[273] 1946년 9월 6일 종로 YMCA에서 중앙인민위원회의 제1주년 기념식을 개최했다.[274] 조선인민공화국이 아니라 중앙인민위원회 기념식이라고 부른 점에서 상황을 이해할 수 있다. 허헌은 중앙인민위원회 1주년을 기념하는 긴 글을 발표했으며,[275] 박헌영도 중앙인민위원회 1주년 기념일 담화를 발표했다.[276] 여운형의 담화는 없었다. 1947년 5월 29일 제2차 미소공동위원회 당시 중앙인민위원회는 김계림·최극룡을 미소공위에 파견해 요청서를 전달한 바 있는데,[277] 이때가 중앙인민위원회 명의가 공개적으로 사용된 마지막 시기였을 것이다.

---

273 「제2회 전국인민위원회 대표자대회 개막(1946년 4월 23일)」, 『해방일보』 1946년 4월 23일자. 여운형은 참석하지 않았고, 인민당을 대표해 염정권이 축사를 했다.

274 「중앙인민위원회 기념식」, 『공입신문』 1946년 9월 7일자.

275 허헌, 「인민조선의 건설, 중앙인위1주년기념일에 제(際)하야」(상·하), 『현대일보』 1946년 9월 5~6일자.

276 『서울신문』 1946년 9월 5일자.

277 「중앙인민위원회, 공위에 요청서 전달」, 『중앙신문』 1947년 5월 31일자.

에필로그: 총독부의 전후 공작

해방정국에서 가장 유명한 인물은 여운형이었다. 일제 말기 태평양전쟁의 전세를 정확히 판단하고 일제의 패망과 한국의 해방, 그 뒤에 이어질 건국 문제를 주체적으로 준비했기 때문이다. 준비된 대책과 정책, 조직적 역량의 뒷받침을 바탕으로 여운형은 특유의 교섭력과 친화력, 자신감 등을 발휘해 조선총독부와 5개 조 합의에 도달했다. 총독부는 소련의 대일 개전 이후 소련군의 한반도 석권을 우려했으며, 8월 10일 일본의 카이로 선언 수락 통보 이후 본격적으로 종전 대책 마련에 부심했다. 여운형에게 치안유지 협력을 구하고자 했던 총독부의 대책은 대실패로 귀결되었다. 치안유지 협력이 아니라 사실상 행정권 이양이라는 원하지도 않았고 가능하지도 않은 경로로 해방 후의 남한 사회를 이끌었기 때문이다.

치밀한 행정, 민완한 대응으로 유명했던 총독부 고위 관리들의 종전 대책에는 단지 공개된 여운형과의 타협만 있었던 게 아니다. 총독부는 양지에서의 타협과 음지에서의 공작을 병행했고, 총독부와 조선 주둔군 및 헌병대가 각자 역할을 분담해서 종전 대책에 분망했다.

8월 16일과 17일에 서울, 대전, 부산 등지에서 벌어진 소련군 진주 소동은 경성 보호관찰소장이던 나가사키 유조 검사에게 받은 자금으로 대화숙 회원들이 꾸민 공작이었다. 8월 16일 오후 휘문중학교에 운집한 군중 사이에 소련군이 경성역에 도착했다는 풍문이 떠돌면서, 군중이 적기를 흔들며 경성역으로 몰려가는 소동이 벌어졌다. 물론 소련군은 도착하지 않았다. 이는 한국인 군중이 일본인 거주 구역으로 몰려가는 것을 막기 위한 일이었고, 이것이 가장 중요한 임무였다. 이런 일이 함흥, 대전, 대구, 부산 등 전국에서 동시에 벌어졌다.[278] 소련 총영사는 서울에서 10만 명 이상이 행진에 참가했는데, "일본 헌병대와 경찰이 데모 군중 속에 앞삽이들을 파견했다"고 보고했다. 소련총영사가 보기에 시위행렬에는 특별한 조직적 지도부가 없어서, 그들이 일본인들의 즉각적 추방을 추진할 수 있을 것 같지는 않았다.[279] 8월 16일 홍남표가 진행하던 장안파 공산당 집회에도 소련군 진주 소식이 전해져 참석자들이 경성역으로 달려가는 소동이 벌어졌다.[280] 대구에서는 이상훈(李相勳)을 중심으로 8월 16일 건국준비위원회 경상북도 지부가 대구역전 공회당에서 활동을 개시했는데, 건국 축하 시위행진이 진행되는 도중 소련군이 대구역에 도착했다는 소문이 퍼져 수천 명이 대구역으로 몰려갔다.[281]

조선 주둔군에서는 헌병대가 공작 활동과 음모를 꾸미는 데 가장 많이 개입했다. 1945년 9월 29일 미군 수사당국은 일본헌병대 및 특무기관

278　長崎祐三, 1958, 앞의 글, 41쪽; 이정식, 1991, 「8·15의 미스테리: 소련군 진주설의 진원」, 『신동아』 8월호, 431~437쪽.

279　이창주, 1996, 「1945년 해방 과정의 조선상황과 공산당 재건계획」(1945년 10월 8일. 서울 주재 소련 총영사 뿔리얀스키 보고서), 『조선공산당사(비록)』, 명지대학교출판부, 280~281쪽.

280　이영근은 1946년 8월 16일 재경혁명자대회를 개최하던 중 사회자 홍남표가 한 장의 종잇조각을 들고 와서 연설을 중단시키고, 오후 1시 소련 저군이 입성할 것이라고 발표했다고 기록했다. 이영근, 1990, 「통일일보 회장 고 이영근 회고록(상): 여운형·건준의 좌절」, 『월간조선』 8월호, 639쪽.

281　森田芳夫, 1964, 앞의 책, 92쪽. 대구에서는 형무소 출옥자를 중심으로 결성된 영남보안대가 치안권을 장악했고, 김대우 경북도지사가 조선인 경찰관을 중심으로 이에 대항했다.

원으로 조직된 비밀단체를 검거했다.[282] 사이토 도시하루(齊藤俊春)를 중심으로 한 26명의 비밀조직은 정보·무기 수집, 한국인과 미국인의 분쟁 야기, 미군 요원·저명 한국인 암살 등이 목적이었는데, 이들은 목숨을 내건다고 맹세했다. 이들은 기관총과 권총을 소지하고 있었으며, 미군 진주 이전 테러를 자행했다. 미군 수사당국은 11명을 포고령 위반으로 기소했다.[283]

미군 수사당국은 9월 29일 아편 55상자(1톤가량), 권총, 탄약 등을 소지한 일본인 2명을 체포했다. 이들은 일본군으로부터 받은 무기로 테러를 벌일 계획이었다. 이 아편조직이자 테러조직의 상부에는 경성헌병대장 가와이(河合) 소령이 있었다. 경성 주재 헌병대가 이 음모사건의 핵심이었던 것이다. 총 42명이 구속되었고, 25명이 유죄판결을 받았다.[284]

미군 CIC는 1945년 10월 20일 서울에서 일본군 헌병대원 20여 명으로 구성된 비밀조직을 적발했다. 후쿠다(福田)와 유키(吉水)가 지휘하는 이 비밀조직은 1945년 6월 일제 패망 직전에 전 헌병대원을 중심으로 만들어진 전국적 조직이었다. 목적은 (1) 조선의 평화를 교란하고, (2) 조선의 모든 저명인사를 암살하며, (3) 미국과 소련 사이에 분쟁을 야기시키고, (4) 조선인들에게 유언비어를 퍼뜨리며, (5) 북조선 상황에 대해 허위보도를 하고, (6) 만주에 있는 일본군들로 하여금 그 지역에서 미국에 대한 저항을 고무시키는 것이었다.[285]

미군 CIC, G-2에 적발된 이들 비밀조직은 빙산의 일각이었을 것이다. 일본군 헌병대가 후원하고 한국인 *끄*나풀들이 연계되었을 이러한 비

---

282   HQ, USAFIK G-2 Periodic Report, No.21(1945. 10. 1).
283   HQ, USAFIK G-2 Periodic Report, No.25(1945. 10. 5).
284   HQ, USAFIK G-2 Periodic Report No.24-46(1945. 10. 4~26); 『주한미군사』 (HUSAFIK) 1부 3장; 이상호, 2019, 「해방 직후 재조일본인의 한미 이간 공작 음모」, 『한일민족문제연구』 37.
285   HQ, USAFIK G-2 Periodic Report, No.46(1945. 10. 26); 이상호, 2019, 앞의 글.

밀조직의 주요 목적이 저명 한국인 암살이었다면, 가장 큰 목표는 여운형이었을 것이다. 해방 직후 연거푸 벌어진 여운형에 대한 암살 기도에서 일본군 헌병대에서 발원한 비밀공작 조직의 그림자가 어른거리는 것은 자연스러운 일이다.

조선총독부가 실행한 믿기 힘든 공작 중에는 친일 광산가 김계조(金桂祚)를 동원해 국제문화사라는 댄스홀을 만드는 계획도 들어 있었다. 니시히로 다다오(西廣忠雄) 경무국장 등이 제공한 비자금으로 설립된 국제문화사는 진주하는 미군에게 위락시설을 제공함으로써 일본인과 조선인 여성의 정조를 보호한다는 명분을 내세웠지만, 실질적으로는 친일정부 수립을 위한 공작 및 미군에 관한 정보 확보 등이 목적이었다. 총독부는 김계조에게 조선은행을 통한 불법 대출 200만 엔, 현금 110만 엔을 제공했으며, 야스다은행을 통해 204만 엔, 조선산업은행을 통해 212만 엔 이상을 제공했다. 김계조는 총 730만 엔 이상의 비자금을 일제 당국으로부터 제공받았다.[286]

광산업자이던 김계조에게 자금을 댄 사람은 사업상 밀접한 관계이던 재무국장, 광공국장, 정무총감이 아니라 경무국장 니시히로였다.[287] 김계조가 차린 댄스홀은 소극적으로는 치안 문제 대책의 일환으로, 적극적으로는 전후 정보공작의 일환으로 경무국을 중심으로 한 총독부 당국의 조직적 대응전략의 일환이었을 가능성이 높다. 총독부의 주요 국장들을 동원한 대출 및 자금 조달, 후원 방식은 일개 친일 사업가의 개인적 구상과 거리가 있는 총독부의 전폭적인 지지로 가능했다.

김계조는 비자금 중 상당액을 한국의 정당 및 사회단체에 로비자금

---

286   정병준, 2008, 「패전 후 조선총독부의 전후 공작과 김계조 사건」, 『이화사학연구』 36.
287   김계조는 재판과정에서 경전사장 호즈미 신로쿠로(穗積眞六郎), 즉 패전 후 일본인 세화회 회장이자 전 총독부 식산국장의 소개로 니시히로를 만났다고 진술했다. 『동아일보』 1946년 1월 18일자.

으로 사용했다. 그중 가장 많이 관련된 것이 한민당이었다. 한민당은 김계조로부터 5만 원을 수령했고, 김성수, 백관수, 송진우, 이순탁, 김준연, 강병순, 김용무 등이 댄스홀 국제문화사에 중역으로 참가할 계획이었다.[288] 특히 현직 대법원장 김용무는 사건 관련자이자 증인으로 재판에 소환(1946년 2월 28일)되기까지 했다.[289]

패전 직후 총독부의 공작을 지휘한 것은 니시히로 경무국장이었는데, 미군 CIC의 조사에 따르면 약 800만 원의 비자금을 사용한 것으로 나타났다. 니시히로는 일본인 전후 대책, 치안유지와 관련해 사용한 비자금만을 털어놓았고, 이 경우에도 금액을 축소한 것으로 판단된다. 최초 CIC 심문 과정(1945년 10월 5일)에서 니시히로는 자신이 건넨 자금은 일본인이 한국인들로부터 공격받는 것을 예방하기 위한 야경대 같은 유사 경찰력을 만드는 데 사용될 목적이었다며, 상세한 비자금 사용처에 대한 답변을 거부하며 "수령자의 신분을 폭로하지 않을 명예로운 의무가 있다"고 주장했다.[290] 결국 쉬크 준장은 연합군 포고령 위반으로 니시히로를 체포하라고 지시했고, 투옥된 상태에서 니시히로는 비자금의 사용처를 진술(1945년 10월 12~13일, 11월 17일)하게 되었다.

니시히로는 비자금을 공작 목적에 사용했고, 김계조 사건도 그러한 모략의 일부였다. 그러나 CIC는 김계조와 일본인 세화회를 제외한 여운형, 박석윤, 기무라 기요시(木村淸) 등에게 제공된 자금에 대해서는 정밀하게 조사하지 않았다. 또한 800만 원의 비자금 출처에 대해서도 수사하지 않았다. 니시히로에게서 더 이상 정보를 얻어내기 어렵다고 판단한

288 　『조선인민보』 1946년 3월 1일자.

289 　이봉구, 1946, 「거리의 정보실: 김계조와 국제문화사」, 『신천지』 5월호.

290 　Memo 17(니시히로 다다오 인터뷰. 1945년 10월 5일), HQ, XXIV Corps, 224th CIC Detachment, File 4-31. RG 319, Army Staff IRR Personal File, Kim, Ke Cho, File XA 511282.

CIC는 그의 추방을 건의했고, 11월 13일 일본으로 추방했다.[291] 재무국장 미즈다(水田), 광공국장 시오다(鹽田)도 11월 30일 일본으로 귀환했다.

니시히로는 800만 원 정도를 비자금으로 사용했고, 그중 300만 원을 일본인 세화회에 제공했다고 진술했는데, 자금 규모의 실체는 분명치 않다. 미군 CIC가 세화회 회장 호즈미 신로쿠로(穗積眞六郎)를 심문했을 때 호즈미는 경무국으로부터 총 300만 원을 받아 그중 60만 원을 김계조에게 제공했다고 진술했다.[292] 일본인 세화회는 그 외에도 조선총독부 자금 500만 원(9월 6일), 조선군사령부 400만 원(9월 9일), 해행사(偕行社) 30만 원(9월 20일) 등을 지원받았다. 총독부 측이 제공한 자금은 비사금과 패전 직후 조선은행에서 인쇄한 발행권 등이었다. 패전 후 조선은행은 지폐를 대량 발행했는데, 1945년 1월 32억 4,000만 원(100퍼센트)이었던 유통량이 7월에는 46억 9,000만 원(144.8퍼센트), 8월에는 79억 8,000만 원(246.1퍼센트), 9월에는 86억 8,000만 원(271.1퍼센트)에 달했다. 미군정 직전에 거의 40억 원을 더 발행해 통화량이 배로 증가했다.[293] 패전 후 총독부 측이 풍족하게 사용했던 자금의 출처는 바로 조선은행의 발권이었으며, 이는 종전 직후 한국 경제에 회복 불가능한 인플레이션을 초

291   Memo 31(니시히로의 자백. 1945년 11월 17일). 훗날 니시히로는 "종전 후 경무국 기밀비의 지출 내역을 추궁했으나 입을 열지 않았다"고 주장했다. 모리타 요시오의 니시히로 다다오 인터뷰; 鹽田正洪, 「終戰後の鑛工局關係の事情」, 森田芳夫, 『朝鮮終戰の記錄: 米ソ兩軍の進駐と日本人の引揚』, 巖南堂書店, 840~842쪽.

292   Memo 18(호즈미 신로쿠로 2차 인터뷰. 1945년 10월 7일), HQ, XXIV Corps, 224th CIC Detachment, File 4-31. 본문에는 호즈미가 첫 번째 50만 원, 두 번째 50만 원, 세 번째 100만 원을 받았다고 되어 있는데, 일괄 정리한 대차대조표에는 8월 25일 500만 원, 9월 1일 500만 원, 9월 8일 200만 원으로 적혀 있다. 대차대조표의 금액은 1,200만 원에 이르기 때문에 본문의 기록이 맞는 것으로 생각된다. 모리타 요시오가 정리한 바에 따르면 경성 세화회에 들어온 기부금은 1945년 8월 150만 인, 9월 1,538만 원 등 거의 1,700만 원에 달했다. 최영호, 2013, 『일본인 세화회』, 논형, 162쪽.

293   Karl Moskowitz, 1995, *Current Assets: The Employees of Japanese Banks in Colonial Korea*, Harvard University(カル モスコビッチ, 1986, 『植民地朝鮮における日本の銀行の從業員達』, 殖銀行友會, 196~197쪽); 최영호, 2013, 앞의 책, 94쪽.

[표 1-7] 종전 후 경무국장 니시히로 다다오의 비자금 사용 내역

구분 수령자	금액	제공 시기	제공 방법	제공 이유
일본인 세화회	300만 원	8월 25일 50만 원, 9월 1일 50만 원, 9월 8일 200만 원	50만 원씩 2차, 200만 원 1차 전달	재조일본인의 중심기구로 발전 기대
여운형	100만 원	8월 말(8월 25일: 요코지 시즈오 진술)	요코지 시즈오가 여운형의 비서 이임수(李林洙)에게 전달	일본인의 생명과 재산을 보호하기 위해 협력
박석윤	100만 원 이상	여러 차례	치안과장·요코지 시즈오를 통해 전달	니시히로의 교토 제3고보 선배, 사회민주주의자로 극우·극좌 견제 가능
한치진	20만 원	일자 미상	이세기를 통해 전달	한일 간 유혈충돌 방지를 위해 제공
기무라 기요시	약 70만 원	여러 차례		깡패 두목의 조선인 부하를 활용해 한일 간 충돌 방지용
김계조	50만 원	9월 초(미군의 인천 상륙 시 전달)	경제과장과 이소자키가 동석한 자리에서 전달	댄스홀 설립 및 운영자금으로 전달
도(道) 경찰부	80만 원	9월 초	경무과장을 통해 전달	여러 도 경찰간부의 재정적 곤란 타개 목적. 이 중 절반은 경기도 경찰부에 제공
기타	80만 원			수령자 이름과 금액 공개 거부

[출전] Exhibit IV, HQ, XXIV Corps, 224th CIC Detachment, 15 October 1945, Subject: Disposition of Secret Funds by Nishihiro, Tadao, After 15 August 1945; Memo 23(요코지 시즈오 심문. 1945년 10월 17일); Memo 31(니시히로의 자백. 1945년 11월 17일), HQ, XXIV Corps, 224th CIC Detachment, File 4-31; Exhibit VII. Translation of Document written by Nishihiro. RG 319, Army Staff IRR Personal File, Kim, Ke Cho, File XA 511282; 정병준, 2008, 앞의 논문.

래했다. 미군정은 이를 일제의 경제적 사보타주 혹은 파괴행위로 규정했다.

다음으로 니시히로가 여운형에게 제공했다는 자금 100만 원은 미군정 진주 후 일본이 제공한 자금으로 친일정부를 수립하려 했다는 한민당

측 주장의 출처였다. 니시히로는 고교 동창생으로 조선전력 총무부장이었던 요코지 시즈오(橫地靜夫)를 통해 8월 25일 여운형의 비서 이임수에게 전달했다. 여운형의 열렬한 지지자였던 이임수는 춘천에서 의사로 활동했고, 건국동맹과 건준에서 활동했던 인물이다.[294] 건준 확대위원 135명에 포함되었으며, 인민위원 후보 위원에 이름이 올랐으나, 건준의 실무부서에는 이름이 등장하지 않는다. 이임수는 여운형의 개인비서 자격으로 요코지를 통해 자금을 전달받았으며, 니시히로가 이 자금을 제공한 목적은 "일본인의 생명과 재산을 보호하기 위해 협력"을 얻는 것이었다. 건준의 치안유지 활동과 식량 수급 등에는 당연히 자금이 필요했을 것이다. 자금을 건넨 8월 25일은 건준이 사실상 행정권 접수로 세력을 확대하던 시점이자 총독부 측이 경북도지사 김대우를 내세워 여운형-송진우의 교섭에 의해 건준을 치안유지회로 전환시키고자 했으나 실패한 시점이었다. 또한 조선 주둔군의 물리적 개입 시도도 더 이상 실효성이 없다고 판단되던 시점이었다. 세화회와 여운형에게 8월 25일 일종의 치안 대책 자금을 가장 먼저 건넨 것은 그만큼 치안 대책이 시급했기 때문이었을 것이다.

니시히로가 미군 CIC에서 진술한 내용은 다음과 같다.

비록 일정 부분 공산주의자로 알려져 있지만, 여운형은 온건파이며 공산주의자나 급진주의자가 아니었다. 여운형은 일본에 협력하지 않았다. 일본 법률하에서 그는 당국의 감시하에 놓여 있었다. 니시히로는 8월 15일에 앞서 몇 차례 그의 협력을 얻으려 노력했지만, 매번 그는 거부했다. 그는 자치정부 약속이 한국에 제공되지 않는다면 협

---

294 이란, 1990, 「몽양 여운형 선생을 추억함」, 『월간 다리』 3월호; 독립기념관 한국독립운동사연구소, 2012, 「이란」, 『독립운동가의 삶과 회상』 2권(학생운동), 역사공간. 이란은 이임수의 아들로 춘천고보(춘천중학) 재학 중 독서회 사건으로 투옥된 바 있다. 이란·이임수 부자 모두 여운형과 관련해 옥고를 치렀다.

력하지 않았을 것이다. 8월 15일 니시히로는 개인적으로 여운형을 만나 치안유지에 대한 협력을 요청했다. 니시히로는 여운형이 자신으로부터 직접 자금을 받지 않을 것임을 확신했기 때문에 당시 그에게 자금을 제공하지 않았다. 8월 하순 언젠가, 요코지가 니시히로에게 여운형이 자금이 필요하다고 말했다. 그래서 니시히로는 요코지에게 100만 원을 주었다.[295]

여운형 본인도 총독부나 경무국으로부터 자금을 받은 적이 없다고 강력하게 주장했다. 1945년 11월 28일 독촉중협 전형위원을 선정하는 자리에서 이승만, 여운형, 안재홍, 송진우가 대면했고, 당사자들에 의해 이 문제가 거론되었다. 여운형은 한민당 발기문에 자신이 일본의 돈을 먹었다고 욕하고, 동아일보가 특간에서 욕하고, 성명서로 욕했다며, 송진우를 향해 당신이 공공연하게 여운형이 일본인 돈을 먹었다고 선전했는데 근거가 있느냐고 공박했다. 송진우는 "그대가 돈을 먹은 것은 문제가 없지마는 정치적 태도를 고치기만 하면 함께 국사(國事)를 의논할 수가 있다"고 대답했다. 이에 격분한 여운형은 "송군 같은 인물은 일본인 돈을 먹어도 무방할지 모르나 나는 일전(一錢)이라도 일본인 돈을 먹는 것은 둘도 없는 대수치(大羞恥)로 안다. 이 말이 평범하게 참아 지낼 일이 아니다. 증거를 제출하라. 아니하면 그대는 어느 때든지 모함죄로 돌리겠다"고 반박하며, "정치적 태도 개선 운운은 내가 아이가 아닌 이상 이런 권면(勸勉)은 아주 불손한 말이다. 돈 문제나 정견 문제가 모두 불손하다"고 했다.[296] 이런 대화가 오간 것으로 보아 여운형 개인의 손에 니시히로

---

295   Exhibit IV(니시히로의 비자금 처리. 1945. 10. 15), HQ, XXIV Corps, 224th CIC Detachment, 15 October 1945. Subject: Disposition of Secret Funds by Nishihiro, Tadao, After 15 August 1945. Masaji Marumoto, 1st Lt JAGD to Officer in Charge, CIC Detachment, RG 319, IRR File, Kim, Ke Cho, XA 511282.

의 비자금이 건네졌을 가능성은 없다.

일본어 '손타쿠'(忖度)라는 말의 뉘앙스처럼, 아마도 아랫사람들이 뜻을 헤아려 활동 자금을 융통해 사용한 후 여운형은 모르는 것으로 처리했을 가능성이 높다. 즉 니시히로와 여운형 양측이 모두 직접적 자금 수수 사실을 부인했으며, 이런 상황에서 건준의 자금난을 알게 된 니시히로 측이 고교 동창 요코지를 시켜 여운형의 비서 이임수에게 필요한 자금을 제공했다는 것이 가장 현실성 있는 해석이다.[297]

여운형에 대한 미군정의 조사는 1946년 여름 공작 차원에서 시작되었고, 주한미군 외무처 장교가 일본에 파견되어 직접 조사활동을 빌였다. 찰스 오리오던(Charles O'Riodon) 소령은 엔도 정무총감 등을 면담했으나 여운형에게 자금을 제공한 사실이 없으며, 여운형은 친일파가 아니라 애국자라는 평을 확인하고 돌아왔다.[298] 사실 CIC는 니시히로를 통해 여운형 측에 자금이 제공된 사실을 파악하고 있었으며, 니시히로를 이미 심문한 바 있지만, 어찌 된 영문인지 이러한 정보는 주한미군사령부 고급 장교들과 정보참모부에서 공유되지 않았다.

니시히로는 CIC 조사 과정에서 교토 제3고등학교 선배인 박석윤에게

---

296   이만규, 1946, 앞의 책, 251~252쪽.
297   전달자인 요코지 시즈오는 8월 20일경 여운형의 소개로 이임수를 처음 만났고, 당시 엔도 정무총감으로부터 "한국 상황을 판단하고, 항복 이후 입장에서 여운형으로부터 일본이 어떤 협력을 얻어낼 수 있을지 확인"하기 위해 여운형과 접촉할 것을 요청받았다. 요코지는 8월 20일 여운형을 만난 후 자금이 필요한 상태임을 니시히로에게 알렸다. 니시히로의 지시에 따라 요코지는 정확한 이유를 알지 못한 채, 반도빌딩 4층의 사무실로 찾아온 이임수와 또 다른 여운형 비서 이대근(Ri Tai Kun, 10년간 알던 사이)에게 현금 100만 원을 전달했다. 요코지는 여운형의 비서 2명에게 자금을 전달했기 때문에 여운형이 자금을 받았다고 확신했다. Exhibit IV(요코지 시즈오의 진술, 1945. 10. 17). HQ, XXIV Corps, 224th CIC Detachment, File 4-31, 1 April 1947. RG 319, IRR File, Kim, Ke Cho, XA 511282.
298   방선주, 1987, 「미국 제24군 G-2 군사실 자료해제」, 『아시아문화』 3, 190쪽; 『주한미군사』(HUSAFIK) 2부 2장, 101쪽; "Interview with Bersch" by Robinson(7 March 1947) RG 332, XXIV Corps Historical File, Box 77; 정병준, 2004a, 앞의 글.

100만 원 이상을 제공했다고 진술했다. 치안과장과 고교 동창생인 요코지 시즈오를 통해 여러 차례에 걸쳐 제공했는데, 그 목적은 극우와 극좌를 견제하기 위한 것이라고 진술했다. 니시히로는 박석윤을 사회민주주의자로 표현했다. 박석윤이 자금을 받은 것은 해방 전후 총독부로부터 중재 역할을 요청받아 여운형과 송진우의 합작을 추진했기 때문일 것이다.

종전 시점에 총독부 과장이었던 정상윤은 박석윤의 도쿄제대 후배로, 엔도 정무총감에게 전후 대책을 위해 박석윤을 추천한 바 있다. 정상윤은 총독부가 건준에 450만 달러 정도의 비자금을 내놓았는데 그중 250만 달러만 사용되고 나머지 자금은 행방불명되었고, 조사가 시작되자 박석윤이 월북했다는 설이 있다고 기록했다.[299] 이승만의 사설 정보기관인 KDRK(Keep Dr. Rhee Korea)의 보고서(1946년 7월 22일)는 「인민보건」(人民報件)이란 도표에서 총독부 자금의 핵심 전달자로 박석윤과 권태석, 홍증식을 지목하고 있다. 박석윤이 약 5,750만 원을 총독부 등으로부터 수령했고,[300] 권태석(경무국 촉탁)을 통해 홍증식에게 500만 원을 전달했다. 홍증식은 건준으로 들어갈 자금 중 100만 원으로 『인민보』를 설립하고, 300만 원은 사복을 채운 것으로 되어 있다.[301]

니시히로는 박석윤이 "사회민주주의자로 극우·극좌를 견제"할 수 있

299　최하영, 1968, 앞의 글, 126~127쪽.

300　박석윤(전 베이징 영사)은 A. 총독부·경무국으로부터 5,000만 원, B. 관동군헌병사령관으로부터 700만 원, C. 조선헌병대·세화회로부터 50만 원 등을 수령해, 『자유신문』에 100만 원 기증, 동해공사(東海公司) 김성호에게 100만 원을 기부했다고 되어 있다. 박석윤은 일제로부터 다액의 현금을 받아 대부분을 건준에 건네고 일부는 사취했는데, 부하 김성호를 앞세워 해산물을 모리(謀利)하는 일방, 극장 등을 도모하며, 200만 원을 은닉했다는 것이다. 우남 이승만 문서편찬위원회 편, 1998, 「정부수립관계문서 K.D.R.K 보고서」(1946년 7월 22일), 『우남 이승만 문서 동문편』 14, 중앙일보사·연세대학교 현대한국학연구소, 146~180쪽.

301　이 표에는 의열단 사건을 취급했던 백윤화 판사가 생명보전책으로 백낙승으로부터 100만 원을 제공받아 여운형에게 제공했다고 되어 있다. 「정부수립관계문서 K.D.R.K 보고서」(1946년 7월 22일).

는 인물이라고 진술했다. 박석윤은 전남 담양 출신으로 1919년 교토 제3고등학교, 1922년 도쿄제대 법문학부를 졸업했으며, 1925년 경성제대 교수 후보자 신분으로 영국 케임브리지대학에서 1년간 수학한 바 있는 당대 최고의 엘리트였다. 최남선의 여동생 최설경(일명 최기득崔己得)의 남편이기도 했다.[302] 그는 대학 재학 시절인 1920~1921년 동경학우회 소속으로 강연을 하다가 불온발언으로 전주경찰서에서 20일 구류처분을 받은 바 있으며, 무정부주의자 및 사회주의자 등과 교류하는 것으로 의심받았다. 일제 정보당국은 "본인은 무정부 공산주의인 것 같지만, 유산계급이기 때문에 주의자 사이에서 배척을 받는 경향이 있다"고 기록했다.[303] 휘문고보와 중앙고보 교원을 지냈으며, 1924년 『시대일보』 정치부장, 1930년 2월 『매일신보』 부사장을 지냈다. 1930년 경성상공협회 상담역, 조선체육회 간부(투수 출신 야구인)를 지냈다. 만주국 수립 이후 일제의 추천으로 외교관이 되었으며, 1933년 국제연맹 일본대표단의 수행원으로 제네바에 가서 이승만의 동정을 탐지했다. 박석윤을 가장 유명하게 만든 것은 1932년 2월 간도에서 박두영 등의 친일파와 함께 민생단을 조직한 일이다. 이에 대해서는 김경재가 『삼천리』에 기고한 생생한 현장 답사 기사가 있다.[304] 민생단은 '간도한인자치', '자위단' 조직을 내세웠기 때문에, 잠시 존재하다가 해체(1932년 2~7월)되었지만, 민생단이 중국공산당을 파괴하려는 일제의 첩자조직이라는 의혹과 공포를 빚어내 소위 민생단 사건을 초래했다. 중국공산당은 1932년 10월부터 3년 4개월 동안 의심과 공포 속에 500명 이상의 조선인 공산주의자들을 민생단으로

---

302   장세윤, 1993, 「박석윤－항일무정투쟁 세력 파괴 분열의 선봉장」, 빈민족문제연구소 엮음, 『친일파 33인』 2, 돌베개; 민족문제연구소, 2009, 『친일인명사전 인명편 2』, 21~25쪽.
303   『왜정시대 인물』 1, 국사편찬위원회 한국사데이터베이스.
304   김경재, 1932, 「동란의 간도에서」, 『삼천리』 4권 6호.

몰아 살해했다.[305] 김일성 등 재만 공산주의자들이 겪었던 민생단 사건의 배후에 있던 인물이 바로 박석윤이었다. 박석윤은 민생단의 후신인 간도협조회에 가담했고, 1937년 관동군 촉탁 겸 외교부 촉탁이 되었다. 1938년 만주국협화회 신경조선인분회 분회장을 지냈다. 1939년 만주국 폴란드 주재 총영사를 지냈다.[306] 폴란드가 독일에 점령되자 베를린에 체류하면서 『삼천리』 등에 글을 썼다.[307] 1940년에 귀국해, 1941년 동남지구특별공작후원회 본부(신경)를 결성하고 "재만동포 150만의 총의"로 「김일성 등 반국가자에게 권고문」이라는 글을 발표했다.[308] 김일성 토벌대에 해당하는 이 조직은 고문 이범익(창씨명 기요하라 노리에키淸原範益), 최남선(崔南善), 총무 박석윤, 김응두(金應斗), 상무위원 최창현(崔昌鉉), 서범석(徐範錫) 등으로 구성되었다.

박석윤은 동아일보 편집국장을 지낸 국기열과 친척(박석윤의 조모 국씨)이었고, 최남선과는 처남매부 사이였다. 일본 정보당국은 사회주의자이자 무정부주의자인 사카이 도시히코(堺利彦), 오스기 사카에(大杉榮), 곤도 겐조(近藤憲三), 야마가와 히토시(山川均), 이쿠다 조코(生田長江)와 가까이 지낸다고 판단했다.

해방 후 총독부의 공작에 개입했던 박석윤은 한국의 극우와 극좌를 제어하기 위한 자금 100만 원을 교토 제3고 후배인 니시히로 경무국장으로부터 제공받았다. 정상윤의 회고처럼 자금의 사용처가 불투명하다는 의심이 제기되고, 니시히로가 미군 CIC에 체포되어 조사받는 등 미군의

305   김성호, 2000, 「민생단사건과 만주 조선인 빨치산들」, 『역사비평』 여름호.
306   김경재, 1939, 「박석윤 씨의 인상 – 신임한 파란(波蘭) 총영사를 보내며」, 『삼천리』 11권 7호.
307   최설경, 1940, 「부군 박석윤 씨 생각, 향항(香港)까지 애아(愛兒)를 다리고 갓다가」, 『삼천리』 12권 3호.
308   「김일성 등 반국가자에게 권고문, 재만동포 백오십만의 총의로」, 1941, 『삼천리』 13권 1호.

압박이 심해지자 월북한 것으로 보인다.[309]

박석윤은 1946년 3월에 월북한 후 양덕온천에서 박대우라는 변성명으로 고혈압과 동맥경화증을 치료하며 숨어 지냈다. 1946년 7월 말 양덕 보안소에 3일간 구류되었다가 일단 병으로 석방되었다. 그러나 1947년 2월 24일 평양 인민교화소에 재차 구류되었고, 북조선검찰소에서 수차례의 심문조사를 거쳐 "친일파의 선봉이며 거두로서 인정"되어 그해 4월 19일 예심종결결정서로 최고재판소에 기소되었다. 그리고 12월 15일 북조선 최고재판소 형사부 결정으로 평안남도 재판소로 이송되어 1948년 1월 22일에 판결을 받았다. "조선 민족해방을 위하여 동북에서 투쟁하는 애국투사들을 투옥학살하며 그 조직을 파괴하고 그들을 일제에 귀순시키기를 목적하는 민생단 조직에 리론적 고문으로 1932년 2월 동 조직 발회식에 이르기까지에 산파역을 다한 자", "10여 년간 강도 일본 제국주의의 친일적 앞재비로 크게 충실한 자", "일반 조선 소시민, 학생 지식층에 친일하면 이렇게도 등용될 수 있다는 일본 제국주의의 기만정책의 합리화한 표현" 등의 죄목으로 사형선고를 받았다. 박석윤과 처 최설경이 각기 상소를 제출했는데, 1948년 3월 6일 최고재판소는 상소를 기각하고 6월 9일 박석윤을 반역죄로 사형을 확정했다.[310] 북한 측 공판 기록에 니시히로 자금에 관한 언급은 없는 것으로 보인다.

니시히로는 한치진(韓稚振)에게도 한일 간 유혈충돌을 방지하기 위해 20만 원을 제공했다고 하는데 분명한 이유를 알 수 없다. 한치진은 일

---

309   박석윤과 관련된 최남선 집안의 얘기는 최학주, 2011, 『나의 할아버지 육당 최남선』, 나남, 72쪽, 84~92쪽, 98쪽을 참조.

310   「조선사회과학자협회 문고」, 분류기호 1.-7, 등록번호 1259. 이는 2004년 연변대학 김성호 교수가 평양을 방문해 조선사회과학자협회의 배려로 1947년 2월 24일부터 1948년 6월 9일까지 진행된 박석윤 재판기록을 열람한 내용이다. 여기에는 박석윤의 자필 자서전, 법정심문, 상소 등이 포함되어 있다. 김성호, 2006, 『동만항일혁명 투쟁 특수성 연구 – 1930년대 민생단사건을 중심으로』, 흑룡강조선민족출판사, 41~42쪽.

제시대 영미철학을 대표하는 거의 유일한 학자로 이름을 얻었다. 1922
년 중국 남경 금릉대학 중학과 3년을 마친 후 1922년 7월 형 한치관(韓
稚觀)이 유학하고 있던 미국으로 건너가 남가주대학(USC)에서 8년간 수
학했다. 1928년 미주에서 허정 등이 주도한『삼일신보』의 발기인으로 참
여했다. 철학박사 학위를 받은 후 1930년 8월에 귀국했으며, 총독부 철
도국 촉탁, 기독교조선감리교회 협성신학교 강사, 이화여자전문학교 교
수(1932~1935)를 지냈다. 한치진은 철학의 궁극적 목적을 인생관적 문
제의 해결에 두고 유심론적 입장을 적극 소개했으며, 마르크스주의자들
로부터 거센 공격과 비판을 받았다.[311] 1939년 와세다대학에서 연구했다.
다수의 심리학, 논리학, 사회학, 종교철학, 윤리학, 철학 책을 출간했다.

일제 말기인 1943년 8월 4일 경성부 종로구 사직정에 대륙공업제도
학관(大陸工業製圖學館)을 설립하고 학관장에 취임했는데, 교원인 오시
마(大島三雄), 이와타(岩田政明) 및 이훈구(李勳求) 등에게 태평양전쟁에
서 일본이 패배하고 미국이 승리할 것이라고 얘기했다. 특히 사이판, 필
리핀전에서의 전황을 보도한 신문기사를 보고 "미군이 섬에서 섬으로 진
격하니 패전이 확실하다. 만약 일본이 패전하면 미군 세력이 조선에 들
어와 조선은 그 밑에 속하게 될 것인데, 미국은 도량이 크고 자유를 향유
하는 민족으로 토민(土民)정치에도 여유 있게 간섭하지 않고 방임하여두
는 경향이 있으므로 그 세력하에 있으면 일반의 생활은 기쁘게 될 것이
다"라고 발언했다. 이 발언으로 한치진은 검거되어 1945년 3월 5일 경성
지방법원에서 육군형법 위반, 해군형법 위반으로 징역 1년을 선고받았
다.[312] 한치진의 발언에는 한국 독립에 관한 의견과 입장이 없으며, 일제

311 홍정완, 2010.「일제하~해방 후 한치진의 학문체계 정립과 '민주주의' 론」,『역사문제연
     구』24; 황필홍·이병수, 2003,「50년대까지 영미철학의 수용과 용어의 번역」,『시대와
     철학』14권 2호.
312 「한치진(창씨명 靑山哲人) 판결문」, 昭和20年 刑公第353號 判決; 독립유공자사업기금운

패망 후 한국이 미국의 식민지가 되더라도 미국인의 민족성격상 한국에게 좋을 것이라는 인식이 들어 있다.[313]

니시히로 경무국장이 그런 한치진에게 20만 원의 자금을 건넨 이유는 명확하지 않다. 니시히로는 요코지에게 한치진이 방금 감옥에서 풀려나 돈이 필요할 것이라는 이유를 제시했다. 해방 후 한치진은 공보부 여론국 정치교육과 고문으로 '민주주의 원론'을 방송했다고 알려져 있는데,[314] 이는 1948년 공보부 여론국 정치교육과에서 간행한 『민주주의원론』 전3권을 의미한다.[315] 한치진은 1947년부터 1950년까지 서울대 교수를 지내다가 한국전쟁 때 납북되었다.

다음으로 니시히로는 기무라 기요시에게 여러 차례 70만 원을 건넸으며, 목적은 깡패 두목이 조선인 부하를 활용해 한일 간 충돌을 방지하기 위해서였다고 진술했다. 기무라는 폭력단 두목이자, 칠생의단(七生義團) 단장으로 테러와 암살, 폭력을 일삼았다. 1926년 전남 하의도 소작인들의 항쟁 당시 김응재(金應在)가 하의도 소작농들의 바람을 저버리고 지주 도쿠다(德田彌七)로부터 땅을 사서 사복을 채울 때 중개인으로 처음 등장했다.[316] 1927년 11월 9일 기무라는 부하를 시켜 하의도 소작농들의 입장을 대변하기 위해 하의도에 직접 가서 조사를 하고 온 노동농민당의 특파변호사 후루야 사다오(古屋貞雄)를 폭행했다.[317] 1929년에는 일본 무

용위원회, 1977, 『독립운동사자료집 12: 문화투쟁사 자료집』, 1264쪽.

313 변은진, 1998, 『일제 전시파시즘기(1937~45) 조선민중의 현실인식과 저항』, 고려대 박사학위 논문, 161쪽. 한치진은 2007년 애족장에 서훈되었으며, 1955년 사망한 것으로 되어 있다.

314 하동호, 1990, 「한치진 연구 문헌지 III ─ 1945년 8월 15일 이후분」, 『고서연구』 7: 신용하, 「한치진」, 한국민족문화대백과사전(온라인판).

315 김하준, 2014, 「잊혀진 정치학자 한치진: 그의 학문세계의 복원을 위한 시도」, 『한국정치연구』 23-2.

316 「설상가상의 하의도 8천 주민의 대동요」, 『동아일보』 1926년 1월 15일자. 하의도 소작쟁의에 대해서는 이규수, 2002, 「일제하 토지회수운동의 전개 과정」, 『한국독립운동사연구』 19를 참조.

산당 의원 야마모토(山本宣治) 암살범들을 조사하던 중 칠생의단 단장 기무라가 관련되어 있다는 사실이 드러나 본정 경찰서의 조사를 받았다.[318] 보석으로 풀려난 암살범은 부산으로 건너와 기무라의 보호를 받았다.[319] 기무라는 부산에서 1938년 토목담합사건으로 예심에 회부되었다는 기록이 있다.[320] 즉 기무라 기요시는 야쿠자이자 국수주의적 깡패 두목이었다.

니시히로의 진술에 따르면 기무라는 서울에 거주하는 일본인으로 '오야봉' 혹은 폭력단의 지도자로 이름을 얻은 자였다. 그는 수하에 약 2,000여 명의 조선인 추종자를 거느리고 있었다. 그의 이름은 경기도 오카 경찰부장과 총독부 치안과장에게도 잘 알려져 있었다. 니시히로는 암시장 운영과 관련한 수사를 진행하던 1945년 7월경에 기무라에 대해 처음 알게 되었다고 진술했다. 기무라 휘하의 조선인 수하들을 활용해서 조선인과 일본인 간의 충돌을 미리 손쓰자는 방안이었던 것이다. 니시히로 경무국장은 그에게 수차례에 걸쳐 70만 원을 건넸는데, 그의 부하인 조선인 깡패 2,000여 명이 해방 후 총독부를 위해 어떤 공작 활동을 했는지는 미상이다.

니시히로 경무국장이 9월 초 경무과장을 통해 각 도 경찰부에 80만 원을 제공했다. 도 경찰 간부의 재정적 곤란을 타개하기 위해서라고 진술했으며, 절반은 경기도 경찰부에 제공했다고 한다. 경성부와 경기도를 관할하는 경찰이었기 때문일 것이다.

일제의 패전과 총독부의 종말은 단번에 이뤄지지 않았다. 통감부로

---

317 「일본인 폭한 2명, 古屋 변호사를 습격」, 『조선일보』 1927년 11월 11일자.

318 「山本氏 일암살범 살인죄로 수용」, 『동아일보』 1929년 3월 8일자; 「칠생의단장 취조」, 『조선일보』 1929년 3월 8일자.

319 「山本宣治씨 살해범 보석중 부산내도」, 『동아일보』 1929년 5월 19일자; 「山本代議士 죽인 黑田이 入京」, 『동아일보』 1929년 5월 20일자.

320 「부산토목담합사건 관계자 예심회부」, 『동아일보』 1938년 3월 1일자.

부터 시작된 40여 년의 식민지배와 통치의 질주는 종전 선언으로 바로 멈추지 않았다. 완전 종식까지는 시간과 마찰력이 필요했고, 그 마찰은 한국인들이 해방의 공간으로 생각하던 곳에서 벌어졌다.

패전에 임박한 조선총독부의 기민한 종전 대책은 정세 판단의 오류에 기초해서 뜻하지 않게 한국인의 치안유지권, 집회·결사의 자유, 정치범 석방, 자치권을 공인해주는 실질적 행정권 이양으로 진행되었다. 패전이 한국인의 해방으로 연결되는 지점에 총독부를 중심으로 한 식민당국의 당황망조가 있었다.

한국인들이 해방의 감격을 맛보는 순간, 일본인들은 패배의 쓴잔을 들이켜야 했고, 총독부, 조선 주둔군, 헌병대, 일본 관리, 친일파 등은 자신의 위치에서 최선을 다해 패전 대책에 분망했다. 패전 직후 며칠 동안 총독부 청사 등에서 기밀문서들이 소각된 것은 종전 대책의 일부에 지나지 않았다. 우리가 알고 있는 것은 알려지지 않은 역사의 극히 일부일 뿐이다.

일제의 패망과 식민 통치의 종언은 "아닌 밤중에 찰시루떡 받는 격"으로 갑작스레 찾아왔다. 8월 15일은 패전 선언의 날, 8월 16일은 서울 해방의 날, 8월 17일은 전국 해방의 날이었다. 만 이틀 만에 한반도는 천지개벽, 상전벽해의 세상이 되었다. 혁명의 시기였다. 어제의 황국신민은 오늘의 해방 조선인으로 태어났다. 더 이상 황국신민의 서사를 외우거나, 황궁 요배(遙拜)를 하지 않아도 됐다. 독립투사들이 형무소에서 풀려나는 순간 친일경찰과 친일파는 몸을 숨겼다. 오래된 식민 통치의 모든 상식은 중단되었고, 심지어 역전되었다. 해방 직후 역사의 시간은 객관적이라기보다는 주관적이었고, 하루의 시간이 40년의 역사를 압도했다.

다른 한편 해방 공간은 과도기적이며, 일제 통치의 여명이 남아 있는 이중권력의 시기였다. 총독부 권력은 명목과 형식일 뿐이었지만 여전히 위압적이고 다양한 수단과 방법을 가지고 있었다. 한국인은 스스로 역사의 주인공이 되어서 새로운 해방의 공간을 창출한다는 생각을 가졌다. 한국인들이 해방의 빛에 환호하던 순간, 친일파들은 패전의 그늘에서 숨죽이며 공포에 떨고 있었다. 건국준비위원회와 조선인민공화국에 반감을 품은 우파 세력과 숨어 있던 친일파들은 반격의 기회를 노리고 있었다.

총독부, 건준과 인공, 우파 등 주요 행위자들은 자신의 이해를 관철하기 위해 최선의 노력을 기울였다. 여운형과 건준은 해방 공간을 창출했지만, 내부의 갈등과 외부의 도전, 총독부의 공작으로 점차 추진력을 잃어갔다. 이제 남한의 정책 결정자가 될 미군정이 새로운 행위자로 등장할 차례였다.

2장

미군의 남한 진주와
알려지지 않은 막후의 영향력

: 일본군·통역·윌리엄스의 역할

미24군단의 남한 진주와 최초의 정보:
17방면군의 정보공작, 통역·문고리 권력의 등장

1) 인천으로 향하는 미24군단

북위 38도선 이남의 한반도 점령을 담당하게 된 24군단의 구체적인 임무
는 명확하지 않았다. 남한에 군정을 실시한다는 점은 명확했으나, 군정의
성격과 구체적인 정책, 한국인의 대우, 군정 기간 등에 대한 최고위급 정
책은 제시되지 않은 상태였다. 미군이 일본군과 전투를 벌여 획득한 사이
판, 티니안, 괌, 필리핀, 오키나와 등에서는 공격 개시 전 군정계획이 먼
저 수립되었고 군정훈령 및 정책이 출간되었지만, 한국에 대해서는 사전
에 연구되거나 준비가 진행되거나 군정계획이 수립되지 않았다. 그럼에
도 불구하고 남한은 태평양전구에서 진정한 의미의 군정이 실시된 유일
한 지역이자, 사전 준비 없이 점령한 지역이었다.[1] 그렇기 때문에 한국에

---

1   Philip H. Taylor, 1948, "Military Government Experience in Korea", Carl J.
     Friedrich and Associates, *American Experiences in Military Government in World
     War II*, New York: Rinehart & Company, Inc..

대한 점령 임무는 단기간에 종료될 것이며, 미군은 곧 본국으로 돌아갈 것이라는 희망적이고 암묵적인 전제가 24군단 내부에 형성되었다.

맥아더 사령부가 일본 및 조선 점령을 대비해 작성한 블랙리스트 작전계획(1945년 8월 8일)에 따르면, 한국 점령군의 임무로 군정 수립, 법률·질서 유지, 자유상거래 촉진, 연합군 전쟁포로 구출, 점령군에 위해를 가하는 개인 및 조직 활동의 억압, 전범 체포, 미태평양함대사령부에 도움 제공 등 몇 가지 항목을 나열하고 있지만,[2] 군정 수립과 정책 방향에 대한 구체적인 지침이나 훈령은 없었다.

워싱턴의 국무부, 합동참모본부, 전쟁부 등으로부터 거의 도움을 받지 못한 존 하지 중장은 필리핀 마닐라의 태평양전구사령부(AFPAC)로 날아갔지만, 그곳에서도 한국에 대한 정보나 군정에 관한 지침을 얻을 수 없었다.

1943년 12월 카이로선언 이후 미 국무부와 군부는 전후 대한정책의 일반방침으로 한국의 군사점령 후 군정의 실시-국제 신탁통치-유엔을 활용한다는 단계별 접근방안에 합의한 바 있다. 이는 포츠담회담을 위해 준비된 계획서 「포츠담문서」(Potsdam Papers)에 명시되어 있었지만, 하지는 이를 알지 못했다.[3] 하지가 확보한 정책 문서에도 구체적인 군정 지침은 없었다. 가장 중요한 것은 카이로선언이었는데, "상기 3대 열강은 한국인의 노예상태에 주목해 적절한 시기에(in due course) 한국의 자유와 독립을 회복하게 한다"라고 했다. 한국의 즉시 독립이 아니라 다자간 국제 신탁통치 실시를 의미했으나, 외교적 수사로 쓰인 이 문구를 24군단과 한국인이 정확히 이해하기는 어려웠다.

FM 27-5(야전교범 27-5, 1940년 6월 30일), FM 27-10(야전교범

---

2   『주한미군사』(HUSAFIK) 1부 1장, 19쪽.
3   브루스 커밍스, 1986, 앞의 책(상권), 204쪽.

27-10. 1943년 12월 2일) 등은 점령지역에서 실시될 군정조직을 위한 기본 원칙에 관한 것이었다. JANIS 75(Joint Army-Navy Intelligence Study of Korea: 육해군연합정보연구-한국, the Joint Intelligence Study Publishing Board, 1945년 4월)는 전술적 공격 작전을 위한 육해군 참고자료로서, 상세한 지도, 지리적 정보, 목표물 등을 수록하고 있어 군정에는 직접적 도움이 되지 않았다.[4]

구체적인 정책지침을 확보하지 못한 24군단과 10군의 G-2는 8월 내내 류큐에서 생포한 한국인 전쟁포로 700명에 대해 강력한 심문을 진행했지만, 서울-인천-부산에 대한 지리적 정보와 한국 정치 문제에 대한 '질 낮은 정보' 외에는 별다른 성과를 얻지 못했다.[5] 한반도를 촬영한 항공사진 등도 입수했으나, 전투 없는 점령과 군정 실시에는 큰 도움이 되기 어려웠다.

상황을 악화시킨 것은 1945년 8월 19일 태평양전구사령부가 하달한 「작전명령 4호의 부록 8」(Annex 8 to AFPAC's Operation Instruction No. 4)이었는데, 일본 점령 미 6군·8군과 한국 점령 미24군단에게 "군사령관의 지휘하에 놓여 있는 일본제국 정부의 기구들이 기능할 수 있도록 감독"하라고 지시했다. 여기에는 몇 가지 중요한 원칙이 포함되어 있었다.

1. 군정이 모든 사태를 장악하거나 한국인으로의 대체가 확보될 때까지 일본 정부기구와 관리는 필요할 때까지 이용될 것.
2. 개인의 권리와 재산에 대한 문제는 국제법 원칙을 준수할 것.

---

4 성병준, 1996a, 「남한 진주를 전후한 주한미군의 대한(對韓)정보와 초기 점령정책의 수립」, 『사학연구』 51.

5 "Summary of PW Interrogation Reports, Kyonsong-Inch'on-Pusan(Korea)," 26 Aug 45; "Summary of PW Interrogation Report, Korean Political Matters," 29 Aug 45. RG 332. XXIV Corps Historical File.

3. 모든 한국인은 명백히 그들이 적국민이었음에도 불구하고 해방민
   으로 취급될 것.
4. 카이로선언에 기초해 '적절한 시기에' 한국인들은 완전 독립하게
   될 것.

특히 일본 정부기구와 관리를 필요할 때까지 이용한다는 내용은 미
국의 고위급 정책이었다. 1944년에 이미 미 국무부가 전후 한국 점령과
관련해 안전을 보장하고 능력 있는 한국인을 구할 수 없을 때 일본인 기
술자들을 사용하라고 권고한 바 있다.[6] 합법적 주권 정부가 있던 일본과
식민권력이 붕괴한 한국의 상황은 전적으로 달랐지만, 고위급 정책은 두
지역을 동일하게 취급했다. 이미 기능이 정지되었고, 건준과 인공이 총독
부 권력을 대체하고 있던 상황에서 총독부 관리의 유임은 한국인들의 격
렬한 반발을 불러일으켰다. 남한에 진주한 미군의 첫 번째 조치가 식민권
력의 유지와 온존이라고 공표한 것은 주한미군에 가해진 최초의 신뢰 타
격이었다. 하지는 이를 취소함으로써 가까스로 위기를 수습하고자 했지
만, 트루먼은 기자회견(1945년 9월 12일)에서 이 정책이 전구사령부의
결정이라며 책임을 회피함으로써,[7] 하지의 책임을 부각시켰다. 미군정은
출발 초기부터 정책 판단에서 실수를 범했다는 비판을 받았고, 주둔군의
위신과 권위의 실추는 불가피했다. 하지는 군정 실시에 관한 구체적인 지
침이 없는 상태에서 고위급 정책에 따라 총독부 관리들을 유임시켰으나
정치적 비난과 책임에 당면해야 했다.

6   Pacific War Council paper no. 126, "Japanese Technical Personnel," 29 March
     1944, Postwar Committee Documents, pp.120~140; Box 380, Edward R.
     Stetttinius, Jr. papers, University of Virginia Library, Charlottesville, Virginia;
     James I. Matray, 1995, 앞의 글, p.21.
7   SWNCC memorandum, 10 September 1945, *FRUS* 1945, vol. 6, Washington, D.C.,
     1969, pp.1044~1045; James I. Matray, 1995, 앞의 글, p.21.

하지는 태평양전쟁 이후 미국 수뇌부가 여러 차례 전시 회담과 협상을 통해 미국·영국·소련·중국이 다자간 국제 신탁통치를 전후 대한정책으로 합의했음을 정확하게 알지 못했다. 루스벨트와 처칠·스탈린·장제스가 합의한 신탁통치라는 큰 틀에서의 결정이 어떻게 구현될지는 알 수 없었지만, 이것을 대체하거나 폐기할 수 있는 고위급 결정과 합의는 없었다. 하지는 점령지역인 남한의 평화와 안전 확보, 주둔군의 조속한 철수, 한국과 아시아에 대한 무지와 결합된 인종주의적 편견, 반소·반공적인 태도 속에서 상황 대응적 판단을 내릴 수밖에 없었다.[8] 여기에 다양한 우연적 요소가 결합되었고, 임기응변적 판단은 곧 정책직 판단과 장기적 흐름을 만들어냈다.

2) 미24군단과 일본군의 무선교신: 음모의 복화술

조선총독부는 8월 22일에야 북위 38도선 이남에 소련군이 아니라 미군이 진주한다는 사실을 인지했다. 1945년 8월 20일 항복조항 접수차 마닐라에 파견된 참모차장 가와베 도라시로(河邊虎四郎)는 맥아더로부터 일반명령 제1호를 접수했다. 북위 38도선을 경계로 미군과 소련군이 한반노를 분할점령한다는 사실은 8월 22일 일본 내무차관을 통해 조선총독부 정무총감에게 통보되었다.[9] 한국인들은 8월 20일 서울에 살포된 웨드마이어 장군 명의의 미군 전단을 통해 미군 진주 소식을 알게 되었다.[10]

소련의 한반도 석권을 전제로 했던 조선총독부의 종전 대책은 불과

8   James I. Matray, 1995, 앞의 글.
9   山名酒喜男, 1956, 『朝鮮總督府終政の記錄』, 中央日韓協會, 25쪽.
10   森田芳夫, 1964, 앞의 책, 266쪽.

일주일 만에 중단 혹은 대전환이 필요하게 되었다. 현지의 반일적이고 합리적인 세력에 종전 후 치안을 의탁한다는 계획은 유일하게 한반도에서만 시도된 것으로, 제국 일본의 전 세력 판도 안에서 찾아보기 힘든 종전 대책이었다. 제국 정부의 훈령이 있었는지, 총독부는 어떤 협의의 결과 이런 정책적 결정을 하게 되었는지에 대해선 알려진 바 없다. 미군 진주에 대비해서 총독부는 「조선총독부의 희망사항」(1945년 8월 25일)이라는 보고서를 작성했다. 그 핵심은 "조선인의 폭동이 우려되므로 일본 경찰력 및 총독부 행정기구를 그대로 두고 이를 활용할 것"과 "공산주의자들이 미일 간 이간을 꾀할 것이 예상되므로 이에 대처할 것"을 요구하는 내용이었다.[11] 이와 함께 김계조의 국제문화사를 통한 친일정권 수립 음모, 총독부 기관의 공금 횡령, 문서 소각, 무기·군수품 은닉 등의 공작을 꾸몄다.[12]

최초에 한반도 점령 임무를 맡은 것은 오키나와에 주둔 중이던 미 10군이었는데, 8월 11일 갑작스레 하지 중장 예하의 24군단으로 변경되었다.[13] 24군단은 18일 뒤인 8월 29일 연합군 최고사령관(SCAP) 맥아더로부터 9월 7일 남한에 상륙하라는 지시를 받았다. 맥아더는 해당 메시지 Z646호를 일본 정부에 전달하며, 조선 주둔 일본군사령관이 8월 31일부터 미24군단과 무선연락을 취하라고 지시했다.[14] 이후 24군단은 조선 주둔 일본군 17방면군에게 무선연락을 시도했다. 하지는 8월 29일부터 다양한 방법으로 경성의 일본군 및 조선총독부와 연결을 시도해 8월 31일 경성과 접속했다. 이후 9월 4일까지 양측은 적어도 40회 이상의 메시지

11   森田芳夫, 1979, 앞의 책(제1권), 20~21쪽.
12   정병준, 1996a, 앞의 논문, 152~153쪽; 정병준, 2008, 앞의 논문.
13   Radio, CINCAFPAC to COMGENTEN, 121529/Z Aug 45. 『주한미군사』(HUSAFIK) 1부 1장, 19쪽.
14   Radio, SCAP to Japanese Government, No.Z646, 291617/Z Aug 45.

를 계속 주고받았다.[15]

이 메시지 교환은 매우 중요한 의미를 지니는데, 일본군 17방면군이 제공한 정보는 남한에 상륙하는 하지에게 현지 상황에 대한 생생한 초기 정보를 제공했고, 그가 한국·한국인·한국 상황을 바라보는 최초의 시각을 형성하는 데 영향을 미쳤다. 이때 일본군이 제공한 정보는 크게 두 가지에 초점이 맞춰졌다. 첫째, 소련군의 38선 이남 점령 가능성을 반복적으로 강조하고, 둘째, 소련의 지시를 받은 공산주의자, 독립운동가, 폭도들에 의한 유혈 사태·무질서·폭동·파업 등의 혼란 상황을 강조하는 것이었다.[16]

일본군 17방면군 사령관 겸 조선 주둔군 최고사령관 고즈키 요시오(上月良夫) 중장이 24군단 사령관 하지에게 보낸 전문의 일부는 다음과 같다.

- 1945년 8월 31일

38선 이남 일본군의 무장해제를 24군단과 협상하라는 지시를 받았다.[17]

- 1945년 9월 1일

---

15   『주한미군사』(*HUSAFIK*) 1부 1장, 57쪽: Radio, CG XXIV Corps to CG Japanese 17th Area Army, unnumbered, 31 Aug 45, RG 332, Box 33. 이규태에 따르면, 24군단과 17방면군이 주고받은 전문은 총 80개였다. 이규태, 2003, 앞의 글, 97쪽. 원문은 日本防衛省 防衛研究所,「第17方面軍(在朝鮮)終戰關係雜綴」과 미국 맥아더 기념관 아카이브(MacArthur Memorial Archives), "Prepared by Signal Corps, US Army Forces Pacific, Kozuki," RG 4, Box 27, Folder 17, Korean Communication(An Official Corps History)에 소장되어 있다.

16   정병준, 1996a, 앞의 논문, 140~144쪽.

17   Radio, CG Japanese 17th Area Army to CG XXIV Corps, unnumbered, 31 Aug. 45, RG 332, Box 27.

(1) 맥아더의 Z-646호 메시지에 담긴 세부적인 요구를 접수했다. 일본군은 여하한 유혈 사태나 파괴 없이 귀 부대에게 평화적인 이양을 위해 전력으로 노력하고 있다. 그러나 이곳의 평화와 질서를 혼란시킴으로써 상황의 이득을 얻으려고 음모를 꾸미는 공산주의자들과 독립선동가들이 조선인들 사이에 존재한다. 귀 부대의 점령 및 수송을 완료할 때까지 경찰과 헌병을 그대로 유지하는 외에 평화와 질서를 유지하기 위해서는 최소한의 일본군이 필요하다.[18]

(2) 1945년 9월 1일. 조선인 폭도가 경찰에 반대하는 폭동을 일으키고, 군수품 약탈과 파업을 벌이고 있다. 수송과 통신은 두절되거나 연착되었다. 군대가 지원해주지 않으면 경찰은 무력한 상태이다.[19]

• 1945년 9월 2일 이후

평화와 질서를 유지하는 데 효과적일 것으로 보이는 귀하의 메시지의 일부를 공개하고 싶다.[20]

• 1945년 9월 3일

(1) 투하된 귀측의 메시지에 대한 조선인의 반응은 평화와 질서 유지 측면에서 상당히 양호한 결과를 초래했다. 만약 귀하가 미군의 조선 점령 완료 시까지 일본 사령관이 평화와 질서를 유지할 책

---

18 Radio, CG Japanese 17th Area Army to CG XXIV Corps, unnumbered, (1945. 9. 1), RG 332, Box 27.

19 Radio, CG Japanese 17th Area Army to CG XXIV Corps, (1945. 9. 1~2), RG 332, Box 27.

20 Radio, CG Japanese 17th Area Army to CG XXIV Corps, No.6, undated, RG 332, Box 27.

임을 지니며 또한 약탈, 소요, 폭동 혹은 파괴범죄를 저지른 사람들은 계엄령에 따라 처벌된다는 취지의 전단을 투하함으로써 대중에게 통지한다면, 우리는 향후에도 이런 유형의 메시지를 반길 것이다.[21]

(2) 인천항의 300여 하역 노동자들이 임금과 식료품에 대한 과도한 요구를 하고 있으며, 노동조합(적색)의 선동에 따라 사보타주를 행할 준비를 하고 있다.[22]

(3) 귀측이 메시지를 투하한 직후 라디오 방송을 통해, 또한 중요 지점에 포스터를 부착하는 방식으로 남조선 전역에 이를 알릴 의도이다. 조선인과 일본인 모두가 이 내용을 보게 되면 평온을 유지할 것으로 확신한다.[23]

(4) 경성은 이미 (소련군에게) 점령당했고, 지방 관리들은 괴롭힘을 당했다. 물자는 강탈당했고, 모든 것이 엉망이다. 또 다른 군대가 황해도 해주에 들어와 도지사에게 38도 이남인 황해도의 전부를 인계하겠다고 발언했다.[24]

17방면군이 24군단에게 전달한 내용의 핵심은 소련 공산주의에 대한 공포와 적개심이었다. 일본군은 소련군의 38선 이남 주둔 가능성, 공산주의자·독립운동가·폭도들에 의한 혼란 상황은 소련군의 진주에 따른 공

---

21   Radio, CG Japanese 17th Area Army to CG XXIV Corps, No. Army-10, (1945. 9. 3). RG 332, Box 27.

22   Radio, CG Japanese 17th Area Army to CG XXIV Corps, No. Army-11, (1945. 9. 3). RG 332, Box 27.

23   Radio, CG Japanese 17th Area Army to CG XXIV Corps, No. Army-14, (1945. 9. 3). RG 332, Box 27.

24   Radio, CG Japanese 17th Area Army to CG XXIV Corps, No. Army-16, (1945. 9. 3). RG 332, Box 27.

산주의자들의 난동이라는 프레임을 진주하는 24군단에게 제시했다. 17방면군이 강조한 "공산주의자, 독립운동가, 폭도"는 총독부가 소련군 진주를 전제로 여운형·안재홍과 타협한 결과 만들어진 건준의 활동을 의미하는 것이었다. 17방면군은 수많은 정보 가운데 개성, 춘천, 해주 등 38선 인접 지역의 소련군 약탈행위와 남진을 강조하며, 조선인 폭도 중에서도 공산주의자들의 활동을 과장해 강조했다.[25] 또한 경성(서울)에 소련군이 진주했다는 9월 3일자 전문에는 경성(Keijo)이 아닌 개성(Kaijo)을 적시했지만, 24군단은 이를 경성으로 오독하고, 소련군이 경성에 진주한 것으로 오해했다.[26] 일본군 역시 24군단이 개성을 경성으로 오독하기를 희망했을 것이다.

소련군에 대한 과장과 공포는 조선 주둔 17방면군뿐만이 아니었다. 8월 29일 도쿄에서 태평양 미 육군사령관 앞으로 보낸 전문은 "도쿄-서울 간의 통신이 소련군의 한국 진주로 난관에 봉착했다"고 주장했다.[27] 그러나 미군이 한국에 주둔했을 때 남한의 통신과 무선장비는 온전하게 작동 중이었다. 따라서 서울-도쿄 간의 연락이 두절되었다는 것은 터무니없는 소리였다. 그럼에도 불구하고 한국 주재 일본인들은 한결같이 8월 22일 태풍의 영향으로 통신에 어려움을 겪었고, 8·15 직후 도쿄로부터 거의 아무런 지시를 받지 못했으며 도쿄와의 통신이 두절되었다고 주장했다.[28]

25 이에 대해 김기조는 일본 측이 소련에 의한 한반도 석권을 우려해, 미군 측에 미군이 공격해오면 전군이 항복하겠다는 취지로 미군의 조선 진주를 유인하는 전문을 보냈고, 이에 기초해 마셜이 한반도를 분할함으로써 소련군의 남한 석권을 막았다고 추측한 바 있다. 김기조, 1994, 앞의 책, 278~295쪽.

26 『주한미군사』(HUSAFIK) 역시 개성이 아닌 경성으로 기록하고 있으며(『주한미군사』 1부 1장, 60쪽), 1945년 9월 1일자 『사관기장』(史官記帳)에 따르면 이날 24군단 참모회의에서 하지는 경성의 일본군 사령관과 무전으로 접촉했는데, 러시아인들이 경성에 있다는 보고를 받았다고 진술했다. XXIV Corps, 1st Info. and Historical Service, *Historical Journal*, Sept 1, 45.

27 Radio, CINCAFPAC to War Dept for JCS, 221013/Z Aug. 45.

맥아더 역시 소련군이 경성을 점령할 가능성을 우려하며, 8월 29일 하지에게 「한국 점령」(Occupation of Korea)이란 제목의 전문을 보내 "소련군이 경성에 현존하고 있더라도 상륙을 계속 진행"해야 하지만 "국제적 혼란을 초래할 사건이 발생할 것 같으면, 상륙을 연기하는 것이 바람직하다"는 지시를 내렸다.[29] 이런 상황에서 24군단은 소련군과 전투를 벌이며 한반도에 진주할지 모른다며 전투 상륙의 가능성을 염두에 두어야 했다.

하지는 소련, 공산주의자, 혁명가들의 실체가 무엇이고 그들의 활동이 어떻게 위협적인지에 대해서는 전혀 관심이 없었고, 일본군에게 정보를 요구하지도 않았다. 일본군이 요구하는 대로 치안유지에 협조하라는 위협적인 삐라를 두 차례 살포(9월 1일, 9월 5일)한 뒤 하지는 강한 의구심을 품은 채 제물포에 상륙했다.[30] 9월 5일 전단에서 하지는 이렇게 경고했다.

> 연합군 최고사령부의 포고와 명령은 현재의 조선 정부를 통해 여러분에게 제공될 것이다. 명령 위반자는 처벌될 것이다. 기꺼이 명령에 복종하라. 반일시위나 미군 환영시위에 가담치 말라.[31]

일본인들은 하지에게 조선인과 현 상황에 대한 공포심과 경계심을

---

28   Oda interview, Interview with Col. J. E. Kelsey, Signal Officer, XXIV Corps, 17 Nov. 45. RG 332, XXIV Corps Historical File.

29   Letter, CINCAFPAC to CG XXIV Corps, 29 Aug 45, "Occupation of Korea."

30   24군단은 일본군의 정보에 기초해 위압적인 전단을 항공기로 살포했다. 24군단 G-2는 영어와 한글로 쓰인 전단을 만들었다. 첫 번째 전단은 미군 진주의 임박을 알리는 내용으로 9월 1일 부산에 3만 5,000장, 서울에 7만 장, 인천에 나머지가 투하되었고, 두 번째 전단은 명령위반자를 처벌하겠다는 내용으로 9월 5일 같은 양이 살포되었다. Radio, CG Japanese 17th Area Army to CG XXIV Corps, No. Army-10, 3 Sept. 45; Radio, CG XXIV Corps to CG Japanese 17th Area No. 10, 2 Sept 45. RG 332, Box 27.

31   『주한미군사』(HUSAFIK) 1부 1장, 69쪽.

불어넣는 데 일단 성공한 셈이었다.[32]

3) 통역·문고리 권력의 등장: 오다 야스마와 이묘묵

1945년 8월 31일 오후 6시 이후 조선 주둔 17방면군 사령부는 미24군단
과 통신 연락이 가능해지자,[33] 총독부의 영어 통역관 오다 야스마(小田安
馬), 『서울프레스』(영자 일간신문) 주필 미야나가(宮永晶吉)가 군사령부
에 출근해 미군과의 연락을 취했다. 총독부 간부도 17방면군 사령부에
와서 정보를 수합했다.[34] 오다 야스마는 미군 진주 이전부터 상황을 정확
하게 파악하고 있던 극소수 일본인에 속했다.

　9월 6일 찰스 해리스(Charles Harris) 준장을 단장으로 하는 미군 선
발대가 오키나와를 출발해 김포비행장에 착륙했다. 18대가 오키나와를
출발했으나, 폭풍우를 만나 3대만이 도착했다. 선발대는 해리스 준장 이
하 31명이었다. 이들은 조선호텔에 머물면서 총독부 고관들을 만나 항복
준비, 진주하는 미군의 숙소, 일본군의 인천-서울 지역 철수, 연합군 포
로 등의 문제를 협의했다.[35] 해리스 준장 일행은 한국인들과의 접촉을 엄
금한 채 일본군 수뇌부와 맥주 파티를 벌여 구설에 오르기도 했다.[36] 해리
스는 조선호텔로 가는 길에 한국을 잘 알고 있던 선교사로부터 "영어가

32　일본군은 "미군의 메시지는 평화·질서유지에 만족할 만큼 좋은 결과를 가져왔다. 특히
　　공산주의적 적색분자의 불법활동을 단숨에 끝장내는 데 효과적이었다. 향후에도 이런
　　류의 메시지는 환영한다"고 답신했다.
33　17방면군 참모장 正原潤次郞 談. 森田芳夫, 1964, 앞의 책, 269쪽.
34　조선총독부 통역관 小田安馬 談. 森田芳夫, 1964, 앞의 책, 269쪽.
35　『주한미군사』(HUSAFIK) 1부 4장, 「일본 항복과 점령 개시」.
36　Investigations by XXIV Corps IG; "Misconduct of Brig. Gen. Harris" and "Party
　　held at Chosen Hotel, 4 Sept." listed in IG Section History, 9 Jan. 1946; Radio CG
　　XXIV Corps to CINCAFPAC, 231414/I March 46. 『주한미군사』(HUSAFIK) 1부 4장.

훌륭하고 성실한 조선총독부 통역관 오다 야스마"에 대해 얘기를 들은 바 있어서, 오다 통역관을 만나고 싶다고 했다. 당시 해리스 옆에 앉은 통역관이 바로 오다 야스마였고, 둘은 깜짝 놀랐다.[37] 즉 오다 야스마는 24군단이 진주하기 전부터 17방면군의 메시지를 번역했는데, 이번에 선발대로 파견된 해리스 준장의 통역을 맡게 된 것이다.

이후 오다 야스마는 주한 미24군단과 일본 17방면군 사이의 연락을 담당하는 일본군 경성연락부(京城連絡部)에서 근무했다. 17방면군 사령관 고즈키가 일본으로 소환된 후, 참모장 스가이 도시마로(菅井斌麿) 소장이 24군단과의 연락을 담당했다. 스가이는 매일 24군단 사령부를 방문해 하지 장군과 면담했으며, 군단참모들과 많은 회의를 가졌다. 스가이의 참모진은 작전 장교 1명, 수송 담당 장교 1명, 군수 보급 장교 1명, 군의관 1명, 통역관 1명으로 구성되었는데,[38] 오다 야스마가 통역관을 맡았다. 24군단은 "협조적이며 유능한" 스가이에게 타자기를 제공했고, 일본군 경성연락부는 점령 초기 2개월 동안 다양한 주제를 다루는 영문 서한 350통을 작성해 제출했다. 하지는 경성연락부를 통해 고즈키에게 지시사항을 전달했다.[39] 한국 언론에 오다 야스마가 하지의 공식 통역을 맡아 350건의 중요 정보를 제공했다는 얘기가 여기서 나오게 된 것이다.[40]

오다 야스마는 영어에 능통하고, 선교사의 추천을 받았을 뿐만 아니라, 조선총독부·17방면군의 공식 통역이었으므로, 미24군단 수뇌부와 접

37   조선총독부 통역관 小田安馬 談. 森田芳夫, 1964, 앞의 책, 271쪽.

38   미24군단 작전참모부 조지프 B. 쿨리지(Joseph B. Coolidge) 대령 인터뷰, 1946년 2월 11일. 『주한미군사』(HUSAFIK) 1부 7장. 일본군 무장해제와 송환, 「미군과 일본군 간의 연락체계 구축」.

39   『주한미군사』(HUSAFIK) 1부 7장. 일본군의 무장해제와 송환, 「일본군 경성연락부(京城連絡部)의 업무」.

40   「비화 미군정3년(48) 루스벨트의 신탁통치 구상 (3)」, 『동아일보』 1982년 7월 19일자; 브루스 커밍스, 1986, 앞의 책(상권), 239쪽.

촉면이 넓었고, 초기 몇 달 동안 신뢰를 받으며 중요한 역할을 했다. 오다 야스마는『주한미군사』(HUSAFIK)에 열다섯 차례나 인용된 유일한 일본인이다.

미24군단은 오다 야스마를 통해 많은 통역사를 확보했는데,[41] 그중 가장 중요한 것이 24군단 사령관 하지 중장의 통역으로 이묘묵(李卯默)을 추천한 일이었다.[42] 이묘묵은 미군정기 통역 권력이자 문고리 권력을 상징하는 인물이다.

그렇다면 오다 야스마는 어떻게 이묘묵을 추천하게 되었을까? 오다 야스마는 조선총독부의 단순한 일개 영어 통역이 아니었다.[43] 오다는 10년간 미국에서 유학한 후 1921년 워싱턴 군축회의에 일본대표단 촉탁으로 참석했으며, 1922년 조선총독부의 초청으로 조선에 건너와 조선총독부 통역관이 되었다. 또한 연희전문학교, YMCA, 기독교 등 조선 내 미국 관련 학교·문화단체·기관 등과도 긴밀한 연관을 맺고 있었는데, 특히 1931년부터 1941년까지 9년간 연희전문학교 이사를 역임한 바 있다.[44] 오다는 YMCA에도 관계해 1938년 제1회 일본기독교청년회 조선연합회 위원회에 경성 도시청년회 대표로 출석했다.[45] 또한『경성일보』주최 제

---

41   『주한미군사』(HUSAFIK) 1부 4장, 「일본 항복과 점령 개시, 8. 언어 문제」.

42   「역사는 흐른다」, 『조선일보』 1985년 1월 25일자: 김수자, 1994, 「미군정기(1945~1948) 통치기구와 관료임용정책」, 이화여자대학교 사학과 석사학위 논문, 41쪽.

43   오다 야스마의 경력은 다음과 같다. 1892년 일본 나가사키현 출생, 1912년 나가사키 진제이학원(鎭西學院) 졸업, 미국 미주리주 칼튼칼리지 예과 졸업, 사우스다코타주 웨슬리영대학교 철학과 졸업(문학사), 시카고대학교 실천사회학, 컬럼비아대학교·뉴욕 뉴스쿨·폴 소셜 리서치대학에서 사회철학 등으로 학위 취득, 1921년 10월 주미 일본대사관 초청으로 워싱턴회의 제국전권사무소(帝國全權事務所) 촉탁 근무, 1922년 5월 조선총독부 초빙으로 조선에 건너옴, 종교에 관한 사무를 촉탁받음, 1926년 7월 조선총독부 통역관 임명(총독관방외사과 근무), 학무국, 경성고등상업학교 강사 촉탁, 관광여객에 관한 사무를 겸함. 국사편찬위원회 한국사데이터베이스 참조.

44   연세창립80주년기념사업위원회, 1969, 『연세대학교사』, 연세대학교출판부, 1258~1261쪽; 「延專篇, 今後十年, 創立 三十五周年만에 五百萬圓으로 大學을 – 自然科學研究所와 宗敎科까지, 校長 元漢慶氏 談」, 『삼천리』 12권 4호, 1940년 4월호.

1회 학생 영어웅변대회에 일본인 심사위원으로 참가하는 등[46] 미국 관련 기독교 학교, 문화단체 및 활동에 깊숙이 관여했다. 일본인으로는 최장수 연희전문학교 이사를 지냈으므로, 학교 사정에 정통했고 이사진과 교수, 직원들과도 친밀한 사이였다. 즉 오다는 1922년 총독부 통역에서 출발해 1930년대에 이르면 미국 관련 기독교 학교, 문화단체, 활동에서 중심 역할을 하는 중견 인물로 자리 잡았다.

오다 야스마가 연희전문학교 이사로 재임하던 시기, 이묘묵은 1934년 연희전문 교수가 되었고, 이후 학감과 도서관장 등을 역임했으며, 1941년 이후 연희전문학교 학감·학교장으로 이사회에 관계했다.[47] 이묘묵은 1937년 수양동우회 사건으로 검속되어 사상전향을 한 후 적극적으로 친일활동에 나섰다.[48] 그는 불기소로 풀려난 이후 수양동우회, 흥업구락부 사건 관련자들과 같이 일제가 원하는 모든 친일 행보에 가담하는 행태를 보였다. 이묘묵의 친일행적은 연희전문학교 동료 교수인 갈홍기와 함께 1938년 미나미 지로(南次郎) 총독을 면담하는 사진이 『경성일보』에

---

45 「基靑聯合會陣容 會長에 尹致昊氏當選」, 『매일신보』 1938년 10월 16일자. 경성 대표는 윤치호, 오긍선, 유억겸 등으로 미국 유학생 출신 혹은 연희전문학교와 관련된 친미파 기독교도들과 長谷部嚴, 小田安馬 등 일본인들이었다. 이들은 모두 1937년 이후 적극적으로 친일활동을 했다.

46 「權威者の嚴正批判下に學生英語雄辯大會, 各校の一粒選りが六日來靑閣で第一回の催し」, 『京城日報』 1930년 5월 4일자; 「盛んだつた英語雄辯大會, 審査の結果一等は延禧の申東旭君に」, 『京城日報』 1930년 5월 8일자. 「일등(一等)의 영관(榮冠)은 연전생(延專生)에게 남녀 청중이 장녀에 충일 영어웅변대회성황(英語雄辯大會盛況)」, 『매일신보』 1930년 5월 8일자. 대회에서 5명이 상을 받았는데, 5등으로 입상한 경성제대 예과 문과 2학년생이 해방 후 공산주의자로 이름을 얻은 정태식(鄭泰植)이었다.

47 연세대학교백년사편찬위원회, 1985, 『연세대학교백년사(1885~1985)』(연세통사 상), 연세대학교, 273쪽.

48 이묘묵의 경력은 다음과 같다. 1902년 출생, 1922년 연희전문학교 졸업, 1922~1931년 미국 시러큐스대학, 하버드대학, 보스턴대학에서 도서관학, 철학, 역사학 전공. 1931년 보스턴대학 박사학위 취득. 1934년 연희전문학교 교수. 1937년 동우회 사건으로 구속 후 사상전향 서약서 제출, 기소유예로 석방. 1938년 이래 적극적인 친일활동. 친일반민족행위자로 규정됨. 『친일반민족행위진상규명보고서』 IV-12, 634~654쪽.

실릴 정도로 유명했다.[49] 1941년 연희전문학교 이사회에 이묘묵이 관계했다는 것도 이러한 친일행적과 관련이 있었던 것이다.

이묘묵은 미군 진주를 앞둔 9월 5일 하경덕, 백낙준, 유형기 등과 함께 『코리아 타임스』(*The Korea Times*)라는 영자 신문을 창간했다. 편집위원장 김영희, 위원 하경덕·백낙준·이묘묵·오천석으로 구성된 이 영자 신문[50]은 미국 유학, 기독교, 연희전문학교 출신으로 기독교계 학교와 문화계에서 영향력을 행사하던 인물들이 주축을 이뤘다. 또한 일제 말기 동우회 사건 등으로 검속된 이래 전향해 친일활동을 한 전력이 있다.

그런데 이들이 『코리아 타임스』를 창간하게 된 데는 오다 야스마의 정보와 권유가 있었을 것이다. 미24군단이 한반도로 진주하는 과정에서 조선총독부와 17방면군의 공작 상황을 세밀히 파악하고 있던 오다 야스마는 영자 신문을 만들어 미군과 교섭할 필요성을 이묘묵에게 제시했거나 미군 진주 상황에 관한 정보를 공유했을 것이다. 이들이 『코리아 타임스』를 창간할 시점에서 서울 주재 소련영사관에 근무하던 샤브시나는 9월 4일부터 총독부가 영어 통역자를 모집한다는 광고를 냈고, 조선호텔 앞에는 경찰의 삼엄한 감시하에 많은 '일본인들'이 활기차게 통역에 응시했다고 기록하고 있다.[51] 9월 5~6일 서울에서는 미군을 맞이하기 위한 친일·친미파의 움직임이 본격화되고 있었던 것이다.

이 같은 흐름은 미군이 진주하는 상황에서 벌어진 한국 정치 세력의 두 가지 움직임을 반영한 것이었다. 첫째는 여운형의 건국준비위원회가 조선인민공화국으로 전환하는 과정이었다. 재건파 조선공산당이 깊숙이

---

49   제11회 총독 면회(1938년 7월 8일) 참가자는 다음과 같다. 이묘묵(연희전문 교수), 갈홍기(연희전문 교수), 현영섭(경성녹기연맹원), 차상달(경성상업), 김승기(회사원), 小泉昇平(임업), 肥塚正太(금융조합 남대문조합장). 「半島同胞の行くべき道, 森林への希望や, 勤勞の信念を披瀝, 第十一回總督面會日」, 『京城日報』 1938년 7월 9일자.

50   계훈모, 1987, 『한국언론연표 II 1945~1950』, 관훈클럽신영연구기금, 3쪽.

51   파냐 이사악꼬브나 샤브쉬나, 1996, 앞의 책, 94~95쪽.

개입한 이러한 전환은 여운형 그룹의 안이한 정세 판단에 기초한 것이었다. 이승만과 김구 등 해외 우파 독립운동가들은 물론 김성수 등 국내 우파를 무단으로 주요 간부직에 배치함으로써 미군정과 우익의 공격에 취약한 구조를 만들었을 뿐만 아니라, 정세의 주도권을 우익의 손에 넘겼기 때문이다. 인민공화국으로의 전환과 좌우 명망가 인선은 민족통일전선적 사고에 기초한 선택이었을 가능성이 높지만, 권력의지의 측면에서 보면 유약하고 어리숙한 판단이었다.

둘째는 해방정국의 주도권을 갖지 못했던 우파 한민당 계열의 반격이었다. 지도적 인물의 부재 속에 친일파·지주·자본가를 대표하고 있던 한민당 계열은 선명성, 정통성, 지도력, 조직 역량 등은 물론 대중의 지지를 받을 수도 없는 형편이었다. 이들은 미군의 진주를 계기로 판세를 뒤집으려고 계획 중이었다. 한민당의 전략은 3개 축으로 구성되었다. 첫째, 여운형·건준·인공 그룹에 대해 무차별적 인신공격을 가하고, 둘째, 그 대안으로 해외 독립운동 세력, 특히 중경임시정부와 이승만·김구에 대한 절대 지지를 내세워 현실 정치에서 인공을 배제한 후, 셋째, 최종적으로는 아직 귀국하지 못한 임시정부 대신 정치권력을 획득하고 정국을 주도하겠다는 계획이었다. 즉 한민당의 입장은 인공 타도, 임시정부 봉대(奉戴), 미군정을 통한 권력 불하로 요약할 수 있다.

이묘묵 등은 9월 5일『코리아 타임스』창간호를 발행한 후, 9월 29일에야 제2호(1945년 9월 25일)를 냈으므로,[52] 격동의 정국에서 사실상 신문·언론의 기능을 하지 않았으며, 당사자들도 신문 발행에는 크게 신경 쓰지 않았다. 창간호(Vol.1, No.1)는 컬러로 인쇄되었는데, 제1면에는 4개 연합국 국기와 태극기를 컬러로 인쇄하고「해방의 영웅들을 환영한

---

52   RG 332, USAFIK, G-2, Historical Section, *Historical Journal*, September 29, 1945.

서울 시민 주최 연합군환영대회(1945년 10월 20일)의 이묘묵(*The Korea Times* 편집인, 통역), 군정
장관 아놀드, 주한미군사령관 하지. ⓒ NARA

다」(Welcome, Heroes of Liberation!)라는 기사 하나만 싣고 있어, 신
문이라기보다는 미군 환영 전단에 가까웠다.[53] 명목상 신문을 자처한 이
들의 진짜 목표는 미군정 수뇌부에 접근할 통로를 확보하는 것이었다.

　미군은 9월 8일 제물포에 상륙했고, 9월 9일 일본군 항복식이 개최
되었다. 상륙 사흘째인 9월 10일 오후 5시 30분 연합군 기자단 환영회가
명월관에서 개최되었다. 『매일신보』 호외에 따르면 "그간 신문인 동지가
만반의 준비"를 해서 『동아일보』·『조선일보』·『조선중앙』의 신문사 선배
들의 참석을 희망한다고 했으므로,[54] 우파 국민대회(한민당) 측이 주선한

53　　『코리아 타임스』 창간호 원본은 서울대기록관에 소장되어 있으며, 초대 경성대 총장을
　　　지낸 크로프츠(Alfred Crofts) 문서에 포함되어 있다.
54　　『매일신보』 1945년 9월 9일자 호외; 계훈모, 1987, 앞의 책, 5쪽.

것임을 알 수 있다. 미24군단 군사관은 주최자를 "Korean Union Press"라고 썼는데 도메이통신 건물을 점령하고 있다고 했으므로, 도메이통신을 접수한 해방통신 혹은 거기에서 갈라져 나온 조선통신이었을 것이다. 하지 중장을 비롯한 24군단 고위 장교들과 연합군 기자, 특파원, 통신원, 군사실 요원 등이 참석한 자리에서 이묘묵은 『코리아 타임스』 편집장 자격으로 참석해서 "여운형은 친일파이자 공산주의자로, 조선총독부의 돈을 먹고 친일정부를 수립했다"는 그 유명한 악의적 연설을 했다. 『주한미군사』(*HUSAFIK*)는 이묘묵 박사가 "훌륭한 영어로 연설"을 했다고 기록했다. 이묘묵은 8쪽 분량의 연설 원고를 하지 중장에게 진달했다.[55] 이묘묵은 한국 정부에 의해 친일파로 규정된 자인데, 누구나 다 인정하는 항일혁명가였던 여운형을 친일파·공산주의자로 무고한 것이다. 총독부의 돈을 받아 친일정부를 수립했다는 주장과 소련의 지시를 받는 공산주의자라는 주장은 양립할 수 없는 것이었지만, 이묘묵은 여운형과 안재홍에게 욕설이란 욕설은 죄다 퍼부었다. 사실 여부는 중요하지 않았다. 프레임과 선입견을 뒤집어씌우는 게 중요했기 때문이다.

명월관 연설 이후 이묘묵은 하지 중장의 개인 통역이자 '비서실장'이 되었으며, 미군정기의 대표적인 문고리 권력이 되었다.[56] 이묘묵은 9월 11일 진주 후 최초로 주한미군의 시정 방침을 발표하는 하지 장군의 기자회견에서 통역을 맡았고, 9월 12일 정당단체 대표들을 초청한 간담

---

55   Speech by Dr. Lee, Myo Mook, 10 Sept. 1945 (in historical file). 『주한미군사』(*HUSAFIK*) 1부 4장. 일본 항복과 점령 개시: *Historical Journal*, September 10, 1945. 이 문서는 "What has taken place since August 15th", "The grave problems facing us", "What the Koreans fear and what the Korean solicit" 등의 제목으로 되어 있다. 빙신주, 1991, 「미군정기의 정보자료: 유형 및 이미」, 방선주·존 메릴·이정식·서중석·和田春樹·서대숙, 『한국 현대사와 미군정』, 한림대학교 아시아문화연구소, 9쪽.

56   이묘묵은 윌리엄스 소령의 부친 프랭크 윌리엄스 선교사가 세운 공주 영명학교 교사 출신이었으며, 부인 박화숙(루이사)도 영명여학교 1회 졸업생이었다. 영명100년사편찬위원회, 2007, 『영명100년사』, 공주영명중고등학교, 340쪽.

회에서 통역으로 하지 중장과 군정장관 아놀드 소장을 수행했다. 이묘묵은 9월 17일 미군정이 발표한 전속 통역관이 되었다.[57] 이묘묵은 주한미군이 전적으로 신뢰하는 통역이자 정보원으로『주한미군사』(*HUSAFIK*)에 무려 스물아홉 번이나 인용될 정도로 큰 영향력을 발휘했다. 심지어 주한미군사령부는 1947년 4월 하지 장군의 명령으로 이묘묵의 1931년 보스턴대학 박사학위 논문인「1864~1895년간 한국 대외관계」(Foreign Relations of Korea, 1864~1895)를 인쇄해, 주한미군사령부 예하 부대와 군정부대에 배포하고 한국 알기 시간에 사용하도록 지시했다.[58]

『코리아 타임스』는 한민당, 연희전문학교, 기독교계 인사들이 미군정의 요직으로 등용되는 출발점이었다. 이화여전 교수로 연희전문학교 출신이던 김영희(예일대)는 법률국장 보좌관, 연희전문학교 교수였던 하경덕(하버드대)은 조선교육심의회(朝鮮教育審議會 : 조선교육심사위원회) 고문·서울신문 사장·입법의원 관선의원, 연희전문 교수였던 백낙준(프린스턴대)은 조선교육심의회 고문·경성제대 접수위원 겸 임시총장·법문학부장, 오천석(컬럼비아대)은 학무국 차장·문교부장 등 초기 미군정의 고위직에 임명되었다.[59] 이들은 미국 유학생 출신이자, 주로 연희전문학교, 서북 지역 기독교, 흥사단 출신이었다.[60] 게다가 백낙준은 하지의 정치고

---

57 『매일신보』 1945년 9월 12일자; 장규식, 2011, 「미군정하 흥사단 계열 지식인의 냉전 인식과 국가건설 구상」, 『한국사상사학』 38, 256쪽.

58 "Foreign Relations of Korea, 1864-1895" Adjutant General Files 350.05 I and E (Foreign Relations of Korea, 1864-1895) 1947, RG 554, USAFIK Adjutant General, General Correspondence (Decimal Files) 1945-1949, Entry 1378(A1), Box 88. 이묘묵의 박사학위 논문은 총 156쪽으로 인쇄되었다.

59 오천석은 이묘묵의 추천으로 미군정 학무국장 록카드 대위를 소개받았고, 9월 12일부터 학무국에서 일하기 시작했다. Major Earl N. Lockard (Director of Bureau of Education), "History of Bureau of Education from 11 September 1945 to 28 February 1946," p.38, RG 332, Entry A1 1256, USAFIK, XXIV Corps, G-2, Historical Section, Box 36; 오천석, 1975, 『외로운 성주(城主)』, 광명출판사, 81~85쪽.

문으로 등장해 미군정 고위 관료 임명을 책임진 윌리엄스와 어린 시절부터 알고 지냈으며, 부모들끼리도 친한 사이였다.[61] 이들을 필두로 미군정을 통한 일제 권력의 불하가 시작되었다. 누군가에게는 "하늘에서 별을 따는 것"[62]과 같은 권력 획득의 순간이었으나, 해방 한국을 기대했던 한국인의 희망과 염원이 근저에서부터 붕괴되는 순간이기도 했다. 총독부 권력이 사라진 정치적 진공상태를 누가 장악할 것인가를 둘러싼 경쟁에서 한민당, 연희전문학교, 기독교계의 미래를 전망할 수 있는 시발점이기도 했다.

'리노미야 보모쿠'(李宮卯黙)라는 창씨명을 사용한 이묘묵은 연희전문학교 학감, 연희전문학교장의 자격으로 1940년에서 1942년 사이에 대표적인 친일단체인 국민총력조선연맹 참사, 시국대응전선사상보국연맹(時局大應全鮮思想報國聯盟) 경성지부원, 대동민우회, 황도학회, 조선임전보국단 회원 등을 지냈으며, 다수의 지원병 연설과 귀축영미 등 반미·반영 연설을 한 바 있다. 이 때문에 이묘묵은 한국 정부의 '일제강점하 반민족행위진상규명에 관한 특별법' 제2조 17호 "일본 제국주의의 통치기구의 주요 외곽단체의 장 또는 간부로서 일본 제국주의의 식민 통치 및 침략전쟁에 적극 협력한 행위"로 친일반민족행위자로 규정된 바 있다.[63]

이묘묵의 친일행위는 명백한 사실이지만, 당시 동우회·흥업구락부 관련자들의 행적과 거의 대동소이했다. 문제는 해방 후의 악질적 행위였

60   오천석은 유일하게 연희전문학교와 관계가 없으며, 귀국 후 보성전문학교 교수를 지냈다. 하경덕은 전주 출신이지만 열렬한 흥사단원이었다.

61   「애치슨 이승만 싫어해 귀국 막았다」, 『중앙일보』, 2011년 8월 15일자; 김동선, 2017, 「미군정기 미국 선교사 2세와 한국 정치 세력의 형성 – 윌리엄스(George Zur Williams)와 웜스(Clarence N. Weems Jr.)를 중심으로」, 『한국민족운동사연구』 91, 214쪽.

62   이는 김두식 교수의 표현을 빌린 것이다. 김두식, 2018, 『법률가들: 선출되지 않은 권력의 탄생』, 창비, 3부 2장 「저절로 굴러 들어온 별을 잡은 사람들, 그 별을 놓친 사람들」.

63   「이묘묵(李卯黙, 1902. 12. 9~1957. 2. 27)」, 친일반민족행위진상규명위원회 편, 2009, 『친일반민족행위진상규명보고서 Ⅳ-12』, 634~658쪽.

다. 해방 후 이묘묵의 행각 중 가장 중요하지만 알려지지 않은 것이 나가사키 유조 검사와의 관계였다. 1937년 이묘묵은 동우회 사건으로 검속되었을 때, 경성지방법원 검사국 나가사키 유조 검사에게 전향서를 제출(1937년 11월 24일)했다. 나가사키 유조는 대표적인 사상검사이자 조선인 사상범을 손아귀에 넣고 쥐락펴락하는 실세 중의 실세였는데, 소위 사상범과 사상전향자를 관리하는 대화숙(大和塾)의 책임자(塾長)를 맡았다. 사상범은 모두 정기적으로 나가사키에게 출두해서 보고해야 했으며, 이묘묵은 대화숙 회원으로 나가사키와 인연을 맺었다.

해방 후 나가사키 유조는 공문서 훼기 및 공금 횡령 등의 혐의로 미군정하에서 실형을 선고받았으며, 일본에서도 형무소 생활을 했다. 조선총독부 고관 중 거의 유일하게 한국과 일본에서 수감 생활을 한 인물이다.[64] 나가사키가 미군정에 구속된 이유는 해방 직후 벌어진 조선총독부의 정치공작과 관련된 것이었다. 서울에 진주한 미군정은 중요 사상범과 정치인에 대한 정보 자료를 확보하려고 했으나, 검찰·경찰·대화숙 등의 공문서가 모두 소각된 상태였다. 특히 미군정은 사상전향자를 통제하던 대화숙의 자료를 확보하고자 했으나, 나가사키가 이미 불태운 후였다. 또한 경성대화숙은 60만 원가량의 비자금을 가지고 있었는데, 이 자금이 행방불명된 상태였다. 이와 관련해 나가사키는 1958년 「목각인형과 시계」(コケシと時計)라는 글에서 당시의 사정을 밝힌 바 있다.[65]

우선 해방이 되자 대화숙의 조선인 회원들이 나가사키를 찾아와 "최후로 봉사를 하고 싶다"고 하자 나가사키는 "일본인과 조선인 간의 충돌을 피할 운동을 해달라"며 경성대화숙이 보관하고 있던 내선일체 운동자금 약 60만 원을 건넸다. 그 후 경성에서는 조선인 군중이 일본인 마을에

---

64   정병준, 2008, 앞의 논문.
65   長崎祐三, 1958, 앞의 글, 41쪽.

들어가지 말자는 운동이 벌어졌다. 또한 회원들은 일부러 소련군 환영기를 들고 경성역에 몰려가, 수천 명의 조선인을 그곳으로 유인했다. 물론 소련군은 오지 않았다. 이후 대화숙 회원들이 선두에 서서 조선인들이 주로 사는 종로 방면으로 군중을 이끌었다는 것이다. 1945년 8월 16일 휘문중학교에서 건국준비위원회 결성대회가 열리던 순간 벌어진 소련군 진주 소동은 대전, 대구, 부산, 함흥 등 전국의 주요 도시에서도 8월 16~17일에 똑같이 벌어졌다. 이 모든 것이 기획된 일이었다. 해방 직후 흥분한 조선인들이 일본인의 가옥과 상점을 부수고 일본인을 공격해 일본인의 재산과 생명을 빼앗는 혼란의 무정부상태를 방지하기 위해 군집한 조선인들의 관심을 다른 데로 유도한 것이었다.[66] 이정식은 붉은 깃발과 러시아어로 소련군 만세 등의 플래카드가 등장한 것으로 미루어 좌익 사상전향자들의 소행일 것으로 추정했다.[67] 당시 소련군 경성역 진주 소동을 목격한 소련영사관 직원 샤브시나도 아직 공산주의자들은 감옥에서 풀려나지 못했거나 세력을 형성하지 못했는데, 누가 이런 시위를 주도했는지 모르겠다며 일본인은 숨어서 하나도 보이지 않았고, 일본 군대가 시위대를 해산시키지도 않았다고 회고했다.[68] 『주한미군사』(*HUSAFIK*)는 8월 16일 소련군이 경성에 도착하고 8월 17일에는 미군이 경성에 도착해 경성 공동점령에 관한 소문이 있었고, 8월 15일 소련이 점령한 북한 지역의 해적방송에 서울에 즉시 임시정부가 수립될 것이며, 임시정부 주요 구성원 3명이 8월 16일 경성역에 도착할 것이라는 보도가 나오면서 군중이 경성역으로 몰려갔다고 기술했다.[69]

66   長崎祐三, 1958, 앞의 글, 41쪽; 長崎祐三 談, 森田芳夫, 1964, 앞의 책, 832쪽; 『주한미군사』(*HUSAFIK*) 2부 2상, 9~10쪽.
67   이정식, 1991, 「8·15의 미스테리: 소련군 진주설의 진원」, 『신동아』 8월호, 431~437쪽.
68   파냐 이사악꼬브나 샤브쉬나, 1996, 앞의 책, 74~75쪽.
69   『주한미군사』(*HUSAFIK*) 2부 2장, 9~10쪽. 미국 전쟁부는 일본군의 모략, 정보 유포

나가사키 유조는 하야타 후쿠조(早田福藏) 전 총독부 법무국장이 미군 헌병대에 체포되자, 하지의 통역으로 있던 대화숙 회원 이묘묵에게 도움을 청했다. 하야타는 패전 전후 중요한 문서들을 소각하고 사법보호협회 등의 단체를 해산한 일로 9월 17일 미군 헌병대에 구금된 상태였다.[70] 이묘묵의 도움으로 하야타는 석방될 수 있었다. 이묘묵은 나가사키에게 "선생처럼 사상운동을 하신 분은 위험하므로 일찍 일본으로 돌아가는 게 좋겠습니다. 더구나 일본에 협력했던 조선인은 숙청되기 때문에, 역소(役所: 대화숙)에 있는 우리의 신상기록은 태워버렸으면 좋겠습니다"라고 요청했다. 나가사키는 이묘묵의 부탁도 있거니와 법무국의 지시도 있어서 이묘묵 등의 친일 기록을 소각했다고 회고했다.[71] 즉 이묘묵은 하야타 석방을 도운 대가로 나가사키에게 자신을 포함한 대화숙 관련자들의 친일 기록을 소각해달라고 부탁해 이를 성사시킨 것이다. 지금까지 전혀 알려지지 않았던 이 일은 1945년 9월에 벌어졌다.

1938년 이후 열렬한 친일활동을 펼쳤던 이묘묵은 해방 후 미군이 진주하자, 혁명가이자 독립운동가인 여운형을 친일파·공산주의자로 무고하는 한편 이를 발판으로 하지의 통역이자 문고리 권력으로 입신했고, 나아가 사상검사를 이용해 자신의 친일 기록을 소각하는 데 성공했다.[72] 우

는 증거가 없다고 결론지었다(James L. Gilbert & John P. Finnegan eds, *U.S. Army Signals Intelligence in World War II: A Documentary History*, Washington, D.C.: CMH, U.S. Army, 1993, p.97). 한편 8월 15일 경성 주재 소련영사 니콜라이는 경성중앙전화국장 스즈키에게 원산역장과의 전화 통화를 요청했고, 그 통화 중에 소련군의 원산 통과 여부를 문의한 후 "우리 나라 군대가 오후 5시까지, 늦어도 밤 8시까지는 경성에 도착할 것"이라는 말을 남기고 사라졌다고 한다(日本電信通話公司, 1965, 『電氣通信史資料』 II, 朝鮮之部 12章). 이 정보가 사실이라면 일본 측이 이를 이용해서 소련군의 경성역 진주 소동을 벌였을 가능성이 있다.

70   최영호, 2013, 앞의 책, 107쪽. 하야타는 1945년 11월 12일 추방 형식으로 일본으로 귀환했다.

71   長崎祐三, 1958, 앞의 글, 41쪽.

72   이묘묵은 1945년 11월 8일 관방(官房) 정보과 과장보(課長補)에 임명되었다. 재조선미

리가 알지 못했던 한국 현대사의 결정적 순간 중의 하나였다. "미영타도, 귀축영미"를 열성적으로 외치던 친일파는 미군 진주 후 하루아침에 친미파로 변신했다. 양지에서는 애국자이자 독립운동가를 친일파로 중상모략함으로써 미군정의 문고리 권력을 차지했고, 음지에서는 총독부 고관들과 거래한 결과 일제에 협력한 자신의 친일 경력을 지우는 데 성공했다. 보통의 상식이나 이성적 사고가 통용되지 않는 아이러니의 시대가 펼쳐진 것이다. 삼중의 악질적 반역자가 애국자를 친일파로 음해하고 친미파로 거듭나는 순간 한국 현대사의 앞길은 예측 불가의 험로로 예정되어 있었다.

국육군사령부군정청, 「임명사령」 39호(1945년 11월 24일).

알려지지 않은 정책 결정자 윌리엄스의 역할

1) "아무도 아닌 자"들의 결정: 미군정의 실권자 윌리엄스

1945년 9월 8일 하지가 7함대의 기함 캐톡틴호를 타고 인천항으로 들어오던 날, 며칠 동안 인천 앞바다를 헤매며 미군을 기다리던 건준의 대표인 여운홍, 조한용, 백상규가 이들을 맞았다. 여운홍은 여운형의 동생으로 우스터대학을 졸업했고, 백상규는 브라운대학을 졸업한 미국 유학생출신이었다. 조한용은 건국동맹원 출신이었다. 이들은 분명 영어로 얘기했지만, 미군과 의사소통이 잘 이뤄지지 않았다. 이때 이들의 한국어를 알아듣는 해군 소령이 나타났다. 조지 윌리엄스(George Z. Williams)였다. 해군 군의관이던 조지 윌리엄스는 인천에서 태어나 부친 프랭크 윌리엄스(Frank Williams)를 따라 충남 공주 등에서 15년 동안 거주한 적이 있었다. 하지는 즉각 윌리엄스를 개인 비서 겸 정치고문으로 임명했다.[73]

---

[73] 이하의 설명은 다음 자료에 따른 것이다. Kai Yin Allison Haga, 2007, *An overlooked dimension of the Korean War: The role of Christianity and American missionaries*

태평양전쟁기 윌리엄스는 호주 브리즈번 미 해군기지 병원의 연구소
장으로 복무 중이었다. 1945년 윌리엄스는 7함대 부의무관으로 임명되
어, 상륙작전을 수행하는 미군의 의무 책임자가 되었다.[74] 미군이 남한을
점령한다는 소식을 듣자마자 윌리엄스는 두 차례나 전출을 신청했지만,
7함대 사령관 킨케이드(Vice Admiral Thomas C. Kinkaid) 해군 중장

    *in the rise of Korean nationalism, anti-colonialism, and eventual civil war, 1884-
1953*, College of William & Mary, Arts & Sciences, Ph.D. Dissertation, Chapter
4: The Role of George Z. Williams in the Formation of the AMG; Kai Yin Allison
Haga, 2012, "Rising to the Occasion: The Role of American Missionaries and
Korean Pastors in Resisting Communism throughout the Korea War," edited
by Philip E. Muehlenbeck, *Religion and the Cold War: A Global Perspective*,
Nashville: Vanderbilt University Press.

74 조지 윌리엄스(1907~1994)의 이력은 다음과 같다. 1907년 4월 7일 한국 인천 출
생. 부친 프랭크 윌리엄스(1883~1962), 모친 앨리스 바턴(Alice Lavinia Barton,
1884~1980), 남동생 윌리엄(William Howard Williams, 1908~1985)과 로버트
(Robert Leroy Williams, 1929~2017). 1921년 미국 입국, 콜로라도 덴버의 조부
모 댁에서 수학. 1927년 덴버대학교 졸업(화학 전공), 1928~1931년 콜로라도의과대
학, 1931~1932년 세인트앤서니 병원 인턴, 1932~1935년 병리학·진단검사의학과
레지던트, 1933~1936년 콜로라도대학교 병리학 강사, 덴버 국립유대인병원 연구소
장, 1936~1937년 리치먼드 버지니아의과대학 병리학 조교수, 1937~1946년 부교수,
1946~1947년 교수, 1948~1953년 종양학 과장, 1953~1960년 국립보건원(NIH) 국
립암연구소 임상병리학 과장, 1948년 버지니아 종양클리닉의과대학(Medical College
of Virginia Tumor Clinic) 설립, 1948~1953년 국장, 1970~1979년 샌프란시스코
보건연구원장, 1979~1984년 암연구원장, 이후 명예원장, 퍼시픽메디컬센터 의학연
구원장 등을 역임했다. 1927년 훌다 애나 미셸(Hulda Anna Michel, 1905~1933)과
결혼해 아들 케네스(Kenneth De Lee Williams, 1929~2021)와 딸 지니(Jeannine
Alyce Williams, 1930~2018)를 두었고, 1933년 첫부인 미셸이 사망한 후 1935년 탤
퍼스(Julienne Erlene Talpas, 1908~1995)와 재혼했다. 1940~1946년 군 복무(남
서태평양전구 7함대 부의무장교), 동성무공훈장, 1961년 미국임상병리학회 위드 버딕
(Ward Burdick)상, 보건부 명예공로훈장을 받은 기록이 있다. Robert M. Schmidt,
1993, "George zur Williams," *Journal of Medical Systems*, vol.17, pp.273~276;
"Clin Path's first chief dies in California," *Clinical Center News*, February 1995;
Dr George Zur "Zur" Williams(1907-1994) —Find a Grave Memorial(2023년 1
월 14일 검색): https://prabook.com/web/george_zur.williams/123801; https://
ancestors.familysearch.org/en/LW6B-Y4M/george-zur-williams-1907-1994; 김
동선, 2017, 앞의 글.

은 다른 적임자가 없다며 승낙하지 않았다. 그렇지만 윌리엄스는 1945년 9월 8일 남한을 점령하는 하지 장군 부대를 인천까지 호송하는 호송단에 배속되었다. 한국어를 유창하게 구사하는 윌리엄스는 건준 대표 3명과 소통할 수 있는 유일한 미국인이었다.[75]

미24군단이 제물포에 상륙할 때 윌리엄스가 동행한 것은 우연한 사건이었지만, 그는 미군정의 초기 정책과 인사 결정에 중요한 영향을 끼쳤다. 다만 그는 공적 직위와 기록이 존재하지 않는 지점에서 자유롭게 활동했기 때문에, 미 국무부 혹은 주한 미24군단 정치고문실 문서에서 흔적을 찾을 수 없을뿐더러 미24군단 사령부, 맥아더 사령부, 합동참모본부의 공식 기록에서도 행적을 파악할 수 없다. 즉 윌리엄스는 국무부의 통제를 받지 않았고, 따라서 도쿄의 맥아더 사령부에 보고할 책임도 없는 위치에서 하지와 밀착되어서 중요한 임무를 수행했다.[76] 더욱이 윌리엄스는 1945년 9월부터 12월까지 약 3개월 정도 한국에서 활동한 후 1946년 1월에 미국으로 돌아갔다.

윌리엄스는 거의 평생을 버지니아의과대학 병리학 교수, 국립보건원 병리학자 등 의사로서 활동했으며, 병리학·종양학·세포학 등 의학 분야에서 중요한 성취를 이룬 의사로 평가받고 있다. 한국전쟁 때 북한 피난민의 흥남 철수를 도운 '한국의 쉰들러' 현봉학을 미국으로 불러들여 버지니아의과대학에서 공부시키기도 했다.[77] 그가 사망하기 1년 전인 1993

75　진주 초기 미군정의 친일경찰 유지 등 믿기 힘든 인사정책에 실망한 임영신은 주한미군 사령부를 찾아가 강력히 항의했다. 이에 대해 미군 장교는 주한미군을 통틀어 한국어를 할 줄 아는 사람은 단 한 명이라고 했는데, 그가 바로 조지 윌리엄스였다. Louse Yim, 1951, *My forty year fight for Korea: with the editorial assistance of E. H. Demby*, Seoul: Chungang University, p.242.

76　Kai Yin Allison Haga, 2007, 앞의 논문, p.172.

77　현봉학은 해방 후 조지 윌리엄스의 어머니인 앨리스 윌리엄스로부터 영어를 배웠는데, 당시 앨리스는 이화여대 영어 강사였다. 현봉학은 앨리스 윌리엄스의 추천으로 아들 윌리엄스가 교수로 있는 버지니아의과대학에 유학했고, 윌리엄스 밑에서 임상병리학을 전

조지 Z. 윌리엄스. ⓒ NIS

년 미국 의학잡지는 그의 생애를 회고하는 기사에서 한국에서 요트에 흥
미를 갖게 된 후 버지니아에서 샌프란시스코까지 요트 일주를 했던 일화
를 소개하면서도, 해방 직후 한국에서 했던 역할과 활동에 대해서는 단
한마디도 언급하지 않았다.[78] 우연한 기회에 한국 주둔 미군과 동행한
후, 하지의 개인 고문으로 3개월간 일하면서 윌리엄스가 한국 현대사에
결정적 영향을 끼치게 되는 상황과 구조는 미군 진주 이후 한국 현대사
가 당면한 총체적 모순과 위기를 설명하는 열쇠다. 윌리엄스 본인과 친구
들은 기억하지도 못하는 한국에서의 3개월이 한국 현대사의 주요 경로를

공했다. 현봉학, 1999, 『현봉학과 흥남 대탈출』, 경학사, 122~135쪽.
78 Robert M. Schmidt, 1993, "George Zur Williams," *Journal of Medical Systems*,
vol.17, pp.273~276.

결정하는 첫 디딤돌이 되었으며, 한국인은 자신들의 운명을 누가 결정했는지도 모른 채 발버둥치는 '표본실의 청개구리'와 같은 신세였다.

진주 직후 미24군단 사령부에서 윌리엄스가 했던 역할의 중요성은 하지가 작성한 최초의 보고서(1945년 9월 13일) 초안에 들어 있다. 24군단 군사실 문서철에 「윌리엄스 소령이 작성한 국가적 이슈」(National Issues by Major Williams)라는 폴더가 있는데, 여기에 윌리엄스가 작성한 「(남한 상황에 대한) 개관」[79]과 하지가 진주 직후의 상황을 보고한 최초의 보고서 「한국 상황, 1945년 9월 13일 하지」(1급 비밀)가 들어 있다.[80] 하지가 한국의 상황을 이분법적으로 인식하고, 위기 상황이라고 파악하게 되는 근거와 배경 등을 정리하고 있다.

윌리엄스는 1946년 1월 미국으로 돌아간 뒤 감리교회에서 한국 선교사 및 서기들 앞에서 한국의 상황에 관한 강연을 했다.[81] 총 13쪽 분량으로 정리된 긴 연설에서 윌리엄스는 주한 미군정 초기 자신이 수행했던 중요한 역할들과 한국에 대한 그의 입장 및 관점을 가감 없이 피력하고 있다. 윌리엄스는 확신과 신념에 찬 발언으로 일관했으며, 한국에서 벌어지고 있는 모든 일에 대해 확정적 태도와 판단을 제시했다. 심지어 남북으로 분단된 한국에서 반드시 내전이 일어날 것이라는 예언까지 서슴지 않았다.[82] 윌리엄스는 한국인의 여론과 입장을 강조하지 않았으며, 자기 확

---

79   "Introduction"〔수기로 Maj. W. Z. Williams Draft라고 적시함〕 (일자 미상). RG 554, USAFIK, XXIV Corps, G-2 Historical Section, 1945-1948, E.1256, Box 65. 「National Issues by Major Williams」.

80   "Condition in Korea, 13 Sept. 45 Hodge, Korean Rels〔Top Secret〕" RG 554, USAFIK, XXIV Corps, G-2 Historical Section, 1945-1948, E.1256, Box 65.

81   "Notes on address by Commander George Tsur Williams to Korea secretaries and missionaries in the Methodist Chapel, 30 January 1946," Presbyterian Church Archives, Record Group 140, Box 16, Folder 29: 1, Presbyterian Historical Society, Philadelphia, Pennsylvania(이하 「윌리엄스의 연설」로 약칭). 이 자료는 하가(Kai Yin Allison Haga)의 박사학위 논문에 처음 소개되었으며, 현재 필라델피아 장로교역사협회 온라인 아카이브에 공개되어 있다.

신과 판단에 근거해 한국인의 여론과 무관하게 자신이 미국식 민주주의로 생각하는 방안들을 실현하려 했음을 밝히고 있다.

윌리엄스에 따르면 하지가 '정치고문'으로 배치된 그에게 부여한 임무는 세 가지였다. 첫째, 한국의 정치 상황에 대한 하지의 자문에 응하는 것, 둘째, 하지를 대신해 한국인 지도자들에게 미군정이 하는 일을 전달하는 것, 셋째, 미군정 고위직에 적합한 한국인을 수배하는 것 등이었다.[83] 하가(Kai Yin Allison Haga)는 이 세 가지 임무를 수행할 직위를 급히 선택한 개인에게 맡김으로써 하지는 의도하지 않게 윌리엄스를 미군정 초기 가장 중요한 첫 달 동안 가장 강력하고 영향력 있는 인물로 만들었다고 평가했다.[84] 윌리엄스는 의사였을 뿐 훈련된 통역이나 박식한 정치고문이 아니었고, 그의 개인적 견해는 워싱턴의 고위급 정책과 일치하지 않았다. 이 때문에 윌리엄스는 "노련한 한국 정치인들의 책략"에 취약했고, 그의 종교적 배경, 교회 커넥션으로 말미암아 초기 미군정이 한국 내 기독교 그룹, 교육받은 엘리트, 선교사 사회의 의견과 필요에 경도되었으며, 한국의 우익, 특히 기독교 엘리트들이 미군정을 지배하도록 만들었다는 것이다.[85]

윌리엄스의 진술 외에도 하지가 윌리엄스의 중요성을 지적한 기록이 있다. 진주 직후 열흘이 지난 9월 18일에 하지는 7함대 사령관에게 원래 10일간 임시 파견된 윌리엄스가 점령군에게 중요한 인물이기에 24군단

82   윌리엄스는 남한에는 보수주의·민주주의 대 급진주의·공산주의의 대결이 존재하는데, 전자가 한국인 다수의 지지를 받고 있고 후자는 소수파이자 소련의 지령을 받고 있다는 이분법적 평가를 진술했다. 한민당의 송진우는 일본과의 협력을 거부한 애국자인 반면, 인민공화국의 여운형은 조선총독부의 거래 제안을 수락하고 친일정부를 세우려 한 공산주의자라고 평가했다. 「윌리엄스의 연설」.

83   「윌리엄스의 연설」, p.1. 윌리엄스에 따르면 그의 사무실은 곧 고위직을 얻으려는 한국인들로 북새통이 되었다.

84   Kai Yin Allison Haga, 2007, 앞의 논문, pp.173.

85   Kai Yin Allison Haga, 2007, 앞의 논문, pp.169~185.

으로 전출시켜달라고 요청했다. 하지는 윌리엄스가 오랫동안 한국에 거주한 적이 있고, 서울의 주요 지도자 중 상당수와 개인적으로 친밀한 사이로, "짧은 시간 동안" "군정, 정보참모부(G-2), 방첩대(CIC) 기관에 매우 유용한 정보를 계속 제공"했으며, "한국인과 한국 문제에 대한 그의 배경, 판단, 지식"을 갖고 있다고 했다.[86] 즉 하지는 윌리엄스가 진주 직후 주한 미군정, 24군단 정보참모부, 방첩대에 유용한 정보를 제공하고 있다는 점, 서울의 주요 지도자들과 개인적 친분관계가 있다는 점을 강점으로 적시한 것이다. 7함대 사령관은 전문을 받은 다음 날(1945년 9월 19일) 즉시 윌리엄스의 잔류 요청에 동의했다.[87] 원래 요청한 24군단 배속 기한은 2개월(1945년 11월 18일)이었으나,[88] 윌리엄스는 1946년 1월까지 24군단에서 근무했다. 1946년 1월 서울을 방문했던 에드워드 애덤스(Edward Adams) 목사는 윌리엄스가 "일자리에 지원한 한국인 지원자를 검토하며, 통역하고, 지방정부를 조직"하는 데 가치를 증명했다고 했다.[89] 조지 윌리엄스의 임무가 중요 직책에 적합한 한국인 지원자를 검토하고, 지방정부를 조직하는 일이라고 본 것이다. 즉 인사 문제를 좌우한 것이다.

86   CG 24th Corps-Action CINCAFPAC Pass Info COM7th FLT and CINCPAC ADV (1945. 9. 18) no. TFGAP-546 18th, RG 331, Supreme Commander for the Allied Powers, AG Section, Mail & Record Branch, Classified Decimal File 1945-47, Box 785-2.

87   CINCAFPAC-Action ADMIN Office 7th FLT, Info GHQ ADV, GHQ AFPAC Manila (1945. 9. 19) RG 331, Supreme Commander for the Allied Powers, AG Section, Mail & Record Branch, Classified Decimal File 1945-47, Box 785-2.

88   CINCAFPAC(Adv)-DINCPAC(Adv)/CINCPAC(Guam)(1945. 9. 20) RG 331, Supreme Commander for the Allied Powers, AG Section, Mail & Record Branch, Classified Decimal File 1945-47, Box 785-2.

89   Edward Adams, "Report on Korea," (1946. 1. 13) RG 140, Box 16, Folder 29 "Re-establishment of Korea Mission work; 1943-8,"; Presbyterian Historical Society, Philadelphia, Pennsylvania.

윌리엄스는 1946년 1월 감리교 선교사들에게 자신이 3개월간 목격한 한국의 실정을 이야기했다. 부친 프랭크 윌리엄스가 감리교 선교사 출신이었으므로, 윌리엄스는 자신이 고향집에 온 듯한 태도로 자유롭게 이야기하며, 속내를 풀어놓았다. 이 연설은 감리교 선교본부에 의해 녹취록으로 작성되고, 비밀(confidential)로 분류되어 한국 선교와 관련 있는 다른 교파, 즉 장로교 등에도 전달되었다.[90] 「윌리엄스의 연설」은 한국인과 한국 상황에 대한 그의 생각과 판단, 주한 미군정에서 그가 했던 역할, 미군정의 실제 모습 등에 관한 여러 가지 중요한 정보를 제공하고 있다.

첫째, 윌리엄스는 선교사의 아들로 태어나 한국에서 15년간 체류했으며, 한국에 대한 지식과 애정을 갖고 있었지만, 다른 한편으로 일제 식민지 시기 한국에 대한 오리엔탈리즘적 확신과 한국인의 자치 능력 결여에 대한 편견을 가지고 있었다. 즉 윌리엄스의 한국에 대한 인식과 감정은 양가적이며 양면적인 것이었다.

윌리엄스는 "한국은 지난 5,000년간 자유가 존재한 적이 없다. 45세 미만의 사람들 중 자신의 발언을 공표하려면 목숨을 잃을 수 있다는 공포를 가졌던 때를 기억하는 사람은 없다"[91]라며 한국이 일본의 식민지 이전에도 언론과 표현의 자유가 없는 암흑의 전제군주 시대였음을 강조했다. 또한 "한국인은 청소년기 상태에 있기에, 자기 엄마나 아빠, 이모를 동반하지 않고 데이트를 나가려고 한다"고 주장했는데,[92] 맥아더가 일본은 청소년기의 미숙한 상태이며 유럽과 미국은 장년기의 성숙한 상태이기에 일본을 교도할 필요가 있다고 한 발언과 일맥상통한다. 이런 인식의 밑바

90　"Notes on address by Commander George Tsur Williams to Korea secretaries and missionaries in the Methodist Chapel, 30 January 1946," Presbyterian Church Archives, Record Group 140, Box 16, Folder 29: 1, Presbyterian Historical Society, Philadelphia, Pennsylvania.

91　「윌리엄스의 연설」, p.1.

92　「윌리엄스의 연설」, p.11.

탕에는 오리엔탈리즘, 문화적 멸시가 있었다. 따라서 이들을 어떻게 다루고 어떤 정책을 구사할 것인가는, 장년의 성숙하고 결정권이 있는 미군 고위 장교들과 자신이 수행해야 한다는 것이다.

둘째, 윌리엄스는 미국 선교사들과 연관된, 교육받고 상당한 부를 소유한 조선의 지배층에 대해서는 호감과 공감을 가진 반면, 반제국주의적·반기독교적인 사회주의와 공산주의 운동 및 민중운동에 대해서는 반감과 부정적 인식을 갖고 있었다. 공산주의, 소련, 사유재산 침해 등의 주제에 대해 윌리엄스는 단호한 태도를 취했다. 선교사의 아들로 태어났기에 반소·반공적인 입장을 견지한 것이다.[93] 윌리엄스는 "해방된 한국에서 중립이란 거의 불가능하며, 급진파(좌익)와 민주파(우익)밖에 없으므로 둘 가운데 하나를 선택해야 한다"는 소신을 갖고 있었다.[94] 이런 토대 위에서 윌리엄스는 한국인들이 자신과 미군정, 미국의 결정을 반드시 따라야 하며, 한국의 운명을 결정하는 자신들의 선의와 결정을 존중해야 한다는 단호한 입장을 취했다. 이런 윌리엄스의 한국에 대한 인식과 태도, 자신감 넘치는 단호한 자세와 결정은 하지 장군 등에게도 공감을 불러일으키는 요소가 되었다.

이런 맥락에서 윌리엄스는 진주 직후 한국 정치를 한민당과 인공의 대립으로 설명하고 있다. 첫째는 보수주의, 평화 애호, 친미적, 임시정부

---

93   현봉학은 앨리스 윌리엄스의 추천으로 버지니아의대에 진학했는데, 리치먼드 교회 연설에서 자신이 북한에서 목격한 소련군에 대해 사람은 근본적으로 동일하며, 소련군도 행동은 미개하지만 인간의 본질에선 다른 사람과 다를 바 없다고 발언했다. 그러자 교회 안팎에서 현봉학이 공산주의 동조자라는 비난과 소문이 퍼졌고, 윌리엄스는 현봉학을 불러 그런 발언을 다시는 하지 말라고 경고했다. 함흥 출신 현봉학이 느끼기에도 윌리엄스와 지역사회 리치먼드에는 극단적인 보수주의 및 반공주의가 만연했던 것이다. 현봉학, 1999, 앞의 책, 133쪽; 현봉학, 2017, 『현봉학: 흥남 철수작전의 주역, 동포를 사랑한 휴머니스트』, 북코리아.

94   Interview with Commander Williams, Special Assistant to General Arnold (1945. 10. 13) RG 332, USAFIK, XXIV Corps, G-2, Historical Section, Box 27, *Historical Journal*, 11 Aug.-10 Oct. 1945, etc(4 of 6).

지지 집단인 한민당이며, 둘째는 총독부의 후원하에 건준에 이어 인공을 수립했으며, 임시정부를 반대하는, 파괴적 공산주의 집단인 인공이 존재한다고 주장했다.[95] 사실 한민당은 미군정이 진주하기 이전까지 지지 기반, 활동 범위, 조직 역량 등에서 여운형이나 인공과 비교할 수 없는 상황이었다. 한민당은 정치활동의 전면에 나설 수 있는 독자적인 명분과 정당성, 지도자가 부재한 상황이었기 때문에, 해방정국의 군소단체 중 하나에 불과했다. 이 때문에 한민당의 전술은 여운형과 인공을 상대로 온갖 모략과 협담과 중상비방을 일삼는 것이 기본이었으며, 한민당이 갖지 못한 정당성을 중경임시정부 및 이승만과 김구를 지지함으로써 대체 혹은 보완하려고 했던 것이다. 그럼에도 불구하고 윌리엄스는 한민당을 극구 칭송하며 한민당이 한국의 민주주의 진영을 대표한다고 주장했다.

윌리엄스는 한민당의 대표적 인물은 송진우이며, 이들은 보수적이고, 평화를 애호하며, 미국이 한국 정부를 건립하는 데 협력하길 원하는 사람들이라고 칭찬하면서 그들의 당 강령의 첫 항에 일본으로부터 한국을 해방시켜준 미국에 감사를 표현하는 항목이 있다고 밝혔다. 또한 이들은 한국 정부 건설에 협력하면서 김구와 임시정부의 조기 귀환을 희망한다고 주장했다.[96]

반면 미군 진주 당시 공산주의자들은 불과 300명에 불과했지만, 공산주의자 스스로는 1,000명이라고 밝혔다고 했다. 해방정국에서 조직력과 영향력이 컸던 공산당에 대해서는 믿기 힘들 정도로 대중적 지지가 없는 정당으로 묘사한 것이다. 공산당이나 인민공화국은 자기 조직원의 수도 파악하지 못했으며, 윌리엄스가 자신의 업무였던 정치 상황 조사에 따르면 인민공화국과 공산당의 지지율은 전체 한국인의 5퍼센트 미만이었

---

95   「윌리엄스의 연설」, pp.4~5.
96   「윌리엄스의 연설」, p.5.

다.[97] 박헌영을 아는 사람은 거의 없으며, 박헌영은 모스크바에 한국 공산당 대표로 파견된 바 있는 인물로, 박헌영이 공산주의적인 인민공화국의 지도자라고 주장했다. 인민공화국도 원래 공산주의 그룹으로 출발한 것이 아니라 보수주의 그룹으로 시작되었지만, 공산주의자들이 장악했다고 했다.

윌리엄스가 해방 직후 한국의 정치 상황을 독해하는 기본적인 문맥은 바로 한민당의 주장을 그대로 복제한 것이나 다름없었다. 윌리엄스는 한민당의 주장과 본인의 확신에 기초해 사실 착오와 선후가 뒤섞인 기억을 확정적으로 진술했다. 윌리엄스에 따르면 8월 15일 아베 총독이 송진우를 불러 "우리 정부는 붕괴했다. 당신은 미군이 도착하기 전까지 인민들의 질서 유지를 위해 뭔가를 도와달라. 나는 당신이 일정한 정부를 조직해서 책임을 이양받았으면 한다"라고 했지만, 송진우는 "나는 일본 정부로부터 명령을 받아본 적이 없다. 나는 지금 착수할 수 없다"고 거절했으며, 이후 아베 총독은 〔김준연〕을 불러 동일한 요청을 했지만, 역시 거부당했다. 이후 아베 총독은 여운형을 불렀고, 여운형은 제안을 수락하며 1,500만 원을 아베로부터 받았다는 것이다. 여운형은 이승만과 김구에게 달려가 조언을 구했는데, 이들은 좋은 일이라며 지지를 약속했다. 아베 총독은 여운형과 계약을 체결하고 라디오를 통해 이를 알렸다. 박헌영과 공산주의자들이 협력을 약속했고, 건국준비위원회의 많은 부서에 공산주의자들이 침투했다. 공산주의자들은 선거 실시를 결정했고, 9월 2일 서울시 인민위원회를 30명으로 구성해서 인민공화국 선거 준비와 헌법을 마련했다. 9월 6일 300명이 참석한 대회를 개최해서 서울시 인민위원회가 짠 각본대로 흘러갔는데, 참석자의 절대다수가 공산당원이었다.[98]

---

97   「윌리엄스의 연설」, p.5.
98   「윌리엄스의 연설」, p.5.

윌리엄스는 인민공화국 대회〔전국인민위원회 대표자대회〕에 북한에서 온 대표 250명이 참석할 의향을 피력했고, 공식적인 절차가 아니라 이들을 죄수로 위장해서 선박에 태워 데려왔다 데려갔다고 주장했다. 이들 중 한 명이 장로교 목사여서, 윌리엄스는 그를 통해 인민공화국에 대한 정보를 빼냈다고 했다.[99]

셋째, 윌리엄스는 친일 문제에 대해 매우 관대한 태도를 취했다. 일본의 지배하에 있었기 때문에 한국인들은 협력하지 않을 수 없었다며, "한국인은 모든 전쟁 노력에 협력을 강요당했다. 남성은 모두 머리를 깎았으며 여성도 머리를 단발머리로 잘라야 했다. 머리카락은 모두 수집되어서 항공엔진용 모발유를 짜는 데 사용되었다. (…) 모든 집안이 산에 가서 소나무 뿌리를 캐서 송진유 추출을 위해 매주 공출해야 했다. 할당량을 못 채우면 배급을 받지 못했다"고 했다. 일상생활에서 벌어진 일제의 전쟁 동원책에 대한 설명이다. 그런데 "우리의 관점에서 볼 때 모든 한국인은 충분히 친일적이며 충분히 친생존적이어서(pro-Japanese enough - pro-survival enough) 그만큼 전쟁 노력에 협력해야만 했다"고 발언했다. 윌리엄스의 발언은 해방 직후 악질 친일파들이 주장하던 국민공범론, 식민지 환경론 등과 동일한 것이다.[100] 조병옥이 친일경찰을 두둔하며 입에 달고 살았던 친일(pro-Jap)이 아니라 목구멍이 포도청(pro-Job)이었다는 주장과 동일한 것이다. 친일파는 존재하지 않으며,

---

99   「윌리엄스의 연설」, p.6.
100   「윌리엄스의 연설」, p.2. 대표적인 악질 친일파 이종형 등은 친일을 합리화하기 위해 다양한 수상을 펼쳤다. 가장 손쉬운 것이 국민공범론, 환경론으로 일제하에서 세금을 납부하고, 소방훈련을 하고, 전쟁물자 수집에 동참하는 등 일상생활을 영위한 모든 한국인이 친일파이며, 작은 친일이든 큰 친일이든 일제 지배하에서 생활한 것 자체가 친일파라는 주장이었다. 해방 직후 친일변호론과 합리화 주장에 대해서는 다음을 참조. Youn-tae Chung, 2002, "Refracted Modernity and the Issue of Pro-Japanese Collaborators in Korea," *Korea Journal*, 42(3).

일제 통치하의 모든 한국인이 일제에 협력한 친일파였다는 윌리엄스의 주장은 조병옥 등에게서 나왔을 것이다.

나아가 윌리엄스는 막대한 전쟁후원금을 내서 친일파로 알려진 사업가도 사실은 자기 수입을 감추고, 일본에 제공해야 할 수입 2분의 1에 해당하는 수백만 원을 내지 않음으로써 일본의 전쟁 노력을 사보타주했다며, 누가 이런 사람의 얘기를 책으로 써야 한다고 했다.[101] 아마도 "마약왕"으로 알려진 전용순 등 유명한 친일파의 이야기를 전한 것으로 생각된다.[102] 윌리엄스의 친일 문제에 대한 수용적 태도와 심지어 긍정적인 평가를 바탕으로 한 정보와 판단은 하지와 베닝호프의 친일 문제 인식에도 영향을 끼쳤을 것이다. 이들은 친일 문제를 중시하지 않았으며, 친일파로 알려진 보수주의자, 교육자, 사업가 등이 사실은 항일 애국자였다는 전도된 인식을 가졌다. 친일은 한국 내부의 문제일 뿐 미군정의 문제가 아니었기 때문이다.

넷째, 윌리엄스의 인식 중 놀라운 것은 북한의 소련 점령군에 대한 혐오와 하지의 행정적·정치적 무능에 대한 칭찬이었다. 윌리엄스는 다음과 같이 발언했다.

> 우리는 우리가 함께 상대하고 있는 것이 무자비한 전체주의 정부라는 사실을 인식할 필요가 있다. 우리의 점령 정책에 있어서, 우리는

---

101 「윌리엄스의 연설」, p.3.
102 전용순(1901~1961)은 경성약화(京城藥化)연구소 사장(1929)으로 염산모르핀을 생산하여 부를 쌓았다. 살바루산·머큐로크롬을 생산하는 금강(金剛)제약소 사장(1935)을 지냈다. 조선약품공업협회 위원장(1945. 10), 금강제약소 사장(1946), 경기도 상공경제회 이사(1946. 3), 조선상공회의소 부회두(1946. 5), 공업회의소 부회두(1947. 12), 조선약업진흥주식회사 사장(1948), 조선상공회의소 회두(1948. 5), 경제위원회 위원(1949. 2) 등을 지냈다. 전용순은 염산모르핀 생산으로 돈을 벌었기 때문에 마약왕, 마약 밀매자란 악평을 얻었다. 정병준, 2016, 「대한경제보국회(大韓經濟輔國會)의 결성과 활동」, 『역사와 현실』 33, 270쪽.

책임을 지고 있는 고위급 장군들이 모든 해답을 가지고 있으며, 정부를 운영할 수 있다는 생각을 너무 자주 하고 있다. 다행히 우리는 정부에 대해 아무것도 모르는 장군들이 있으며 이들은 자기들이 정부에 대해 아무것도 모른다는 사실을 알고 있다. (…) 한국인은 정부는 반드시 이래야 한다는 선입견을 갖지 않은 장군들이 여기에 배치된 것에 대해 감사해야 한다. 만약 장군들이 하고 싶은 바대로 할 수 있는 자유를 가졌더라면, 한국 인민들 사이에서 어떤 불충도 존재하지 않았을 것이다. 우리는 한국인들에게 〔1946년〕 3월까지 정부를 갖게 될 것이라고 약속했지만, 미국 정부의 간섭 때문에 한국인들은 그때까지 정부를 갖지는 못할 것이다.[103]

윌리엄스의 발언은 놀라움을 넘어 경악을 불러일으킨다. 일개 군의관이었던 윌리엄스 소령이 한국의 정부 수립, 장군들의 행정부 운영 능력 등을 멋대로 판단하고 있었던 것이다. 진주 직후 미군정 수뇌부의 행정적 무능과 정책적 판단 능력 부재가 어느 정도였는지를 직관적으로 보여주는 발언이었다. 하지 등 주한미군 고위 장교들이 모두 행정 업무에 무능했으며, 사실상 멍청이였다는 평가는 틀린 것이 아니었다.[104] 한국에 정부를 수립하는 시기와 방법은 주한미군과 미군정이 마음대로 결정할 사안이 아니라 워싱턴이 연합국과 전시 외교를 통해 합의한 방침에 따라야 할 사안이었다. 또한 하지가 1946년 3월까지 정부 수립을 약속했다는 점도 진주 초기 미군정 내에서 벌어진 믿기 힘든 우극(愚劇)의 실체를 보여주는 것이었다. 하지는 그런 약속을 할 위치도 아니었고, 그런 권한도 없

---

103   「윌리엄스의 연설」, p.6.
104   한국 점령에 참가했던 그레고리 헨더슨은 하지와 미군정을 무지와 무능, 무책임한 존재로 규정했다. 그레고리 헨더슨 지음, 2000, 앞의 책, 197~208쪽.

는 상태였으며, 미군 지휘체계상 고위급 정책을 실행하는 말단의 집행자였을 뿐인데도 최고위급 정책 결정자로 행세하고 있었던 것이다. 나아가 미 국무부와 합동참모본부, SWNCC 등이 제시한 점령의 기본 원칙 중 하나가 특정 정치 세력을 육성·지원하거나 동원해서는 안 된다는 것이었는데, 하지는 진주 초기부터 이를 완전히 무시했다.

그렇다면 미군정은 어떻게 행정 업무와 정부 업무를 처리했는가? 그것은 바로 한국인 고문과 전문가를 활용하는 방법이었다. 은행가를 불러서 정부의 금융체제에 대한 조언을 듣고, 농부를 불러 농업에 대한 조언을 구하는 방식으로 일을 처리했다는 것이다.[105] 바꿔 얘기하면 윌리엄스는 미군정의 행정과 통치는 정책의 방향성을 갖고 일관성 있게 운영된 것이 아니라 베닝호프가 보고서에서 주장한 바대로 "매일 매일의 기초 위에서" 임시방편으로 자타칭 한국인 전문가들을 불러서 그들의 의견을 듣고 정책 결정을 했다는 것이다. 하지와 윌리엄스가 마음대로 한국 정부 수립에 관한 정책을 결정하고 실행했어야 하는데, 본국의 방해와 신문 기자들의 보도로 무산되었다는 것이다. 그럼에도 불구하고 미군정은 한국인 고문 및 자문에 기초해서 인선을 하고, 정부의 기능을 수행해왔으므로, 최종적인 책임은 한국인에게 있다는 취지였다. 미군정 진주 직후 한국 사회에서 벌어진 수많은 엽관운동과 자리를 차지하기 위한 치열한 경쟁의 실상이 이러했다.

윌리엄스는 일제 식민지 지배구조를 한국의 정부 구조로 전환하는 작업을 사람이 거주하는 상태에서 집을 바꾸는 것에 비유했다. 일본식 벽돌, 기둥, 방으로 구성된 집을 한국식 기둥과 벽돌로 바꿔야 하는데, 일부 한국 벽돌은 상태가 좋지만 일부는 썩은 상태였다. 미국인은 그 집에 들어오지 않고 "다이너마이트로 집을 폭파해서 좋은 것과 나쁜 것을 모두

---

105 「윌리엄스의 연설」, p.6.

파괴하라"고 말할 수 있지만, 우리는 그 집에 들어와서 벽돌을 개별적으로 점검한 후 일본식 벽돌을 골라내고 썩은 한국 벽돌을 들어낸 후, 한국식 계획에 따라 한국식 구조를 만들고 있다고 설명했다. 이게 한국 정부를 만들려는 하지 장군의 계획이라고 했다.[106] 윌리엄스는 이런 하지의 계획을 한국인에게 설명하는 것이 자신의 업무였으며, 미국인들이 한국인들을 점점 알게 되면서 이 일이 더욱 어려워졌다고 했다.

다섯째, 「윌리엄스의 연설」 중 흥미로우면서도 놀라운 부분은 기독교 선교사 및 교회와 관련된 언급이다. 윌리엄스는 한국의 개신교 교회가 교파와 상관없이 형편없는 상태이지만, 미군정 치하에서 기독교가 지배적인 종교가 되고 있다고 강조했다. 즉 하지의 명령으로 고문회의를 구성하게 되었는데, 종교계에서는 개신교 2명, 가톨릭 1명, 유교 1명, 불교 1명을 고문으로 충원하기로 했는데, 다른 모든 분야의 인물은 충원했지만, 개신교에서 친일 전력이 없는 목사를 찾지 못해서 기독교 대표가 포함되지 못했다고 진술했다. 윌리엄스가 개신교 대표 2명을 구하지 못하자, 하지는 나머지 종교 대표의 임명을 거부했다. 개신교 대표가 임명되지 못했음에도 불구하고 나머지 고문들은 모두 저명한 기독교 인사들이 임명되었다. 임명된 은행가와 법률가들은 모두 기독교 신사들이며 기독교회를 대표하기 때문에, 이 고문회의는 진정한 "기독교전국고문회의"(Christian National Advisory Council)라고 했다.[107]

또한 1945년 11월 27일부터 29일까지 개최된 기독교 대회에 600~700명의 대표가 참석했는데, 둘째 날 H. H. 언더우드 박사, 윌리엄스의 아버지 프랭크 윌리엄스, 하지 장군, 아놀드 장군은 물론 김구도 초대되었다고 했다.[108] 기독교 신자들은 이승만과 김구를 100퍼센트 지지해서,

---

106   「윌리엄스의 연설」, p.7.
107   「윌리엄스의 연설」, p.8.

이들이 연설할 때 박수 치고 휘파람을 불고, 환호하고, 울부짖고 웃었다는 것이다. 이들 기독교 교회를 도와서 교회를 회복하도록 하며, 미군정을 지원하도록 하는 게 자신의 임무였다고 술회했다.[109]

여섯째, 윌리엄스는 김구와 이승만을 높게 평가한 반면 공산주의자들을 비난했다. 한국인들은 미군이 상륙할 때 김구 등 임시정부 지도자를 태우고 올 것을 기대했다며 "김구는 언제 우리를 구하러 오나요?"라고 물었다는 것이다. 진주 당시 김구는 100퍼센트의 지지를 받았고, 현재는 반대자가 20~30퍼센트 된다고 평가했다.[110] 윌리엄스가 진술한 미군정의 계획에 따르면 1946년 3월 1일까지 모든 부서의 국장을 한국인으로 대체하고, 7월 1일에는 모든 정부 기능을 한국인에게 이양하며, 이때 보통선거를 통해 의회를 만들 것이라고 했다. 한국인들은 김구가 수반이 되길 희망했으며, 보통선거로 헌법을 제정해 독립 한국 정부를 수립할 것이며, 이들이 미군정과 협력하길 기대했다는 것이다. 그런데 미국인들은 김구가 한국인에게 독립운동의 영웅이며, 90퍼센트가 그를 지지한다는 사실을 몰랐다는 것이다.[111]

윌리엄스는 공산주의에 대해 강경한 태도를 보였으며, 한국인에 대해서도 비하적 편견을 갖고 있었다.

우리는 공산주의자들과 문제가 있지만, 우리가 강경한 태도를 취하면 한국인들은 늘상 진정된다. 한국인들은 약간의 통제를 원한다. 이들은 "당신들은 우리를 통제해야만 한다. 당신들은 우리에게 이런 자유를 제공해서는 안 된다. 우리는 자유를 어떻게 사용할지 모른다"고

---

108 「윌리엄스의 연설」, p.10. 연설 필기자는 김규식이라고 적었다가 김구로 수정했다.
109 「윌리엄스의 연설」, p.10.
110 「윌리엄스의 연설」, pp.2, 10.
111 「윌리엄스의 연설」, p.10.

말했다. 우리는 그렇게 할 수 없었는데, 왜냐하면 〔남한에〕 언론 특파원과 국무부 대표들이 있어서, 계속 본국에 기사를 써 보내고 우리를 비판했기 때문에, 우리는 그렇게 할 수 없었다. 하지 장군은 우리〔미국〕 정부〔의 반대〕에도 불구하고 한국 정부를 위해 해줄 수 있는 것을 다 하고 있다.[112]

윌리엄스는 인민공화국이 이미 선거법을 제정해놓았으며, 공산주의자들이 100퍼센트 지지를 획득할 것이지만, 그렇게 하면 너무 표가 나므로 교묘하게 100퍼센트 미만의 특정 비율로 공산주의자가 지배하는 구조를 만들 것이라고 했다.

「윌리엄스의 연설」을 종합해보면, 윌리엄스는 기독교 교회, 친미, 반공, 보수주의, 임시정부(이승만, 김구), 사업가 및 교육가 등을 중심으로 한국 정부를 수립하고자 했음을 알 수 있다. 친일파에 대한 우호적이고 관대한 태도, 이와 대비되는 여운형·인민공화국·공산주의자에 대한 적대와 혐오, 한민당에 대한 과대평가 등이 결합되면서 미군정의 초기 정책들을 조성한 것이다. 그 핵심은 인민공화국·여운형·공산주의에 대한 반대, 한민당과 임시정부에 대한 절대 지지와 후원, 주요 관직에 기독교·한민당·영어 능통자를 임명하는 것 등이었으며, 가장 중요한 정책적 결정은 임시정부 후원에 기초한 미국의 대한정책인 신탁통치 계획 부인과 독자적인 과도정부 수립 방안의 추진이었다.

해방 직후 일제 잔재 청산, 친일파 숙청이라는 정치적 요구와 토지개혁 등 사회적 불평등 해소라는 경제적·사회적 요구가 폭발하고 있는 혁명적 상황과 한국인들의 열망을 생각한다면, 윌리엄스가 한국의 현실을 보수주의 대 급진주의, 민주주의 대 공산주의, 한민당 대 인민공화국으로

---

112   「윌리엄스의 연설」, p.7.

이항대립적이고 단선적으로 파악한 것은 시대와 국가의 주인공인 한국인들의 요구와 분노를 무시한 처사였다. 윌리엄스는 정치적 파트너십 선택에만 주목하고, 주체들의 희망과 요구를 무시했다. 그 결과는 미군정에게 재앙적이었다. 혁명의 시대에 구질서를 대변하는 미군정과 분노한 혁명적 열망의 대충돌은 이성적 사고를 가진 사람들에겐 충분히 예견된 일이었다. 희망은 절망으로 바뀌었고, 작은 실망들은 인민의 분노와 좌절의 눈물방울들을 흡수하면서 거대 폭풍우로 성장했다. 해방의 환호는 불과 1년 만에 분노와 절망의 분류(噴流)로 바뀌었다. 미군정의 초기 대책은 한국인들의 이해와 요구와는 무관하게 비현실적이고 이항대립적인 것이었는데, 이는 이미 진주 직후 일주일 정도면 기본적인 방향으로 자리잡았고, 이후 관성에 따라 탄력을 받으며 진행되었으며, 종국적으로는 미국무부의 공식적인 대한정책과 충돌하며 한반도 내에서 신탁통치 파동을 일으키는 동력이 되었다. 여기에 일조한 것이 진주 직후 윌리엄스가 행한 초기 조언들과 역할이었다.

윌리엄스의 역할과 중요성은 11월 초 H. H. 언더우드와 부친 프랭크 윌리엄스 등 원로 선교사들이 남한에 입국하면서 쇠퇴하기 시작했다. 윌리엄스는 12월에 미국으로 파견되어 교육원조를 구할 한국인 6명의 '교육조사시찰단'과 동반 귀국할 예정이었고,[113] 1946년 1월 초 미국으로 귀환했다.[114] 국무장관 면담에 실패한 윌리엄스는 1946년 1월 30일 감리교 선교사들 앞에서 연설한 후 버지니아의대로 돌아갔다.[115]

---

[113]   Arnold to MacArthur, December 1, 1945, *FRUS*, 1945, vol. VI, 1969, p.1140.

[114]   윌리엄스는 1946년 1월 1일 국무부에 전문을 보내 자신이 한국 사절단과 동행해 워싱턴에 간다며 국무장관 면회를 신청했으나 국무부 극동국은 전쟁부 민정국 정부과에 해당 전문을 전달하고 상황을 마무리했다. "Memorandum from G. Z. Williams to the State Department" (1946. 1. 1): Receipt of Telegram from Commander G. Z. Williams, USNR (1946. 1. 2) RG 165, Civil Affairs Division General Records, Security Classified General Correspondence, 1943-1949.7, Box 180 (1).

2) 국무부 정치고문 베닝호프와 랭던의 동조

윌리엄스가 하지 중장의 전폭적인 신뢰를 받은 것은 이해할 수 있지만, 하지의 공식 정치고문으로 국무부가 파견한 베닝호프와 후임 랭던의 역할과 입장은 무엇이었는지 분명하지 않다. 베닝호프는 9월 3일 하지의 정치고문으로 임명되어, 오키나와로 날아가 남한 상륙에 동행했다. 베닝호프(Harry Merrell Benninghoff, 1904~1995)는 일본, 만주, 중국에서 근무한 외교관이지만 한국 경험은 전무했다.[116] 한국인에게도 베닝호프는 거의 알려지지 않은 인물이었다. 가장 큰 오해는 베닝호프가 후임인 랭던(William R. Langdon)보다 상급자였다거나, 일본에서 수십 년간 선교사로 활동하며 와세다대학 강사로 일했다는 내용이다.[117]

베닝호프는 선교사인 해리 백스터 베닝호프의 아들로 태어났지만, 일본 대학에서 가르친 바 없으며, 그의 부친이 오랫동안 일본 와세다대학에서 강의했다.[118] 또한 랭던이 베닝호프보다 고참 외교관이었다. 랭던

---

115 하지는 윌리엄스가 다시 한국으로 돌아오기를 희망하며, 윌리엄스의 부인을 간호사 자격으로 한국에 입국시켜주겠다고 제안하기도 했다. 「윌리엄스의 연설」.

116 James I. Matray, 1985, 앞의 책, p.53; Charles M. Dobbs, 1981, *The Unwanted Symbol: American Foreign Policy, the Cold War, and Korea, 1945-1950*, Kent, Ohio: Kent State University Press, pp.33~34.

117 이런 착오가 빚어진 원인은 베닝호프가 1945년 10월 국무부에 보고차 도미했다가 12월 말 다시 한국에 들어올 때 언론이 "전 와세다대학(前早稻田大學) 강사로 일본에서 수십 년간 선교사로 있던 H. B. 베닝호프가 착임(着任)"하였다고 보도했기 때문이다. 언론에는 하지의 정치고문으로 경성 주재 총영사였던 랭던이 본국으로 돌아가고 후임으로 베닝호프가 파견되었다고 보도되었다. 기사 내용은 베닝호프 부친의 경력을 잘못 소개한 것이었다. 『자유신문』 1945년 12월 27일자; 정용욱, 2003, 『해방 전후 미국의 대한정책』, 서울대학교출판부, 146쪽, 264쪽.

118 해리 백스터 베닝호프(Harry Baxter Benninghoff, 1874~1949)는 버마와 일본에 파견된 적이 있는 침례교 선교사였다. 베닝호프는 인디애나주 발파라이소대학(Valparaiso University), 1906년 시카고대학 교육학 학사, 1907년 동대학원 문학석사, 1907년 발파라이소대학 과학사, 1915년 프랭클린칼리지(Franklin College) 명예 신학박사 학위를 받았다. 1897년 목사 안수를 받았으며, 침례교 선교사 겸 교사로 버마에 파견되어 랭

윌리엄 R. 랭던(1936년 11월).
© FSJ

은 1911년 국무부에 들어간 반면 베닝호프는 1927년에 들어갔으며, 1941년 8월 당시 랭던은 외교관 2급이었고 베닝호프는 5급이었다. 즉 랭던이 베닝호프보다 3등급 이상 높은 외교관이었다.[119] 하지는 진주 직후 국무부에 고위급 정치고문을 요청했으며, 1945년 10월 10일 24군단 참모회의 기록에 따르면 "현재 국무부로부터 2명의 최고위급 인사가 오고 있는 중"이었으며, 베닝호프는 한국 상황을 국무부에 전달하기 위해 워싱턴으로 출발한 상태였다. 랭던은 1944년 쿤밍 총영사를 지냈으며, 종전 후에는 상해에서 연합군 전쟁포로 석방을 위해 국무부 대표로 활동하며 중국에 체류 중이었다. 랭던은 1945년 10월 20일 서울에 도착해서 베닝호프 대신 임시

군침례교대학(Rangoon Baptist College)의 교장으로 근무했다. 부인의 병으로 귀국해 1904~1907년간 발파라이소침례교회(Valparaiso Baptist Church) 목사로 근무했다. 이후 1907년 일본에 파견되어 1908년부터 와세다대학 강사에 취임했으며, 1916년까지 종교학, 군집심리, 히브리문학, 미국 정치제도 연구, 영어 회화를 담당했으며 이후에도 미국 제도, 영어 회화 같은 과목을 계속 강의했다. 베닝호프는 1908년 이래 도쿄에 던컨침례교학교(Duncan Baptist Academy, 일본명 友愛學舍·早稻田奉仕園)를 설립해 운영했다. 최초에는 우애학사(友愛學舍)라는 명칭을 사용했으나, 1923년 관동대지진 이후 와세다대학교에 집중해 와세다호세인(早稻田奉仕園)이 되었고, 여기서 영어회화학교가 시작되었다. 1925년경 소설가 이태준이 와세다대학교 청강생 시절 베닝호프의 도움으로 학업을 계속했다는 기록이 있다. 베닝호프는 1941년 미일관계 악화로 귀국한 후, 수년간 일리노이의 한 대학에서 교목으로 일했으며, 1949년 사망할 때까지 인디애나주의 모교인 프랭클린칼리지에서 동양학을 가르쳤다. 早稻田奉仕園, 1998, 『早稻田奉仕園九○年の步み』, 2쪽; 早稻田大學出版部, 1981, 『早稻田大學百年史』 第二卷, 733~740쪽; 1987, 第三卷, 19~21쪽; 熊木勉, 2010, 「李泰峻の日本體驗─長篇小說『思想の月夜』の「東京の月夜」を中心に」, 『朝鮮學報』 第二百十六輯, 77쪽; 일본어 위키피디아 "ハリー・ベクスター・ベニンホフ"(2023년 1월 14일 검색); https://www.findagrave.com/memorial/19258908/harry-baxter-benninghoff.

119   *The Foreign Service Journal*, November 1941.

정치고문을 맡았으며, 12월 18일 정식 정치고문으로 임명되었는데, 하지가 요청한 "최고위급 인사"로 한국에 배정된 것이었다.[120] 즉 베닝호프는 1945년 9월부터 10월까지 단 2개월 동안 주한 정치고문을 맡았으며, 랭던으로 사실상 교체되었다. 랭던이 바로 하지가 요청했던 고위급 정치고문이자 한국 문제 전문가였다.

원래 베닝호프는 1945년 7월 20일 국무부 본부에서 독일 회흐스트(Hoechst) 주재 독일 담당 미정치고문실 파견 외교관으로 결정된 상태였는데,[121] 9월 3일 갑자기 서울 주재 정치고문으로 임명되었다. 베닝호프의 해외 근무 경력은 일본(도쿄, 요코하마) 부영사, 중국(하얼빈, 베이핑) 부영사·2등 서기관으로 주로 일본과 중국통이었다.[122] 베닝호프는 외교관으로서는 능력이 그리 뛰어난 것 같지는 않지만, 사교성이 좋고 운동을 잘했다. 1929년 3월 스팀슨(Henry L. Stimson) 신임 국무장관 임명자가 도쿄를 방문했을 때 테니스 복식경기 파트너가 되었으며, 그해 6월 메이지신궁에서 개최된 일본 외무성팀 대 외교사절팀의 야구경기에서 투수로 나선 바 있다. 1934년에는 요코하마 미국협회 부회장을 지낸 경력이 있다.[123]

---

120 Corps Staff Conference, October 8, 1945, October 10, 1945 *Historical Journal*, 11 Aug-10 Oct 1945, RG 554, USAFIK ; XXIV Corps, G-2 Historical Section, 1945-1948, Box 27.

121 RG 332, USAFIK, G-2, Historical Section, *The Foreign Service Journal*, October 1945.

122 베닝호프는 1941년 태평양전쟁 발발로 도쿄에 억류되었다가 풀려난 바 있으며, 1948년 다롄 총영사로 있다가 중공군의 포위를 뚫고 다롄을 탈출한 바 있다. 1951년 인도네시아 자카르타 정치 담당관, 1932년 필리핀 마닐라 1등 서기관을 지낸 후 1953년에 퇴임했고, 1995년 7월 10일 플로리다에서 사망했다. *FSJ(The Foreign Service Journal)* Archive 검색 결과. https://afsa.org/fsj-archive(2023년 1월 14일 검색) ; Harry Merrell Benninghoff (1904-1995)-Find a Grave Memorial. https://www.findagrave.com(2023년 1월 14일 검색).

123 *The Foreign Service Journal*, May 1929, August 1929, October 1934.

『국무부 직원록』(*Biographic Register of the Department of State*) 등에 따르면 베닝호프의 약력은 다음과 같다. 1904년 8월 11일 일리노이주 시카고 출생, 시카고 모건파크고등학교 졸업, 1926년 로체스터대학 학사, 1923~1924년, 1926~1927년 일본에서 영어 교사, 1927년 3월 도쿄 미국 영사관 직원, 1927년 6월 21일 도쿄 영사관 부영사, 1929년 1월 도쿄 영사관 부영사, 무등급 외무직, 1929년 2월 도쿄 언어장교, 1931년 8월 나고야 부영사, 1931년 8월 요코하마 부영사, 1932년 7월 외교단 서기, 1932년 9월 도쿄 3등 서기관(임시), 1932년 10월 요코하마 부영사, 1934년 7월 8등급, 1934년 선양 부영사, 1935년 1월 영사, 1935년 1월 선양 영사, 1935년 2월 하얼빈 영사, 1937년 4월 7등급, 1939년 2월 베이핑 2등 서기관, 1939년 7~9월 아모이 영사, 1939년 11월 6등급, 1940년 4월 톈진 영사 및 베이핑 2등 서기관, 1941년 1~12월 도쿄 2등 서기관, 1941년 8월 5등급, 1942년 8월 24일 국무부 본부, 1943년 10월 28일~1944년 1월 14일 국무부 극동국 부국장, 1943년 11월 4등급, 1944년 2월 극동국 책임 정보연락관, 1944년 9월 선임참모위원회 합동서기단 부선임서기(assistant executive secretary Joint Secretariat of the Executive Staff Committees), 1945년 5월 3등급, 1945년 8월 15일 한국 미점령군 사령관 정치고문 및 연락관, 1945년 9월 7일 일본 연합군 최고사령관 임시 미정치고문실 외교관, 1945년 11월 30일 주한미군 사령관 임시 연락관 및 정치고문, 1946년 3월 12일 다롄 영사, 1946년 4월 27일 총영사, 1946년 5월 7일 다롄 총영사, 1946년 11월 13일 3등급 외교관, 1947년 5월 15일 2등급, 1948년 4월 27일 국무부 본부, 1948년 5월 3일 극동국 국장, 1949년 2월 16일 핼리팩스 총영사, 1950년 5월 25일 국무부 본부, 1950년 7월 1일 자치령담당관 등이다.[124]

124 *Biographic Register of the Department of State*, September 1, 1944; October 1,

베닝호프는 태평양전쟁 발발 당시 도쿄에서 근무 중이었으며, 일본에 억류되었다가 1942년 8월 25일 스웨덴 송환선 그립스홀름(Gripsholm) 편으로 미국에 송환되었다. 이후 국무부 본부에서 근무했는데, 1943년 10월부터 1944년 1월까지 국무부 극동국 부국장(Assistant Chief, Division of Far Eastern Affairs)을 역임했고, 1944년 2월 극동국 책임 정보연락관 등을 지냈으며, 1945년 5월 3등 외교관으로 승진했다.[125] 베닝호프는 랭던과 함께 1943년 이후 미국의 대한정책에 관여해 왔으며, 1945년 8월 초 3부 조정위원회의 극동 문제 소위원회를 주관했다.[126]

베닝호프가 한국 주둔 미24군단의 정치고문이 된 정확한 이유는 알려지지 않았다. 하지는 8월 19일 본국에 자신의 참모로 일할 국무부 대표 파견을 요청했고, 국무부에서 토의한 결과 국무차관보 제임스 던(James C. Dunn)의 추천으로 베닝호프가 연락관 겸 정치고문으로 8월 25일 임명되었다. 베닝호프는 9월 3일 오키나와의 24군단에 도착했다.[127]

다만 그의 배치 전환 과정을 살펴보면 1941년 진주만 사건 이후 미국으로 송환되어 국무부 본부에서 근무하던 베닝호프가 일종의 유휴 인력으로 취급되었을 가능성이 높다. 베닝호프는 1945년 7월 독일 점령 정

1945, p.20; April 1, 1951; *Foreign Service List*, January 1, 1945; January 1, 1946, January 1, 1947; *Register of the Department of State*, December 1, 1946, United States Government Printing Office, 1947.

125 *Biographic Register of the Department of State*, October 1, 1945, p.20.

126 브루스 커밍스, 앞의 책(하권), 43쪽; 구대열, 1995, 『한국국제관계사연구 2』, 역사비평, 54~55쪽.

127 "Memorandum by the Director of the Office of Far Eastern Affairs, Ballantine to the Secretary of State,"(1945. 8. 25), *FRUS*, 1945, vol. VI, pp.1040~1041. 국무부는 하지의 요청을 받고 연락관 및 정치고문의 파견이 필요하다는 데는 동의했지만, 일본에도 동일한 인원수를 파견해야 하기 때문에 특정 인사의 추천을 주저했다. 후에 전쟁부 연락과 비트럽(Vittrup)이 국무부에 전화해 신속한 정치고문 파견을 요청했다. 이날 베닝호프가 던의 추천으로 임명되었다.

H. M. 베닝호프(1936년 11월).
© FSJ

치고문단에 배치되었다가 9월에 한국 점령 정치고문으로 임명되었는데, 일본과 중국에서 근무한 경력이 있는 베닝호프가 주일 정치고문실이나 주중 정치고문실이 아니라, 독일 정치고문단에 배속된 사실, 그리고 돌연 주한 정치고문으로 배치된 데서 알 수 있듯이 긴급하게 필요한 곳에 투입되는 인력으로 평가·취급되었다고 볼 수 있다.

1944년에야 4급 외교관, 1945년 3급 외교관으로 승진한 베닝호프는 일본과 중국에 배치된 정치고문이 국무부 본부의 국장급 직책 경험자이자 공사·대사급 이상이었던 것과 비교해볼 때 하급 혹은 실무자급의 인사에 불과했다. 국무부 내에서 베닝호프가 독자적 발언을 하거나 정책 제안을 하기는 어려웠다. 고위 정책 결정자들과 직접 교섭할 수 있는 위치나 실력, 경험과 경력을 갖추지 못한 것이다. 그만큼 국무부는 한국에 대한 정책적 준비가 미비했고, 크게 중요성을 부여하지 않았으며, 거의 정책을 방기한 상태에서 하지의 정치고문으로 베닝호프를 파견했다고 볼 수 있다.

베닝호프는 태평양전쟁기 국무부 내의 '동아시아에 관한 국간(局間) 위원회'(Inter-Divisional Committee on the Far East) 소속으로 전후 대한정책 입안에 참여한 바 있다. 이 위원회는 신탁통치안을 중심으로 한 한국 문제 처리 방안을 작성했다.[128] 베닝호프는 오키나와로 떠나기 전 워싱턴에서 신탁통치안과 한국에서의 일본군 항복 접수에 관한 기본지침에

---

128 「1945년 8월 극동 문제 소위원회 제30차 회의록」. 여타 구성원은 블레이크슬리(George Blakeslee), 보튼(Hugh Borton), 힐드링(John Hilldring), 마틴(Edwin Martin) 등 동아시아 전문가들이었다(브루스 커밍스, 1986, 앞의 책(하권), 43쪽 주 67에서 재인용).

대해 브리핑을 받았다. 그런데 이는 한국 내 사정에 비춰볼 때 적실성이 없는 추상적인 것이었다.

그럼에도 불구하고 베닝호프와 윌리엄스는 공통점이 있었다. 둘 다 기독교 선교사의 아들로 태어났으며, 부친이 모두 동아시아(한국, 일본)에서 수십 년간 선교활동을 해서 현지 사정에 정통했다는 점, 기독교 학교·병원·문화단체 및 현지 인사들과 긴밀한 관계를 유지했다는 점 등이다. 또한 두 사람의 부친이 모두 태평양전쟁 발발로 현지에서 추방된 상태였다. 윌리엄스의 부친 프랭크 윌리엄스는 인도에서 선교사로 활동하고 있었고,[129] 베닝호프의 부친 해리 베닝호프는 고향 일리노이에 돌아가 대학에서 교목으로 활동하고 있었다.

두 사람은 기독교 선교사들이 수십 년 동안 종교·교육·의료·문화 방면에서 기여와 헌신을 하는 모습을 옆에서 지켜보았으며, 전후 드디어 그

---

[129] 프랭클린 윌리엄스(Franklin Earl Cranston Williams, 1883~1962, 한국명 우리암禹利嵒)의 약력은 다음과 같다. 미국 콜로라도주 포트콜린스 출생, 1906년 덴버대학 졸업, 1906년 8월 감리교 선교사로 내한, 1906~1941년 공주에 파송되어 근무, 내한 감리교 선교사로서는 한 지역에 가장 오래 머문 사례, 공주읍 교회 담임목사, 영명학교 교장 역임, 1907년 공주읍 담임목사, 영명학교 설립 및 교장 취임, 1931년 영명학교를 영명실수학교로 개편해 실업(농업)교육 실시, 1940년 강제 귀국, 인도 파송 가지아바드의 잉그러햄학원(Ingraham Institute, 농업학교) 근무, 광복군 인면전구 대원 교육 참여, 1945~1948년 미군정 농업고문, 1949~1950년 한국 ECA 근무, 1950년 한국전쟁 때 선교사직 복귀, 일본 나가사키에 부임, 1954년 은퇴, 1962년 샌디에이고에서 사망. 1906년 7월 22일 덴버에서 앨리스 바턴과 결혼해 조지(한국명 우광복禹光復), 윌리엄, 로버트 등을 두었다. "Personal Data Regarding Frank E. C. Williams," (11-10. 49) (1949년 11월 10일자), Williams, Frank E. C. (Mr. & Mrs.) 1912-1919, Folder 5: 1945-1949. Missionary Files Methodist Church, 1912-1949, China, Japan, and Korea General Commission on Archives and History, The United Methodist Church, Reel 140; Franklin Earl Cranston Williams (4 August 1883-3 August 1962), https://ancestors.familysearch.org/en/MQPK-78V/franklin-earl-cranston-williams-1883-1962(2023년 1월 15일 검색); 윌리엄스(Frank Earl Cranston Williams, 1883년 8월 4일~1962년 8월 3일), 한국감리교인물사전 DB, https://kmc.or.kr/dic-search/dictionary?pageid=6&mod=document&uid=43284(2023년 1월 15일 검색).

노력이 결실을 맺을 기회가 찾아오자 자신들이 여기에 도움을 줄 수 있으리라고 절감했을 것이다. 미국 선교사들이 수십 년 동안 한국에 투자해온 노력과 연계망은 미군정하에서 확산되고 뿌리를 내렸으며, 미국 기독교 네트워크 중심의 국가권력이 형성되기 시작했다.

다른 한편 이들은 미국 기독교 선교사들의 시혜를 받는 현지인에 대해서는 일종의 오리엔탈리즘적 혹은 인종주의적 우월감을 갖고 있었다. 나아가 일본 제국주의의 지배를 받은 한국인들에 대해서는 오랜 식민지 경험으로 인한 자치 능력의 결여, 정치적 역량의 부족, 분열된 지도력과 정치적 파벌주의 등을 이유로 미국식 민주주의의 교육과 훈련이 필요하다는 점에 동의했다. 일본 점령기 맥아더는 스스로 아시아 전문가를 자처하며, 미국과 독일 등은 40대 장년의 성숙한 상태이지만, 일본은 아직 미성숙한 청소년기 상태이므로 교도가 필요하다는 식의 발언과 태도로 유명했다. 이런 발언은 미국 언론과 일반 대중의 보편적 동의와 수긍을 얻은 바 있다. 더욱이 일본의 오랜 식민 통치를 받았던 한국인은 더욱 미성숙하거나 정치적 자치 능력과 판단력이 전혀 없는 상태이므로 미국의 선의의 결정에 무조건 복종해야 한다는 사고가 그들 사이에 만연했으리라는 것은 충분히 짐작할 수 있다.

즉 베닝호프와 윌리엄스는 기독교 선교사의 아들이라는 공통점, 미국 선교사들이 수십 년 동안 한국에 기여한 업적과 구축한 인적 네트워크를 미군정하에서 더욱 확산·정착시켜야 한다는 믿음, 일본 제국주의 치하에 놓였던 한국인들의 자치 능력 및 정치 역량에 대한 오리엔탈리즘적 불신과 저평가, 그리고 미군정 내에서 유례가 없는 그들의 결정적이고 중요한 위치 등을 종합한다면, 한국이 나아갈 방향을 자신들이 정해야 한다는 일종의 복음주의적 사명과 의무를 가졌다고 할 수 있다.

나아가 이들은 기독교 선교사의 아들로 소련과 공산주의에 대한 뿌리 깊은 반감과 미국식 민주주의에 대한 확신을 갖고 있었다. 확고한 반소·반공의식을 한 축으로 하고, 기독교에 기초한 미국식 제도에 대한 확신을 다른 축으로 한 이들의 신념체계는 미군정의 수뇌부가 이견을 가질 수 없는 보편적이고 일반적인 미국적 사유체계였다. 게다가 이미 반세기 전부터 미국 선교사들이 뿌려놓은 기독교 복음의 씨앗들이 교회·학교·병원·문화단체 등의 기관 및 관련자와 미국 유학생을 중심으로 뿌리를 뻗은 상태였다. 선교사와 그들의 아들들을 활용하고, 선교사가 한국에 세운 교회·학교·병원·문화단체의 네트워크와 인맥을 활용한다는 기획은 미군정이 손쉽게 접근하고 동의할 수 있는 군정 정착의 방안이었다.[130] 윌리엄스와 베닝호프는 미국 사회에서 전혀 기억되지 않는 평범하고 "아무도 아닌 자들"이었으며, 그의 삶에서 미군정 경험은 기억되지 않을 정도의 단기간에 그쳤다. 그럼에도 불구하고 기억되지 않는 "아무도 아닌 자들"이 미군정 진주 직후 자유재량적 결정권을 행사했으며, 이것이 한국 현대사의 경로에 중요한 역할을 했다.

베닝호프는 하지와 윌리엄스를 중심으로 결정되고 추진된 미군정의 정책, 사실상 한민당과 연희전문, 기독교, 미국 유학생 출신들이 제시한 정책 방향에 동조하거나 동화되었다. 대표적으로 베닝호프는 1945년 10월 5일 하지가 조직한 고문회의 임명에 대해 이중적 태도를 취했다. 베닝호프는 10월 9일 앳치슨 주일 미정치고문에게 보내는 메시지(TFGCG 108)에서 고문회의를 "주의 깊게 선발된 저명 한국인"으로 평가했지만,[131] 10월 14일 국무부에 보낸 메시지(TFXAG 524)에서는 하지가 조직한 고

---

130   하가(Haga)는 이렇게 묘사했다. "일제시대 탄압받았던 것과는 달리 기독교인들은 해방된 남한 지역에서 새로운 지배계급이 되었다. 이는 우연한 일이 아니라 지난 40년간 성공적인 미국 선교단의 공적과 미국 헤게모니의 등장이 시너지석 결합을 한 자연스러운 결과였다." Kai Yin Allison Haga, 2007, 앞의 논문, pp.179~180.

131   Incoming Message. COMGEN USAFIK (Benninghoff) to CINCAFPAC ADV (pass to Atcheson) (1945. 10. 9) Nr. TFGCG 108. RG 84, Japan, Office of the US Political Adviser for Japan, Tokyo; Classified General Records, 1945-1952, Box 2.

문회의 창출에 대해 처음에는 반대했다고 밝혔다. 왜냐하면 고문을 선발하는 일이 어려울 것이고, 선발된 사람은 자신이 장래 정부의 일원이 되리라 생각해 군정의 입장을 곤란하게 할 것으로 보았기 때문이다.[132] 그러나 결국 베닝호프는 고문회의를 창설하는 방안에 동의했다. 하지만 그것은 특정 정치 세력을 지지하거나 육성하는 것을 금지한 국무부의 지침을 위반하는 행위였다. 베닝호프는 서울에 도착(1945년 9월 8일)한 지 두 달여 만인 10월 16일경에 한국의 상황을 보고하기 위해 워싱턴 국무부 본부로 향하면서 사실상 주한 미정치고문으로서의 역할을 마감했다.[133] 베닝호프가 재임한 기간은 불과 한 달이었지만 그가 있는 동안에 중요한 정책적 결정들이 이뤄졌다.

그가 워싱턴으로 떠나는 시점에서 이미 하지 중장을 중심으로 한 미군정은 주요 정세 판단을 내리고 정치적 결심 및 결정을 확정한 상태였다. 전반적으로 미군 진주 초기 상황은 우연한 사건들의 연쇄가 일정한 흐름을 만들어냈고, 이때 결정된 정책이 이후 3년간 미군정을 이끌어가는 관성과 동력을 만들어냈다. 표면적으로는 주한미군의 선의의 준비 부족론, 미군정에 대한 고위급 정책 결정의 부재 등이 거론되었지만, 이미 미군정의 정책 방향을 결정할 수 있는 토대가 준비되어 있었다. 주한 선교사들의 반세기 넘는 노력과 투자가 한국의 교회·학교·병원·문화단체에 확산되어 있었고, 이와 연관된 한국 내 네트워크와 인맥이 미군정에 협력할 준비가 완료되어 있었다. 이들에게 미군의 진주는 '하늘의 별을

132   USAFIK (Benninghoff) to Acting CINCAFPAC (pass to State Department) (1945.
       10. 14), nr. TFXAG 524 14th. RG 331, Supreme Commander for the Allied
       Powers, AG Section, Mail & Record Branch, Classified Decimal File 1945-47,
       Box 785-2.
133   헨더슨은 하지가 진주할 당시 국무부가 2급 외교관을 보내면서 확실한 훈령도 보좌관도
       딸려 보내지 않았고, 하지는 이 외교관이 한국에 관한 지식이 없어 별 쓸모가 없다는 것
       을 알고서는 본국으로 돌려보냈다고 썼다. 그레고리 헨더슨, 2000, 앞의 책, 203쪽.

딸 수 있는' 기회이기도 했다.

커밍스의 지적처럼 미국인 지도자들은 한국 점령에 있어서 악의를 갖고 있지 않았으며, 음모가들도 아니었고, 착취를 목적으로 하지도 않았다. 악인이나 위선자가 아니었으며, 진지하게 자신들이 추구하는 바를 확신했다. 문제는 이들의 인식이 미국적인 것에 토대를 두고 있었고, 식민지에서 막 해방된 한국에는 아무것도 제공할 수 없었다는 것이다.[134]

---

134   브루스 커밍스, 1986, 앞의 책(하권), 335쪽.

3장

미군정의
총독부·인공·임시정부 정책과
권력의 불하

미군정의 첫 조치:
총독부 관리의 유임, 선교사·가족의 입국,
한국인 정보의 유입

1) 조선총독부 관리의 유임과 해임

서울에 들어온 하지에게 부여된 기본적인 임무는 일본군의 공식 항복 접수, 연합군 포로의 석방, 평화와 질서의 유지 등이었다. 하지의 첫 번째 조치는 맥아더 사령부로부터 지시받은 대로 조선총독부의 기성 질서를 유지하는 것이었다. 하지는 9월 11일 남한에서 시행할 정책을 발표하며 일제 총독부 기구를 그대로 활용하겠다며 총독부 관리의 유임을 발표했다.[1] 이 조치는 한국인들의 강력한 반발에 부딪혔다. 가장 큰 이유는 1945년 8월 15일 이후 조선총독부의 통치는 사실상 중단되었으며, 건준의 지휘하에 해방의 공간에서 해방의 자유를 누리고 있었기 때문이다. 하지와 고위 장교들은 총독부 관리들을 해임하면 이를 대체할 한국인 인력이 없

---

[1]   『매일신보』 1945년 9월 12일자: 김수자, 2008, 「미군정의 군정기구 운영과 관료임용 정책」, 『향토서울』 71; 박태균, 1993, 「8·15 직후 미군정의 관리 충원과 친일파」, 『역사와 현실』 10.

고, 한국인은 대부분 하위직을 맡았기 때문에 실질적으로 행정을 유지하기 어렵다고 판단했다. 그럼에도 불구하고 진주한 미군이 조선총독부를 그대로 유지한다는 것은 용납하기 어려운 일이었다.

좌파는 북한에 진주한 소련군이 인민위원회에 정권을 이양한 것처럼 미군도 인민공화국으로 정권을 이양하길 희망했다. 반면 우파는 미군이 중경의 대한민국임시정부, 미국의 이승만과 함께 들어오지 않았을 뿐만 아니라 한국의 즉시 독립을 선포하지 않는다는 점에 놀라움을 표시했다. 하지와 만난 한국인들은 카이로선언의 "적절한 시기"(in due course)를 '며칠 내에' 혹은 '아주 빨리'로 이해했다고 주장했다.[2]

하지는 즉각 이 조치를 철회했으나 이미 미군정에 대한 신뢰가 떨어지고 정치적 타격을 받은 상태였다. 주한미군과 함께 상륙한 미국 통신원들이 한국인들의 반응을 전하자 국무부·전쟁부·해군부 3부 조정위원회(SWNCC)는 9월 11일(미국 시각) SWNCC 176/4호 결정을 통해 총독부 관리 유임에 대한 여론이 비우호적이므로, "총독 아베, 총독부의 모든 국장들, 도지사와 도 경무국장들〔을 포함해〕 귀관은 또한 가능한 한 빨리 여타 일본인 관리들과 친일파 한국인 관리들도 해고하여야 한다"고 지시했다.[3]

하지는 한국인들의 독립 요구가 거세고 조선총독부의 행정 인력을 사용할 수 없는 상황에서 주한 미24군단이 보유한 3개 사단의 병력으로

---

2   하지가 맥아더에게 보낸 1945년 9월 13일자 메시지 및 베닝호프가 국무장관에게 보낸 1945년 9월 15일자 메시지. CG USAFIK to CINCAFPAC (ADV), info CINCAFPAC Manila (1945. 9. 13) Nr. TFGCG 64 13th. RG 331, Supreme Commander for the Allied Powers, AG Section, Mail & Record Branch, Classified Decimal File 1945-47, Box 785-2; Benninghoff, Political Adviser, HQ, XXIV Corps to Secretary of State (1945. 9. 15) Subject: The Present Situation in Korea. RG 554 USAFIK Adjutant General, General Correspondence (Decimal Files) 1945-1949, Box 21.

3   SWNCC 176/4 (1945. 9. 11). 국사편찬위원회 한국사데이터베이스.

는 38도선 이남을 신속하게 점령·통치하기가 어렵다고 판단했다. 게다가 하지는 고위급 정치고문이나 한국 통치와 관련된 정책훈령을 받지 못했다. 가장 빠른 정책훈령은 1945년 10월 13일 국무부·전쟁부·해군부 3부조정위원회(SWNCC)의 결정 SWNCC 176/8호 「한국 내 민간 행정에 관한 최초의 기본 지령」(Basic Initial Directive for Civil Affairs in Korea, 1945년 10월 17일 맥아더에게 전달)이었는데, 이는 카이로선언 및 포츠담선언에 따라 미국과 소련의 분할점령(과도적 단계)에서 미국·영국·중국·소련 4개국의 신탁통치를 거쳐 최종적으로 한국을 독립시킨다는 내용이었다.[4] 그런데 이미 이 시점에서 하지와 미군정 수뇌부는 미국의 공식적인 대한정책과 다른 길을 결정한 상태였다. 전시 회담에서 미국 수뇌부가 영국·중국·소련의 수뇌부와 합의했던 대한정책은 국제 신탁통치 방안이었는데, 하지와 24군단은 이에 반대하는 정책적 결정을 내린 것이다. 한민당이 쏟아낸 반(反)인공·친(親)임정 정보와 소련에 대한 공포 메시지가 결합된 결과, 하지와 24군단은 임시정부 인사들의 조기 귀국과 활용, 이들을 중심으로 한 미군정 예하 과도정부 수립 방안을 강력히 추진했다. 정책 결정은 워싱턴의 국무부와 합동참모본부의 몫이었지만, 남한을 점령한 미24군단은 신탁통치 계획 반대와 우파 중심의 과도정부 수립 방안을 추진한 것이다. 고위급 정책이 부재한 사이 하지의 자유재량권이 본국의 공식적인 정책을 대체한 것이다.

먼저 하지는 9월 15일 조선총독부 관리를 해임하기로 결정했다. 총독과 정무총감을 해임했으며, 주요 국장들을 해임했다. 그 대신 미군정(Military Government)을 실시하기로 결정하고, 그 책임자를 군정장관(Military Governor)이라는 직책으로 임명했다. 총독부의 부처를 그대로

---

4   SWNCC 176/8 (1945. 10. 13). 국사편찬위원회 한국사데이터베이스 https://db.history.go.kr/id/swncc_008_0110.

유지하고, 총독을 군정장관으로 대체한 하지의 조치는 한국인들에게 어떤 긍정적 반응이나 호감을 불러일으킬 수 없었다.[5] 9월 18일 공표된 군정기구는 조선총독부를 그대로 이어받은 것이었다. 총독부는 8국(재무, 광공, 농상, 법무, 학무, 경무, 체신, 교통), 관방(총독관방)으로 구성되어 있었는데, 하지는 이 자리에 미군을 임명했다.[6] 이후 미군정은 여러 차례 조직을 개편했다.[7]

2) 주한 선교사 및 가족들의 입국 추진

총독부를 대체할 한국인 인력이 부재하거나 부실한 상황에서 신뢰할 만한 인력이 필요했던 하지는 윌리엄스의 조언에 따라 "신뢰할 수 있는" 일제 시기 선교사들과 그들의 자제와 가족들을 불러모으기 시작했다. 국무

---

5   베닝호프는 9월 15일 일단 군정장관이라는 명칭을 사용하겠지만, 총독(Governor General, Government General)이 한국인들에게 식민지를 떠올리게 하기 때문에, 총독 대신 연합국주한군정(Allied Military Government of Korea), 연합국주한군정장관(Allied Military Governor of Korea), 연합국주한부군정장관(Allied Deputy Military Governor of Korea)의 용어를 사용하는 게 어떠냐고 제안했다. CINCAFPAC to CG 24th Corps (Benninghoff) (1945. 9. 15), no.141340 z, RG 331, Supreme Commander for the Allied Powers, AG Section, Mail & Record Branch, Classified Decimal File 1945–47, Box 785–2.

6   주한미군은 총독부 직책에 미군을 임명했다. 정무총감 해리스(Charles S. Harris) 대장(代將), 재무국장 고든(Charles J. Gordon) 중좌(中佐), 광공국장 언더우드(John C. Underwood) 대좌(大佐), 농상국장 마틴(James Martin) 중좌(中佐), 법무국장 우달(Emery J. Woodall) 소좌(少佐), 학무국장 록카드(Earl N. Lockard) 대위(大尉), 교통국장 해밀턴(Ward L. Hamilton) 중좌(中佐), 체신국장 헐리(William J. Herlihy) 중좌(中佐). 『매일신보』 1945년 9월 18일자.

7   1946년 1월 14일 미군정청이 정식으로 성립되었고, 1946년 3월 29일 군정법령 제64호에 따라 국을 부로 개편하면서 11부 5처가 되었다. 1946년 9월 13부, 4처 개편을 거쳐 남조선과도정부가 설립된 1947년 5월에는 13부 6처로 개편되었다. 심지연, 1984, 앞의 책, 53쪽.

부는 한국 내 주거·안전·생활상의 이유를 들어 선교사들의 한국 귀환에 소극적이었던 반면, 하지·맥아더·전쟁부는 한국 상황에 경험이 있는 선교사들을 활용하는 데 매우 적극적이었다.[8] 또한 선교사들은 한국으로 돌아가 선교사업을 계속 하고 싶은 열망을 갖고 있었다. 전쟁부와 미군정은 경험과 능력이 있고 신뢰할 수 있는 주한 선교사 및 가족들이 필요했고, 선교사들은 한국으로 들어갈 비자와 입국 허가가 필요했다. 선교사들은 정책 결정에서 직접적인 힘이 없었지만 미군정 고위 장교들과 한국 지도자들에게 강한 영향력을 행사했고, 이들에게는 전례 없는 기회와 권력이 기다리고 있었다.[9]

24군단 사령부가 제일 먼저 한국 입국을 요청한 사람은 연희전문학교 교장을 지낸 H. H. 언더우드 박사(Dr. Horace H. Underwood)였다. 9월 14일 24군단은 언더우드가 교육고문으로 필요하다며 중국전구에 있는 것으로 추정되는 언더우드를 신속하게 보내달라고 맥아더 사령부에 요청했다.[10] 9월 18일에는 언더우드 박사의 아들로 뉴저지함(USS New Jersey)에 근무 중인 H. G. 언더우드(Horace G. Underwood) 해군 소령, 윌리엄스 소령의 아버지로 인도 가지아바드 잉그러햄학원(Ingraham Institute, Ghaziabad)에서 근무 중이던 프랭크 윌리엄스 선교사의 입국 주선을 요청했다.[11] 중국전구, 해군, 인도전구는 이 요구에 즉각 응답해 이들의 입국을 주선했다.[12] 윌리엄스 선교사는 인도에서 부인, 아들과 함

8   John Hooper, "Letter from the Board to the Korea Mission," 22 October 1945, Presbyterian Church Archives, Record Group 140, Box 2, Folder 28, Presbyterian Historical Society, Philadelphia.

9   Kai Yin Allison Haga, 2007, 앞의 논문, Chapter 4.

10   COMGEN China to CINCAFPAC ADV, (1945. 9. 22). in, CFBX 0960; CINCAFPAC (ADV) to CG 24 Corps, (1945. 10. 2). RG 331, AG, Box 785-2.

11   CINCAFPAC (ADV) to - CINCPOA (1945. 9. 18). RG 331, AG, Box 785-2.

12   CG IB to CG 24th Corps, Info CINCAFPAC (1945. 9. 24) Nr. CRAX 29072; COMGEN China to COMGEN KWMM, pass to 24th Corps, (1945. 9. 26). Nr.

께 한국으로 입국해달라는 요청을 받았으며, 아들 윌리엄스 소령은 이들의 거처를 마련 중이었다.[13] 해외에서 활동 중이던 H. H. 언더우드와 프랭크 윌리엄스가 입국하기까지는 한 달 이상이 소요되었다.

H. H. 언더우드(원한경元漢慶)는 초대 한국 선교사를 대표하는 H. G. 언더우드(원두우元杜尤)의 아들로 3대째 한국에 뿌리를 내리고 있었다. 그는 집안 내력과 직책, 명망과 평판에서 한국 주재 미국 선교사 사회의 중심인물이었다. 태평양전쟁 발발 후 억류되었다가 1942년 본국으로 추방된 주한 선교사들은 스웨덴 송환선 그립스홀름 선상에서 보고서를 작성해 미 국무부에 제출하고 인터뷰도 했는데, 연희전문학교장을 지낸 언더우드와 쿤스(경신학교)는 외교관급으로 대우를 받았다.[14] 언더우드는 태평양전쟁 중 OSS에서 활동했으며, 종전 직전 중국 시안과 중경행을 시도했으나 성공하지 못했다. 언더우드는 10월 6일 한국어 통역 겸 교육고문으로 도쿄에 도착해 한국행 비행기를 기다리고 있었다.[15] 미군정은 10월 15일 연희전문 교장 언더우드(원한경), 공주 영명학교 교장 윌리엄스(우리암), 커트 선교사 3인을 고문으로 초빙했다고 밝혔다. 언더우드는 일반정치, 윌리엄스는 농업, 커트 선교사는 교학을 담당할 것이라고 했다.[16]

언더우드는 54세의 나이로 1945년 10월 26일에 입국해서, 11월 2일에 고문으로 취임했다.[17] 선교사 출신으로 최초로 입국한 인물로 미국 북

CFBX 9444. 26th. RG 331, AG, Box 785-2.

13 CG USAFIK to CINCAFPAC ADV. (1945. 9. 29). Nr. TFGAP 597; CINCAFPAC (ADV) to CG USAFCBI (1945. 9. 30). RG 331, AG, Box 785-2.

14 안종철b, 2010,『미국선교사와 한미관계 1931~1948』, 한국기독교역사연구소, 94쪽.

15 CINCAFPAC (ADV) to CG 24 Corps. (1945. 10. 2); CINCAFPAC (Mil Govt Sec) to CG 24th Corps (1945. 10. 6). RG 331, AG, Box 785-2.

16 『자유신문』 1945년 10월 15일자.

17 『자유신문』 1945년 10월 29일자, 11월 2일자.

장로교 선교사 자격을 보유했다. 해방 전부터 미국 선교사 사회에서 비중이 컸으며, 미군정하에서 소령급 대우를 받으며 하지와 군정장관 아놀드의 참모 겸 조언자로 활동했다. 입국 직후 군정청 인사조정위원회 위원(1945년 11월), 조선교육심의위원회 고문(1945년 11월) 등 인사 문제와 교육 분야를 주관하는 고문을 지냈다. 제1차 미소공동위원회 위원(1946), 정판사 위폐(위조지폐)사건 통역(1946), 문교부 고문(1947) 등으로 일했다. 1947년 10월 18일 이후 북장로교 선교사로 연희대학 이사 겸 교수로 복귀했다. 1949년 3월 부인이 좌익계 청년에게 암살당한 후 미국으로 돌아갔다가 한국전쟁 발발 후 한국으로 돌아왔으나, 1951년 2월 부산에서 심장병으로 사망했다.[18]

H. H. 언더우드는 주한 선교사 사회의 중심인물이었으며, 한국 내 인적·물적 네트워크가 뛰어났기 때문에, 그의 입국으로 윌리엄스 소령이 담당했던 과도적 임무는 종료될 수 있었을 것이다. 언더우드(원한경)는 군정과 선교사, 한국인 사회를 연결하는 중재자로서 역할을 수행했다.[19]

뿐만 아니라 언더우드(원한경) 가족은 미군정기 가장 두드러지게 활약한 선교사 집안이었다. 언더우드 부부, 아들 리처드 언더우드(Richard Underwood) 소위, 호레이스 언더우드(Horace G. Underwood, 원일한元一漢) 중위가 모두 한국에서 활동했다. 제일 먼저 입국한 사람은 18세의 소위였던 리처드 언더우드였는데, OSS에서 한국 내 정보활동에 관한 훈련을 받은 후 괌에서 이승만을 만나 맥아더 장군이 제공한 개인비행

---

18   "Horace H. Underwood to the Presbyterian Board of Foreign Mission," 1948년 1월 26일, HGU II (Yonsei University), Box 25, Folder 581. 안종철b, 2010, 앞의 책, 252쪽.

19   북한은 1955년 박헌영을 미제국주의의 고용간첩 및 공화국 전복 혐의로 기소해 처형했는데, 그 혐의 중 하나가 바로 H. H. 언더우드(원한경)의 지시를 받아서 미국의 간첩이 되었다는 것이다. 언더우드가 미군정은 물론 남북한 사회에서 차지하는 영향력과 파급력을 역설적으로 보여주는 대목이다.

기를 얻어 타고 도쿄를 거쳐 귀국했다.[20] 한국어를 유창하게 구사하는 리처드는 서울에 도착한 후 재산관리처에서 일했으며, 1946년 봄 평양의 미군 연락팀에 파견되었다. 연락사무소장 운전병으로 위장한 그의 진짜 임무는 정보 수집이었다. 그는 평양의 장로교회와 접촉해 언더우드 선교사 집안의 3세라는 신임장을 이용해 평양 교회 신자들로부터 북한의 공산 정부와 러시아 군인에 대한 값진 정보 및 첩보를 제공받았다.

호레이스 언더우드는 미 해군으로 일본 점령에 참가했는데, 일본어와 한국어에 모두 능통했다. 1946년 초 서울로 파견되어 경성대학이 국립서울대학으로 재편되는 과정에 참가했다. 언더우드는 서울대 초대 교무처장을 맡았고, 1947년 8월까지 미군정에서 일했다.[21]

윌리엄스 소령의 아버지 프랭크 윌리엄스는 1945년 11월에 입국해서 농무부 고문을 맡았다. 부인 앨리스 윌리엄스(Alice Lavinia Williams)는 이화여대에서 영어 강사로 일했다.

선교사는 아니지만 1941년 태평양전쟁 당시 서울 주재 미국 영사관 부영사로 근무했던 에몬스(Arthur B. Emmons 3rd)도 1945년 10월 19일에 하지의 고문으로 서울에 돌아왔다. 에몬스는 일본에 억류되었다가 1942년 추방된 후 국무부 본부, 우루과이 미국 대사관 2등 서기관으로 재직한 바 있다.[22] 에몬스는 원한경의 아들 원일한이 서울에서 헤론의 딸과 결혼할 때 들러리를 설 정도로 언더우드 집안과 가까운 사이였다.

---

20 Richard F. Underwood, *What A Fun LIFE!: A Medley of Memories of an American in Korea before, during, and after the Wars*, August 18, 2018, pp.83~84; H. G. Underwood, *Korea in War, Revolution and Peace*, p.103; 정병준, 2021a, 「경성대학 총장 알프레드 크로프츠와 미군정 초기 대학정책」, 『사회와 역사』 132; 정병준, 2022, 「해방 후 장리욱의 교육활동 ─ 미군정기 경성사범학교 교장·서울대학교 사범대학 학장·서울대학교 총장」, 『백년 전의 꿈』, 서울대학교출판문화원.
21 H. G. 언더우드, 2002, 『한국전쟁, 혁명, 그리고 평화』, 연세대학교출판부, 124~158쪽.
22 『매일신보』 1945년 10월 19일자.

최초로 귀환한 선교사들은 이미 군인으로 등록되어 있거나, 전쟁부 군속으로 전근이 가능한 사람들이었다. 군인으로 등록된 선교사의 아들들도 신속하게 한국으로 전근할 수 있었다. H. H. 언더우드(Dr. Horace H. Underwood: 원두우의 아들), H. G. 언더우드(Lt. Horace G. Underwood: 원한경의 아들), 리처드 언더우드(원한경의 아들), 고든 애비슨 주니어(Gordon Avison, Jr.: 올리버 애비슨의 손자이자 고든 애비슨의 아들, CIC), 파크 저딘(Park L. Gerdine: 조지프 저딘의 아들), 찰스 K. 번하이셀(Charles K. Bernheisel: 찰스 F. 번하이셀, 한국명 편하설片夏薛의 아들) 등은 한국에서 태어난 선교사의 자식들이었다. 이들의 군대 내 직위, 현지 연계망, 한국어 실력은 점령군에게 매우 유용하게 쓰였다.[23]

하지는 1945년 11월 미 국무부에 정식으로 10명의 선교사 파견을 요청했는데, 그중 대표적인 인물이 1946년 1월에 입국한 제임스 피셔(James Ernest Fisher, 1885~1980)였다.[24] 남감리교 선교사인 피셔는 1919년부터 1935년까지 연희전문학교에서 교육학 교수·도서관장·문과학장을 지냈고, 남감리교 조선연회 회원을 역임했으며, '민주주의 교육이론'을 한국에 소개했다.[25] 2차 세계대전 중 OSS에서 근무했던 피셔는 군정의 정치교육 담당 고문으로 활동했다. 같은 시기 남장로교의 윌슨(Robert M. Wilson) 선교사가 미국 정부 초청으로 입국했고, 2월에는 아펜젤러(Henry D. Appenzeller)가 입국해 군정청 공보처 정치교육과에

---

23   Edward Adams, "Report on Korea," 15 January 1946, p.3, Presbyterian Church Archives, Record Group 140, Box 16, Folder 29 - Presbyterian Historical Society, Philadelphia; Kai Yin Allison Haga, 2007, 앞의 논문, Chapter 4, footnote 47.

24   최현종, 2018 「사회자본으로서의 종교: 미군정기 관료 채용을 중심으로」, 『한국교회사학회지』 47, 293쪽.

25   James Earnest Fisher, 1928, *Democracy and Mission Education in Korea*, Columbia University Press; James Earnest Fisher, 1977, *Pioneers of Modern Korea*, Seoul: The Christian Literature Society of Korea.

서 근무했다.[26]

맥아더는 기독교와 민주주의 사이에 연계가 있다고 생각해서 개신교 10명, 가톨릭 10명 등 20명의 남성 미국 선교사를 추가적으로 한국에 보내 미군정 보건복지부에서 일하도록 허락했다.[27]

이를 통해 미군정 초기 덱스터 루츠(Dexter N. Lutz), 프랭크 윌리엄스(Frank Williams)는 농업 고문, 존 비거(Dr. John D. Bigger)와 로이 스미스(Dr. Roy K. Smith)는 의료 고문, 맨턴 윌슨(Dr. R. Manton Wilson)은 나환자 진료, 엘라 샤록스(Miss Ella Sharrocks)와 에디스 마이어스(Miss Edith Mayers)는 간호사로 일하게 되었다.[28] 1946년 말 7명의 장로교 선교사가 재입국했는데, 그중 5명이 군정에서 근무했으며, 1947년 7월 현재 장로교 선교사 11명은 모두 미국 정부에 고용되어 있었다.[29]

미군정은 한국 점령 문제를 해결하는 데 "한국통"(Old Korea hands)인 선교사들에게 크게 의존할 수밖에 없었다. 미군정은 1946년 12월과 1947년 3월 두 차례에 걸쳐 개신교와 가톨릭 선교사들과 협의회를 가졌고, 러치(Archer Lerch) 군정장관은 1947년 6월부터 12월까지 6개월 동안 매주 금요일 오전 10시에 선교사들을 만나 자문을 얻었다.[30] 러치는 독실한 감리교 신자였다.

---

26 강인철, 1995, 「미군정기의 국가와 교회 – 기독교를 중심으로」, 『사회와 역사』 45, 221쪽.

27 Kai Yin Allison Haga, 2007, 앞의 논문, Chapter 4.

28 Harry A. Rhodes and Archibald Campbell, 1964, *History of the Korean Mission: Presbyterian Church in the U.S.A.*, Vol.2. 1939–1959, New York: Commission on Ecumenical Mission and Relations, The Presbyterian Church in the U.S.A..

29 강인철, 1995, 앞의 글, 222쪽.

30 Rhodes and Campbell, *History of the Korean Mission*, pp. 379~380. 러치는 육군사관학교 출신으로 헌병 주특기로 독실한 감리교 신자였다. 헌병 장교를 군정장관에 임명한 것은 미군정의 정책 방향을 강력한 물리력의 행사를 통한 법과 질서의 유지에 두겠다는 의미였다.

루츠는 선교사와 미군정 협력의 잠재적 이익을 알아채고, 장로교 해외선교부에 더 많은 선교사를 군정에 파견해달라고 요청했다.[31] 미군정에 참가함으로써 선교사들은 종교는 물론이고 정치·교육·사회사업·농업 등의 측면에서 한국에 강한 영향력을 행사하고, 더 많은 권력과 자원을 획득할 수 있었다. 종교 자유의 측면에서 한국의 발전과 근대화에 강한 영향력을 행사했으며, 보다 뒤에 들어온 다른 나라의 선교사들보다 기독교 확산에 영향력을 행사했다.[32]

또한 미군정은 진주 초기부터 미국에 거주하는 한인 기독교인들의 입국을 적극 추진했다. 문서로 확인되는 가장 빠른 요청은 숭실전문을 나온 배민수(Edward Pai)였는데, 하지는 9월 11일 군정 회계과 재무고문으로 활용하기 위해 그를 소환해달라고 맥아더 사령부에 요청했다.[33] 미군정의 요청과 함께 육군부 민사국도 군 내 가용인력 중에 1945년 9월 주한 미24군단에 파견할 한국어 통역들을 수배했다. 현피터, 김준성, H. H. 언더우드, 이문상, 명신홍, 배민수, 곽정선, 선우천복, 김성덕, 김세선, 이병간, 김진억, 한영교, 정기원, 김진홍, 홍윤식 등 총 16명 등이 한국어 통역으로 선발되어 육군부와 계약을 맺었다.[34] 이들 대부분은 태평양전쟁기 미국 정부와 군 기관에서 전시 복무를 했고 이를 통해 충성심과 신뢰도를 검증받은 인물들이었다. 이들의 배경을 살펴보면 우정공사 검열국(Office of Censorship) 6명, 전략첩보국(Office of Strategic

31   Dexter N. Lutz, Letter written from Seoul to Dr. Hooper, 7 May 1946, Presbyterian Church Archives, Record Group 140, Box 16, Folder 29-Presbyterian Historical Society, Philadelphia.

32   Kai Yin Allison Haga, 2007, 앞의 논문, Chapter 4.

33   COMGEN XXIV Corps to CINCAFPAC (1945. 9. 11) Outgoing Radios, Sept 1945 - August 1946 (incomplete), RG 554 USAFIK: XXIV Corps, G-2 Historical Section, 1945-1948, Box 51.

34   RG 165, Civil Affairs Division General Records, Security Classified General Correspondence, 1943-1949, Box 188.

Service) 3명, 해외경제국(Foreign Economic Administration) 3명, 군사정보국(Military Intelligence Service) 1명, 육군 1명, 무직 3명 등이었다. 한국인이 태평양전쟁 중 근무했던 대부분의 기관들이 망라된 것이다.[35] 이들 대부분은 유학생 출신 혹은 미국 시민권이 없는 재미 한인이었다.[36] 이들은 전시에 미국 정부기관 또는 군 기관에서 일하면서 그들의 신뢰를 얻은 덕분에 한국 배치에 필요한 인적 자원으로 육군부의 추천을 받았다.

이 가운데 가장 먼저 남한에 배치된 사람은 1945년 11월 13일에 입국한 홍윤식(洪胤植, 연희전문), 선우천복(鮮于天福, 연희전문), 김진홍(金鎭鴻, 숭실전문), 한영교(韓永敎, 숭실전문), 김세선(金世旋), 배민수(裵敏秀), 명신홍(明信弘, 청산학원) 등 7명이었다. 당시 언론 보도에 따르면 이들은 맥아더 사령부의 요청을 받아 "좌관(佐官)급 군속의 자격"으로 도착했다.[37] 미군정이 최초로 입국을 추천한 배민수를 포함해 연희전문과 숭실전문 등 미션스쿨 출신들이 최초로 입국한 것이다. 미군정기 최고의 배경과 경력을 갖출 수 있었던 이들 대부분은 한국에서 유명 인사가 되었다. 이들은 공통적으로 미국 유학, 전시 미국 정부 또는 미군 기관 근무, 해방 후 미군정에서 최고 직위의 한인 통역 근무 등의 경력을 지녔다. 미국 정부와 미군정의 신뢰가 덧붙여짐으로써 성공의 지름길을 걷게

35　이들 외에도 황성수, 배의환, 김재훈, 김태묵, 박상엽, 이창희, 김진업 등이 재미일본인 집단수용소(Japanese Alien Enemy Detention Centers)에서 한국인 통역으로 일했다. Hyung-ju Ahn, 2002, *Between Two Adversaries: Korean Interpreters at Japanese Alien Enemy Detention Centers during World War II*, Michi Nishiura and Walter Weglyn, Multicultural Publication Series, Fullerton: California State University.

36　이들 대부분은 이승만이 1944년 6월 주미 외교위원부 산하에 조직한 각 위원부(협찬부) 부원이었다. 정병준, 2005, 앞의 책, 233~236쪽.

37　「미(美) 유학생부대 제1진, 자유해방의 조국 찾아 7청년 입경(入京)」, 『자유신문』 1945년 11월 15일자. 배민수는 회고록에서 배민수, 임창영, 황성수, 임병직, 이순용, 유일한, 한영교 등이 입국한 것으로 잘못 기억했다. 배민수, 1999, 『배민수 자서전』, 연세대학교 출판부, 294쪽.

된 것이다.[38]

3) '기독교전국고문회의', '연희전문 정부'

미군정이 신뢰할 수 있는 미국 선교사들과 그들의 아들, 가족들이 입국하면서 초기 군정의 요직에 기독교계 인물이 중용되기 시작했다. 미군정은 교육받고 영어를 구사할 줄 아는 사람을 물색했기 때문에, 미군정 초기부터 미국 유학생, 기독교 학교에서 수학한 사람, 선교사와 일했던 사람들이 쉽게 진입하기 시작했다. 1946년 1월 서울을 방문한 장로교선교본부의 에드워드 애덤스(Edward Adams)는 미군정 고위직에 임명된 한국인 50명 중 35명이 연희전문학교(Chosen Christian College) 교수, 졸업생, 직원, 교회 평신도였다고 기록했다.[39] 나아가 세브란스병원의 미국 의료 선교사들에게 훈련받은 6명의 한국 의사들이 미군정에서 부지사로 임명되었다.[40]

　　하가(Kai Yin Allison Haga)는 미군정 고위직, 고문회의, 과도입법의원, 제헌의원 중 기독교인의 비율을 계산했는데, 군정 고위직은 50명 중 35명으로 70퍼센트, 고문회의는 11명 중 6명으로 54.5퍼센트, 과도입법의원은 관선과 민선을 포함해 총 90명 중 21명으로 23.3퍼센트, 제헌

38　　정병준, 2015, 『현앨리스와 그의 시대』, 돌베개, 128~134쪽.

39　　Edward Adams, "Report on Korea," 15 January 1946, p.3, Presbyterian Church Archives, Record Group 140, Box 16, Folder 29 – Presbyterian Historical Society, Philadelphia; Arthur J. Moore, 1946, *The Church Cradled in Conflict: A Report of an Episcopal Visit to Korea in 1946*, New York: The Methodist Church, p.8; Kai Yin Allison Haga, 2007, 앞의 논문, Chapter 4.

40　　R. Manton Wilson, "Dear Friends" Letter, 23 January 1946, Presbyterian Church (U.S), Department of History, Montreat, North Carolina; Kai Yin Allison Haga, 2007, 앞의 논문, Chapter 4.

[표 3-1]　미군정과 1공화국 내 기독교인 비율(1946~1948)

직책	총인원수	기독교인	백분율(퍼센트)
미군정(고위직)(1946. 1)	50	35	70.0
고문회의(1945. 10)	11	6	54.5
과도입법의원(1946. 12)	90	21	23.3
제헌의원(1948. 8)	190	38	20.0

[출전]　Kai Yin Allison Haga, *An overlooked dimension of the Korean War*, Chapter 4.

의원은 190명 중 38명으로 20퍼센트를 차지했다.[41]

　당시 기독교인이 한국 전체 인구의 3퍼센트 미만이었음을 감안하면, 미군정기 고위직에 진출한 기독교인의 비중이 다른 집단·직능·종교에 비해 지나치게 과잉 대표되었다는 것을 알 수 있다. 미군정 고위직 70퍼센트, 고문회의 54.5퍼센트, 과도입법의원 23.3퍼센트는 정상적인 사회 구조와 현실을 반영했다기보다는 미군정의 정책적 의도를 반영했다고 봐야 한다. 전반적으로 미군정기 고위 관료 중 기독교인의 비중이 현저히 높았는데, 진덕규의 조사에 따르면 미군정 중앙행정기구의 한국인 고위직은 국장·부장 20명, 처장 11명 등 31명으로, 이들 중 15명(47.4퍼센트)이 개신교인이었다.[42] 강인철의 조사에 따르면, 1946년 12월부터 1947년 8월까지 임명된 미군정 국장 13명 중 7명(54퍼센트), 초대 차장 중 4명(44퍼센트), 민주의원 28명 중 9명(32퍼센트), 과도입법의원 90명 중 21명

41　고문회의에 대해서는 Chung-shin Park, 2003, *Protestantism and Politics in Korea*, Seattle and London: University of Washington Press, p.168. 나머지는 Harry A. Rhodes and Archibald Campbell, 1964, 앞의 책, pp.380~381.

42　진덕규, 1977, 『한국 정치사회의 권력 구조에 관한 연구－엘리트 유동성과 이데올로기 연관성의 분석』, 연세대 정치학과 박사학위 논문, 96쪽; 최현종, 2018, 앞의 논문, 292쪽.

(23퍼센트)이 개신교인이었다.[43]

윌리엄스에 따르면, 하지는 군정을 위해 전국고문회의(National Advisory Council)를 설립하라고 명령했고, 친일파가 아닌 법률가 2명, 은행가 2명, 농민 일부, 아주 성공한 사업가 2명, 의사 1명, 개신교 대표 2명, 가톨릭 1명, 유교 1명, 불교 1명, 주요 정당인 인민공화국과 한민당에서 각각 1명씩을 선출하라고 했다.[44] 윌리엄스의 증언은 1945년 10월 5일에 조직된 고문회의가 어떤 배경과 어떤 비율로 시작되었는지를 알려주는 유일한 자료다.

첫째, 대략 15명 내외의 고문 가운데 정당 대표는 불과 2명에 불과한 반면, 법률가 2명, 은행가 2명, 사업가 2명, 농민 일부, 의사 1명, 종교계 5명의 비율로 배정한 것은 정당을 일종의 직능단체 대표 정도로 설정했던 하지의 인식을 반영하는 것이었다. 그에게 가장 중요한 원칙은 한국 내 정당을 부정하는 것이었고, 이것이 가장 중요한 정치적 함의를 지녔다. 정당과 정치적 의견은 최소한으로 반영한 반면 그와 동수로 법률가, 은행가, 사업가 등을 배치함으로써 일제 하에서 사회적으로 성공하고 보수적인 지위에 있었던, 바꿔 말하면 친일파의 입지를 압도적이고 구조적으로 보장한 것이었다.

둘째, 고문회의의 구성은 한국인 정당·사회단체·종교, 계급·계층의 조직·단체들을 정상적으로 반영했다기보다는 의도적으로 "좋은 교육을 받고, 사회적으로 성공한 사람들"을 중심으로 구성했음을 보여준다. 즉 진주 직후 하지와 베닝호프, 윌리엄스가 반복적으로 강조한 민주주의자·보수주의자 집단인 한민당에 대한 선호와 그 반대편으로 지목된 급진주

---

43   강인철, 1995, 「미군정기의 국가와 교회」, 한국사회사학회 편, 『해방 후 정치 세력과 지배구조』, 문학과지성사, 225쪽: 최현종, 2018, 앞의 논문, 292쪽.

44   「윌리엄스 연설」, p.6.

의자·공산주의자 집단인 인민공화국에 대한 비토가 사실상 고문회의의 기본 원칙이었음을 알 수 있다. 직업과 직종을 보면 정치적, 의도적으로 사회적 영향력이 큰 좌파적 조직·단체·인물을 배제했음을 알 수 있다. 포섭과 배제가 분명한 구성이었다.

셋째, 전체 15명 내외의 고문 중 개신교 대표 2명, 가톨릭 1명, 유교 1명, 불교 1명 등 종교계 5명을 포함하도록 함으로써, 종교계를 3분의 1 이상 포함하려 했음을 알 수 있다. 종교계 인사를 전면 배치함으로써 고문회의의 비정치성·비당파성을 강조하려 한 것인데, 오히려 그 자체가 정치적이었다. 종교계의 목소리가 비정상적으로 과대평가되어 현안 해결 능력이나 현실적 접근과는 거리가 먼 구조였기 때문이다. 나아가 기독교도가 전체 한국 인구의 3퍼센트 미만이었음을 생각하면, 종교계 5명 중 개신교 2명, 가톨릭 1명은 비상식적으로 높은 비율이었다. 고문회의 전체에서 종교계의 비중이 과중했으며, 그중에서도 기독교계의 비중이 과반을 넘을 정도로 압도적이었다. 윌리엄스는 하지의 명령에 따라 고문회의에 충원할 개신교 대표 2명을 찾을 수 없었는데, 그 이유는 친일파가 아닌 목사를 찾기가 어려웠기 때문이다. 하지는 윌리엄스가 개신교 대표를 찾지 못하자, 나머지 종교 대표들의 임명을 거부했다. 결국 종교계 대표 5명은 임명되지 못했다. 최종적으로 12명의 고문이 임명되었지만, 여운형은 고문 취임을 거부했고, 북한에 있던 조만식도 취임할 수 없었다.[45] 그러나 나머지 10명의 대표 중 다수가 기독교 평신도였으므로 전체 고문 11명 중 기독교인은 6명으로 그 비중이 압도적이었다.[46]

---

45   고문 11명의 이름과 직업은 다음과 같다. 김성수(金性洙, 교육가), 전용순(全用淳, 실업가), 김동원(金東元, 실업가), 이용설(李用卨, 의사), 오영수(吳泳秀, 은행가), 송진우(宋鎭禹, 정치가), 김용무(金用茂, 변호사), 강병순(姜柄順, 변호사), 윤기익(尹基益, 광업가), 여운형(呂運亨, 정치가), 조만식(曺晩植, 정치애국가). 『자유신문』 1945년 10월 7일자. 오영수(은행가)는 MIT를 졸업하고 가장 먼저 임용된 상공국장 오정수(吳禎洙)의 오기로 판단된다.

넷째, 이 때문에 윌리엄스는 고문회의를 '기독교전국고문회의'(Christian National Advisory Council)라고 명명했다. 기독교 중심의 고문회의라는 평가였다. 진주 후 1개월이 안 된 1945년 10월 5일에 이르면 미군정의 기본 구조가 기독교 중심의 인적·물적 네트워크로 구동되고 있음이 분명해졌다. 고문회의는 중앙뿐 아니라 도 단위 지방에서도 조직되었는데, 역시 동일한 방식으로 인선과 구성이 이루어졌다. 윌리엄스는 중앙 고문회의와 지방 고문회의를 구성하는 데 큰 영향력을 행사함으로써 중앙과 지방정부의 기본적인 방향과 틀을 제시했다. 윌리엄스가 "일자리에 지원한 한국인 지원자를 검토하며, 통역하고, 지방정부를 조직"하는 데 가치를 증명했다는 평가는 이런 측면에서 사실이었다.[47]

나아가 H. H. 언더우드는 1946년 3월 1일 장로교선교본부의 후퍼(J. L. Hooper)에게 보내는 편지에서 이렇게 썼다.

> 지난 연말 신탁통치 문제를 둘러싸고 흥분이 고조되었을 때, 저는 오전 8시 30분부터 저녁 6시까지 온종일 하지와 함께 일했습니다. 이 고위 지휘관은 선교사들과 기독교 활동에 대해 매우 친절하고 우호적인 태도를 가지고 있습니다. 각 부서의 장, 도지사 등 가장 신뢰할 수 있는 사람들이 거의 모두 기독교인이자 선교사계 학교와 대학 출

---

46 진덕규, 1977, 앞의 논문, 96쪽. 그런데 이들 11명 중 김동원, 전용순, 윤기익 등 3명이 목사였다는 주장이 있는데, 이는 진덕규로부터 시작된 오류인 것으로 보인다. 김동원은 소설가 김동인의 이복형으로 105인 사건으로 투옥된 이후 실업가로 활동했다. 전용순은 유명한 제약회사 경영자였다. 윤기익은 한말 영국 광산학교를 졸업한 후 줄곧 광업계에서 일했으며 해방 직후에 나이가 70대였다. 김동원과 윤기익은 기독교 신자였지만, 목사로 활동한 기록은 보이지 않는다. 윤경로, 2012, 「'105인사건' 피의자의 사건 이후 행적과 활동: 국외에서 독립운동에 참여한 19인을 중심으로」, 『한국독립운동사연구』 42; 정병준, 2016, 앞의 글.

47 Edward Adams "Report on Korea," (1946. 1. 13) RG 140, Box 16, Folder 29 "Reestablishment of Korea Mission work; 1943-8,"; Presbyterian Historical Society, Philadelphia, PA.

신이라는 것을 볼 때 그러합니다. 수많은 우리 졸업생들이 영향력과 권위가 있는 자리에 있기 때문에 사람들은 현재의 정부를 '연희전문 정부'(Chosen Christian College government)라고 부릅니다.[48]

1946년 초에 이르러 미군정은 '연희전문 정부'라는 별칭을 갖게 된 것이다. 통상적으로 미군정기를 '통역관 정부'(에드거 스노Edgar Snow의 표현), 한민당과 통역정치의 시대, 미군정의 여당 한민당의 시대라고 불렀지만,[49] 언더우드 등 미국 선교사들은 미군정기를 '연희전문 정부' 혹은 '조선기독대학 정부'라고 불렀던 것이다. 미국 선교사들이 반세기 동안 품어왔던 오랜 염원과 희망이 구현되는 듯했다. 화자의 입장에 따라 통역관 정부, 한민당 정부, 혹은 연희전문 정부라는 명칭으로 불린 미군정기의 실체를 만든 것은 진주 직후 쏟아져 들어온 한국인들이 제공한 정보였다.

4) 관대한 친일과 엄격한 반공, 민주주의와 공산주의의 대결

미군정 진주 일주일 후 정치고문 베닝호프는 국무부에 보내는 보고서에서 한국의 상황을 손대면 터질 것 같은 "화약통"(powder keg)으로 묘사하며, 한국 정치의 주류가 민주주의자·보수주의자 대 급진주의자·공산주의자의 대결 국면이라고 설명했다. 이런 대결 구도는 24군단 사령관 하지 중장, 정치고문 베닝호프, 하지의 개인고문이던 윌리엄스 등의 공통된

---

48 Horace H. Underwood to J. L. Hooper, 1946. 3. 1. RG 140-18-? PCUSA; 안종철b, 2010, 앞의 책, 264쪽.

49 Lee, Won Sul, 1982, *The United States and the division of Korea, 1945*, Seoul: Kyung Hee University Press, p.273; 안진, 2005, 『미군정과 한국의 민주주의』, 한울, 165쪽.

인식이었다. 앞에서 살펴본 것처럼 한국 사정에 정통한 윌리엄스 소령이 제공한 친일 문제·공산주의 문제에 대한 정보가 하지 등에게 영향을 주었을 것이다. 이들은 명백한 사실이었던 친일 문제에 대해서는 관대하고 수용적 태도를 취한 반면, 풍문에 불과했던 소련의 영향을 받은 공산주의에 대해서는 혐오에 가까운 반감을 표시했다.

진주 직후 곧바로 이런 이항대립적이며 대결적인 정치 구도에 관한 인식을 미군정 수뇌부에 불어넣은 것은 국민대회준비회, 즉 한민당 세력이었다. 그렇게 해서 민주주의·보수주의 대 공산주의·급진주의의 대결 구도이자, 미국식 민주주의와 그에 반대되는 소련식 공산주의라는 선악의 대립 구도를 만들고자 했다. 해방 후 한국의 정치적 과제는 남북통일·독립국가의 건설이었으며, 일본 제국주의가 남긴 정치·경제·사회·문화적 잔재를 일소하는 것이었다. 정치적으로 일제 잔재의 청산은 친일파와 민족반역자에 대한 인적 제거를 의미했으며, 대립의 계선은 항일 대 친일, 민족 대 반민족, 독립운동 대 친일협력 사이에 놓여 있었다. 즉 해방 후 정치적 과제와 지형에서 미국과 소련의 대결 구도는 아직 존재하지 않았으며, 국제적 냉전은 1947년에야 시작되었으나, 미군은 진주 직후부터 강력한 반소·반공의식에 사로잡혀 있었다.[50]

미군 진주 후 일주일 만에 이러한 인식은 주한 미24군단 지휘부 내에서 공감대를 형성했다. 하지는 9월 13일 맥아더 태평양미육군총사령관에게 보낸 메시지에서 한국의 상황을 보고했는데, 세 가지를 주목할 수 있다.[51] 첫째, 하지는 38선 이북 소련군에 대한 악평과 남한에 대한 영향력

---

50   이런 측면에서 브루스 커밍스가 하지를 설익은 냉전의 용사(premature cold-warrior)
      라고 명명한 것은 설득력이 있다.
51   CG USAFIK to CINC, USAFPAC (1945. 9. 13) Subject: Conditions in Korea, CG
      USAFIK to CINC, USAFPAC (1945. 9. 13) RG 84, Japan; Office of the US Political
      Adviser for Japan, Tokyo; Classified General Records, 1945-1952, Box 2.

을 강조했다. 하지는 38선 이북의 소련군이 일본인과 한국인을 가리지 않고 강간, 약탈, 편취를 지속한다고 강조하는 한편, "지하 러시아 공산주의자들의 지령을 받은 잘 훈련된 선동가들이 우리 지역에서 혼란을 양성하려고 시도"하고 있다고 강조했다. 그런데 사실 미군정 시기를 통틀어서 38선 이북의 소련군이나 소련의 지령을 받은 선동가들이 남한에서 혼란을 일으켰다는 증거는 발견되지 않았다.

둘째, 하지는 한민당에 대한 극찬을 아끼지 않았다. "유일하게 고무적인 점은 나이 많고 교육받은 한국인들 가운데 수백 명의 보수주의자들이 존재한다는 사실이다. 지금 그들 중 다수는 일본과 협력한 것으로 의심받고 있으나 이런 감정은 신속하게 사라지리라고 믿는다"라고 썼다. 가장 잘 알려진 베닝호프의 9월 15일자 보고서에 등장하는 내용이기도 하다. 그렇다면 하지는 왜 친일파의 오점이 사라질 것으로 예상했는가? 하지는 이들 대부분이 전쟁 기간 중 일본의 의심과 사상통제 때문에 여러 차례 투옥되었고, 자신의 견해로는 조선총독부가 이들을 거의 활용하지 않았지만, "가치 있는 시민"들이라고 평가했다. 즉 한민당의 주요 구성원들은 동우회 사건과 흥업구락부 사건으로 검거되었다가 석방된 적이 있음을 강조하면서, 자신들은 일제의 강요에 의해 친일행위를 했을 뿐 사실은 애국자이자 독립운동가였다며 친일행위를 미화하거나 희석했던 것이다. 하지의 입장에서 과거의 친일보다 중요한 것은 현재의 친미였으며, 점령군에게 유익한 세력인가가 판단의 기준이 되었다.

셋째, 하지는 중경임시정부의 조기 귀국을 추진해 간판으로 활용할 것을 강조했다. 하지는 다수의 한국인들이 중경한국〔임시〕정부의 귀환을 선호한다며, 정책 권고 중 하나로 이렇게 주장했다.

d. 망명 중인 중경〔임시〕정부가 연합국 후원하에 점령 기간 중 간판 (as figureheads)으로 활동하며 한국인들이 안정되어서 선거가 치러

질 수 있을 때까지 임시정부(provisional government)로 활동할 수 있도록 한국에 귀환하도록 고려해줄 것.

즉 하지는 진주 후 일주일 만에 중경임시정부를 간판으로 활용하며, 선거를 실시할 때까지 임시정부로 활용하기 위해 그들의 귀국을 성사시켜달라고 요청한 것이다.

진주 후 일주일 만에 하지는 세 가지 중요한 정세 판단과 정책 결정을 내린 것인데 첫째, 러시아 공산주의자들의 지령을 받는 남한 공산주의자들의 혼란 시도와 그에 따른 불신, 둘째, "친일 경력이 있으나 사실은 애국적인" 한민당 소속의 나이 많고 교육받은 보수주의자들에 대한 신뢰, 셋째, 중경임시정부의 조기 귀국과 정치적 활용이라는 삼중의 정책적 결정이었다. 그 결과 존 건서(John Gunther)가 묘사한 것처럼, 하지는 공산주의에 대한 극도의 공포 때문에, "망명자, 부역자, 파시스트 반동분자, 직업적 암살범, 혼란스러운 지식인 등 잡동사니 모음"에 둘러싸이게 되었다.[52]

베닝호프도 9월 중순 이래 여러 차례의 보고서를 작성해 보수주의·민주주의 대 급진주의·공산주의의 대결 구도를 강조하고, 중경임시정부와 이승만·김구 등의 조기 귀국을 반복적으로 주장했다. 좌파에는 폭력, 소련의 사주라는 수식어가 붙었고, 우파는 교육받고 원숙한, 친미적, 전문적이라는 수식어가 붙었다.

9월 14일자 보고에서 베닝호프는 많은 한국인이 임시정부의 즉시 귀국을 요구하고 있는데, 임시정부를 부인하는 세력은 좌익이며 소련의 사주를 받은 자들로, 노동조합에서 소수이며, 폭력으로 권력을 잡으려 한

---

52   John Gunther, 1951, *The Riddle of MacArthur: Japan, Korea, and the Far East*, New York: Harpers, p.182; James Matray, 1995, 앞의 글, p.21.

다고 주장했다. 반면 미군정이 우호적으로 간주하는 저명한 지도자들은 "다수 혹은 교육받은 전문직 지도자들"이자 한민당 관련자들로, 공산주의자를 비판하며 이승만 등의 귀국을 희망한다고 했다.[53]

"남한은 불꽃만 튀어도 폭발할 수 있는 화약통"이라는 서두로 시작한 9월 15일자 베닝호프의 보고는 잘 알려져 있다. 베닝호프는 정치 상황에서 "유일하게 고무적인 점은 서울 지역에 원숙하고 좋은 교육을 받은 한국인들 가운데 수백 명의 보수적 인사가 존재한다는 사실"이며, 이들 중 다수는 일본을 위해 복무했지만, 오명은 결국 사라지게 될 것이라고 주장했다. 이들은 "임시정부"의 귀환을 바라며 다수를 점하지는 못하더라도 아마도 가장 큰 단일 그룹일 것이라고 평가했다.[54] 한민당의 다수가 친일파 또는 부역협력자이지만, 친일의 오명이 곧 사라질 것이라고 자신있게 전망한 것이다.

9월 29일자 베닝호프의 보고서는 한국에 진주한 지 20여 일 만에 미군정이 도달한 정세 판단과 정치적 입장을 총정리해 보여주고 있다.[55] 베닝호프는 예의 민주적·보수적 집단과 급진적·공산주의 집단으로 남한 정치 세력을 구별했다. 보고서의 핵심 주장은 한민당이 제공한 것이며, 사실상 미군정 수뇌부가 쉽게 동의할 수 있도록 주조된 것이었다. 미군이 혐오하고 싫어할 만한 내용을 반복적으로 제시한 후 미군이 좋아하고 들

---

53 CG XXIV Corps (Benninghoff) to DINCAFPAC. (1945. 9. 14), nr. TFYAG-514, 13th. RG 331, Supreme Commander for the Allied Powers, AG Section, Mail & Record Branch, Classified Decimal File 1945-47, Box 785-2.

54 Benninghoff, Political Adviser, HQ, XXIV Corps to Secretary of State (1945. 9. 15) Subject: The Present Situation in Korea. RG 554 USAFIK Adjutant General, General Correspondence (Decimal Files) 1945-1949, Box 21.

55 H. Merrell Benninghoff (Foreign Service Officer, Political Adviser, Headquarters, XXIV Corps) to Secretary of State (1945. 9. 29) Subject: Political Movements in Korea RG 84, Japan; Office of the US Political Adviser for Japan, Tokyo; Classified General Records, 1945-1952, Box 2.

고 싶어 하는 이야기를 들려주는 전략이었다.

9월 29일자 보고서는 2대 정치 세력의 특징을 좀 더 세부적으로 묘사했다. 민주주의·보수주의 집단은 한민당으로 대표되는데, 다수의 전문가와 교육가가 있으며, 미국 유학 혹은 주한미국 선교기관에서 교육받았으며, 서구 민주주의를 추종하고, 이승만과 중경임시정부의 조기 귀국을 만장일치로 열망하고 있다. 이들은 좋은 교육을 받은 사업가 및 전문가, 다양한 지역사회 지도자로 구성되어 있다. 반면 급진주의·공산주의 집단은 건준과 인공으로 대표되는데, 중도좌익부터 급진주의까지를 포괄하며 공산주의자들이 가장 강경한 지도력을 발휘한다. 지도자 여운형은 기독교에서 공산주의로 정치적 신념을 전환했기 때문에 대중이 혼란스러워한다고 했다.

이 보고서는 8·15 이후 정치 상황을 정리하고 있는데, 총독부 측이 처음에는 소련이 한반도를 석권할 것으로 생각해 송진우에게 임시정부를 이끌어달라고 요청했다가 거부당한 후 공산주의자 여운형에게 소련이 용납할 만한 정부를 설립하기 위해 건국준비위원회의 조직을 제안했다는 것이다. 여기에 공산당은 적극적으로 참여한 반면 송진우는 협력을 거부했고, 이들은 정치범 석방, 치안, 식량 배급과 기타 정부 기능의 책임을 떠맡았다고 설명하고 있다. 소련의 남한 점령이 잘못된 예측으로 드러나자 일본은 3,000명의 군인을 민간경찰로 전환했지만 여운형을 굴복시키지 못했다. 미군 진주를 앞두고 건준은 인공을 수립했고, 보수주의자들은 9월 13일 국민대회를 조직하고 망명 중인 중경임시정부의 귀국을 주장했다.

베닝호프는 보수주의 한민당이 인민 다수의 추종을 받고 있으며, 반공·친민주적 신념을 가지고 있는 반면 "공산주의적 지향을 지닌 정치적 기회주의자로 보이는 여운형"이 이끄는 급진주의자들은 보다 조직적이고 강경하며, 소비에트 러시아 공산주의자들의 영향을 받은 것으로 추정했다. 나아가 베닝호프는 이승만이 "한국의 쑨원(孫文)"으로 불리며, 김구·김규식과 함께 인민공화국 각료 명단에 포함됨으로써 좌우파 모두의 지지를 받고 있다고 평가했다. 베닝호프는 이승만과 임시정부 성원들이 귀국한다면 미군정이 보수주의 특정 정치 세력을 후원한다는 비난을 받을 수도 있다고 하면서도, 한민당 등의 임시정부 조기 귀국 주장과 추종 열망을 강조했다. 보고서 말미에 베닝호프는 38선 이북 소련군이 루마니아, 헝가리, 불가리아 등 동유럽을 소비에트화한 것처럼 북한을 공산화할 것이라고 우려했다.

송진우와 여운형에 대한 상반되고 극단적인 평가는 한민당으로부터 나온 것이었는데, 이들은 윌리엄스의 보수적·친기독교적·반공적 입장에 공명하며 사실과 다른 가공의 주장을 펼쳤고, 윌리엄스는 그들의 말을 기꺼이 수용했다. 윌리엄스는 패전 직후 조선총독부가 송진우와 김준연에게 협력을 요청했지만 거부당했고, 여운형은 제안을 수락해 1,500만 원을 받았다고 단언했다. 윌리엄스는 한국의 정치인 가운데서 송진우를 가장 높게 평가하며, 심지어 인민공화국 지도자 여운형이 송진우에게 인공과 싸워서 유감이라며 그의 생명을 위협했다고 주장했다. 윌리엄스가 감리교 선교단에서 연설하는 시점(1946년 1월)에서 송진우는 암살(1945년 12월)된 직후였는데 윌리엄스는 누가 송진우를 죽였는지 지목할 수 없지만, 그의 죽음이 도덕적으로 여운형과 인공의 책임이라 못박았다.[56] 정치 상황과 정치인에 대한 평가에서 윌리엄스의 주장은 믿기 어려울 정도로 허구와 과장, 왜곡과 전도된 주장으로 가득한데, 문제는 그의 이런 비이성적 확신을 미군정 수뇌부도 공유했다는 점이다. 즉 한민당의 주장은 윌

---

56   「윌리엄스의 연설」, p.5. 송진우 암살범은 일본 군국주의, 극우 국수주의에 공명했던 한현우 등이었으며, 이들과 긴밀히 연계된 극우 테러리스트들은 여운형 암살(1947년 7월)에도 깊숙이 개입했다. 정병준, 1995, 앞의 책, 475~491쪽.

리엄스를 통해, 또한 한민당 관계자를 통해 미군정 수뇌부에 강력한 영향을 미쳤다.

명백한 과거 사실, 즉 친일과 항일은 중요하게 여겨지지 않았으며, 증거자료가 부족하다는 이유로 또는 고소와 역고소가 만연하다는 이유로 뒷전으로 물러났다. 반면 근거 없는 추정과 무고로 이뤄진 주장, 즉 여운형이 친일파이자 공산주의자이며, 소련의 지령을 받은 공산주의자들이 남한에 침투해서 혼란을 일으키려 한다는 점은 중시되었다.

미군정이 우호적으로 생각하는 보수주의자·민주주의자인 한민당 중심의 친일 문제는 쉽게 넘기기 어려웠다. 친일 문제는 한국인들에게는 중요한 문제였으나, 미군정 내에서는 한번 검토를 고려해볼 만한 이슈에 불과했다. 하지는 10월 중순의 보고서(1945년 10월 19일)에서 친일파에 대한 한국인들의 분노와 증오를 무시할 수 없었기 때문에 "죄악을 저지른 친일 부역 한국인들을 특정"하려고 노력했으나, "많은 고발과 역고발"이 한국인들로부터 들어왔고, 대부분은 증거가 없거나 추적하고 조치하기 어려운 경우가 많다고 하소연했다.[57]

24군단 군사관은 1945년 10월 23일 "아놀드 군정장관의 특별보좌관 윌리엄스 소령"과 인터뷰했는데, 여기에 친일 문제를 둘러싸고 일이 어떻게 진행되고 있었는지, 윌리엄스가 친일 문제를 어떻게 다루고 있었는지가 잘 나타나 있다. 군사관은 우연히 윌리엄스의 사무실을 방문했다가 이런 광경을 목격했다. 윌리엄스는 "잘 차려입고, 지적이며, 명백히 좋은 교육을 받은" 한국인과 영어로 대화를 하고 있었는데, 그 한국인은 농림국 소속이었다. 이 한국인이 특정 한국인 임명에 대해 비판하자, 윌리

---

57   CG USAFIK to SCAP (pass to State, copy to Acheson) (1945. 10. 19). top secret.
      091 Conditions in Korea 1945-1948, RG 554 USAFIK Adjutant General, General
      Correspondence (Decimal Files) 1945-1949, Box 21. 하지는 국무부에 태평양전쟁
      발발 후 본국으로 송환된 그립스홀름호에 탑승했던 귀환 미국인들의 보고서를 요청했다.

엄스는 모든 임명 절차가 "다수의 저명한 한국인들과 협의한 후 이뤄진" 것이며, "투표"를 통해 결정된 사안이라고 반박했다. 윌리엄스는 전용순의 사례를 들면서 왜 임명 당시에는 찬성했다가 뒤늦게 반대하느냐고 힐난했다. 전용순은 "마약 조직의 우두머리"라는 혐의를 받는 친일파였다. 그러나 윌리엄스는 미국 FBI에서 근무한 마약 조직 전문가가 전용순의 사례를 철저히 조사한 결과 전용순이 "마약 사업에 종사했지만, 합법적인 약을 팔았고 의료용 배포 센터"만을 운영했다고 옹호했다.[58] 윌리엄스는 학무국 사례를 인용하며, 백낙준이 "모든 지도적 한국 교육가들의 투표로 학무국 자문위원회에 선임"되었는데, 학무국장 록카드 대위(Capt. Lockhard)는 해당 인선과 무관했지만, 모든 언론이 백낙준이 임명된 것에 대해 비판한 후 괴롭힘을 당하고 있다고 주장했다. 백낙준은 경성제국대학 접수위원 겸 임시총장, 법학부장 등에 임명되었는데 곧바로 경성제대 재학생과 직원, 학생들로부터 강한 반발에 부딪혔다. 정치적으로는 일제 말 적극적으로 친일활동을 한 친일파라는 비판이, 학문적으로는 신학 전공으로 학자로서의 능력이 없다는 비판이, 그럼에도 단지 영어를 잘한다는 이유로 경성대학 총장과 법학부장에 임명되었다는 비판이 제기되었다.[59]

같은 시기 초대 경성대학 총장에 임명되었던 알프레드 크로프츠는 10월 2일자 일기에 이런 기록을 남겼다.

실수들
12명 위원에는 백만장자, 마약 밀매자, 진짜 마약(모르핀 대용품) 밀

---

58 Interview with Commander Williams, Special Assistant to General Arnold (1945. 10. 13) RG 332, USAFIK, XXIV Corps, G-2, Historical Section, Box 27, *Historical Journal*, 11 Aug.-10 Oct. 1945, etc. (4 of 6).

59 정병준, 2021a, 앞의 글.

매자들이 포함되어 있다.

모두 "민주당"원들이다. 김성수.

WMS(윌리엄스)는 "모르는" 사람들을 거부한다. 모든 저명한 인물들은 [일본] 협력자였다.

학교 관련자들에 대해서는 청문회가 없었다. 부자들은 궁지에 몰렸다. "유명한"(popular)이란 아무것도 아니다(『크로프츠 일기』, 1945년 10월 2일).[60]

즉 하지의 고문회의 위원 12명 중 대부분이 한민당원이며, 여기에 고문으로 포함된 전용순은 백만장자, 마약 밀매자, 진짜 마약(모르핀 대용품) 밀매자로 비난받고 있는 상황임을 기록한 것이다. 게다가 인사를 주도하고 있는 윌리엄스 소령은 자신이 모르는 사람들을 거부하며, 그가 알고 있는 "모든 저명한 인물들이 친일파"라고 했다. 나아가 백낙준과 관련해 학교 관련자들에 대해서는 청문회가 없었다는 점을 지적하고 있다. 크로프츠가 보기에 미군정은 명백한 "실수"를 범하고 있었다.

전반적으로 일제 말기까지 서울 지역에서 교육기관을 운영했던 선교사들은 일제의 신사참배 강요에 대해 서북지역 선교사들과 다른 반응을 보였다. 서북 선교사들은 선교부의 철수를 주장한 반면, 기호 선교사들은 교육기관 철수를 반대했다. 신사참배 반대 선교사들은 미 국무부와 해외 선교부 등에 호소했지만, 정교분리 원칙과 교육기관 철수에 비판적인 입장에 실망했고, 2차 세계대전 중 다른 교파로 옮겨가기도 했다. 해방 후 재입국한 북장로교 선교사들 중 신사참배를 반대한 사람은 소수였고, 재

---

60   『크로프츠 일기』(1945년 8월~1946년 5월)는 서울대 김기석 교수가 크로프츠 유족으로부터 사본을 입수해 서울대 기록관에 기증했다. 공책에 "From AUG 14 1945 on Alfred Crofts LEUT 208782 USNR9"라는 크로프츠의 자필 기록이 있다.

입국한 선교사들은 해방 후 한국 교회의 신사참배 문제 청산을 적극적으로 제기하지 않았다.[61] 교회 내의 신사참배 문제 처리가 이러했으므로, 미군정과 선교사들의 입장에서 정치·경제·사회 분야의 친일 문제는 크게 논의되거나 논란이 될 사안이 아니었다. 과거 일본에 대한 충성이 문제가 아니라 지금 미군정에 충성을 바칠 수 있는 태도와 자세가 더 중요한 판단 기준이었기 때문이다.

백낙준이 경성제국대학 임시총장에 임명되자 경성대학에서 벌어진 사태는 친일파의 대응과 미군정의 수용적 태도가 어떤 것이었는지를 잘 보여준다. 해방 직후 경성제국대학은 곧 경성대학으로 명칭이 변경되었는데, 경성대학 학생, 직원, 동문들은 백낙준의 친일행적과 학문적 자격 문제를 제기했다. 일제 말기 동우회·흥업구락부 사건으로 검속되었다가 풀려나온 다른 미국 유학생들처럼 백낙준도 맹렬히 귀축영미 등 반미 연설을 하고 친일활동을 했으며, 미군정도 이런 정보를 가지고 있었다. 백낙준은 사실을 부인할 수 없었으므로 자신의 친일활동을 변호할 수 없었고, 대신 자신을 비판하는 학생들을 공산주의자라고 주장했다. 경성대학 초대 총장 크로프츠에 따르면 한 달에 걸친 조사 결과 경성대학 학생들은 공산주의와 무관한 것으로 밝혀졌다. 이에 맞서 한민당 중심의 한국교육위원회는 친일파로 공격받는 경성대학 법문학부장 백낙준의 해임을 강력하게 반대하며, 그에 대한 해임 공격은 다른 학교장 임명에 쏟아지는 친일 비난과 연관된 문제임을 강조했다. 친일은 강요된 것이거나 조작된 것이라고 주장하며,[62] 이를 공격하는 사람들을 오히려 과격한 학생으로 몰

61   안종철b, 2010, 앞의 책, 19~20쪽.
62   백낙준은 1941년 이래 『기독교신문』을 통한 친일, 반미 유세에 적극적으로 나섰다. 대표적으로 「米英打倒座談會」, 『東洋之光』 4권 2호(1942년 2월); 백낙준, 「대동아전쟁 2주년」, 『매일신보』 1943년 12월 5일자 등이 확인된다(친일반민족행위진상규명위원회, 2009, 앞의 책, 787~811쪽).

아세웠다. 교육위원회 위원들과 백낙준 측은 사실이 아니라 프레임을 바꾸려 했고, 이 시도는 성공했다.

크로프츠에 따르면 "백 박사의 전술이 성공했다. 공식 기록은 정반대로 바뀌었다. 주한미군사령부는 학장의 현직 유지를 확약했으며(그는 곧 사임했으며 훗날 이승만의 문교부 장관으로 재등장했다), 학생들에게는 그에게 복종하거나 그렇지 않으면 그들의 대학이 "말살"(wiped out)될 것이라고 경고했다"는 것이다.

> "부역"(collaboration) 문제는 군정 초기 몇 달 동안 다른 모든 문제들을 압도했다. 공격은 명백하게 규정되기 어려웠는데, 35년간의 식민지배 동안 미국에서 공부할 기회, 공직을 맡거나 부를 획득하는 것은 일단은 일본인 조선총독부와 잘 지냈다는 증거가 되었다. 이제 주한미군정(USAMGIK)의 모든 통역 및 그가 가장 신뢰하는 고문들은 부역으로 공격을 받았다. 우리 교육위원회(Committee on Education)는 보성전문의 존경받는 창립자이자 동아일보의 소유주인 김성수가 이끌었는데, "한국부역위원회"(Korean Committee on Collaboration)가 별칭이었다. 한국인들이 희생양을 찾는 애국적 수색은 그 후 매카시 시기 우리의 그것과 유사했다.[63]

크로프츠는 백낙준의 친일 사실을 확인한 후 그가 일제의 강압하에서 친일한 것이라며 그를 감쌌으나 경성대학 학생들의 반응은 거칠었다. 즉 미군정 초기부터 친일파는 친일을 옹호할 수 없게 되자, 자신을 비판하는 사람들을 공산주의자로 규정하기 시작한 것이다. 1949년 반민특위

---

63   Alfred Crofts, "Our Falling Ramparts: The Case of Korea," *The Nation*, June 25, 1960.

해산 당시 이승만과 악질 친일파 및 친일경찰들이 만든 프레임이 이미 미군정 초기부터 득세하고 있었다.

공산주의에 대한 증오와 확신에 찬 부정은 윌리엄스의 언론관에도 반영되었다. 윌리엄스는 "한국에는 결코 편견 없는 언론"이 없으며, 급진주의자와 민주주의자 두 부류만 있으며, 신문도 두 종류만 있다고 했다. 윌리엄스는 10월 10일 인민공화국과 여운형을 비판한 아놀드 군정장관의 연설에 대해 "괴뢰", "아마추어", "장막 뒤에서", "사악한" 등의 용어를 보수주의자들은 모두 인정하는 반면 "과격파의 종이 쪼가리"는 이를 수용하지 않는다고 비판했다. 윌리엄스는 아놀드 장관의 성명을 한국 언론과 한국인들에게 강제해야 하는데, "동양인들은 직설적 발언과 직접적 수단에 익숙하지 않으며, 그런 사실을 받아들이도록 배워야 한다"는 오리엔탈리즘적 발언도 서슴지 않았다. 심지어 윌리엄스는 군사관(에드워드)에게 "한국 언론인이 추잡하고, 제대로 교육을 못 받았고, 무책임하기 짝이 없다는 점을 눈치채지 못했는지?"라고 물었을 정도였다.[64] 『매일신보』는 정부 기관지였지만, 공산주의자들이 침투해 급진적 공산주의 신문이 되었으며, 노동조합과 인쇄공들이 장악하고 있다고 주장했다.

이처럼 1945년 9월 말에 이르면 하지 사령관, 베닝호프 정치고문, 윌리엄스 소령 등 미군정의 주요 인사들은 남한의 정치 지형에 대한 이항대립적 평가, 이분법적 시각을 확립했으며, 이에 기초한 대책과 정책을 수립하기 시작했다. 그것은 한민당에 대한 우호적이고 긍정적인 평가와 활용, 여운형·건준·인공에 대한 부정적이고 공격적인 평가 및 대책, 소련

---

64   Interview with Commander Williams, Special Assistant to General Arnold (1945.
      10. 13) RG 332, USAFIK, XXIV Corps, G-2, Historical Section, Box 27, *Historical
      Journal* 11 Aug.-10 Oct. 1945, etc. (4 of 6). 군사관은 자신은 이런 질문에 대답할 수
      있을 만큼 한국인들을 잘 알지 못하지만, 『매일신보』 편집인인 홍종인(Mr. In)의 이성적
      주장과 경각심에 우호적 영향을 받았으며, 일부 지적인 논평을 봤다고 답했다.

공산주의자에 대한 공포, 친일파에 대한 관대한 태도, 중경임시정부와 이승만·김구 그룹의 조기 귀국과 활용 등이었다.

5) 한국인들이 제공한 정보

이제 하지, 베닝호프, 윌리엄스에게 정세 판단의 근거가 된 한국인들의 정보를 살펴볼 차례다. 9월 8일 하지가 제물포에서 처음으로 마주친 한국인은 건준의 대표였던 여운홍, 백상규, 조한용이었다. 이들은 하지에게 미군에게 도움을 제공할 수 있는 애국자와 반역자 명단을 제출했다. 그런데 이들은 정말 건준의 대표가 맞는지 의심스러울 정도로 혼란스러운 명단을 제시했다.[65] 이들은 여운형, 안재홍, 조만식, 이만규, 김창숙과 함께 김성수, 장덕수, 구자옥 등의 이름을 애국자 혹은 협력자 명단에 포함시켰다.

이미 일본군 17방면군이 미24군단의 진주에 앞서 소련군의 남진 가능성, 공산주의자들의 폭동·파업·무질서·혼란 등을 강조한 상황에서 한민당 세력은 9월 4일 '대한민국임시정부 및 연합군 환영준비회'를 결성했다. 이들은 임시정부가 국제적으로 인정을 받았다고 주장하며, 인민공화국은 "일본제국의 주구"라고 주장했다. 그러나 송진우, 김성수, 장덕수 등은 상해 시기 임시정부에 대한 경험과 정보가 있었을 뿐 중경임시정부와는 어떤 연계나 정보도 갖고 있지 않았다. 이들은 1920년대 임시정

---

65   이들이 제시한 지도적 한국인의 명단에는 여운영, 백상규, 여운홍, 조한용, 안재홍, 김성수, 조만식, 최동, 이만규, 김창숙, 구자옥, 이임수, 황진남, 홍순엽, 장덕수, 박영희, 이원철 등이 있었고, 친일파 명단에는 윤치호, 한상룡, 신흥우, 양주삼, 박흥식, 조병상, 박중양, 신용욱, 김연수, 이진호, 김명준, 이기용, 김태우, 엄창섭 등이 있었다. HQ, USAFIK, G-2 Periodic Report, no.1 (1945. 9. 8) Incl. #1. List of Personalities.

부에 대한 막연한 정보에 기대어 임시정부 절대 지지와 인공 절대 반대를 주장했다. 건준과 인공 세력을 부정, 반대하기 위해서라면 반공 세력과 친일 세력 등을 가리지 않았던 한민당은 조선시대 '당쟁'을 떠올릴 정도의 무지막지한 모략과 험담으로 일관했다.[66]

이미 건준·인공이 사실상의 정부로 작동하고 있었으며, 여운형은 민중의 지도자로 명성과 지지를 얻고 있는 반면, 한민당은 어떤 대중적 지지나 정당성도 얻지 못한 상태였다. 확실한 힘의 우열, 대중의 지지와 냉담이 존재하는 상황에서 한민당의 전략은 여운형과 인공을 험담하고 근거 없는 모략을 쏟아내는 것이었다. 이들은 인공 대신 임시정부를 지지한다고 했지만, 임시정부와는 아무런 연계도 없었으며, 사실상 인공을 타도할 때까지만 임시정부를 활용하는 전략을 수립한 상태였다. 한민당은 임시정부 절대 지지를 내세워 친일·공산정권 인공과 여운형을 타도한 후, 임시정부가 들어오기 전에 미군정의 실권을 차지한다는 전략이었다. 실제로 한민당의 송진우는 이승만 입국 후 인공 타도를 위해 임정 정통론을 적극 내세우되, 일단 임시정부가 귀국하고 정국이 정리되면 임시정부를 해체하고 새로운 독립정부를 수립한다는 계획에 합의한 바 있다.[67]

9월 10일 조병옥은 윤보선, 윤치영과 함께 미군정 사령부에 나타났다. 조병옥 등은 "인민공화국은 친일협력자 한국인들로 조직된 집단"이며 "여운형은 한국인들에게 잘 알려진 오래된 친일협력자이자 정치인"이라고 주장했다.[68] 총독부의 허용으로 건준(인공)이 모든 한국 언론과 라디오를 통제했다고 주장했다. 이들은 9월 13일 미군환영대회를 열겠다

66   브루스 커밍스, 1986, 앞의 책(상권), 243쪽.
67   「윤치영·윤석오의 증언」, 손세일, 1970, 『이승만과 김구』, 일조각, 201쪽; 정병준, 2005, 앞의 책, 481쪽.
68   HQ, USAFIK, G-2 Periodic Report, no.2. (1945. 9. 12); 브루스 커밍스, 1986, 앞의 책(상권), 242쪽.

며, 자신들이 중경임시정부를 진심으로 대표하기 때문에 한국인의 절대 다수를 대표하며, 임시정부의 귀환을 희망한다고 했다. 주한미군 군사실 문서철에 이들의 인터뷰 기록이 남아 있다.[69]

그날 저녁에 열린 명월관 만찬에서 이묘묵은 여운형과 안재홍이 유명한 친일파였으며, 인민공화국은 공산주의에 경도된 민중의 배반자라고 주장했다. 이묘묵의 주장은 미군정 수뇌들의 마음을 움직였다. 그런데 같은 시기 평양에서는 건국준비위원회의 지부인 평남건국준비위원회가 조직되었고, 소련군의 진주 이후 평남 인민정치위원회로 명칭이 바뀌었지만, 한민당은 조만식을 친일파로 비난하거나 평남건준을 총독부와 기래한 친일정부로 비난하지 않았다. 오히려 조만식은 10월 5일 미군정 고문회의의 고문으로 위촉되었다. 같은 출발점, 같은 뿌리에서 나온 서울의 건준·인공과 평양의 건준·인민정치위원회에 대한 한민당의 평가는 정반대였던 것이다.

9월 11일 『코리아 타임스』 주필 김영희는 조선공산당이 출판·인쇄노동자를 장악해 파업을 일으켜 자신들의 요구를 관철하려 하고 있다고 주장했다. 9월 12일에는 국민대회준비회 및 한민당 대표인 서상일, 설의식, 김도연, 현동완, 김용무, 장자일이 정보참모부를 찾아왔는데 "매우 지적이며, 좋은 교육을 받았고, 유능한 신사"라는 평을 얻었다.[70] 세브란스의 전 학장을 지낸 오긍선도 한민당이 한국 대중의 대표이며, 보수적이고 유능하며 사려 깊은 한국인 지도자 및 실업가들 다수로 구성되어 있다고 주장했다.[71]

69   Report of the Korean Democratic Party Representatives Concerning the People's Reconstruction Commission, RG 554, USAFIK: XXIV Corps, G-2 Historical Section, 1945-1948, Box 7.

70   HQ, USAFIK, G-2 Periodic Report, no.3. (1945. 9. 13).

71   HQ, USAFIK, G-2 Periodic Report, no.3. (1945. 9. 13).

9월 12일 하지는 부민관에서 정치문화단체 대표를 초청해 회견했다. 하지가 한 시간 정도 연설했고, 『코리아 타임스』 발행인 이묘묵이 통역했다. 이 자리에서 조병옥은 공산주의자와 인민공화국에 대해 욕설을 퍼부어 참석자들로부터 거센 항의를 받았다. 임영신도 한국 여성을 대표해 사의를 표명했다.[72] 9월 27일 미군정은 한민당이 추진하는 연합군 환영준비위원회를 허가했는데, 의장 권동진, 부의장 김성수, 실무위원장 조병옥이었다.[73]

미군 진주 이후 처음 10여 일 동안 24군단 정보참모부 일일보고서(G-2 Periodic Report)에 등장하는 주요 정보 제공자는 송진우, 김성수, 장덕수, 서상일, 김용무, 설의식, 김도연, 김동성 등 한민당 지도부였다.[74] 이들은 여운형·안재홍 등과 건준·인공에 대한 모략적 언사를 서슴지 않았으며, 미군이 이승만·임시정부와 동반 입성하지 않은 데 대한 아쉬움과 이들에 대한 절대 지지를 표명했다. 이후 역사가 전개된 과정을 염두에 둔다면 한민당이 미군 진주 초기 이승만과 임시정부 절대 지지를 열광적으로 주장한 것은 정치공학적인 술책이었음을 알 수 있다.

이들은 뜻하지 않은 성공을 거두게 되었다. 일본군이 전달한 왜곡된 한국 상황에 관한 정보로 의심이 가득한 채 진주한 미군들에게 그들이 듣고 싶어 하는 이야기를 전해주었고, 그 덕분에 미군 수뇌부에 훨씬 더 가까이, 훨씬 자주 접근할 기회를 얻을 수 있었기 때문이다. 이는 동시에 미군 수뇌부의 신임을 얻어, 고위직을 차지할 수 있는 기회이기도 했다. 송진우, 김성수, 김용무는 군정 고문회의의 고문이 되었고, 조병옥은 경무

72   브루스 커밍스, 1986, 앞의 책(상권), 251쪽; 『매일신보』 1945년 9월 13일자.
73   『서울 타임스』(*Seoul Times*) 1945년 9월 27일자; 브루스 커밍스, 1986, 앞의 책(상권), 251쪽.
74   HQ, USAFIK, G-2 Periodic Report, nos. 3, 4, 6, 10. (1945. 9. 10-21); 브루스 커밍스, 1986, 앞의 책(상권), 243쪽.

부장, 이묘묵은 하지의 통역 겸 비서가 되었다. 나머지 인사들도 중요 직책을 차지했다.

주한미군이 진주 초기 한국인에 관한 정보를 수집하는 통로는 윌리엄스 소령과 G-2, CIC 등이었는데, 조직상으로는 G-2의 역할이 중요했다. 이 때문에 하지는 진주 직후 G-2를 제대로 작동하기 위해 1만 달러의 긴급자금을 제공해달라고 전쟁부에 여러 차례 요청한 바 있다.[75] G-2의 책임자로 정보참모부장을 맡은 니스트(Cecil Nist) 대령은 한국인들에서 정보를 수집하고 일본이 남긴 정보를 수색하는 임무를 부여받았다.

9월 13일 당시 G-2는 경찰로부터 정보를 획득하고 있었으며,[76] 9월 15일 군단 참모회의 보고에 따라 CIC가 총독부 건물을 수색했지만, 기록들이 모두 사라진 상태였다. CIC는 과중한 조사 요청이 쇄도해 감당할 수 없는 상태가 되었다. G-2의 제일 중요한 임무 중 하나는 중요 인물에 대한 기록을 확보하는 작업이었다.[77] 9월 말이 되자 G-2가 일정한 궤도에 올랐다.

한편 G-2 등 주한미군사령부에는 한민당 측이 제공한 정보가 쏟아져 들어왔다. 9월 11일 니스트는 한민당의 서상일, 설의식, 김용무 등을 면담했는데, 이들이 저명하고 존경받는 사업가이자 지도자이며, 한민당은 한국인을 대표하는 정당이고 성원들은 능력 있고 평판이 좋은 지도자들과 기업가들이 중심이 된 보수주의자라고 보고서에 평가했다.[78] 일주일

---

75   CG XXIV Corps to CINCAFPAC (1945. 9. 13) TFXAG 508; CG XXIV Corps to CINCAFPAC (1945. 9. 29) TFGBI Outgoing Radios, Sept 1945-August 1946 (Incomplete), RG 554, USAFIK: XXIV Corps, G-2 Historical Section, 1945-1948. Box 51.

76   *Historical Journal*, Corps Staff Meeting (1945. 9. 13).

77   *Historical Journal*, Corps Staff Meeting (1945. 9. 15).

78   HQ, USAFIK, G-2 Periodic Report, no.3, (1945. 9. 11-12); 브루스 커밍스, 1986, 앞의 책(상권), 243쪽.

뒤인 9월 19일에 니스트는 한민당이 대다수 한국인을 대표하는 유일한 민주 정당이라고 결론을 내렸다.[79] 니스트의 평가는 하지, 베닝호프, 윌리엄스의 평가와 동일한 것이다. 한민당 정치부장 장덕수는 거의 매일 하지와 만나 국내 정세에 관한 의견을 교환함으로써 군정청의 제반 정책 결정에 영향을 미쳤다.[80]

천주교의 노기남 주교는 1945년 9월 13일 나이스터 준장의 숙소를 방문한 후 장면·장발 형제와 상의해서 "미군 당국에 정치계 인물 추천 또는 배척 보고서와 희망 조건"을 진정하기로 했다.[81] 9월 18일 하지 중장과 면담했으며, 9월 22일 장면이 경기도 학무부장으로 내정되었다.[82] 9월 13일에 만났다는 나이스터 준장은 정보참모부장인 니스트 대령인 것으로 생각되는데, 노기남은 장면을 통역으로 대동했다. 니스트로부터 인사를 추천해달라는 의뢰를 받은 노기남은 이승만·김구 등 임시정부 요인, 송진우·김성수·장덕수 등 국내 요인 60명을 추천하며, 개별 인사에 대한 장면의 설명서를 첨부해 보냈다.[83] 노기남은 해방정국에서 반공산주의적 입장을 강하게 피력하며 한민당 노선에 적극 협력하는 한편, 명동성당을 우익단체 행사장소로 개최하는 등 반공운동을 적극 지원했다. 이런 활동의 결과 천주교는 조선공산당 당사 및 기관지 『해방일보』가 입주해 있던 정판사 건물과 인쇄시설을 미군정으로부터 불하받아 천주교 신문 『경향신문』을 창간하는 데 성공했다.[84]

79   HQ, USAFIK, G-2 Periodic Report, no.10, (1945. 9. 18~19); 브루스 커밍스, 1986, 앞의 책(상권), 243쪽.
80   허정, 1979, 『내일을 위한 증언』, 샘터사, 123쪽; 심지연, 1984, 앞의 책, 51쪽.
81   『노기남 대주교 일기 I』(1941~1947), 1945년 9월 13일.
82   『노기남 대주교 일기 I』(1941~1947), 1945년 9월 18일, 9월 22일.
83   박도원, 1985, 『한국천주교회의 대부 노기남 대주교』, 한국교회사연구소, 269~270쪽. 『노기남 대주교 일기 I』(1941~1947)에는 몇 명을 어떻게 추천했는지에 관한 기록이 없다.
84   박도원, 1985, 앞의 책, 274~275쪽, 285~292쪽. 이 책에는 정판사가 아니라 『매일신

한민당 계열은 주한미군사령부의 영향력 있는 사람들을 방문하고 왜곡된 정보를 제공하며 엽관운동을 벌였다. 10월 2일 정보참모부 방첩대의 방첩과장 기술고문인 멜빈 아릭(Melvin R. Aric)은 윤기익(Mr. K. I. Yun)과 이틀간 함께하며 인터뷰했다.[85] 윤기익은 광산기술자로, 대한제국 시기 런던 왕립광산학교를 졸업한 70세의 성공한 자산가로 정치적 야망은 없다고 했다.[86] 아릭이 윤기익을 인터뷰한 목적은 첫째, 세브란스의전 출신인 오긍선 박사가 해리스 준장에게 제출한 다양한 명단과 한국 정치 상황에 대한 교차 검증을 하는 것이었고, 둘째, 윤기익으로부터 한국인을 추천받는 일이었다. 윤기익은 아놀드 군정장관이 요청한 신뢰할 만한 인사 명단을 제공했고, 후에 추가 명단을 제공했다.

한민당원이었던 오긍선은 아릭에게 다른 한민당 관계자들과 동일한 정보를 제공했고, 그 목적은 여운형·인공에 대한 부정적 독설과 함께 이승만과 임시정부에 대한 절대 지지를 내세우는 것이었다. 오긍선의 주장은 다음과 같았다. 첫째, 미군이 미국에 있는 임시정부 대표인 이승만과 함께 입국하지 못함으로써 다수의 정당이 조직되는 혼란이 벌어졌으며, 이승만 박사는 모든 한국인이 수용할 수 있는 인물이다. 둘째, 패전 후 아베 총독과 엔도 정무총감이 여운형, 안재홍, 송진우에게 정부 수립을 요청했는데, "송진우는 미국을 위해서는 그러겠지만, 일본을 위해서는 하

보』를 불하받았다고 오기하고 있다. 미군정기 두 차례 정간되었던 『매일신보』는 『서울신문』으로 바뀌었다.

85 Korean Affairs (1945. 10. 2) by Melvin R. Aric, Technical Adviser to the Chief of Counter Intelligence Section on Korean Affairs, RG 84 Japan; Office of the US Political Adviser for Japan, Tokyo Classified General Records, 1945-1952, Box 2.

86 윤기익은 10월 5일 고문회의에 임명된 윤기익과 동일 인물이다. 한말 닝국 광산학교를 졸업한 후 대한제국의 광산 기사로 일했으며, 이후 광업 종사자로 이름이 알려졌다. 한민당 당원 명부에는 이름이 없지만, 1945년 10월 첫 번째 고문회의에서 김성수·송진우·김동원·전용순 등 여타 한민당원들과 보조를 맞춘 것으로 보아 한민당과 밀접한 관계였을 것이다.

지 않겠다"며 초청에 응하지 않은 반면 여운형과 안재홍은 인민공화국을 조직했다. 셋째, 여운형은 모든 정치범을 석방함으로써 정치적 선동의 홍수를 초래했고, 매우 어린 학생들로 구성된 치안대가 건물과 회사 등을 몰수해서 유교 사회의 장유유서가 무너진 것에 대해 분개했다. 치안대는 권총과 소총을 보유하고 있다. 넷째, 나이 든 보수주의자들은 테러의 시대를 걱정하고 우려한다.

이런 류의 정보가 주한미군사령부 수뇌부와 정보장교들에게 흘러들어갔다. 한민당이라는 동일한 정보원으로부터 비롯된 왜곡되고 악의적인 정보들이 반복적으로 미군정 정보망에 입수되었다. 이런 정보는 윌리엄스를 통해 명확한 사실처럼 확증되었고, 하지와 아놀드 등은 윌리엄스와 자신들에게 정보를 제공한 한민당·연희전문·기독교계 인사들을 완벽하게 신뢰했다.

다른 한편 미군 진주 직후부터 북한에 대한 소문이 쏟아져 들어왔다. 정보라기보다는 떠도는 소문에 가까웠다. 당시 하지, 베닝호프가 작성한 보고서들과 G-2 보고서 등에는 소련군에 의한 개인재산 약탈과 강간, 공장과 산업시설 철거 등의 소문과 남한 지역으로의 침범 및 약탈 사례 등이 거론되었다.[87]

진주 직후인 9월 10일 오전 9시 30분 개성에 살았다는 한국인이 스위프트 대령(Colonel Swift)을 찾아와, 개성에서 공산주의자들의 초청으로 소련군이 침입해 개인의 돈, 무기, 약품을 압수하고, 은행에서 돈을 약탈했다는 얘기를 친구로부터 전화로 들었다고 주장했다.[88] 9월 13일과 14일에 하지와 베닝호프는 소련의 사주를 받은 공산주의자들이 남한에

87　진주 직후인 9월 13일 하지는 맥아더에게 38선 이북의 소련군이 마구잡이로 강간·약탈·편취를 저지르고 있다는 보고가 넘쳐난다고 보고했다. CG USAFIK to CINC, USAFPAC (1945. 9. 13).

88　*Historical Journal*, 1945. 9. 10.

서 혼란을 양성하려고 하고 있으며, 임시정부를 반대하는 남한 내 집단은 좌익으로 소련의 사주를 받아 폭력적으로 권력을 장악하려 한다고 보고 했다.[89] 이미 진주 이전부터 일본군의 반소·반공적 전문에 경직되었던 미군은 진주 직후부터 북한 점령 소련군의 만행과 남진 가능성, 남한 내 소련의 영향을 받은 공산주의자들로 인한 혼란 가능성을 우려했다. 소련 및 공산주의에 대한 의심과 공포가 주한미군을 사로잡는 데는 오랜 시간이 걸리지 않았다.

가장 중요하고 핵심적인 정보는 신의주에서 남하한 윤하영과 한경직의 1급 비밀 보고서였다. 두 사람은 해방 직후 신의주에 기독교사회민주당을 창립하고 활동하던 신의주 교회 목사들이었다. 이들은 9월 26일 4쪽 분량의 편지를 주한미군사령관에게 제출하며, 해방 직후부터 소련군 진주까지 신의주에서 벌어진 기독교회 탄압과 공산주의자들의 활동, 소련군의 개입 상황 등을 전했다.[90] 신의주 목사들은 8월 16일 자치위원회를 조직했는데, 8월 25일 평안북도 전체의 행정권을 장악하고, 1,400명을 감옥에서 석방했다. 소련군은 8월 30일에 진주해서 위원회를 인민정치위원회로 개편했다. 공산당이 지배력을 장악했고, 소련군은 기독교사회민주당의 해산을 명령했다. 이들은 소련군이 북한 전역에서 동일한 전술을 구사하며 가능한 한 극도의 공산주의 국가를 만들려 한다고 주장하며, 군사적 수준에서 남북한을 점령한 미소 사령부 간의 합작이 바람직한

---

89   CG USAFIK to CINC, USAFPAC (1945. 9. 13); CG XXIV Corps (Benninghoff) - DINCAFPAC, (1945. 9. 14), nr. TFYAG-514, 13th; RG 84, Japan, Office of the US Political Adviser for Japan, Tokyo; Classified General Records, 1945-1952, Box 2.

90   H. Merrell Benninghoff, Foreign Service Officer, Political Adviser, Headquarters, XXIV Corps to Secretary of State (1945. 10. 1), Subject: Soviet Political Activity in Northern Korea, To the Headquarters of Allied Forces (1945. 9. 26) by Ha Young Yun, Kyungchik Han, RG Japan; Office of the US Political Adviser for Japan, Tokyo; Classified General Records, 1945-1952, Box 2.

결과를 생산하지 못할 것이라고 주장했다. 윤하영과 한경직의 주장에 대해서 한국 사정을 잘 아는 미군이 오랫동안 심문해 사실을 확인했다고 했으므로, 윌리엄스가 직접 인터뷰했을 가능성이 높다. 여러 정보기관들의 교차 심문으로 확인된 이들의 정보는 초기 미군정은 물론 워싱턴의 국무부와 전쟁부에서도 중요하게 취급되었다. 북한에서 벌어진 소련군의 실상을 구체적으로 전달한 두 사람은 모두 미국 신학교 출신이었고, 미군정하에서 승승장구했다. 윤하영은 충북지사에 임명되었고, 한경직은 미군의 주선으로 영락교회를 설립했다. 이후 영락교회는 남한을 대표하는 반공 교회이자 북한에서 온 피난민들이 모여드는 반공의 구심점이 되었다.

윤하영과 한경직의 정보는 윌리엄스가 원하던 바를 확증해주는 것이기도 했다. 윌리엄스는 모스크바의 명령이 서울 주재 영사관을 통해 공산주의자들에게 전달되며, 북한에서 도피 행렬이 이어지고 있는데, 이들은 매일같이 자신의 사무실을 찾아와 "38선 이북에서 겪었던 학대"를 얘기하는데, 사업 약탈, 자택 노략질, 식량 강탈 등이 벌어지고 있다는 것이었다.[91]

91   Interview with Commander Williams, Special Assistant to General Arnold (1945. 10. 13) RG 332, USAFIK, XXIV Corps, G-2, Historical Section, Box 27, *Historical Journal*, 11 Aug.-10 Oct. 1945, etc. (4 of 6).

미군정의 인공 부정·임정 활용 정책과
남한 정치의 재편

1) 최초의 정책 결정: 여운형·인민공화국의 부정

미군정의 첫 번째 정책적 결정은 인민공화국을 부정하고 지방인민위원회를 해체하는 작업이었다. 미군정은 인민공화국을 공산주의 조직으로 규정했지만, 사실상 인민위원회는 식민지에서 해방된 제3세계에서 흔히 볼수 있는 급진적이고 민족주의적인 정부였을 뿐이다. 인민공화국은 좌파적 성격이 강하긴 했으나 결코 공산주의 조직이나 공산주의자들의 지배를 받은 조직이라고 할 수는 없었다.[92] 미군정 초기 학무국에서 경성대학총장을 역임했던 알프레드 크로프츠는 4·19 직후에 쓴 글에서 "9월 6일, 미군 상륙 이틀 전, 전국적 대회가 인민공화국을 설립하고, 저항 지도자

---

92   안종철a, 1985,「건국준비위원회의 성격에 관한 연구」, 서울대 정치학과 석사학위 논문;
      안종철a, 1991, 앞의 책; 신종대, 1991,「부산·경남지방의 해방정국과 인민위원회에 관
      한 연구」, 경남대 정외과 석사학위 논문; 李景珉, 1985~1987,「第二次大戰後の朝鮮民
      衆 ─ 建國準備委員會の一考察」(上·中·下),『木野評論』제16~18號; Grant Meade, 1951,
      American Military Government in Korea, New York: Columbia University Press.

이던 여운형을 대통령으로 선출했다. 공화국은 온건한 좌익이었지만, 오늘날 아프리카의 탈식민지 정권 정도의 성격이었다. 여운형은『코리아 타임스』의 보수적인 편집자조차 신임하는 쪽이었다"라고 평가했다.[93] 1949년 미 국무부의 한 연구보고서는 인민공화국은 공산주의 조직이 아니며, 미국이 인민공화국을 인정했어야 한다고 주장했다. 미군정 관리들이 인공이 공산주의자들의 지배와 통제를 받는다고 오판하고 우익을 지원함으로써 종국적으로 한반도 통일에 어려움을 초래했다는 것이다.[94]

이 때문에 헨더슨(Gregory Henderson), 커밍스, 매트레이, 하가 등의 학자들은 미군정이 진주 직후 인민공화국을 승인하지 않은 것은 실수였다고 평가했다.[95] 하지의 강경한 인민공화국 부정 조치에 대해 주일 미정치고문이었던 앳치슨도 인민공화국이 한국 독립에 도움을 줄 가능성을 알고 있었다.[96]

93 Alfred Crofts, "Our Falling Ramparts: The Case of Korea," *The Nation*, June 25, 1960.

94 Subject: Transmitting Copies of Review by Vice Consul Mark of Developments in Korea Following Liberation (1949. 5. 23). RG 39, State Department, Decimal File, 740.00119/5-2349; 브루스 커밍스, 1986, 앞의 책(하권), 333~334쪽.

95 Kai Yin Allison Haga, 2012, "Rising to the Occasion: The Role of American Missionaries and Korean Pastors in Resisting Communism throughout the Korea War," edited by Philip E. Muehlenbeck, *Religion and the Cold War: A Global Perspective*, Nashville: Vanderbilt University Press, p.92. 커밍스는 미국이 인민공화국을 승인하고 한국 통일을 위해 다국적 협상(신탁통치안)을 추구했어야 한다고 주장했고, 하가는 미군정이 인기 많은 인민공화국을 승인하지 않고 편리를 위해 일본 부역자들을 공직에 기용했는데, 이런 조치가 미국의 의도에 대한 불신을 심었다고 했다.

96 앳치슨은 1945년 11월 25일 하지가 인민공화국과의 "전쟁 선포"를 주장하며, "현지 빨갱이와 빨갱이 언론"의 사주를 받는 인민공화국의 활동이 지속된다면, 한국의 독립을 준비하는 시간이 현저하게 지체될 것이라는 입장을 표명하자, 필사(筆寫)로 "반대로 이들이 대중적 지지를 받으며 진정한 지도력을 보여준다면, 그날을 앞당길 수도 있을 것"이라고 썼다. 중국에서 오래 근무했던 앳치슨은 한국에서 벌어지는 일들의 가능성을 엿본 것이다. Incoming Message, CG USAFIK to SCAP, No. TFGCG 159 (1945. 11. 25), RG 84 Office of the US Political Adviser for Japan, Tokyo; Classified General Records, 1945-1952, Box 2.

소련군은 북한에 진주하면서 이미 조직되어 있던 건국준비위원회를 인민정치위원회로 재편하면서 민족주의자 절반, 공산주의자 절반으로 구성하고 권력을 이양했다. 8월 17일 평남 건준이 조직되었고, 8월 29일 평남 건준 절반, 평남 조선공산당 절반으로 평남 인민정치위원회를 결성케 하고 다음 날 행정권을 이양했다. 아마도 여운형과 조선공산당 측은 북한에서 소련군이 건준에 행정권을 이양한 것처럼 남한에서도 인민공화국에 행정권을 이양하리라고 기대했을 것이다. 나아가 건준이 서울과 지방에서 사실상 행정권을 행사하고 있었으므로 자연스레 행정권을 유지할 것으로 생각했을 것이다. 조만식 등 민족주의자들이 우세를 점했던 평양에는 소련군이 진주했고, 여운형 등 사회주의자들이 우세를 점했던 서울에는 미군이 진주했는데, 서울과 평양의 초기 정국을 주도한 세력은 점령군의 이데올로기와 정반대 성향이었다. 남한에서 여운형과 건준·인공으로 대표되는 진보적 세력은 미군 진주 이후 '좌절된 해방'의 경험을 갖게 되었고, 북한에서 조만식과 건준으로 대표되는 민족주의·기독교 세력은 소련군 진주 이후 좌절된 '해방황금시대'를 경험했다. 서울과 평양이 함께 경험한 해방 직후 좌절된 사회혁명은 이후 남북한에서 벌어진 정치·사회적 갈등과 대충돌의 원인이 되었다.[97]

반면 한민당 등 우파는 인민공화국에 대해 총독부의 후원을 받은 친일 정부, 소련의 지령을 받는 공산주의자들의 정부라는 양립 불가능한 주장을 펼쳤는데, 하지 등 미군 수뇌부는 이를 전적으로 신뢰했다. 하지는 한국의 정치 상황을 독자적으로 판단할 능력이 없었고 행정적·정치적 경험도 전무했다. 그는 동아시아에 대해 무지했으며, 그런 무지를 부끄러워하시도 않았디. 또한 일본의 식민지였던 한국은 당연히 자치 능력과 정치적 판단 능력이 없을 것이라고 생각했다. 하지는 당시 한국 상황에 대해

---

97   정병준, 2021b, 앞의 글.

상당히 의심을 품고 있었다. 진주 직후 각 정당에서 2명씩 참석하는 정당 대표 간담회를 갖자고 제안했는데 9월 12일 1,000명이 넘는 인파가 몰려들자 그의 우려와 의심은 확신으로 바뀌었다.[98] 누가 어느 정당을 대표하는지 확인할 수 없는 상황이 벌어졌고, 수십 개 이상의 정당 및 사회단체가 난립한 채 대표성을 주장하고 있었다.

해방 후 뿌려진 전단들이 '2인 1파, 3인 1당' 혹은 정당의 족출(簇出)이라고 표현할 정도로 해방정국에서 정당과 사회단체가 우후죽순으로 생겨났다. 일제 치하에서 수십 년간 억눌렸던 정치적 욕망과 사회적 발언 욕구가 폭발적으로 표출된 것이지만, 하지의 눈에는 1,000명이 수십 개 이상의 정당을 대표한다고 주장하는 모습이 난장판으로만 보였다. 하지는 한국인에게는 자치 능력이 없다는 자기 판단에 정당성을 부여했다. 하지를 따라다니는 악평 중의 하나는 그가 진주 첫날 한국인을 "일본놈들과 같은 고양이 부류"(the same breed of cats)라고 발언했다는 소문인데,[99] 이는 일회성 실수가 아니었다. 하지는 미국 언론 통신원들 앞에서 이런 발언을 반복적으로 했다.[100]

다른 한편으로 하지의 권한은 남한을 점령해서 군정을 실시하는 것이지 자생적 권력을 인정하는 것이 아니었다. 하지의 입장에서 얘기하자면, 자생적 권력을 인정하는 것은 그의 책임과 권한을 넘어서는 일이었다. 물론 하지가 한민당과 결탁해서 임시정부 세력과 이승만·김구의 조기 귀국과 정치적 활용을 선택한 사실을 떠올린다면 인민공화국을 인정하지 않은 것이 반드시 그의 권한을 넘어서는 것이라고 보기는 어려웠다. 하지의 임무는 일본군 항복 이후 현지의 평화와 질서를 유지하는 것이었

98   James Matray, 1995, 앞의 글, p.19.
99   그레고리 헨더슨, 2000, 앞의 책, 200쪽.
100   『주한미군사』(HUSAFIK) 1부 4장, 43쪽: Mark Gayn, 1948, *Japan Diary*, New York: William Sloane Association Press.

는데, 문제는 일본 본토와는 다른 식민지 한국의 상황이었다. 하지가 인정할 수 있는 기성의 주권 정부, 기성의 권력은 조선총독부와 그 행정력이었을 뿐 인민공화국 같은 자생적 토착권력이 아니었다. 조선총독부의 일본인 고관들을 잠정적으로 유지하거나 고문으로 활용할 수 없게 되자, 미군정은 직접 통치를 선택할 수밖에 없었다. 인민공화국 같은 현지 토착권력의 활용은 미국 본국이나 주둔군 사령관 하지의 선택지에 들어 있지 않았다. 또한 하지와 그의 군대는 수년 동안 전쟁을 치르면서 적과 아군이라는 이분법적 세계에 익숙했기 때문에 미군 병사들은 인민공화국을 즉시 적이나 라이벌로 생각했다.[101] 이 때문에 인민공화국의 지도자였던 여운형은 한 달 넘게 하지를 만날 수 없었다. 진주 직후부터 다양한 방식으로 부정되었던 인민공화국은 1945년 12월 12일 미군정에 의해 공식적으로 불법 단체가 되었다.

이 때문에 미군정은 진주 이후 자신들이 유일한 정부, 군사정부, 사실상의 정부·자치정부라는 삼중 정부 기능을 자임했다. 이러한 미군정의 주장은 2차 세계대전 이후 연합국은 식민지나 영토 팽창을 추구하지 않는다는 대서양 헌장의 기본 원칙에 위배되는 것이었으며, 주둔군이 현지인들의 '주권' 정부의 기능을 빼앗을 수 없다는 점에서 국제법 위반이었다.[102] 미군정 3년간 한국은 주권이 없는, 주인이 없는 땅(no-man's land)으로 취급되었으며, 한국의 주권은 귀속처가 없는 상태에서 미군정에 의해 잠정적으로 대행되었다.[103]

101   그레고리 헨더슨, 2000, 앞의 책, 206쪽.

102   Henry H. Em, "Civil Affairs Training and the U.S. Military Government in Korea," Bruce Cumings ed., 1991, *Chicago Occasional Papers on Korea*, Chicago: University of Chicago, Center for East Asian Studies; 고지훈, 2000, 「주한미군정의 점령행정과 법률심의국의 활동」, 『한국사론』 44.

103   Ernst Frankel, "Structure of United States Army Military Government in Korea," 정용욱 편, 1994, 『해방 직후 정치사회사 자료집』 2, 다락방, 200쪽.

인민공화국 측도 미군정에 우호적이고 협력적인 태도를 취하려 했다. 기본적으로 인공의 전략은 평양의 건준이 소련군 사령부로부터 '승인' 받아 '정권'을 이양받은 것처럼 미군사령부로부터 승인 혹은 묵인을 받는 것이었기 때문이다. 이런 의도에서 이승만과 김구 등 해외 임시정부 인사와 국내의 송진우·김성수 등이 인공의 각료 명단에 올랐다. 여운형은 하지의 고문회의에 동참했으나 모욕적인 대우를 받고 퇴석했다. 10월 10일 아놀드 군정장관은 '사기극을 막후에서 조종하는 악당'이라며 여운형과 인공을 노골적으로 조롱하는 성명을 모든 신문에 게재하라는 명령을 내렸고, 이는 한국 언론의 즉각적인 반발에 부딪혔다. 게재 명령을 어긴 신문에 대해서는 통감부가 대한제국 언론을 통제하려고 만든 '광무신문지법'을 적용해 폐간·정간 조치했다.[104] 그럼에도 불구하고 여운형은 미군정과 우호적인 관계를 유지하려고 했으며, 11월에 개최되는 전국인민위원회 대표자대회에서 조선인민공화국에서 '국' 자를 떼어버리고 '당'으로 바꾸기로 약속했다. 실제로 이런 약속이 있었는지에 대해서는 정확한 기록이 없지만, 미군정 기록과 여운형의 처신을 보면 그러한 내락이 있었던 것은 분명했다. 그런데 대회가 개최되자, 지방에서 올라온 인민위원회 대표자들이 '피로써 설립한 공화국'을 어떻게 해체하고 당으로 전환할 수 있느냐며 격렬하게 항의하는 바람에 당으로의 전환은 무산되었다.[105] 아놀드 군정장관이 참석해 축사를 했지만 약속은 이행되지 않았다.

104 『매일신보』는 아놀드 군정장관의 성명 게재를 거부하고 홍종인이 쓴 「아놀드 군정장관에게 충고함」이라는 기사를 실었다가 1945년 11월 10일 정간되었고, 『매일신보』 인쇄소에서는 복간된 『조선일보』가 인쇄되었다. 『매일신보』의 성명 게재 상황에 대해서는 조덕송, 1989, 『머나먼 여로: 언론외길 반세기의 증언』, 다다미디어, 110~128쪽을 참조.
105 전국인민위원회 대표자대회는 다음과 같은 반대 이유를 제시했다. 첫째, 국호 변경은 3,000만 민중의 권리이며, 1946년 3월 1일 개최될 전국인민위원회 대표자대회에서 결정될 것이다. 둘째, 지방인민위원회는 군정과 협력하려 했으나 군정은 협력을 거부했다. 셋째, 미군정만이 유일한 군정이 아니다. 넷째, 조선 문제는 연합국 이사회에서 결정할 사항으로 맥아더 휘하의 미군정이 해체할 권리가 없다. 토론 중에는 임시정부가 정부 명

미군정은 자신들이 베푼 선의가 배신당했을 뿐만 아니라 공산주의자들에 의해 악용당했다고 생각했다.[106] 여운형은 11월에 조선인민당을 창당함으로써 어떻게든 미군정과 우호적인 관계를 맺고 일종의 약속을 지키려 노력했다. 건준이 총독부의 의중을 벗어나 자치권력으로 성장하며 총독부가 '통제할 수 없는 프랑켄슈타인'과 같은 존재가 된 것처럼, 이 시점에 이르러 지방인민위원회는 명령이나 지시로 통제할 수 없는 자생적 통치기구가 되었다.

그러나 서울에서 인민공화국의 불꽃은 꺼지기 직전이었으며, 지방인민위원회의 운명도 이미 정해진 상태였다. 공화국을 당으로 전환한다는 내락이 오가는 순간 공화국의 운명은 결정된 거나 다름없었다. 결국 1945년 12월 12일 미군정은 조선인민공화국을 불법화한다고 공식 선포했다. 해방의 혁명적 열기를 포용했던 건준은 혁명적 시기에 혁명적 방식으로 인민공화국으로 전환되었지만, 주도자들의 과도한 서울 중심주의, 조급한 정세관과 무책임한 판단, 우파 인사들의 명의 차용 등으로 정세의 주도권을 상실했고, 미군정과 우익의 공세는 물론 좌익과 북한의 비판이 가세하자 설 자리를 잃었다.

1945년 12월까지 남한 각 지방에 도착한 미군 전술팀과 군정부대는 현지에서 활동하고 있는 인민위원회가 행정력을 장악해 사실상의 정부 기능을 수행하고 있음을 발견했다. 부분적인 마찰과 부분적인 협력을 거

칭을 사용하는 데 미군정이 반대하고 있지 않으며, 북한에서 소련군은 인민위원회를 인정하고 있다고 주장했다.「전국인민위원회 대표자대회 의사록」, 김남식 편, 1974, 『남로당연구자료집』 2, 고려대학교 아세아문제연구소, 1~101쪽.

106 아놀드가 군정장관에서 '해임'되고 헌병 병과 출신 러치가 군정상관으로 교체(1945년 12월)된 것도 이날의 사건과 관련이 있을 것이다. 서울 영사관의 샤브시나는 아놀드 장군이 인민위원회 조직을 허가하고 회의에 참석하는 등 인공 문제를 다루는 데 유약한 태도를 보였기 때문에 해임되었다고 해석했다. 파냐 이사악꼬브나 샤브쉬나, 1996, 앞의 책, 198쪽.

친 후 인민위원회는 모두 해체·해산되었고, 저항하거나 갈등을 빚은 인민위원회 간부들은 체포되었다. 하지는 지방인민위원회를 무력 진압하는 데 친일경찰을 동원함으로써 향후 남한에서 벌어질 충돌의 기본 축을 만들었다. 이들이 밀려난 정치적·행정적 권력에는 서울에서와 동일한 방식으로 인적 자원들이 충원되기 시작했다.[107] 서울의 미군정 고문회의에서 파생된 도 단위 이하의 미군정 고문회의가 작동하면서 미군정기 서울과 지방의 정치구조가 미군정 중심으로 재편되기 시작했다.

한국인은 미성숙하며 자치 능력과 판단 능력을 결여하고 있다는 판단에 기초해서, 하지와 미군정 수뇌는 한국인의 희망과는 무관하게 자신들이 결정하고 지향하는 한국 독립의 방향과 민주주의의 실체를 한국에 실현시킬 수 있으며, 실현해야 한다고 판단했다. 미국의 판단을 강요할 수 있다는 자신감이 사실상 미군정이 맛본 여러 실패의 근본적인 원인이 되었다.

2) 두 번째 정책 결정: 임시정부의 활용과 이승만·김구의 입국[108]

9월 13~15일 사이 하지는 진주 일주일 만에 인민공화국을 부정하는 반면 중경임시정부를 지지하고 귀국시키기로 결정했다. 하지는 국무부의

---

107 그레고리 헨더슨의 설명은 이렇다. "인민공화국이 정치적으로 비교적 강력한 지배권을 갖고 있던 지방에서는 적의가 생겨났다. (…) 불만과 파괴 심리가 저류에 흐르고 있었다. 인민들의 지지 위에서 세우려던 정부의 싹이 이렇게 뿌리째 뽑혀버리고 말았다. 해방으로 용기를 얻어 그들 자신의 지방 문제에 관해 정치적 주도권을 장악하고 일정한 책임감을 느끼기 시작한 많은 적극적 참여자들이 이제 심한 불쾌감과 환멸을 갖게 되었다." 그레고리 헨더슨, 2000, 앞의 책, 207쪽.

108 이하의 설명은 정병준, 1996a, 앞의 논문(「남한 진주를 전후한 주한미군의 대한(對韓) 정보와 초기 점령정책의 수립」)에 따름.

공식 정책인 통일된 한국 정치 및 정부를 수립하라는 지시를 무시하고 임시정부를 지지하고 간판으로 활용하며, 이승만과 김구 등 임시정부 인사들을 조기 귀국시키기로 결정한 것이다. 그리고 이런 판단과 결정이 미군정 3년의 기본 궤도를 만들었다.

미 국무부는 향후 연합국과의 협의를 통해 한국의 통일과 독립 문제를 결정할 것이므로, 미군정의 가장 중요한 덕목이 미국의 선택지를 제약하거나 협소하게 만들 수 있는 특정 정당, 정치 세력, 정치인과 연루되는 것을 회피하며, 특정 세력을 지지하지 않는 것이라고 여러 차례 강조했다. 그러나 진주 직후 미군정의 상황은 이러한 연루의 위험성을 감소시키기보다는 강화했다.

먼저 하지는 미국의 공식 정책 훈령에 의해 조선총독부를 유지하며 고위 관리들을 유임시켰다. 그러나 이 조치는 한국인의 격렬한 비판에 부딪혀 철회되었는데, 미국에서도 3부 조정위원회는 물론 트루먼 대통령까지 하지를 비판하는 대열에 동참했다. 하지로서는 대한정책 방침에 따라 취한 첫 번째 조치에서 뜻하지 않은 비판을 당한 셈이다.

다음으로 하지는 조선총독부를 실질적으로 대체하고 있던 인민공화국을 부정했다. 윌리엄스, 한민당 등이 열렬히 지지했던 인공 부정 정책의 최종 조치는 1945년 9월부터 12월까지 약 3개월이 소요되었다. 서울에서 인공 문제가 정리되었지만, 이빈에는 지방인민위원회가 문제였다. 1945년 12월까지 지방의 도·군 단위에 미군 전술군과 군정팀이 도착했을 때 이들은 이미 자치정부로 기능하고 있는 인민위원회와 마주쳐야 했다.

이와 동시에 하지가 추진한 것은 한민당 등이 열렬히 주장하고 절대 지지를 표명한 중경임시정부를 활용하는 방안이었다. 불과 일주일 사이에 하지는 조선총독부–인민공화국–중경임시정부라는 세 종류의 '정부'를 둘러싸고 유지, 부정, 지지라는 전혀 다른 선택을 한 것이다.

하지가 9월 13일 임시정부를 '간판'으로 활용하겠다고 보고하자, 주일 정치고문 앳치슨(George Atcheson Jr.)은 보고서에 "No"라고 적으며 반대의견을 피력했다. 국무부 고위 관료 출신인 앳치슨이 볼 때 미군정이 중경임시정부를 조기 귀국시켜 간판으로 활용한다는 제안은 특정 정치 세력을 육성하거나 지원하는 것에 해당하므로 국무부의 대한정책에 위배되었다. 또한 이는 미국이 취할 현재와 미래의 대한정책마저 위태롭게 할 수 있는데, 미군정이 특정 정치 세력을 육성할 경우 한국인들과의 관계가 어려워지고 미국의 선택지를 제한할 수 있기 때문이었다.[109]

그러나 주일 정치고문의 반대 의사가 얼마나 정확하게 주한미군 사령부에 영향을 미쳤는지는 알 수 없다. 또한 하지의 임시정부 활용 방안에 대해 국무부가 명확하고 강경하게 하지를 제지했는지도 분명하지 않다. 미 국무부는 명확하고 구체적인 대한정책을 제시하지 못했으며, 전후 일본, 중국, 만주에서 벌어지는 상황을 수습하느라 한국 문제에 큰 관심이 없었으며, 하지를 제어할 수 있을 정도의 실력과 권위를 갖춘 정치고문을 파견하지도 못했다. 왜곡된 정보에 기초한 첫 번째 오판이 수정되지 않은 채 하지 사령부가 취할 수 있는 적극적인 정책으로 구체화되기 시작했다.

9월 14일 한민당의 조병옥과 원세훈은 임시정부의 김구, 김규식, 신익희에게 편지를 보냈다. 이들은 임시정부의 귀국을 강력히 요청하면서 여운형이 일제의 사주를 받아 친일정부를 세우려 하고 있는 반면 자신들은 미군정의 지지하에 국민대회를 준비하고 있다고 밝혔다.[110] 이들은 임시정부의 귀국 시기와 환영 방식을 문의하면서, 임시정부의 귀국 문제를

---

109 조지 앳치슨은 중국 전문가였으며, 일본 문제를 다루느라 한국 문제에 신경 쓸 여력이 없었다. 결과적으로 앳치슨은 하지와 베닝호프의 권고와 추천에 따라 이들의 신탁통치 반대와 미군정하 과도정부 수립이라는 독자적 노선에 동조하게 되었다.

110 「원세훈·조병옥이 김규식·김구·신익희에게 보내는 1945년 9월 14일자 편지」, RG 332, XXIV Corps Historical File; 브루스 커밍스, 1986, 앞의 책(하권), 376~377쪽.

활용할 계획을 밝혔다. 주한미군 군사실 문서철에 이 편지가 보관되어 있으므로, 이는 주한미군 채널로 주중 미군사령부 웨드마이어를 경유해 임시정부에 전달된 것으로 보인다. 즉 1945년 9월 14일에 이미 한민당과 중경임시정부 사이에 연락망이 작동하고 상호 활용 방안이 마련되었던 것이다.[111] 한민당은 중경임시정부 절대 지지를 내세우면서 임시정부와의 연락, 귀국 주선 등에 적극 나섰는데, 이는 임시정부가 귀국한 후 친일 문제와 정치자금을 둘러싸고 임시정부와 한민당 사이에 갈등이 벌어지는 것과는 다른 상황이었다.

하지는 당연히 임시정부 인사들을 형식적으로는 개인 자격으로 귀국시켰지만, 내용상으로는 임시정부의 자격으로 귀국시키려 했다. 이미 9월 말의 시점에서 베닝호프는 "이승만과 임시정부의 다른 인사들이 환국하게 되면, 미국이 급진주의자에 반하여 보수주의자를 지지하고 있다는 비난을 면하기 어려울 것"임을 알고 있었다.[112]

하지가 임시정부를 정치적 간판으로 활용하며 주요 인물들을 미국과 중국에서 조기 귀국시키기로 결심한 시점에서 중국 쿤밍에서는 클래런스 윔스(Clarence N. Weems Jr.)가 임시정부에 대한 보고서를 작성(1945년 9월 28일)했다.[113] 개성 지역 선교사의 아들로 태어난 윔스는 임시정부와 밀접한 관계를 맺어왔다.[114] 지금까지 윔스의 보고서가 초기 미군정의

---

111   임시정부 국무위원 조경한은 남한에 10여 일 체류한 뒤 귀국한 중국인 기자 2명을 통해 9월 10일경 송진우가 보낸 편지를 받고서 국내 소식을 알게 되었다고 했다(조경한, 1979, 『백강회고록』, 한국종교협의회, 367쪽). 또한 중국 중앙통신사 특파원 증은파(曾銀波)는 김구의 친서를 휴대하고 11월 7일 서울에 들어와, 11월 8일 한민당 장덕수에게 전달했다. 편지는 한독당 제5차 임시대회 정치노선을 한민당 측이 지켜달라는 내용이었다. 『자유신문』 1945년 11월 9일자, 11월 10일자.

112   "The Acting Political Adviser in Korea, Benninghoff to the Secretary of State"(1945. 9. 29), *FRUS*, 1945, volume VI, pp.1061~1065.

113   Clarence N. Weems Jr., "Korea and the Provisional Government," September 28, 1945, RG 332, XXIV Corps Historical File, Box 32. 이 보고서에 대해서는 정용욱, 1993, 「미군정의 임정관계 보고서」, 『역사비평』 가을호 참조.

임시정부 정책에 큰 영향을 주었을 것이라고 추정했지만, 이 보고서를 쓰던 시점에 웜스는 중국을 떠나 워싱턴 D.C.로 향하는 중이었다. OSS 중국전구는 1945년 9월 11일자로 웜스 대위를 임무 교대차 본국으로 송환했으며, 웜스는 미국 도착 후 워싱턴 OSS 국장에게 출두해서 추가 지시를 받을 예정이었다.[115]

웜스는 광복군 3지대와 함께 중국 시안에서 독수리작전(Eagle Project)에 동참한 바 있으며, 1940년대 OSS 요원으로 미국 서부에서 재미 한인 참전 및 전쟁 활용 문제를 취급했으며, OSS 중국 지부에서도 임시정부 핵심 인사들과 교류했다. 웜스는 유명 인사 60명과의 인터뷰를 바탕으로 이 보고서를 작성했다. 웜스는 첫째, 임시정부 고위 간부들이 국가를 통치할 수 없다는 점, 둘째, 중경임시정부가 파벌투쟁에 휩싸인 조직이라는 점, 셋째, 임시정부가 미국에게 제공할 수 있는 강점은 반공

114 웜스의 아버지는 개성에서 감리교 선교사로 일하던 인물(Clarence Norwood Weems, 1875~1952. 한국명 위임세魏任世)이었다(김승태·박혜진 엮음, 1994, 『내한선교사 총람 1884-1984』, 한국기독교역사연구소, 501쪽). 그의 동생 벤저민 웜스(Benjamin Weems) 역시 지한파로, 미군정 교육부 관리로 일했고 천도교에 대한 연구로 박사학위를 받은 인물이었다. 그의 저서 *Reform, Rebellion, and the Heavenly Way*는 『동학백년사』(東學百年史, 1955, 서문당)라는 제목으로 국내에 번역·출간되었다. 웜스는 1962년 호머 헐버트에 대한 책을 썼으며, 1988년 미국에서 개최된 '한국무장독립운동에 관한 국제학술대회'(한국독립유공자협회)에서 1941년부터 1943년까지 자신이 한인 독립운동과 맺고 있던 관계에 관한 회고록을 발표하기도 했다(Clarence N. Weems Jr, ed., 1962, *Hulbert's History of Korea*, vol.2, New York: Hilary House; "Washington's First Steps Toward Korean-American Joint Action(1941-1943)", 『한국무장독립운동에 관한 국제학술대회 논문집』, 1988). 웜스는 1996년 8월 18일에 사망했고, 뉴저지주 블룸필드 글렌데일 공동묘지에 묻혔다. Find a Grave(www.findagrave.com): "Clarence N. Weems Jr."

115 Letter Order #1235 (1945. 9. 17) Malir, India, Headquarters, Replacement Depot Number One, USF IBT. RG 226, Entry 224, OSS Personnel Files, 1941-1945, Box 822. "Weems, Captain Clarence N., Jr." 웜스는 2년간 해외 근무를 했기에 1945년 10월 11일부터 15일간 휴가를 두 차례 연장해서 총 30일간 휴가를 받은 것으로 되어 있다. 자택 주소는 캘리포니아 샌프란시스코(160 Mallorca Way, San Francisco 23, California)로 되어 있었다.

주의라는 점, 다른 국가보다 미국을 호의적으로 생각한다는 점, 한국 독립운동의 신적 존재라는 명망을 갖고 있다는 점을 들었다. 이런 장점을 활용해 임시정부를 고문, 원로정치인, 상징성을 활용해야 한다고 주장했다.[116] 윔스는 2년간 해외 복무를 했으므로 1945년 10월 11일부터 1개월간 휴가를 받았으며, 아마 1945년 말에 OSS에서 임무 해제된 후 주한미군정으로 재배치된 것으로 추정된다. 윔스는 군정장관 특별보좌관으로 1946년 8월까지 근무했으며, 좌우합작운동에 관여했고, 김규식 지지파였다.

진주 직후부터 임시정부를 활용하겠다는 강력한 메시지가 주한미군사령부로부터 전송되자 미 국무부는 대책 마련에 부심했다. 도쿄의 미정치고문이 임시정부를 간판으로 활용하는 계획에 반대했지만, 주둔군 사령부가 임시정부 인사들을 '조직이나 정부'가 아닌 '개인적' 차원에서 현지 문제 해결과 상황 안정을 위해 활용하겠다는 계획 자체를 반대하기는 어려웠기 때문이다. 즉 국무부는 현지의 강력한 요청을 수용할 수밖에 없었는데, 개인적 차원에서라도 임시정부와 관련 인사들을 활용하는 정책은 미국이 특정 정치 세력과 연계되어 있고 그들을 후원한다는 정치적 혐의를 벗기 어려웠다. 미 국무부가 할 수 있는 최대의 조치는 임시정부를 비롯한 모든 한국인은 임시정부의 관리가 아닌 개인 자격으로 입국해야 한다는 입장을 표명하고, 귀국하는 한국인은 이런 서약서에 서명할 것을 요구하는 것이었다.[117]

미 국무부는 9월 22일 도쿄와 중경에 메시지를 보내 "전구사령관이

---

116   윔스의 보고서는 그간 하지의 요청으로 작성된 것으로 여겨졌는데, 중국과 한국의 연락 체계, 윔스의 위치, OSS와 미태평양육군사령부의 관계 등으로 미루어볼 때 군부가 아니라 OSS 국장 도노반에게 제출하기 위해 작성된 것이다.

117   "The Acting Secretary of State to the Ambassador in China, Hurley," (1945. 9. 21), *FRUS*, 1945, vol. VI, pp.1053~1054; "The Acting Secretary of State to the Charge in China, Robertson," (1945. 9. 27), *FRUS*, 1945, vol. VI, p.1060.

허가"한 "미국 내 이승만과 다른 한국인들의 한국 귀환"에 반대하지 않으며, 같은 조건에서 중국 내 한국인의 귀국을 반대하지 않을 것이라는 의견을 피력했다.[118] 국무부가 제시한 조건은 귀국하는 한국인이 임시정부의 직위가 아니라 개인 자격이라는 점, 다른 한국인 집단에도 동일한 권리를 제공해야 한다는 것이었다.

주한미군사령부는 10월 3일 맥아더에게 미국의 이승만, 중경의 김구 등 임시정부 요원들의 조속한 귀국과 관련해 강력한 메시지를 발송했다. 하지는 "두 사람은 한국인에게 가장 존경받는" 인물이고, "(상황을) 안정화시킬 영향력을 가지고 있으며 고문으로서 가치를 가지고" 있다고 강조했다.[119] 하지는 "개인적 확신으로는 연합국이 완전히 임시정부를 승인하고 귀환시킨다면 한국을 일정한 안정으로 이끌 수 있는 예비적 조치가 될 것"이며 "이승만과 김구를 귀국시키면 남한에 조화로운 정부를 가져올 것"이라고 했다. 나아가 하지는 귀국을 요청하는 한국인 명단을 국무부가 주한미군사령부로 보내 서울에서 스크리닝하겠다고까지 제안했다. 그 직후 하지는 심지어 이승만과 김구에게 귀국할 한국인의 선별 심사를 맡기겠다는 뜻을 밝히기도 했다.[120] 이승만과 김구에게 환국할 한국인을 심사케 한다는 대목에서 이승만과 임시정부에 대한 하지의 신뢰와 정치 상황에 대한 자신만만한 태도를 엿볼 수 있다.[121]

---

118   Incoming Message, Washington to CINCAFPAC Advance. (1945. 9. 22) Nr. SVC 8725.

119   Incoming Message, COMGEN USAFIK to CINCAFPAC Advance (1945. 10. 3) Nr. TFGCG 99. RG 84, Japan, Office of the US Political Adviser for Japan, Tokyo; Classified General Records, 1945-1952, Box 2.

120   Secretary of State-[telegram received] (1945. 10. 17), no. 36.

121   미국 국무부는 이승만과 김구에게 귀환할 한국인들에 대한 심사를 맡기자는 제안에 경악하며, 절대 반대의사를 표명했다. 국무부는 해외에서 귀환할 한국인은 맥아더 사령부를 통해서 주한미군사령부에서 심사해야 하며, 미국은 해외에서 귀환하는 한국인에게 군정에 협력한다는 전제하에서만 공평한 기회를 제공한다는 입장을 여러 차례 강조했다. Telegram Received, Secretary of State to Atcheson, Political Adviser,

그런데 이들은 귀국 직후 불과 몇 개월 만에 하지가 감당할 수 없는 정치적 타격을 가하며 미군정의 정치적 안정을 근저에서부터 흔들었다는 점을 생각하면, 10월 초 하지의 메시지는 낭만적이고 희망에 가득 찬 것이었다. 한국 독립운동에 평생을 헌신하며 반대파와의 격렬한 투쟁으로 단련된 이승만과 김구는 야전군사령관 하지가 마음대로 쥐락펴락할 수 있는 유약한 인물이 아니었다. 이들은 미군정의 어설픈 정치게임에 들러리를 서거나, 한민당 주도의 불하받은 권력정치에 순응할 생각이 추호도 없었다. 두 사람 모두 자신을 중심으로 한 한국 정치의 전개를 당연하게 여겼으며, 이를 방해하는 세력은 용납하지 않을 태세였다.

하지는 10월 10일자 메시지에서 또다시 임시정부 요원들의 귀국 및 활용을 강조했다. 하지는 서울의 정치집단을 급진주의·공산주의 대 보수주의·민주주의의 대결 구도로 평가했다. 공산주의 그룹은 소련의 후원과 지령을 받고 있으며, 공격적이고, 미국에게 비우호적이며 인민공화국을 조직해 정부로 행세하며, 중경임시정부보다 조선독립동맹(화북 조선독립동맹)을 선호한다고 했다. 반면 보수주의 그룹은 덜 공격적이며, 사려 깊은 한국인 다수의 생각을 대변하며, 군정과 협력하며 미국을 선호하고 있다고 했다. 이들은 중경임시정부에 대한 충성과 이승만, 김구, 김규식의 귀국을 희망하는데, 공산주의자들조차 중경임시정부의 높은 위신을 부인하지 못하고 있다. 결론적으로 하지는 이승만, 김구, 김규식 등 임시정부 인사를 개인 자격으로 귀국시켜, 고문회의의 다른 성원들과 동일한 조건으로 활용해야 한다고 했다. 하지는 이들이 귀국하면 정치적 논란을 피할 수 없고, 연안 등 다른 곳의 한국인들에 대한 귀국도 요청할 것이기 때문

no.84 (1945. 11. 7); Telegram Received, Secretary of State to Atcheson, Political Adviser. No.101 (1945. 11. 10) RG 84 Office of the US Political Adviser for Japan, Tokyo; Classified General Records, 1945-1952) Box 2.

에, 미군정이 귀국할 수 있는 한국인의 수를 제한하겠다고 했다.[122]

이 시점에 이르자 이승만과 김구의 귀국은 거의 기정사실이 되었다. 이승만은 미국을 출발해 태평양을 횡단하는 중이었고, 김구도 중경에서 상해로 가기 위해 준비 중이었다. 국무부는 주한미군사령부와 주중 미군사령부를 통해 쏟아지는 이승만, 김구, 임시정부의 귀국 압력을 뒤따라가며 외교적으로 무마해야 하는 상황이 되었다. 이승만이 10월 16일 한국에 입국하자, 미 국무부는 10월 17일 미군정이 개인 자격으로 대표적 한국인들을 귀국시켜 조언을 얻기로 했으며 귀국을 원하는 한국인은 국무부 비자과에 출국 허가를 신청하라고 밝혔다. 국무부는 이승만이 귀국할 것이며, 태평양방면사령관이 김구와 김규식의 귀국을 허가했다고 밝혔다.[123]

같은 날 맥아더에게 전달된 3부 조정위원회의 훈령 176/8호(SWNCC 176/8)는 임시정부 혹은 유사한 정치조직을 공식적으로 인정하거나 정치적으로 이용해선 안 된다고 규정했다. 다만 필요할 경우 그 조직 성원을 개인 자격으로 활용할 수 있다고 했다.[124] 3부 조정위원회는 미군정이 임시정부를 간판으로 활용할 경우 미국의 공식 대한정책인 연합국의 합의에 따른 신탁통치 계획이 무산될 가능성을 우려하며 임시정부 활용을 반대했지만, 이 훈령은 하지에게 임시정부 활용에 대한 내락으로 받아들여졌을 공산이 컸다. 즉 3부 조정위원회의 '공식적 부인과 개인적 활용'이

---

122 Incoming Message, USAFIK to CINCAFPAC ADV (Pass to Acheson) (1945. 10. 10) Nr. TFGCG-100.

123 Secretary of State - [telegram received] (1945. 10. 17), no.36. RG 84, Japan, Office of the US Political Adviser for Japan, Tokyo; Classified General Records, 1945-1952, Box 2.

124 "Basic Initial Directive to the Commander in Chief, U. S. Army Forces, Pacific, for the Administration of Civil Affairs in Those Areas of Korea Occupied by U.S. Forces"(undated) SWNCC 176/8 (received 1945. 10. 17), *FRUS*, 1945, volume VI, pp.1073~1091.

라는 방안은 현실성이 없는 것이었다. 이미 미군정은 자신들이 원하는 정책을 결정한 후 본격적으로 실행했고, 그 결과 이승만이 한국으로 귀국한 상황이었다.

하지는 이승만이 도쿄에 도착하자 누구에게도 알리지 않고, 도쿄에 가서 이승만을 환영했으며, 서울로 귀환해서는 이승만을 위한 숙소, 승용차, 헌병 등을 준비해두었다. 그리고 이승만을 한국 언론과 대중에게 대대적으로 소개하며 그의 정치적 명성이 최고조에 이르게 했다.[125]

미군정이 노골적으로 임시정부를 지지하고 이승만과 김구의 귀국을 적극적으로 후원하는 상황을 인지한 이승만과 김구 양측도 미군정을 적극적으로 활용하기 시작했다. 김구의 대리인은 10월 30일 중경 주재 미국 대사관을 방문해 김구와 조소앙의 메시지를 이승만에게 전달할 것을 요구했는데, 10일 내에 일행 30명이 서울로 출발할 터이니 거처를 준비해달라는 내용이었다.[126] 이들은 30명이 장제스 총통의 비행기를 타고 상해에 도착한 후 미군 비행기로 갈아타고 한국에 들어갈 것이라고 했다. 이 메시지는 주일 미정치고문을 거쳐 서울에 전달되었다.[127] 나아가 미군정은 이승만이 4대 열강, 언론, 미국 대중에게 보내는 11월 4일자 결의안을 미 국무부에 전달했다.[128] 미군의 통신채널이 김구와 이승만 사이의 자

---

125   이승만의 귀국 과정에 대해서는 정병준, 2005, 앞의 책: 정병준, 1997b, 「해방 직후 이승만의 귀국 과정과 '동경회합'」, 우송조동걸선생정년기념논총간행위원회, 『한국민족운동사연구』를 참조.

126   Telegram Received, Secretary of State to Atcheson, Political Adviser (1945. 10. 30). RG 84, Japan, Office of the US Political Adviser for Japan, Tokyo; Classified General Records, 1945-1952, Box 2.

127   Outgoing Message, US POLAD, Japan to US POLAD, Seoul, (1945. 11. 1). RG 84, Japan, Office of the US Political Adviser for Japan, Tokyo; Classified General Records, 1945-1952, Box 2.

128   Resolutions (Addressed to the Foul Allied Powers, and through the Press, to the American Public)(1945. 11. 4). RG 84, Japan, Office of the US Political Adviser for Japan, Tokyo; Classified General Records, 1945-1952, Box 2.

유로운 연락 통로가 되었고, 미군정이 이승만의 개인 메시지를 미국에 전달하는 역할을 자임하는 상황이 되었다. 미국 국무장관 번스는 이런 메시지 전달이 불가능한 것은 아니지만, 그 정치적 함의를 전달하기는 어렵다며, 관련 인사들이 "전달 불가의 가능성"을 인지해야 한다고 경고했다.[129]

하지는 이승만의 귀국 때와 마찬가지로 비서관 로건 대령을 상해로 파견했고 통역으로 동반했다. 이들은 선발대인 조소앙과 조시원을 만나 미군정의 의사를 전달했다.[130] 김구와 일행 32명은 11월 5일 상해에 도착했는데, 장제스의 비서인 사오위린(邵毓麟)과 3명의 중국인 무전기사가 동행했다.[131] 이들은 주한미군이 보낸 비행기 한 대에 다 탈 수 없었기 때문에, 선발대와 후발대로 나뉘어야 했다. 미군정은 2~3일 간격으로 15명씩 귀국시키며, 김구를 첫 번째 그룹에 포함시켜달라고 제안했다.[132] 김구 일행은 한꺼번에 귀국할 수 없게 된 상황에서 입국 자격과 비행편 등을 둘러싸고 17일이나 허비해야 했다.[133] 서울에서 벌어지고 있던 정치 상황을 생각하면, 천금 같은 시간을 허비한 셈이다. 김구와 김규식 일행은 11월 19일 주중 미군사령관 웨드마이어 중장에게 개인 자격으로 귀국

---

129   Telegram Received, Secretary of State to Atcheson, Political Adviser, no.84 (1945. 11. 7). RG 84, Japan, Office of the US Political Adviser for Japan, Tokyo; Classified General Records, 1945-1952, Box 2.

130   김형민, 1987, 『눌정 김형민 회고록』, 범우사, 214~215쪽; 정병준, 1996a, 앞의 논문, 173쪽.

131   Telegram Received, Secretary of State to Atcheson, Political Adviser, 102 (1945. 11. 9); Incoming Message, CG China to CG USAFIK, Nr. CFBX 14085 (1945. 11. 10). RG 84, Japan, Office of the US Political Adviser for Japan, Tokyo; Classified General Records, 1945-1952, Box 2. 임시정부의 귀국 과정에 대해서는 이승억, 1997, 「임시정부의 귀국과 대미군정 관계(1945. 8~1946. 2)」, 『역사와 현실』 24 참조.

132   Incoming Message, CG USAFIK to SCAP, (1945. 11. 8), Nr. TFGCG 143. RG 84, Japan, Office of the US Political Adviser for Japan, Tokyo; Classified General Records, 1945-1952, Box 2.

133   정병준, 1996a, 앞의 논문, 172~174쪽.

한다는 서약서를 제출한 후 11월 23일에야 서울에 도착할 수 있었다.[134] 이로써 미군정이 진주 직후 추진했던 조선총독부 관리 유임과 해임-인민공화국 부인-임시정부 활용 및 핵심 인사 귀국이라는 '3개의 정부 대책'이 성공적으로 일단락되는 것으로 보였다.

하지를 비롯한 미군정 수뇌부는 1945년 12월 말 신탁통치 파동이 대대적으로 전개되는 시점에서도 이승만과 김구의 강력한 반탁 메시지를 국무부에 전달할 정도로 임시정부 지지라는 관성을 유지했다. 그러나 미군정의 계획은 희망대로 전개되지 않았다.

---

134 서약문은 다음과 같다. "이에 본인은 본인 및 본인의 동료들이 어떠한 공적 위치로서가 아닌 완전히 사적(私的) 개인의 자격으로서 귀국을 허락받을 것임을 충분히 숙지하고 있음을 귀하에게 확신시키고자 합니다. 나아가 본인은 조선에 들어가면 우리들이 개인적으로나, 집단적으로 정부로써 혹은 민간 및 혹은 정치적 능력을 발휘하는 기구로써 활동할 것을 기대하지 않는다는 점을 기꺼이 진술합니다. 우리의 목적은 한국인에게 유리하게 될 질서를 수립하는 데 있어 미군정과 협력하는 것이 될 것입니다." "Letter, Kim Koo to Lt. Gen. A. C. Wedemeyer, CG U.S. Forces in China", (1945. 11. 19), RG 332. XXIV Corps Historical File.

권력의 불하, 벼락권력의 시대

1) 고문회의의 창설

미군정 진주 이후 가장 중요했던 양지의 정치적 결정은 총독부 관리 유임과 해임, 인민공화국 부정과 해체, 임시정부 지지 및 주요 인사 입국의 추진이었다. 보다 중요했으나 알려지지 않은 음지의 정치적 결정은 주요 직책에 대한 정실 인사였다. 이것을 정실 인사라고 부르는 이유는 해당 직위에 대한 공개적 선발 과정 혹은 자격시험, 자격 조건에 대한 투명하고 공정한 심사, 사회적 논의와 합의, 혹은 여론 수렴 과정 등이 존재하지 않았기 때문이다. 바꿔 얘기하자면 정실 인사의 다른 말은 엽관운동이었으며, 조선총독부가 차지하고 있던 정치권력이 미군정에 의해 '불하'되는 순간이었다. 정실 인사, 엽관운동, 불하받은 권력이 미군정 초기를 규정하는 가장 중요한 인사 원칙이었다. 미군정기 경제 분야에서 적산 불하가 벼락부자의 원천이었다면, 정치 분야에서는 권력 불하가 벼락권력의 원천이었던 것이다.

한민당 당원들은 하지 사령부를 찾아가 미군이 한국에 진주할 때 이승만과 김구, 임시정부가 함께 들어오지 않은 탓에 수많은 정당이 만들어 졌다는 혹세무민에 가까운 주장을 했다. 그러나 사실 정당의 난립과 엽관 운동을 부추긴 것은 미군정의 책임이 컸다. 9월 12일 정당 대표들과 만난 이후 미군정은 앞으로 월요일과 화요일에 두 시간 동안 정치단체 대표들과 각 5분씩 면담할 것이라며, 해당 정당에서 총독부 각 국장의 직위(학무국장, 법무국장, 재무국장, 교통국장, 광공국장, 경성부윤, 고양군수 대리)에 적당한 인물의 명단을 제출하라고 요구했다.[135]

월리엄스는 전국을 돌아다니며, 지역사회의 지도자를 만나서 이들을 형제님(brothers)이라고 불러 기분 좋게 만든 후 자신이 전쟁부에 고용되어 국무부와 연락 임무를 맡아 한국 정부를 수립할 것이라고 설명했다.[136] 공주 영명학교의 설명에 따르면 다수의 영명학교 출신들이 월리엄스(한국명 우광복)를 통해 출세가도를 달렸다. 영명학교 교장 출신 황인식은 월리엄스로부터 연락을 받아 그를 만나러 갔더니, 어깨를 껴안고 환대하며 자신을 "자기의 숙부"(My father's younger brother)라고 소개했다는 것이다. 황인식은 아놀드 군정장관 고문으로 추천되었고, 초대 충남도지사로 임명되어 "금의환향"했다.[137] 영명학교 2회 졸업생인 조병옥은 경무부장이 되었고, 영명학교 9회 졸업생으로 보스턴대학을 졸업한 박종만은 2대 충남도지사, 영명학교 교사로 공주금융조합장을 지낸 공주 유지 서덕순은 3대 충남도지사를 지냈다.[138] 최소한 충남에서는 영명학교 출신들이 고위직을 독차지한 셈이다. 월리엄스가 1995년에 사망한 후 유골의 반이 영명학교 내 선교사 묘지에 묻혔으므로, 월리엄스는 부친

---

135 『내일신보』 1945년 9월 17일자.
136 「월리엄스 연설」, p.1.
137 영명100년사편찬위원회, 2007, 앞의 책, 339~340쪽. 이후 황인식은 1947년 군산 국립 해양대학 초대 학장이 되었다. 영명100년사편찬위원회, 2007, 앞의 책, 354쪽.
138 영명100년사편찬위원회, 2007, 앞의 책, 341쪽.

프랭크 윌리엄스에 이어 영명학교에 대한 애정이 남달랐음을 짐작할 수 있다.[139]

미군정 초기의 가장 중요한 인선의 통로는 고문회의의 조직이었다. 고문회의라는 조직 형태는 한민당의 건의에 따른 것이었다. 한민당 중앙 집행위원회는 1945년 9월 22일 "명망과 식견을 구비한 인사로써 중앙위원회를 조직하여 행정과 인사에 자문케 할 것"을 건의했고, 이것이 수용되었다.[140] 윌리엄스는 하지로부터 미군정을 위해 전국 고문회의를 조직하라는 명령을 받았다고 했지만,[141] 사실 이런 아이디어는 한민당에서 나왔고, 윌리엄스를 통해서 하지의 재가를 받은 것이었다.[142]

고문회의는 일제 시기 어용기관이었던 중추원(中樞院)의 재판이었는데, 좌파는 인민공화국의 약화를 우려했고, 우파는 임시정부의 약화를 우려했다. 한국인들의 열광적 환호도 없었다. 고문회의는 조직되자마자 실패임이 분명히 드러났고, 미군정도 이를 자인할 수밖에 없었다. 그럼에도 불구하고 고문회의 방식은 미군정 초기 권력으로 향하는 중심적인 통로가 되었다.

아놀드 군정장관은 10월 5일자로 11명의 한국인을 미군정의 고문관으로 임명했다. 김성수(교육가), 전용순(실업가), 김동원(실업가), 이용설(의사), 오영수(은행가), 송진우(정치가), 김용무(변호사), 강병순(변호사), 윤기익(광업가), 여운형(정치가), 조만식(애국정치가) 등이었다.[143]

---

139 영명100년사편찬위원회, 2007, 앞의 책, 323쪽. 윌리엄스는 자식들에게 한국 이름을 지어주었는데, 우광복(George Zur Williams), 우홍복(Williams Haward Williams), 우규복(Robert L. Williams)이었다.

140 「한민당 결의사항 ①」, 심지연, 1982, 『한국민주당연구 I』, 풀빛, 138쪽: 심지연, 1984, 앞의 책, 55쪽.

141 「윌리엄스 연설」, p.8.

142 9월 22일 김동성도 미군 정보참모부에 등장해 기존의 총독부 자문기구, 즉 중추원을 '애국적 한국인'으로 재구성하면 좋은 결과를 얻을 것이라고 주장했다. HQ, USAFIK, G-2 Periodic Report, no.14 (1945. 9. 23); 브루스 커밍스, 1986, 앞의 책(상권), 253쪽.

11명으로 구성된 고문회의(Advisory Council)는 북한의 조만식이 참석할 수 없었기 때문에 실상 10명으로 구성되었다. 게다가 여운형은 10월 14일 고문직을 사임했는데,[144] 그 이유는 고문회의 인적 구성의 편파성과 당파성 때문이었다.

이날 여운형은 처음으로 하지와 대면했는데, 하지가 건넨 첫인사는 "일본놈에게 얼마나 돈을 받아먹었지?"였다. 당황한 여운형이 자리를 뜨려 하자 하지는 군정의 고문이 되어줄 수 있느냐고 물었고, 여운형은 수락했다. 옆방에는 이미 9명의 고문관이 모여 있었는데, 한민당의 총무였던 김성수와 송진우를 제외한 나머지는 '서울에서조차 알려지지 않은 인물'이었고 '대부분 평판이 나쁜' 사람들이었다.[145] 대부분 한민당 당원이었던 이들은 이미 하지와 합의하에 고문회의를 구성해놓은 상태였다. 여운형은 고문회의가 구색을 갖췄음을 보여주기 위한 상징이었을 뿐이다. 여운형이 한국사정사의 김용중(金龍中)에게 쓴 편지에 이날 회의의 상황이 묘사되어 있다. 고문회의 의장을 선출할 때, 여운형은 윤기익에게 투표했는데 결과는 김성수 9표, 윤기익 1표였다. 여운형을 제외한 모든 이들이 한편이었던 것이다. 곧이어 경기도지사 선출을 위한 투표가 있었지만 결과는 역시 9 대 1이었다. 여운형은 나머지 사람들이 '완고한 진영'을 구축한 것을 깨닫고 사퇴했다.[146]

---

143 고문 가운데 오영수(은행가)가 누구인지는 명확하지 않다. 은행가 출신으로 고문회의에 참가할 수 있는 경력을 지닌 오영수라는 사람은 확인되지 않는다. 9월 24일 상무부장에 임명된 미국 MIT 출신의 오정수(吳楨洙)를 오기한 것으로 추정된다.

144 『자유신문』 1945년 10월 15일자.

145 이에 대해서는 정병준, 1995, 앞의 책, 148~150쪽; 박영민, 1991, 「해방 직후 미국의 대한정책과 친일파」, 『순국』 7·8월초 합본, 42~43쪽을 참조. 강병순은 대한동맹, 김성수는 국민정신총동원조선연맹·국민총력조선연맹, 김동원은 조선임전보국단·전조선배영동지회연맹·황도학회, 송진우는 조선언론보국회, 유억겸은 경성기독교연합회·조선기독교청년연맹·임전대책협의회 등에 관여했다.

146 "The Victim of Military Occupation," *The Voice of Korea*, 1947. 9. 16.

이 고문회의는 미군정에게 '두통거리'를 안겨주었을 뿐만 아니라 미군정이 친일파를 중용하며, 보수우익 세력인 한민당을 옹호한다는 비난을 불러일으켰다.[147] 좌익 인사가 한 명도 포함되지 않은 고문회의는 대중적 지지나 정치적 후원을 받을 수 없었을 뿐만 아니라, 고문으로 임명된 인사들의 면면 역시 김성수와 송진우를 제외하면 이름조차 알려지지 않은 사람이 대부분이었다. 9 대 1의 비율은 1945년 가을 당시 남한에서의 실질적인 정치적 영향력과 대중적 지지를 기준으로 삼을 때 완전히 거꾸로 된 것이었다.[148]

윌리엄스의 증언에서 나타나듯 고문회의의 구성은 하지의 명령에 따른 것이었지만, 고문회의라는 조직 형태와 구체적인 인선은 윌리엄스가 한민당과 협의해 결정한 것이었다.[149] 고문회의는 한민당과 우익, 친일파 중심으로 조직되었다는 한계를 지니고 있었을 뿐만 아니라, 미군정에 의해 일방적으로 임명됨으로써 일제시대의 중추원처럼 어용조직의 인상이 분명했기 때문에 출발 당시부터 실패가 예정된 셈이었다.[150]

---

147 이승만은 독촉중협 제1회 중앙집행위원회에서 군정당국이 고문회의에 의지하려 하나, 이들은 대중적 지지 기반이 없기 때문에 이들의 말을 듣고 정책을 실시하다 실패하면 그 책임이 군정에 돌아와 고문회의가 군정의 두통거리가 되었다고 진술했다[『독립촉성중앙협의회록』 1945년 12월 15일, 제1회 중앙집행위원회(제1차 회합)]. 우남 이승만 문서 편찬위원회 편, 1998, 『우남 이승만 문서 동문편』 13, 중앙일보사·연세대학교 현대한국학연구소.

148 브루스 커밍스, 1986, 앞의 책(상권), 253쪽.

149 「윌리엄스의 연설」.

150 베닝호프는 앳치슨에게 보낸 10월 9일자 전문에서 이 고문회의가 좌익·혁신파와 보수파 지도자뿐 아니라 교육자, 법률가, 실업가 및 '애국지사' 들을 포함하는 명망 있는 한국인들로 선출되었다고 보고했지만, 베닝호프가 보기에도 이는 총독부의 중추원처럼 대중의 별다른 반응이나 논평을 받지 못했다("The Political Adviser in Korea, Benninghoff to the Acting Political Adviser in Japan, Atcheson," (1945. 10. 9) *FRUS*, 1945, volume VI, p.1069). 미군정의 '임시 한국 행정부' 구상이 구체화되자, 고문회의는 유명무실해졌다. 여운형에 뒤이어 이용설과 전용순이 사임했고, 11월 21일에는 강병순까지 사임했다(『자유신문』 1945년 11월 22일자).

그러나 미군정은 이 고문회의를 용도폐기할 의향이 전혀 없었다. 오히려 이 고문회의를 확대·강화하려 했다. 미군정이 고문회의에 집착한 이유는 이들의 친미적 경향 때문이었으며, 자신들이 믿을 수 있는 사람을 통해 미군정의 주요 정책과 직위를 결정하려고 했기 때문이다. 베닝호프는 앳치슨에게 보내는 10월 10일자 전문에서 훨씬 덜 공격적이며 대다수 남한 식자층의 견해를 대변하는 보수파 그룹은 군정에 대해 협조적일 뿐 아니라, '그들 대부분은 한국이 피후견 기간을 거쳐야 한다는 점을 잘 알고 있으며, 소련 지도하에 있기보다는 미국의 지도하에 있게 되기를 더 바란다고 말해왔다'고 지적했다.[151] 베닝호프는 나아가 이승만, 김구, 김규식이 개인 자격으로 귀국하면 고문회의의 기존 성원들과 동일한 자격으로 고문이 되어야 한다고 했다.

주일 정치고문 앳치슨이 10월 15일 국무장관에게 보낸 전문에서 언급한 '전한국국민집행부' 구상도 이 고문회의와 밀접한 연관이 있었다. 앳치슨은 고문회의가 '전한국국민행정부'의 자문 역할을 하거나, 적당한 시기에 통합되어야 한다고 지적했다. 국무장관 번스도 10월 16일 성명을 통해 김구와 김규식이 현재의 고문회의에 다른 고문들과 동일한 조건으로 참석해 미군정에 협력할 것이라고 밝혔고,[152] 하지는 11월 5일 맥아더에게 보낸 전문에서 기존의 고문회의를 보다 대의적이고 확대된 통합 고문회의로 발전시켜야 한다고 주장한 바 있다.[153] 동시에 군정장관 아놀드는 10월 10일 성명을 통해 인공을 강력하게 부인하는 성명을 발표했다. 그리고 이는 10월 16일 하지의 군정 강조와 인공 부인, 11월 이후 강력한

151   "The Political Adviser in Korea, Benninghoff to the Acting Political Adviser in Japan, Atcheson," (1945. 10. 10), *FRUS*, 1945, volume VI, pp.1070~1071.

152   "The Secretary of State to the Ambassador in China, Hurley," (1945. 10. 16), *FRUS*, 1945, volume VI, pp.1092~1093.

153   "Telegram from Douglas MacArthur to the Chief of Staff, Marshall," (1945. 11. 5). RG 59, State Department Decimal File, 740.00119 Control(Korea)/11-545.

인공 해체 작업으로 연결되었다. 10월 초순부터 미군정은 임시정부 중심의 우익 활용과 인공 해체라는 양면작전을 구사하기 시작했던 것이다.

그러나 아직까지 고문회의의 주역을 담당해야 할 이승만과 김구, 김규식이 입국하지 않은 상태였기 때문에, 고문회의를 확대·강화하고 이용하는 문제는 구체적인 성과를 거둘 수 없었다. 이 시점에서 이승만이 귀국했고, 그의 등장과 정치활동은 적어도 1945년 말까지 미군정 주도하에 추진된 남한 정계 재편의 결정적 요소가 되었다.

미군정은 11월부터 고문회의가 서울의 유명 인사들로만 구성된 점을 보완하기 위해 각 도에서 2명의 고문관을 선출해 지역적 차원에서 고문회의를 선출하는 방안을 내놓았다.[154] 또한 동시에 각 도와 군 차원에서도 서울과 동일한 방식으로 한민당을 중심으로 한 고문회의가 구성되었다. 경기도에서는 1945년 10월에 한국인 고문회의가 조직되었으며, 대부분 미군 도지사가 부임한 이후 11월과 12월에는 한민당원을 위원장으로 하는 고문회의가 조직되었다.[155] 고문회의는 중앙과 지방에서 미군정에 필요한 관리의 인선을 '추천'의 방식으로 담당함으로써 권력의 실질적인 생산자가 되었다.

---

[154] "The Acting Political Adviser in Japan, Atcheson to the Secretary of State," (1945. 11. 12), *FRUS*, 1945, volume VI, pp.1119~1121. 아놀드는 이미 10월 9일 기자회견에서 전국적으로 고문회의를 설치·확대하겠다고 밝힌 바 있다. 실제로 미군정은 11월부터 도·부·군·읍·면·구 등에 고문회의를 설치했지만 대중의 지지를 받지 못했다. 정해구, 1988, 『10월 인민항쟁연구』, 열음사, 46~48쪽; 이윤희, 1989, 「미군정기 인천에서의 좌우투쟁의 전개」, 『역사비평』 봄호; 안종철a, 1990, 『해방직후 건준의 지방조직과 지방인민위원회에 관한 연구』, 전남대 정치학과 박사학위 논문, 81쪽; 신종대, 1991, 「부산, 경남지방의 해방정국과 인민위원회에 관한 연구」, 경남대 석사학위 논문, 83~83쪽; 장원정, 1993, 「1945. 8~46. 10 경상남도 우익세력에 관한 고찰」, 이화여대 석사학위 논문, 43~48쪽.

[155] 경상남도, 전라남도, 경상북도에서 한민당원이 위원장을 차지하거나 우위를 점했다. 박태균, 1993, 앞의 글, 59~60쪽; 임선화, 2010, 「미군정의 실시와 전라남도 도지사고문회의 조직」, 『역사학 연구』 38.

2) 두 달 만에 이뤄진 한국인 관리 7만 5,000명의 임명

『주한미군사』의 설명에 따르면 1945년 10월부터 12월까지 약 7만 5,000 명의 한국인 관리들이 임명되었는데, 이전 직을 유임시키거나 신규 임용한 것으로 대부분 '추천'에 의한 것이었다. 일제하 한국인 관리는 남북을 합쳐 1등급(친임관, 칙임관) 4명, 2등급(주임관) 31명, 3등급(판임관) 624명, 4등급(촉탁, 고원) 2만 8,891명 등 총 2만 9,550명에 불과했기에,[156] 남한 내에는 전체 한국인 관리 중 절반에 해당하는 1만 5,000명 정도가 존재했다고 할 수 있다. 그러나 1945년 가을 북한에서 대대적인 친일파 청산작업이 벌어지면서, 친일 관리들이 대거 월남함으로써 미군정이 활용할 수 있는 총독부 한국인 관리의 수는 두 배로 증가했다. 이 때문에 남한에서는 구조적으로 총독부 한국인 관리 출신들이 훨씬 더 많은 비중을 차지하게 되었다.

나아가 1945년 말까지 이뤄진 7만 5,000명의 신속한 임명은 친일 관리만으로도 충원될 수 없는 규모였는데, 적절한 자격시험이나 배경이 검토되지 않은 상태에서 마구잡이 충원과 추천이 이뤄졌음을 의미한다. 최소한 5만 명 내외가 어느 날 갑자기 관리로 임용되었으며, 어떠한 자격심사나 배경 확인 절차를 거치지 않았다. 중앙과 지방에서 이뤄진 유일한 절차는 고문회의 및 각 부서별 고문회의의 추천과 투표를 통한 결정 과정이었다. 고문회의에 대한 여운형의 증언, 고문회의에 전용순이 포함된 과정 및 백낙준이 학무국 고문 및 경성대 임시총장으로 임명되는 과정에 대한 윌리엄스의 발언이 이를 증명한다. 고문회의가 추천하고, 다수결로 결

---

156   『주한미군정사』(*HUSAMGIK*)에 따르면, 한국인 관리는 총 2만 9,550명으로 일본인 관리 5만 657명의 절반에 그쳤다. 한국인과 일본인을 합친 관리는 총 8만 207명이었다. *HUSAMGIK*, part 1, p.32; 안진, 2005, 앞의 책, 174쪽.

정한 인사가 주요 공직에 임명되었던 것이다. 바꿔 말하면 한민당이 추천하고 한민당이 투표로 결정한 인사가 공직을 차지했다. 게다가 한민당원 정일형이 인사행정처장을 맡아 미군정 인사의 문고리 권력을 장악하고 있었다. 한민당의 추천을 받은 인사들은 한민당원이거나, 한민당의 반인공·반공산주의 노선에 충실한 인물이었음은 의문의 여지가 없다. 김병로, 이인, 조병옥 등이 독립운동 경력을 가진 한민당원으로서 면목을 세웠지만, 구조적으로 고위 공직과 하위 공직을 막론하고 친일파 출신이 압도적 다수를 차지할 수밖에 없었다. 행정 경험이 있는 총독부 출신 친일 관리와 행정 경험이 없는 그 밖의 친일파와 무자격자들이 공직을 장악하게 된 것이다. 유일한 자격 요건은 한민당의 추천과 미군정의 승인 절차뿐이었다.

특히 미군정은 공권력의 핵심인 경찰 및 내무행정 인력을 급속하게 수직적으로 강화했다. 이미 일제시대 경찰, 내무 행정 등 식민지 억압기구가 집중적으로 강화된 상황이었으나, 미군정기에는 더욱 강화되었다. 첫 출발은 해방 직후 일제의 공권력, 치안유지 능력이 붕괴된 상황에서 평화와 질서를 유지한다는 명목으로 경찰력 강화를 추진한 것이다. 해방 직전 경찰력은 일본인 경찰 1만 6,058명, 한국인 경찰 1만 619명을 합쳐 총 2만 6,677명이었다.

해방 당시 한국인 경찰은 남북을 합쳐 1만여 명이었는데, 해방 직후 경찰 대부분이 피신했고, 실제 출근율은 채 20퍼센트가 되지 않았다.[157] 그런데 미군 진주 후 2개월이 지난 11월 중순 남한 지역 경찰력은 1만 5,000명에 달해, 일제시대 남한 내 경찰력을 능가하기 시작했고, 1946년 말에는 2만 5,000명으로 급증했으며, 정부 수립 직전에 4만 5,000명에 도달했다. 1945년 8월 현재 한국인 경찰 1만여 명을 기준으로 하면,

157   조선통신사, 1946, 『1947년판 조선연감』, 154쪽; 안진, 2005, 앞의 책, 180쪽.

[표 3-2] 해방 직전 총독부 경찰관 규모

직급	간부급				비간부급 (순사부장 및 순사)	합계
	경찰부장	경시 (현 총경)	경부 (현 경정)	경부보 (현 경감)		
한국인	1	21	105	220	10,272	10,619
일본인	12	48	433	790	14,775	16,058
합계	13	69	538	1,010	25,047	26,677

[출전] 수도관구경찰청, 1947, 『해방 이후 수도경찰발달사』, 82~83쪽; 안진, 2005, 『미군정과 한국의 민주주의』, 한울, 180쪽.

1946년에 2배로, 1948년에 3.4배로 폭증한 것이다. 바꿔 말하면 총독부 시절 한국인 경찰을 모두 다시 임용하고 일본인 경찰력을 더했다고 가정해도, 1946년에는 남한의 경찰력이 해방 직전 한반도 전체 경찰력 규모에 도달했고, 1948년에는 그 2배에 달할 정도로 경찰력이 가파르게 증가했던 것이다. 일제하의 경찰이 억압적인 국가 물리력으로 잔인하고 효율적이고 조직적이었다는 게 중론인데, 미군정하에서는 1946년에 2배, 1948년에 3.4배로 규모가 확대되었다. 뿐만 아니라 미군정기 경찰은 중앙집권화된 준군사력의 성격이 강했으므로 미군정기를 경찰국가라고 규정한 미국 언론의 주장이 터무니없는 것은 아니었다. 한국전쟁 전후 이승만 정부에 쏟아진 '경찰국가'라는 비난은 공정하지 못한 측면이 있는데, 이승만 정부가 새로 만든 정책이라기보다는 미군정으로부터 비롯된 유산이자 관성의 성격이 강했기 때문이다.[158]

---

158   제임스 매트레이는 진주 이래 하지의 경찰력 강화와 군사력 증강 조치가 주한미군 철수를 위한 사전 준비로 이뤄졌으며, 하지는 병사들과 마찬가지로 남한에서 조기 철수와 미국 귀환을 희망했다고 설명했다. James Matray, 1995, 앞의 글.

경찰 간부 중 친일파가 압도적으로 많은 것은 당연한 귀결이었는데, 1946년 말 경위급 이상 간부 1,157명 중 82퍼센트인 949명이 총독부 경찰 출신이었다.[159] 1948년에 이르면 경찰 관련 3만여 명을 제외한 관리 수는 14만 9,549명으로 폭증했다. 친일 관료들은 일제 식민정책에 봉사한 경력 때문에 친일파 처단과 식민지 잔재 청산에 반대하는 공동의 이해로 통합되었고, 해방정국의 혁명적 요구에 맞섰다.[160]

미군정 시기 경찰 공권력의 대폭 확충, 관료 임용의 수직적 폭증은 행정 관료기구의 비대화와 국가행정의 강화를 의미했다.[161] 또한 이들 관료기구의 급속한 팽창 과정에서 철저한 신원 조사, 자격능력 검증이 없이 단기간에 중앙과 지방 고문회의의 '추천'과 투표에 의해 충원됨으로써, 관료기구는 철저히 한국인의 이해와 요구로부터 분리되어 일종의 자율성을 갖게 되었다. 관료기구는 한국인의 보편적 이해로부터는 자율적이었지만, 고위직을 차지하기 위해 상호 모략하고 비방하느라 여념이 없었다. 윌리엄스는 인사 문제를 담당하고 난 이후에 인선에 대한 비판과 중상모략이 끊이지 않아서 업무를 수행할 수 없을 정도였다고 했는데,[162] 인사

---

159 1946년 조미소요공동대책위원회에 제출한 군정경찰 책임자 W. 매글린(Maglin) 보고서. 안진, 2005, 앞의 책, 190쪽.

직위	총수	친일경찰 출신	비율(퍼센트)
치안감	1	1	100
청장	8	5	63
국장	10	8	80
총경	30	25	80
경감	139	104	83
경위	969	806	83
합계	1,157	949	82

160 안진, 2005, 앞의 책, 174쪽.
161 박문옥, 1963, 『한국 정부론』, 박영사, 343쪽: 안진, 2005, 앞의 책, 174쪽.
162 Interview with Commander Williams, Special Assistant to General Arnold (1945. 10. 13), RG 332, USAFIK, XXIV Corps, G-2, Historical Section, Box 27, *Historical Journal* 11 Aug.-10 Oct. 1945, etc. (4 of 6).

자체가 정실 인사, 엽관운동, 연줄과 인맥으로 이뤄진 결과였다. 이 때문에 미군정기 관료기구는 한국인의 신뢰를 받기 어려웠으며, 총독부 관료기구보다 더 심한 적대감이 형성되었다.

때문에 미군정은 1945년 11월 16일 법령 제29호로 '조선 직원 검사위원회의 창설'을 공포하고 군정장관이 임명하는 7인 위원이 한국인 직원의 친일 혹은 이적행위를 조사하도록 했다.[163] 언론에 '인사문제조정위원회'로 알려진 검사위원회 위원은 전 경성 주재 영사 에몬스 3세, 전 연희전문학교 교장 H. H. 언더우드 박사, 실업가 대표 아리크(Arik), 전 공주 목사(영명학교장) 프랭크 윌리엄스, 한국 출신 미군 강윤식(康允植) 대위, 법률가 크라마 대위, 인사과장 부레조 중령 등이었다.[164] 당시 미군정이 신뢰하고 한국 사정에 정통한 H. H. 언더우드, 프랭크 윌리엄스, 에몬스 등이 참가했으므로 상당한 권한을 행사했을 것으로 예상되지만, 구체적인 활동 내용은 미상이다.

다른 한편 이는 한민당 세력이 중앙과 지방에서 행정 관료기구를 장악했으며, 당파적 이해에 따라 자율적으로 움직이게 되었음을 의미한다. 신뢰의 부재와 적대감의 누적은 미군정기의 구조적 위기의 기원이 되었으며, 친일 세력의 온존과 옹호, 민족적·혁명적 요구에 대한 진압은 미군정 관료기구의 주요 특징이 되었다.

선행연구에 따르면 미군정 고위 관료 임명의 원칙은 크게 두 가지였다. 첫째, 영어를 구사하고 교육수준이 높을 뿐 아니라 미국의 자유주의 이념을 옹호하는 친미 성향을 갖춘 인물일 것, 둘째, 공산주의와 관계된 사람은 배제할 것이었다.[165] 그 결과 미군정기 고위 관직에 임명된 사람

163　군정청법령 제29호, 1945년 11월 16일.
164　『자유신문』 1945년 11월 18일자.
165　안진, 2005, 앞의 책, 164~167쪽.

들은 정당으로는 한민당 출신, 사회단체로는 흥사단, 대학으로는 연희전
문·숭실전문·세브란스 등 선교사 학교, 종교로는 기독교, 지역별로는 서
북 출신이 압도적으로 많았다.[166] 한민당, 흥사단, 미션스쿨, 기독교, 서
북 출신 인사들이 고위 관직을 차지한 것이다. 한민당 지배, 흥사단 우세,
미국 유학생 우세, 미션스쿨 출신 우세 등을 모두 아우르는 핵심은 미군
정의 이해와 요구에 충실한 인사들로 영어를 구사하며, 미국 등에서 좋은
교육을 받고, 보수주의적·반공적인 기독교계 인사라는 점이었다.[167]

3) 한민당의 세상

미군정기 고위 관료로 가장 큰 성공을 거둔 정치적 집단은 한민당이었
다.[168] 한민당은 출범 당시에는 인민공화국 타도를 유일한 목표로 내세우
고 여기에 동의하는 모든 세력을 규합했기에, 사상, 배경, 지향에서 다양
성과 다층성이 존재했다. 그 결과 초기 한민당 지도부에는 민족주의 우
파, 독립운동가, 사회주의 세력 등이 참가했지만, 지방과 하부 조직에는
다수의 친일파가 합류했으며, 일부 진보적·민족주의적 지향과 이와 정반
대의 친일파, 지주, 자본가적 지향이 병존하는 상황이었다. 명목으로는

---

166   김수자, 2008, 앞의 글: 박태균, 1993, 앞의 글: 장규식, 2011, 앞의 글.

167   당시 상황을 정일형은 이렇게 묘사했다. "애당초 미국은 남한에 진주하면서 어떤 인물
      을 중심으로 지도 세력을 형성하려는 구상을 갖고 왔던 것 같다. 특히 미국 유학생을 중
      심으로 각료 구성을 꾀하려 했던 것 같다. (…) 아무 정당이나 사회단체에도 참가하지
      않은 미국 유학 출신 인사들이 있었는데, 미군정 당국에서는 이들을 크게 촉망하고 있었
      다. 이를테면 이묘묵, 하경덕, 오천석, 이훈구, 지용은, 조병옥, 그리고 나도 이분들과 같
      은 입장에 있었다." 정일형, 1991, 『오직 한길로』, 을지서적, 149쪽.

168   한민당에 대해서는 다음을 참조. 심지연, 1982, 앞의 책: 심지연, 1984, 앞의 책: 박태
      균, 1994, 「해방 직후 한국민주당 구성원의 성격과 조직개편」, 『국사관논총』 58: 윤덕
      영, 2010, 『일제하·해방 직후 동아일보 계열의 민족운동과 국가건설노선』, 연세대 사학
      과 박사학위 논문.

인공 타도, 임정 봉대를 내세웠으나, 임정 봉대는 인공 타도를 위한 수단이었을 뿐 진정성은 없었다.

한민당의 핵심은 김성수, 송진우, 장덕수, 김준연, 김병로, 백관수, 이인 등이었다. 한민당은 한국국민당(장덕수, 허정, 백남훈, 윤치영, 윤보선), 조선민족당(원세훈, 김병로, 백관수, 조병옥, 함상훈, 김약수, 이인), 국민대회준비회(송진우, 김성수, 서상일, 김준연, 장택상, 설의식) 등을 통합해 1945년 9월 16일 결성되었는데, 당수를 두지 않고 총무제로 운영되었다. 송진우가 수석총무였고 그 외 김도연, 조병옥, 백관수, 서상일, 허정, 백남훈, 김동원, 원세훈 등 지역을 대표하는 8총무를 선임했다. 일제하에서 독립운동의 정통성, 대표성 있는 인물과 세력이 부재했던 한민당은 인공 타도를 첫 번째 목표로 삼았기 때문에 당대표 대신 수석총무와 8총무라는 집단지도체제를 유지했다. 한민당의 실질적인 지도자는 김성수였다. 김성수는 동아일보(언론사), 보성전문(교육기관), 경성방직(기업체)을 거느린 식민지 시기 보수 우파민족주의 엘리트의 핵심 인물로 그가 운영한 언론·교육·기업을 통해 배출된 우파 엘리트들이 한국 보수주의·우익 민족주의 진영을 형성했다. 여기에 호남 출신 우파 엘리트들이 합류했으며, 김병로·이인 등 일제 때 항일변호사로 이름을 얻은 법조인들과 소수의 사회주의자들이 동참했다.[169] 김성수 자신은 학교와 기업·재산을 지키기 위해 일제에 협력했을 뿐 독립운동에 가담한 적은 없지만, 관대하고 좋은 씀씀이로 우호적 평판을 얻었다. 그를 대리하는 복심이자 동지로

---

169 윤덕영은 한민당 간부 36명을 (1) 동아일보 계열·호남 지역 정치 세력(김병로, 김준연, 김용무, 백관수, 서상일, 설의식, 송진우, 장덕수, 함상훈, 홍성하 등), (2) 흥사단·수양 동우회·서북 계열(김도연, 김동원, 조병옥 등), (3) 동지회·흥업구락부·기ㅎ 계열(송필만, 윤치영, 허정 등), (4) 기타 민족주의 세력(백남훈, 서상천, 이관구, 이인, 장택상, 조헌영 등), (5) 사회주의 우파 세력(김약수, 원세훈, 정노식 등)으로 구분했다. 윤덕영, 2011, 「1945년 한국민주당 초기 조직의 성격과 주한미군정 활용」, 『역사와 현실』 80, 256쪽.

당을 대표하는 인물은 송진우였으며, 장덕수는 이면에서 일을 도모하는 책사의 역할을, 공산주의 ML파 출신의 김준연이 표면에서 스피커와 모략적 행동을 담당했다. 즉 김성수를 중심으로 송진우, 장덕수, 김준연 등이 포진한 형세였다. 이들을 중심으로 중앙에서는 다수의 명망가와 활동가들이 참가했고, 지방에서는 다수의 친일 부역자들이 참가했다. 대외적으로 한민당을 대표할 때는 독립운동가 출신인 원세훈, 김병로 등이 주로 등장했다.

한민당은 미군정기 핵심 국가 권력기구였던 고문회의(김성수, 송진우), 경찰(조병옥, 장택상), 사법부(김병로), 검찰(이인) 등을 장악했다. 고문회의를 통해서 주요 직책에 한민당원을 추천했으며, 공권력의 핵심인 경찰, 검찰, 법원을 한민당원들이 장악함으로써 미군정기에 사실상 무소불위의 권력을 향유했다. 미군정기 행정기구는 조선총독부의 체제를 계승하고, 부분적으로 변용한 것이었는데,[170] 한민당이 장악한 주요 부서는 표 3-3에서 확인할 수 있다.

표에서 알 수 있듯이 미군 진주 직후인 1945년 10월 시점에 이미 한민당은 미군정 권력 중 가장 핵심적인 기관이라고 할 수 있는 (1) 경찰, (2) 법원, 검찰, (3) 인사행정을 장악했다.

첫째, 경찰은 국가 물리력의 원천이자 눈에 보이는 권력의 상징이었다. 한민당은 경무부장 조병옥과 수도경찰청장 장택상을 경찰 최고위직

---

170 조선총독부는 관방 6개 과(총무, 인사, 회계, 지방, 정보, 기획)와 내국기관 6국(재무, 광공, 농상, 법무, 학무, 경무), 외청기관 2국(체신국, 교통국) 8국 체제를 유지했다. 이 체제는 부분적인 변화를 거쳐 1946년 3월 29일 국이 부로 개칭되고, 과가 처로 변경되어 11부(농무부, 상무부, 체신부, 문교부, 재무부, 사법부, 국방부, 경무부, 보건후생부, 공보부, 운수부), 7처(회계처, 외무처, 총무처, 인사행정처, 지방행정처, 기획처, 관재처)가 되었다. 1947년 남조선과도정부 체제 시점에는 13부(노동부, 토목부, 운수부, 체신부, 통위부, 공보부, 보건후생부, 재무부, 상무부, 농무부, 경무부, 사법부, 문교부), 6처(관재처, 외무처, 서무처, 물가행정처, 식량행정처, 인사행정처)가 설치되었다. 안진, 2005, 앞의 책, 164~171쪽; 『경향신문』 1947년 5월 27일자.

[표 3-3] 한민당, 흥사단, 미국 유학자의 미군정 고위직 진출 현황

부서	직위	성명	임명일	출신	학력	당적
대법원	대법원장	김용무	45년 10월 11일	전남	주오대, 보성전문	한민당
	검사장 대법관	김찬영	45년 10월 11일 46년 1월 20일	서울	법관양성소	한민당
	대법관	노진설	46년 5월 16일	평북	메이지대	한민당
	대법원삼석검사 서울상소법원장	구자관	45년 10월 11일 46년 1월 20일	서울	경성전수학교	한민당
	지방법원부장	윤명룡	45년 10월 11일	전남	도쿄대 전문부	한민당
	대법관 검사총장	이인	45년 10월 11일 46년 5월 16일	경북	니혼대·메이지대	한민당
	검사[총]장	김찬영	45년 10월 11일	서울	법관양성소	한민당
사법부	사법부장	김병로	46년 7월 12일	전북	메이지대	한민당
	법무국장보좌 법무국장대리 사제차장	김영희	45년 10월 9일 45년 12월 10일 46년 5월 16일	경기	연희전문, 예일대, 이화여전	—
	법제차장	권승렬	46년 5월 16일	서울	니혼대	한민당
	사법차장	한근조	46년 5월 16일	평남	메이지대	조민당
	행정차장	전규홍	46년 5월 16일	평남	주오대, 세인트루이스 대, 로욜라대	흥사단
	법원국장	강병순	46년 5월 16일	전북	주오대	한민당
	형정국장	최병석	45년 11월 6일	서울	법정대	한민당
	총무국장	김용월	46년 5월 18일	평북	미국 유학	한민당, 흥사단
	수사국장	구자관	46년 5월 16일		경성전수학교	한민당
경무부	경무부장 (겸무과장)	조병옥	45년 10월 20일	충남	숭실, 컬럼비아대, 언희선분	한민당, 흥사단
	수도경찰청장	장택상	46년 1월 12일	경북	에든버러대	한민당

경무부	공안국장 교육국장 겸 경찰전 문학교장	함대훈	47년 11월 22일 48년 1월 22일	황해	도쿄외국어학교	한민당
	제주감찰청장	김대봉	46년 9월 17일	제주	도시샤대	한민당
	제5관구경찰청장	강수창	46년 9월 17일			한민당
	공안과장	이만종	46년 9월 17일		니혼대	한민당
	보안과장	박찬현	46년	경남	메이지대, 미주리대	한민당
	정보과장 특무과장	김헌	48년 1월 22일			한민당
	수사국장	최능진	45년 10월	평남	스프링필드대	흥사단
	서울여자경찰서장	양한나	46년 5월	경남	이화여전	흥사단
문교부	학무국장고문	김성수	45년 10월	전북	와세다대	한민당
	학무국장 문교부장	유억겸	45년 12월 46년 3월	서울	도쿄제대, 연희전문	한민당, 흥업
	학무과장 문교차장·부장	오천석	45년 9월 16일	평남	배재, 컬럼비아대	흥사단
	서울대총장 문교차장	이춘호	47년 8월 6일 48년 5월 15일	서울	웨슬리언·오하이오주 립대, 연희전문	흥업
	편집과장 편수국장	최현배	45년 9월 16일	경남	교토제대, 연희전문	흥업
	관상국장	이원철	45년 10월	서울	연희전문, 미시간주립대	흥업
	사회교육과장 교학국장	최승만	45년 9월 16일	경기	도요대, 스프링필드대	한민당
	사무과성인교육계장	황애시덕	45년 12월	평남	이화여전, 도쿄여의전, 컬럼비아대	흥사단
	서울대 총장	장리욱	46년	평남	컬럼비아대	흥사단
농무부	농상국장 농무부장	이훈구	45년 10월 26일 47년 2월 15일	충남	위스콘신대	한민당
	농무차장	김훈	45년	평남	신흥무관, 노스웨스턴대	한민당, 흥사단

상무부	상무부장	오정수	45년 9월 24일	평남	MIT, 숭실	한민당, 흥사단
	상무차장	나기호	45년	경기	컬럼비아대	―
	상무국장	한승인	46년 4월	평남	메이지대, 컬럼비아대	흥사단
재무부	재무부장	윤호병	46년 10월 21일	충남	도쿄고등상업	―
	재무차장	김용택	46년 10월	전북	노스웨스턴대	한민당
운수부	운수부장	민희식	47년 2월 15일	서울	네바다대	한민당
	운수차장	황희찬		평북	뉴욕대	흥사단
보건후생부	보건후생국장 보건후생부장	이용설	45년 9월 24일 47년 2월 15일	평남	세브란스, 노스웨스턴대	한민당, 흥사단
	보건후생차장	주병환		경북	경성제대	한민당
	부녀국장	고황경	46년 10월	서울	미시간대	―
체신부	체신부장	길원봉	47년 2월 15일		총독부체신	일제 관리
	총무국장	박종만		충남	보스턴대	한민당, 흥사단
통위부	통위부장	유동열	46년 6월	평북	육사	신진
노동부	상무부 노동국장 노동부장	이대위	46년 6월 46년 9월	평북	베이징대, 예일·컬럼비아대	흥사단, 한독당
토목부	토목부장	최경렬	47년 2월	함남	교토제대	일제 관리
공보부	공보처장 공보부장	이철원	46년 3월 47년 2월 15일	충남	컬럼비아대	흥업
	공보차장	최봉윤	46년	평북	아오야마, UC버클리대	흥사단
	공보차장	우태호	48년 2월 11일	평남	오클랜드대	흥사단
인사행정처	인사과장대리 인사행정처장	정일형	45년 10월 19일 46년 4월 20일	평남	연희전문, 드루대	한민당, 흥사단
	이사관 인사행정차장	심천	45년 10월 19일 48년 1월 26일	평북	만주협화대	한민당

식량행정처	식량처장	지용은	47년 2월 15일	평남	노스웨스턴대	[흥사단]
	농업경제과장대리 식량행정처차장	오익은	45년	평북	보스턴대	한민당
물가행정처	물가처장	최태욱	47년 2월 15일	경북	와세다대	한민당
기획처	기획과통계관장 통계국장	이순탁	45년 10월	전남	교토제대, 연희전문	한민당
외무처	외무과장 외무처장	문장욱	45년 47년 2월 15일	충남	컬럼비아대	한민당
서무처	회계처장 서무처장	이종학	46년 6월	경북	호놀룰루상업, 라살대	—
관재처	관재처장	임병혁			연희전문, 시러큐스대	

[비고] 1. 부처 명칭은 1947년 남조선과도정부 시기 13부 6처를 기준으로 했다.
2. 임명 일자가 정확하지 않은 경우 자료에 등장하는 시기를 적었다.
3. 당적에서 한민당은 한국민주당, 흥업은 흥업구락부를 의미한다.

[출전] 심지연, 1984, 『한국현대정당론: 한국민주당연구 II』, 창작과비평사, 56~57쪽; 브루스 커밍스, 1986, 『한국전쟁의 기원』 하권, 209쪽; 유왕보, 1987, 「미군정하 한국관료제의 형성에 관한 연구」, 연세대 행정학과 석사학위 논문, 61~62쪽; 안진, 2005, 『미군정과 한국의 민주주의』, 한울, 168~170쪽; 김수자, 2008, 「미군정의 군정기구 운영과 관료임용 정책」, 『향토서울』 71, 26쪽, 71쪽; 장규식, 2011, 「미군정하 흥사단 계열 지식인의 냉전 인식과 국가건설 구상」, 『한국사상사학』 38; 김두식, 2018, 『법률가들: 선출되지 않은 권력의 탄생』, 창비; 국사편찬위원회 한국사데이터베이스; 한국민족문화대백과사전 등을 종합.

에 임명함으로써 미군정 국가권력의 핵심을 차지할 수 있었다. 윌리엄스는 한국 정치인 가운데 송진우를 가장 높게 평가했는데, 이는 미군정기 인사에서 윌리엄스가 상의한 한국 측 파트너가 송진우였음을 의미한다. 송진우는 한민당의 수석 총무로서 조병옥이 경무부장에, 장택상이 수도경찰청장에 임명되는 과정에서 직접적이고 결정적인 역할을 했다.[171] 미

---

171   송진우의 역할은 조병옥, 장택상의 회고록에서 공히 인정된다. 다만 조병옥은 자신이 미군 진주 직후부터 미군사령부에 드나들며 일종의 정보공작을 벌인 사실과 윌리엄스와의 개인적 인연은 언급하지 않았다. 장택상의 경우에는 송진우가 한민당의 외교 문제를 담당하라며 수도경찰청장 취임을 만류한 것으로 설명하고 있다.

군정은 국가 공권력과 물리력을 좌우하는 요직의 인사를 한민당의 추천에 따라 결정했던 것이다. 미군정에서 가장 중요한 직위는 경무부장이었는데, 일제시대 이래 가장 중요한 공권력이자 통제기구의 수장이었기 때문이다. 누가 경무부장에 '임명'될 것인가가 사실상 미군정의 성격과 정책 방향을 보여주는 것이었는데, 조병옥은 미군 진주 초기부터 반(反)인공, 반공산주의를 강력하게 주장하며 친미, 친자본주의, 친임시정부 입장을 표명함으로써 미군 수뇌부를 사로잡았다.

조병옥은 첫째, 윌리엄스의 부친 프랭크 윌리엄스가 설립한 공주 영명학교 졸업생이자 교사 출신으로 미국 유학을 다녀온 기독교도였으며,[172] 둘째, 미군정 진주 직후부터 주한미군사령부를 빈번하게 출입하며 반인공·반공주의적 정보와 입장을 명확히 했고, 셋째, 신간회 활동과 동우회 사건으로 검거되는 등 독립운동의 행적이 있으며, 넷째, 한민당 총무 중 한 명이었다. 조병옥은 미군정이 희망하는 다중의 자격 요건을 갖춘 인물로 윌리엄스와도 개인적 친분관계를 유지했으므로, 1945년 10월 20일 미군정이 가장 중시하는 경찰의 수장이 될 수 있었다. 미군정기 내내 조병옥은 미군 수뇌부의 전폭적인 신임을 받았는데 1946년 '10월 인민항쟁'으로 친일경찰과 경찰의 폭력성 및 잔인성이 사회문제가 되었을 때도 하지를 비롯한 미군정 수뇌부는 조병옥·장택상 등 경찰 수뇌의 해임 요청을 단호히 거부하고 재신임했다. 바꿔 얘기하면 한민당과 조병옥·장택상, 미군정은 경찰력의 활용과 유지에 있어서 손뼉을 마주치듯 이해관계가 일치했다. 경찰의 첫 번째 시험대는 국군준비대 해산, 학병동맹 사건과 같은 사설 군사조직의 해체와 관련된 공세였다.

---

172 조병옥의 부친은 프랭크 윌리엄스와 함께 영명학교를 설립·운영하고, 천안 3·1운동에도 참가한 바 있다. 조병옥과 윌리엄스는 조병옥 부자와 윌리엄스 집안 간의 관련성을 지적하지 않았다.

둘째, 법원과 검찰의 경우 경찰보다는 2차적인 국가 공권력이자 사법 권력의 상징이었다. 또한 경찰과는 달리 유자격자, 즉 일제하에서 고등문관 사법과 합격자, 조선변호사시험 합격자, 재판소 서기 등의 자격 요건이 필요했으므로, 일제 시기 법률 전공자들이 담당할 수밖에 없는 사정이었다. 그 중심에 김병로(한민당 감찰위원장), 이인(한민당 당무부장), 김용무(한민당 문교부장) 등 한민당 주요 간부들의 역할이 있었다.

대법원장 김용무, 사법부장 김병로, 검찰국장 이인의 임명 과정도 명확하고 객관적인 이유가 밝혀진 바 없다. 고문회의, 즉 한민당의 추천과 투표, 그리고 미군정의 신임을 거쳐 임명되었을 것이다. 미군정기 사법기관의 핵심 인물들이었으므로 가장 중요한 기준은 법률가로서 자격 요건과 신뢰성 여부였을 것이다. 자격 요건은 일제시대 법률가로서 적합한 고등문관 사법과 합격, 변호사 자격, 재판소 서기 등의 경력이었다. 사법부(법무국)의 최고 한국인 실권자였으나 법률가 자격 요건에 부합하지 않아 법조계의 반발과 논란을 빚었던 미국 유학생 출신 "통역 권력" 김영희와 전규홍도 결국 1946년 중반 사법부에서 사실상 축출되다시피 했다.[173] 신뢰성의 핵심은 반공과 친미였는데, 일제시기 3대 항일변호사 중 김병로, 이인이 중용된 반면 인민공화국에 참가한 허헌은 미군정의 비토를 받았다. 일제시기 명성으로나 활동으로 볼 때 허헌을 공산주의자로 볼 수 있는 근거는 전혀 없었지만, 인민공화국에 참가했다는 이유로 그는 미군정하에서 요주의 인물이 되었다. 결국 허헌은 좌익으로 경사되어 남로당 위원장이 되었고, 미군정하에서 체포령이 내려지자 월북했다.[174]

김병로와 이인은 항일변호사로 이름이 높았으므로, 사법부장과 검찰국장에 임명되는 데 큰 논란이 없었다. 반면 김용무는 법률가로서의 위상

---

173 김두식, 2018, 앞의 책, 281~283쪽.
174 김두식, 2018, 앞의 책, 107~137쪽.

과 평판, 활동에 비춰볼 때 대법원장직에 적합하지 않다는 비판이 일었다. 나아가 김용무는 해방 후 김계조 사건 등 다수의 수뢰 사건에 이름이 거론된 바 있어, 법조계의 강한 불신과 법원 내의 비토를 당했으나 자리를 지켰다.[175] 한민당은 사법부, 검찰, 경찰이라는 국가 공권력의 핵심 요직을 장악했고, 미군정기 내내 한민당의 사법 장악력은 조금도 흔들리지 않았다. 사법권력은 한민당 이너서클의 차지였다.

한민당의 핵심 간부 김병로와 이인이 각각 사법부장과 검사총장으로 대두하는 1946년 중반은 미군정의 사법권력이 한민당으로 이양된 시점이라고 할 수 있다. 한민당 중심의 사법권력은 1946년 정판사 위폐사건에서 일사천리로 기소와 재판을 담당함으로써 본격적인 위력을 발휘하기 시작했다.

셋째, 한민당은 미군정 인사의 실무를 담당하는 인사행정처장에 한민당원 정일형을 앉힘으로써, 구조적으로 미군정기 한국인 관료집단을 통제·장악할 수 있었다.[176] 미군정 내의 인사행정을 관리하는 인사행정처장과 차장을 한민당원인 정일형, 심천이 미군정기 내내 독점했다는 점도 특기할 만하다. 1946년 3월 관방인사과가 인사행정처로 승격한 이래 정일형은 공직자의 채용, 배치, 양성 등 미군정 내의 인사행정을 독점했다.

인사행정처장은 조선시대 이조전랑(吏曹銓郎)에 비견할 수 있는 자리였는데, 정일형은 한민당원이자 연희전문·흥사단·서북·미국 유학생·기독교 출신으로 미군정기 고위 공직에 오른 인사들의 요건을 모두 갖추었다. 더구나 그는 미군정기 문고리 권력이었던 하지의 통역 이묘묵의

---

175   김두식, 2018, 앞의 책, 241~283쪽.

176   정일형은 1945년 10월 18일 관방인사과 인사과장 대리에 임명되었고, 심천이 이사관에
       임명되었다. 『임명사령』 세19호(1945년 10월 18일). 정일형과 심천은 미군정기 내내 인
       사행정을 독점했다. 군정청 인사과는 '조선문관제도의 중앙관청'으로 일제 시대에도 결
       코 한국인에게 자리를 내준 적이 없는 부서였다. 이날 발표에 따르면 7명의 한국인이 인
       사사무를 보고 있었다. 『매일신보』 1945년 10월 18일자.

절친이었다. 같은 평안도 출신인 정일형과 이묘묵은 연희전문학교와 미국 유학 동기로 뉴욕과 시러큐스대학에서 함께 생활했다. 귀국 후 정일형은 이묘묵의 권유로 연희전문학교에서 강의하며 이묘묵의 집에 살았으며, 정일형이 결혼할 때 이묘묵이 들러리를 섰다.[177] 정일형은 막강한 권력을 행사하며 1947년 민정장관 안재홍에게 정면으로 맞설 정도였다. 안재홍은 일제 시기 이래 독립운동가이자 사회운동가로서 활동하면서 명성이 높았고 전투적 민족주의자 혹은 민족주의 좌파를 대표하는 인물이었다. 이 때문에 건준에 참가했음에도 불구하고 미군정에 의해 민정장관에 임용된 것인데, 정일형은 그런 안재홍과 정면으로 맞붙어 대항했고, 결국 군정장관 러치의 신임을 얻어 안재홍과의 대결에서 사실상 승리했다.[178] 미군정으로부터 발원된 권력의 서열에서 안재홍은 정일형에게조차 압도당하는 상황이 되었다.

그 외 학무국(문교부)이 전적으로 한민당 수중에 들어간 것도 눈여겨볼 필요가 있는데, 일제하에서 미국 유학생 및 기독교 학교 출신들은 주로 기독교 사립전문학교와 기독교 문화단체 등을 활동 기반으로 삼았다. 이 때문에 한민당원 및 미국 유학생들이 장악하고 있던 연희전문, 세브란스의전, 보성전문, 이화여전 등 사립전문학교가 미군정기 고등교육정책의 중심이 되는 것은 어쩌면 당연한 귀결이었다.

한민당은 미군정의 중앙 행정기구만 장악한 것이 아니었다. 도지사의 경우 한민당, 흥사단 계열, 미국 유학생 출신들이 미군정기 내내 도지

---

177 정일형은 "미군정에 참가한 연희전문학교의 미국인 교수들과 선교사들의 추천에 의한 것이었던 것 같다"고 했지만, 이묘묵의 추천이었다. 정일형, 1991, 앞의 책, 149쪽.

178 안재홍은 미군정 관리 임용에서 서북 지역, 흥사단, 한민당 중심의 인선을 바로잡고자, 러치 군정장관이 미국을 방문한 시점에 인사처장 정일형을 충남도지사로 발령냈으나, 정일형은 공개적으로 반발했다. 러치의 귀환 이후 정일형은 중앙물가행정처장으로 전임 발령을 받아 다시 중앙으로 복귀했으며 행정기구개혁위원회 위원장을 겸직했다. 정일형, 1991, 앞의 책, 113쪽; 장규식, 2011, 앞의 글, 257쪽.

[표 3-4] 미군정기 도지사의 출신 배경

도별	이름	임명일	학력	소속
경기도	구자옥(具滋玉)	46년 5월	도쿄정측학교	한민당, 흥업구락부
강원도	박건원(朴乾源)	47년 2월 15일	경성제대 의학부	무소속
	서민호(徐珉濠)	47년 6월 28일	와세다, 컬럼비아대	한민당
충북도	윤하영(尹夏榮)	46년 2월 18일	프린스턴신학	흥사단
충남도	황인식(黃寅植)	45년 11월 3일	컬럼비아대	영명학교
	박종만(朴鍾萬)	46년 6월 28일	보스턴대	한민당, 흥사단, 영명학교
	정일형(鄭一亨)	47년 7월 16일	드루대	한민당, 흥사단
전북도	정일사(鄭一史)	46년 4월 4일	워싱턴육군대	세브란스 의사
	박종만(朴鍾萬)	47년 6월 28일	보스턴대	한민당, 흥사단, 영명학교
전남도	최영욱(崔泳旭)	45년 12월 3일	토론토대	한민당
	서민호(徐珉濠)	46년 10월 16일	와세다, 컬럼비아대	한민당
	박건원(朴乾源)	47년 7월 10일	경성제대 의학부	무소속
경북도	김의균(金宜均)	45년 12월 2일	관립영어학교	일제판사
	최희송(崔熙松)	46년 12월 10일	MIT	한민당, 흥사단
경남도	김병규(金秉圭)	46년 1월 23일	동래개장학교	한민당
	김철수(金喆壽)	47년 1월 7일	게이오대	한민딩
제주도	박경훈(朴景勳)	46년 9월 12일	경성제대	
	유해진(柳海辰)	47년 8월	주오대	한독당
서울시	김형민(金炯敏)	46년 6월 15일	웨슬리언대	

[비고] 임명 일자는 각 도청 홈페이지의 역대 도지사 항목을 참조했다.
[출선] 심지연, 1984, 『한국현대정당론: 한국민주당연구 II』, 창작과비평사, 58쪽; 박태균, 1993, 『8·15 직후 미군정의 관리 충원과 친일파』, 『역사와 현실』 10, 62쪽; 박철규, 2001, 『민주주의민족전선 연구—경남민전을 중심으로』, 『국사관논총』 96; 국사편찬위원회 한국사데이터베이스; 한국민족문화대백과사전; 각 도청 홈페이지 역대 도지사 항목 등을 종합.

사직을 차지했다.

도지사뿐만 아니라 한민당은 미군정에 설치된 다양한 고문회의, 위원회 등을 장악함으로써 해당 고문회의와 위원회의 추천으로 중앙과 지방의 주요 관직에 한민당원을 추천했다.[179] 브루스 커밍스에 따르면 1946년 초 전남의 경우 군수 21명 중 17명이 한민당 소속이었다.[180] 이 때문에 송진우 암살범 한현우는 남한 군정관계 직원의 80퍼센트가 한민당과 그 관련자였다고 회고했다.[181]

한민당은 미군정의 신임을 얻어 사법부, 검찰, 경찰 권력을 장악했는데, 해당 부서장인 김용무, 김병로, 이인, 조병옥, 장택상 등은 한민당 간부 출신이었으며, 조병옥은 한민당의 총무였다.[182] 대법원, 법원, 검찰, 경찰 수장이 모두 한민당 총무 혹은 주요 간부 출신이며, 이들을 임명한 미군정도 한민당 당적을 문제 삼지 않았다. 조병옥은 한민당 총무만 사임하고 탈당하지 않았다.[183] 이들은 공식적인 탈당 성명도 내놓지 않았다. 미군정기 고위급 인사에서 한민당 중심의 편향성과 당파성은 유명한 사실이지만, 그 과정에서 최소한의 형식논리적인 중립성이나 객관성조차 외면한 것은 특기할 만하다. 미군정기의 공권력은 사회 구조나 시대정신, 대중의 여망을 반영하지 못했고, 법적·제도적 절차를 거쳐 합법성을 획득한 것이 아니라 미군정에 의해 일방적으로 불하되었다. 미군정의 희망과 결정에 따라 권력이 불하되고 재편됨으로써, 권력의 비대칭성 및 일방성이 현저했으며, 이는 현대 한국의 기본 질서가 되었다. 사회로부터 자율

---

179 안진, 2005, 앞의 책, 169~171쪽.
180 브루스 커밍스, 1986, 앞의 책(상권), 265쪽.
181 한현우, 1975, 「나의 반탁투쟁기 (I) 암살전야」, 『세대』 10월호, 242쪽: 심지연, 1984, 앞의 책, 58쪽.
182 1945년 9월 21일 선정된 한민당 총무 9명은 백관수·송진우·원세훈·서상일·조병옥·백남훈·김도연·허정 등이었고, 이인은 전형위원이었다. 『매일신보』 1945년 9월 23일자.
183 조병옥, 1986, 『조병옥 나의 회고록』, 해동, 146쪽: 김두식, 2018, 앞의 책, 195쪽.

[표 3-5] 미군정기 주요 고문회의 및 위원회의 한민당원

위원회	설치일	한민당 소속 위원
고문회의	1945년 10월 5일	김성수, 송진우, 전용순, 김동원, 김용무, 강병순, 이용순, 오영수(오정수), [윤기익]
교육위원	1945년 9월 29일 1945년 11월 3일(보補)	최규동, 현상윤, 김성수, [김활란], 백낙준, 백남훈, 유억겸, 윤일선, 조백현
조선교육심의회	1945년 11월	백낙준, 김준연, 김원규, 이훈구, 유억겸, 최두선, 이강원, 현상윤, 백남훈, 이극로, 송석하, 서원출, 조병옥, 유진오, 김성수, 장덕수, 최현배
노동조정위원회	1945년 12월 4일	홍성하, 김준연, 김도연
보건후생고문위원회	1946년 3월 18일	백인제, 최두선, 윤일선, 하경덕, [김활란], [최동]
경제고문회	1946년 3월 2일	이훈구, 김우평, [윤기익], 최두선, 윤행중, 이규재, 이정재

[비고]   [ ] 안은 한민당과 밀접한 관계에 있는 인물이다.
[출전]   심지연, 1984, 『한국현대정당론: 한국민주당연구 II』, 창작과비평사, 57~58쪽; 국사편찬위원회 한국사데이터베이스; 한국민족문화대백과사전 등을 종합.

성을 지닌 공권력, 최고 권력자의 의지에 좌우되는 공권력은 보통의 한국인들에겐 공포의 상징이었지만, 권력자에겐 정권의 수호기관이 되었다.

1948년 한민당과 줄다리기 끝에 이승만이 대통령으로 선출되었을 때 그가 가장 먼저 취한 조치는 주요 장관직에서 한민당 출신을 배제하는 것이었다. 한민당은 총리, 내무, 외교 등 주요 장관직을 차지함으로써 미군정으로부터 불하받은 권력을 유지하고 싶었으나, 이승만의 첫 번째 목표는 한민당 출신을 배제함으로써 미군정기 불하된 권력을 회수하는 것이었다. 불하받은 권력의 일장춘몽이었고, 한민당은 이승만 정권이 붕괴되고 민주당 정부가 수립될 때를 기다려야 했다.[184]

---

184   1961년 민주당 정부가 불과 3,000여 명의 군인이 일으킨 5·16쿠데타를 사전에 차단하거나 사후에 저지하지 못한 가장 큰 이유는 권력의지의 부재였다. 미군정기 권력을 불하

4) 미국 유학생, 기독교, 선교사 학교 출신자

한민당에 이어 미군정기 고위 관료로 진출한 두 번째 집단은 미국 유학생, 기독교, 선교사 학교 출신 인사들이다. H. H. 언더우드가 1946년 1월에 주장한 "연희전문 정부", 혹은 윌리엄스가 1946년 1월 연설에서 밝힌 "기독교전국고문회의"의 실체다. 이 그룹은 기독교 미국 유학생으로 선교사 교육기관인 연희전문학교, 숭실전문학교, 세브란스의전 등에서 수학한 인사들로 구성되었다. 『코리아 타임스』의 관계자인 이묘묵, 백낙준, 김영희, 하경덕, 오천석 등이 대표적인 인물이다. 이들은 미국 유학, 기독교, 연희전문학교 출신으로 기독교계 학교와 문화계에서 영향력을 행사하던 인물들이다. 이들은 미군 진주 직후 활발하게 주한미군사령부에 드나들며 정보를 제공하고, 적극적으로 미군정에게 협력함으로써 관직에 기용되었다. 미군정기 부장, 즉 장관급 직위에 오른 사람 가운데 오정수, 조병옥, 이훈구 등은 숭실전문 출신이었고, 유억겸, 정일형, 조병옥 등은 연희전문 출신이거나 교사 출신이며, 오긍선, 이용설 등은 세브란스의전 출신이었다.

반면 이 그룹 중에서 미군정기 관료로 진출하지 못한 인사들도 있다. 이승만의 동지회·흥업구락부 계열이었던 신흥우, 윤치영, 임영신 등이 대표적이다.[185] 정확한 이유는 알 수 없지만, 이들은 한민당과 흥사단 계열과 거리를 두었다.[186] 미군정기 이들은 이승만을 측근에서 보좌했으

받아 향유했을 뿐 권력을 획득하고 유지하려는 의지가 전무했던 한민당 출신의 존재론적 한계였다.

185 한민당 간부 중 이승만과 관계가 있는 인물은 송진우, 백관수, 김도연, 허정, 장덕수, 윤보선, 윤치영, 구자옥, 최순주, 윤홍섭, 함상훈, 송남헌, 김양수, 이원철, 이관구, 유억겸, 이춘호 등이다. 이 중 김도연, 허정, 장덕수, 윤치영, 구자옥, 최순주, 윤홍섭, 김양수가 동지회원 출신이며, 구자옥, 이원철, 이관구, 유억겸, 이춘호가 흥업구락부원이었다. 정병준, 2005, 앞의 책, 482쪽.

며, 정부 수립 이후 신흥우는 주일대표부 공사, 윤치영은 내무장관, 임영신은 상공장관에 임명되었다. 한편 미국 유학생 출신으로 태평양전쟁기 OSS에 참가해 독립운동을 벌였던 장석윤, 이순용, 정운수 등은 국내 활동기반이 없었을뿐더러 미국 시민권자로 미군정 정보참모부(G-2)의 하급 장교나 하사관이었으므로 고위 관료에 진출할 수 없었다. 이들은 미군정과 이승만의 연결 통로이자 고급 정보 제공자로 활동했으며, 정부 수립 이후 1949년부터 1950년까지 사정국(대한관찰부), 대한정치공작대 사건 등 친위 공작기관과 사설 정보조직을 움직이며 국방부와 치안국을 쥐락펴락했다. 이순용은 내무장관, 장석윤은 치안국장과 내무장관, 정운수는 대한석유공사 사장을 지냈다. 한민당의 주요 간부 중에서는 미국 유학생 출신이자 한민당의 브레인이었던 장덕수는 미군정 관료로 나가지 않았다. 장덕수는 한민당에서 당과 미군정, 이승만과 김구 등을 연결하는 정무적 역할을 담당하며 막후의 조종자로 활동했다. 그러나 1947년 제2차 미소공위가 성공할 기미가 보이자, 미소공위 참여 속의 반탁이라는 꾀를 내어 한민당을 반탁 진영에서 분리시켜 미소공위 참여 신청서를 냈다. 제2차 미소공위가 완전히 파열되자, 이번에는 한민당이 이승만의 단독정부 추진에 적극 참여하도록 주도했으며, 김구 추종자들의 반감을 산 끝에 1947년 11월에 암살당했다.

미군정기 고위 관료가 된 세 번째 집단은 흥사단, 서북 출신 인사들이다. 사실상 이 그룹은 두 번째 그룹과 거의 동일한 지향을 갖고 있었으며, 이들의 정치적 지향을 표현하는 것이 한민당이었다. 즉 미국 유학생,

---

186   미국 감리교 선교단의 총아였던 신흥우는 1930년대 흥업구락부가 실패한 이후 일종의 유사 파시즘으로 전향해 적극신앙단을 조직하는 등 부드러진 친일행각을 벌였고, 미국 유학생 그룹 및 기독교 진영 내에서 소외되었기 때문에 해방 후 관직에 진출할 수 없었을 것이다. 김상태, 2005, 「일제하 개신교 지식인의 미국 인식 – 신흥우와 적극신앙단을 중심으로」, 『역사와 현실』 58.

미션스쿨, 기독교, 흥사단, 서북 출신 인사들을 포괄하는 정치적 우산이 한민당이었던 것이다. 정당 소속 여부, 서북과 기호, 미국 유학과 일본 유학 등에서 차이가 있었지만, 미군정기 이들이 동일한 지향을 가졌다는 점은 의문의 여지가 없다. 여기에는 미군정기라는 과도기의 특징과 영향이 존재했다. 이들은 한민당과 동일한 정치적 지향과 노선을 갖고 있었는데, 반공·반인공, 친미, 미군정 권력지향이 그것이었다. 이런 측면에서 첫 번째 범주(한민당), 두 번째 범주(미국 유학, 기독교, 선교사 학교), 세 번째 범주(서북, 흥사단)는 사실상 동일한 지향과 성향을 지닌 권력집단의 여러 측면을 다르게 호명하는 것이었다.

흥사단 계열은 1945년 9월 4일 미군 진주 직전에 한미협회(Korean-American Association)를 결성했는데, 한미 양국 간 친선과 문화 교류 도모를 표방했다. 회장 이훈구를 비롯한 임원진은 모두 미국 유학생 출신으로 9월 27일 반도호텔로 찾아가 하지 중장에게 자신들의 존재를 알렸다.[187] 10월 이후 서울에 7개의 영어학원을 개설하고 행정관리와 직장인들을 교육했다. 한미협회는 미군정 요원 양성기관이자 미군정 참여 한국인들의 집합처 역할을 했다.[188] 한미협회의 주축은 김훈, 오천석, 이대위, 한승인, 조병옥 등 흥사단계였다.[189] 장규식에 따르면 1947년 11월 현재 흥사단 국내 단우는 141명이었는데, 그중 미군정 관료로 임용된 사람이 43명으로 30퍼센트 이상을 차지했다.[190]

187 　전규홍의 다음과 같은 증언에서 상황의 일단을 알 수 있다. "전규홍 박사의 증언에 의하면 미군의 진주 목전에 왔을 때, 과거의 미국 유학생들이 다방에 모여 일괄적으로 엽관구직(獵官求職)운동을 폈다는 것이다. 그들은 이훈구를 대표로 선정하여 이력서들을 일괄적으로 제출토록 합의를 보았으나 대표가 자기 것밖에 제출하지 않았다." 방선주, 1991, 앞의 글.

188 　장규식, 2011, 앞의 글.

189 　이훈구, 1946, 「한미협회 설립의 의의와 전망」, 『亞美理駕』 1-1, 9월호, 2쪽; 장규식, 2011, 앞의 글, 254쪽.

190 　장규식, 2011, 앞의 글.

구조적으로 보면 한민당은 서울의 핵심 인물인 김성수, 송진우, 김병로, 이인 등은 물론 지방의 중견간부까지 거의 일본 유학생 출신들로 구성되어 있었기 때문에, 미군정 관료의 다수를 차지하기는 어려웠다. 그럼에도 불구하고 한민당은 미군정 고문회의, 사법·검찰·경찰 등 핵심 권력기관과 주요 부장급 요직을 차지했다. 그 밖의 미군정 부장 및 차장, 도지사 및 주요 관료에는 두 번째, 세 번째 범주의 인물들로 채워졌다. 미군정과의 관계에서는 영어 실력이 중요했지만, 보수 우익 집단 내에서는 한민당의 장악력과 대표성이 두드러졌다. 규모로는 두 번째와 세 번째 범주가 다수를 차지했으나, 핵심 권력은 한민당이 장악했다. 미군정으로부터 불하받은 권력의 분배에 있어서, 공권력과 핵심 권력기관을 한민당 당원들이 장악했으며, 나머지 부장, 차장, 도지사, 주요 관료 등을 두 번째와 세 번째 범주의 인사들이 장악했다. 조선총독부의 국장과 마찬가지로 미군정의 부장은 장관급이며, 차장은 차관급이니, 한민당과 기독교계, 흥사단 등은 미군정으로부터 벼락감투를 얻어 벼락권력의 자리에 오른 것이다.

또한 이 세 집단이 서로 대립적이거나 이질적인 관계가 아니었다는 사실도 중요하다. 미군정기 한민당, 기독교 계열, 서북·흥사단 계열은 동일한 지향을 가진 집단을 다양한 측면에서 다른 이름으로 호명하는 것일 뿐 내용적으로는 동일성을 유지했다. 일제시대 기호와 서북의 대결, 이승만과 안창호의 대립, 동지회와 흥사단의 대립, 흥업구락부와 동우회의 대결 구도는 유명했는데, 미군정이 들어서자 상황이 달라졌다. 서북·흥사단·동우회의 지도자 안창호가 사망한 이후 서북 계열은 지도자를 상실한 상황이었고, 이승만은 귀국 후 국내 지지 기반이 필요한 시점이었다. 양자는 대결보다는 협력을 선택했고 인공·여운형·좌파에 반대하고 친미·반공 노선을 추구하며, 미군정의 권력을 추구한다는 측면에서 이해관계가 일치했다. 이승만은 노년의 외로운 우익 지도자로 비쳤고, 흥사단 계열에게는 마땅히 내세우거나 이승만을 상대할 만한 정치적 지도자가 존재하지 않았다. 지도자 안창호를 잃은 서북·흥사단 계열은 미군정기 이승만을 구심점이자 정치적 지도자로 삼았다. 결과적으로 서북·흥사단 계열은 미군정기 권력을 추구하면서, 사실상 이승만 중심의 한국 정치구도를 형성하는 데 기여했다.

나아가 한민당의 핵심 인물이자 한국 우파의 중심인물인 김성수, 송진우 등은 1910년대 이래 이승만과의 관계에서 일종의 수직 관계를 형성했으며, 이는 해방 후에도 동일하게 작동했다.[191] 한민당과 흥사단 계열은 자신들이 부족한 대표성과 명망성을 이승만에게서 구했고, 이승만은 명망뿐인 자신의 지지 기반과 손발이 되어줄 세력이 필요했다. 한민당과 흥사단 계열은 연로한 이승만이 곧 종이호랑이나 이빨 빠진 호랑이가 되어서 권력이 자신들에게 이양될 것으로 생각했다. 이들은 이승만을 '국부'로 추대했지만, 실질적으로는 자신들의 권력을 포장하고 대표하는 일종의 정치적 대리인 정도로 생각했다. 흥사단 출신 조병옥은 1960년 대통령 후보가 되기 전까지 이승만에게 세배를 다닐 정도였다.

그러나 마키아벨리즘의 총아였던 이승만은 자신을 뒷방 노인네 취급을 하려 했던 한민당과 서북·흥사단 계열에 대한 원한을 잊지 않았고, 대통령이 되자마자 이들을 배척했다. 이런 측면에서 미군정기 행정권력을 향유했던 한민당과 흥사단 계열은 이승만의 정치적 승리를 위해 최선의 노력을 경주했지만, 이승만이 대통령이 되자 원치 않는 야당으로 배척되었다. 이들은 권력의지라는 측면에서 이승만을 상대하기에는 역부족이었다.

---

191   이에 대해서는 정병준, 2005, 앞의 책 참조.

알려지지 않은
진정한 반탁운동과
그 귀결

순진한 하지의 순진한 계획

1) 고위급 정책을 파기한 하지[1]

진주 직후 하지가 취한 잠정적이고 현상유지적인 조치들은 임기응변적이고 상황 대응적인 것으로 보였다. 조선총독부 고위 관리를 유임했다가 한국인들의 반발에 부딪히자 해임했고, 인민공화국을 부정했으며, 한민당 관계자들의 정보를 신뢰한 결과 임시정부 지지와 주요 인사들의 귀국을 서둘렀다. 이러한 조치가 남한에서 취해지는 동안 미 국무부와 전쟁부는 한국의 상황에 거의 관심을 갖지 않았으며, 정책 결정이나 훈령을 내려보내지 않았다. 일본에는 태평양전쟁의 영웅 맥아더 휘하에 미군 50만 명이 진주한 반면, 남한에는 무명의 중장 하지 휘하의 미군 7만 5,000명이

---

[1] 이하는 브루스 커밍스, 1986, 『한국전쟁의 기원』(상·하권), 청사: James I. Matray, 1995, "Hodge Podge: American Occupation Policy in Korea, 1945-1948," *Korean Studies*, Volume 19; 정병준, 1996b, 「주한미군정의 "임시한국행정부" 수립 구상과 독립촉성중앙협의회」, 『역사와 현실』 19; 정병준, 2005, 『우남 이승만 연구』, 역사비평사에 주로 근거했다.

주둔하고 있는 상황이었다. 미국의 주요 관심사는 태평양전쟁에서 항복한 일본을 점령하는 일이었으며, 그다음은 중국과 만주 문제의 해결이었다. 그런데 하지의 야전군인적 판단은 미 국무부의 대한정책을 근본적으로 부정하는 방향으로 나아갔다.

미 국무부는 태평양전쟁기 이래 한국 문제를 미국, 영국, 소련, 중국 등 관련 강대국의 합의에 따라 국제적으로 해결한다는 원칙을 가지고 있었으므로, 남한에 주둔한 미군이 이러한 미국의 입장을 곤혹스럽게 하지 않기를 희망했다. 그러나 하지는 국무부가 절대로 회피하라고 지시한 특정 정치 세력과 결탁하고, 특정 정치 세력을 육성하는 방향을 선택했다. 하지는 이것이 정치적·외교적·국제적 실수였다는 점을 인지하지 못한 채 자신에게 우호적인 것으로 보이는 한민당의 정보를 수용했다. 한민당은 임기응변적으로 인공을 부정하고 임시정부를 지지하는 태세를 보이며 권력을 추구했고, 놀랍게도 그런 전략이 먹혀들어 미군정의 절대적 지지를 얻어냈다. 한민당과 미군정의 선택은 임시정부 지지였으며, 논리적 귀결은 미국의 공식 대한정책인 한국 문제의 국제적 해결, 즉 국제 신탁통치를 통한 한국의 자유와 독립의 회복이라는 카이로선언 이래 강대국 간의 공식적 합의를 부정하는 것이었다. 하지가 "신뢰할 만한 보수적이고 좋은 교육을 받은 민주주의자"로 평가한 한민당의 정보를 바탕으로 임시정부 지지와 활용을 정책적 선택지로 결정한 순간 한반도의 운명이 파열로 귀결될 것은 정해진 이치였다.

이미 전시 회담을 통해 두 차례 이상 루스벨트, 스탈린, 처칠, 장제스와 그의 외교참모들이 신탁통치안에 동의한 상황에서 남한에 주둔 중인 일개 군단사령관이 연합국 정상들이 합의한 대한정책을 뒤집는다는 것은 도저히 상상할 수 없는 일이었다. 그럼에도 불구하고 진주 초기 미 본국의 구체적인 대한정책과 방침은 부재했고, 모든 결정이 하지의 손에 자유방임된 상태에서, 하지는 한민당의 "신뢰할 만한 주장"에 따라 임시정부를 활용한다면 남한 정계를 통합할 수 있다고 판단했다. 그 전제조건은 모든 한국인이 임시정부를 지지하고, 그 지도자들에게 충성을 다한다는 한민당의 주장이었지만, 사실 한민당은 진심으로 임시정부를 지지할 생각이 없었다. 그들의 주장을 곧이곧대로 믿었다면 하지는 순진하기는 커녕 우매하기 짝이 없어 스스로 정치적 외통수에 빠져든 것이다. 그것도 "일본놈과 같은 고양이 족속 같은 부류"에게 당한 것이다.

또한 어떤 이유로든 하지가 구상하게 될 일종의 과도정부이자 신탁통치안의 대안을 미국 본국뿐만 아니라 모스크바회담에서 소련과 영국에게 제시하려면 최소한의 국제주의적 외형을 갖추어야 했다. 즉 하지가 취한 정책 자체가 출발점부터 모순을 내포하고 있었는데, 임시정부를 중심으로 과도정부를 구상한다면 미 국무부뿐 아니라 소련의 반대에 부딪히게 될 것이므로, 이 정책을 추진하는 과정에서 임시정부의 의미와 위상이 축소될 수밖에 없었고, 어떤 형태로든 국제주의적 정책 대안이 되기 힘들었다. 이 때문에 이 정책은 한국인은 물론 미국 조야에도 알려지지 않은 채 거의 비밀리에 추진되었다. 남한의 운명을 결정하는 중요한 정책을 주둔군 사령관이 좌지우지하려 했다는 점도 상식에서 벗어나는 일이지만, 국제적 합의를 통해 해결해야 하는 문제를 남한 내 특정 정치 세력과 연계해서 비밀리에 추진했다는 점에서도 하지의 행동은 거의 자멸적인 도박행위였다.

이런 일이 벌어진 가장 큰 이유는 워싱턴에서 고위급 정책 훈령 및 지령이 부재한 동안 하지가 거의 자유방임 상태에 놓여 있었고, 그가 행하는 어떤 조치에 대해서도 본국의 제지나 적절한 정책 지침이 없었다는 점이다. 나아가 하지는 진주 초기부터 한국과 한국인들을 경멸하고 무시하는 태도를 갖고 있었다. 하지가 본국에 보낸 첫 번째 보고서는 그런 내용으로 가득하다. 해방 이후 한국인들은 "휴일의 연장선상"에 있으며, 한국인에게 독립은 노동으로부터의 자유를 의미하며, 미래에 대한 생각은 전혀 없이 "하나님이 해결해주겠지"라는 태도가 만연하다고 비판했다.[2] 인종주의가 만연했던 일리노이 남부 골콘다 출신인 하지는 "우리가 접촉하는 현지인들은 부유하고 미국식 교육을 받은 한국인이 아니라 일본 통치 40년의 강한 영향을 받은 보잘것없는 훈련을 받고, 거의 준비되지 않은 동양인들"이며 "이들은 완고하고 맹신적으로 자신들의 호오(好惡)에 집착하며, 직접적 선전에 일정한 영향을 받아서, 이들을 이성적으로 만든다는 것은 거의 불가능하다"고 주장했다.[3] 하지는 보통의 한국인들이 교육과 경험 부족으로 자신의 최고 이익이 무엇인지 결정할 줄 모르는 충동적인 어린애와 같다고 생각했다.[4]

한편 하지는 급격한 사회·경제적 변화를 요구하는 대중의 요구나 정치적 극단주의에 대해 전혀 동정심을 갖지 않았으며, 정치적 불안정을 공산주의자의 선동으로 해석하고 자신의 민주주의 관념과 양립 불가능하다고 판단했다. 해방 이후 사회, 경제, 정치 분야의 즉각적인 변화를 요구하는 한국인의 대중시위는 하지를 공포에 휩싸이게 했는데, 그는 질서정연한 변화를 개인적으로 선호했을 뿐만 아니라 공산주의에 대해 본능적인 적개심을 품고 있었기 때문이다.[5] 하지에게 보수주의자가 아닌 한국인은 곧 공산주의자였다.[6]

윌리엄스 역시 자신은 한국의 미래를 위해 불철주야 일하는데 한국인들이 하는 일이라고는 자신을 찾아와서 인사 문제에 대해 불평을 하거

---

2   CG USAFIK to CINC, USAFPAC (1945. 9. 13) Subject: Conditions in Korea. RG 84 Japan; Office of the US Political Adviser for Japan, Tokyo; Classified General Records, 1945-1952, Box 2.

3   Hodge to CINCAPFPAC, (1946. 2. 2), *FRUS*, 1946, volume 8, pp.628~630; James Matray, 1995, 앞의 글, p.20.

4   James Matray, 1995, 앞의 글, p.22.

5   James Matray, 1995, 앞의 글, pp.21~22.

6   하지의 경제고문 번스의 전문(Arthur C. Bunce to Edwin Martin, RG 59, State Department, Decimal File, 895.00/2-2447). James Matray, 1995, 앞의 글, p.26.

나 특정 인사가 이런저런 문제가 있다고 꼬투리 잡는 일이라며, 한국인은 스스로를 구원해야 한다고 비난한 바 있다.[7] 하지와 윌리엄스 등은 한국인의 판단 능력은 미성숙하다는 불신과 공산주의자들의 선동·침투·전복활동에 대한 두려움을 결합하고 확신함으로써 자신들이 나아갈 방향에 대해 어떠한 거리낌이나 의문도 품지 않았다. 하지는 2차 세계대전 이후 극동의 변두리에 와서 고생하고 있는 자신과 미24군단 병사들이 남한에서 조기 철군해야 한다고 확신했는데, 이를 위해선 경찰력을 강화하고 군대를 육성하는 한편 보수주의적 정치 지형을 만들 필요가 있었다. 그것이 바로 정무위원회, 독립촉성중앙협의회, 민주의원 등으로 외화되기 시작한 것이다. 하지는 이들을 훌륭한 보수주의자이자 민주주의자라고 불렀지만 하지가 실제로 육성한 것은 해방 후 남한의 정치 지형에서 극우파에 해당하는 세력이었다.[8]

정치적 경험이나 판단 능력이 부재했던 하지는 "좋은 교육을 받은 보수주의자들"의 주장에 따라 미군정 통제하에 임시정부를 중심으로 한 일종의 과도정부를 수립한다면 모든 한국인이 격렬히 반대하는 신탁통치의 대안이 될 수 있다고 생각했다. 1945년 10월 이래 주한미군사령부 정책 문서들은 이 구상을 '전한국국민집행부' 혹은 '정무위원회' 등으로 호명했으며, 그 실체는 이승만을 중심으로 진행된 독립촉성중앙협의회(약칭 독촉중협)였다. 즉 주한미군 수뇌부가 정무위원회라고 지칭한 과도정부 계획이 현실 정치에서 구체적으로 시도된 것이 바로 독촉중협이었다. 즉 정무위원회가 독촉중협이었던 것이다.[9]

---

7   Interview with Commander Williams, Special Assistant to General Arnold(1945. 10. 13) RG 332, USAFIK, XXIV Corps, G-2, Historical Section, Box 27, *Historical Journal*, 11 Aug.-10 Oct. 1945, etc. (4 of 6).
8   James Matray, 1995, 앞의 글, p.25.
9   독촉중협과 정무위원회의 관계에 대한 설명은 정병준, 1996b, 앞의 글: 정병준, 2005, 앞의 책에 따른 것이다.

순진한 하지는 순진하게 엄청난 일을 저질렀다. 2차 세계대전 종전 이후 미군이 점령했던 독일, 일본, 이탈리아 등에서는 절대 벌어지지 않았던 우극(愚劇)이 남한에서는 너무나 손쉽게 일어났다. 하지는 정치적 상식이나 최소한의 정무적 감각도 없었기에 쉽게 결행했고, 그 결과는 한국 정치를 대재앙으로 몰고 가는 근본 원인이 되었다. 국무부나 맥아더 사령부 어느 쪽도 하지를 제때에 제대로 제어하지 않았다.

일개 3성 장군에 불과했던 하지는 대통령이 전시 외교를 통해 연합국 수뇌부와 합의한 결정을 무시하고 파기했다. 나아가 승전국 외무장관들이 모여 전시에 합의했던 대한정책을 구체적으로 결정하기로 예정된 모스크바 3상회의(3국 외무장관 회의)에서 신탁통치 계획을 폐기하는 대신 그 대안을 제시하려 시도했다. 서울에서 고위급의 정책을 집행해야 하는 자리에 있던 하지가 워싱턴의 정책을 파기했으며, 그 대안을 스스로 마련하고, 이를 국제 외교회담에서 관철시키겠다는 만용을 실행에 옮긴 것이다. 이러한 정책 파기와 대안 구상과 추진의 과정, 내용, 형식 모두에서 도저히 믿을 수 없는 일이 벌어졌다. 같은 시기 미군이 점령했던 도쿄의 맥아더, 베를린의 클레이, 로마의 클라크 등에게서는 찾아볼 수 없는 행태였다.

신탁통치안에 맞서는 하지의 대안은 10월 이래 본격적으로 등장하는 정무위원회의 계획으로 미군정 통제하에서 한국인들의 과도정부를 수립한다는 구상이었다. 이는 구상에 그친 것이 아니라 귀국한 이승만을 중심으로 독촉중협이란 이름으로 현실 정치에서 추진되었다. 계획 자체는 유치한 공상 수준이었는데, 남한의 좌익과 중도파를 이승만 아래로 끌어들이고, 귀국하는 임시정부까지 여기에 통합시킨다는 정치공학적 구상은 주체들의 정치적 욕망과 이질적 지향을 고려한다면 실현 가능성이 없었다. 또한 이를 전시 회담에서 각국 수뇌부가 이룬 국제적 합의를 파기하고 대안으로 제시하기에는 설득력이 전혀 없는 사무관급의 탁상공론이었

4장 ─ 알려지지 않은 진정한 반탁운동과 그 귀결

다. 나아가 이 구상은 강경하고 공격적인 반소·반공 노선에 입각한 발상이었기에 국제회담에 내놓을 수 없는 것이었다. 즉 계획 자체가 공상적이고, 남한의 정치 현실에서 실현 불가능했으며, 신탁통치의 대안으로 제시할 수 있는 국제적 수준의 방안도 아니었으며, 반소·반공적 구상으로 소련은 물론 미 국무부의 동의를 얻기도 불가능한 방안이었다.

정무위원회 계획을 학계에 처음 소개한 사람은 브루스 커밍스로, 도쿄에서 회동한 맥아더와 이승만이 이미 결정된 국제주의적 정책(신탁통치안)에 반하는 계획을 작성했을 가능성을 제기했다.[10] 이승만은 1945년 10월 10일 일본의 가나가와현 아쓰기 비행장에 도착해 10월 12일 도쿄로 이동했다. 이승만은 10월 14일과 15일 두 차례 맥아더를 만났고, 10월 14일에는 소식을 듣고 도쿄로 날아온 하지를 만났다. 또한 주일 정치고문 조지 앳치슨도 10월 13일 하지와 회동했다.[11] 이 도쿄 회합이 음모적 성격이었는지는 미상이지만, 하지가 직접 도쿄까지 가서 자신의 구상과 정책을 피력했으며, 이것이 맥아더 및 주일 정치고문의 동의와 지지를 얻었다는 점은 사실이었다.[12] 또한 맥아더가 귀국하는 일개 한국인을 미 국무부가 극력 반대한 전 구미위원부 위원장(ex-Korea Commission Commissioner) 자격으로 두 차례나 만난 것도 전무후무한 일이었다. 이 결과 주일 미정치고문 앳치슨은 10월 15일 국무장관에게 보낸 전문에서

10　브루스 커밍스, 1986, 앞의 책(상권), 301~317쪽. 커밍스는 정무위원회 계획안이 진주 초기 고문회의(1945년 10월), 정무위원회(1945년 11월), 민주의원(1946년 2월), 좌우 합작운동(1946년 5~10월), 과도입법의원(1946년 11월)으로 이어지는 일련의 흐름 속에 위치한다고 파악했다. 커밍스는 1945~1946년간 미군정의 정책을 정확히 파악했지만, 정무위원회의 실체가 독촉중협이었음은 알지 못했다. 이후 정용욱에 의해 미군정의 과도정부 추진 계획과 다양한 방안이 상세히 연구되었다. 정용욱, 2003, 앞의 책.

11　정병준, 1997b, 앞의 글; 정병준, 2005, 앞의 책.

12　이승만은 기자회견(1945년 10월 29일)에서 귀국 당시 도쿄에서 맥아더를 만났을 때 맥아더가 자신에게 "민족통일의 결집체를 만드는 데 그 시일이 얼마나 걸리겠느냐"고 물었다고 밝혔다. 앳치슨이 말한 전한국국민집행부, 랭던이 말한 정무위원회를 뜻하는 것이었다. 『자유신문』 1945년 10월 30일자.

'전한국국민집행부' 구상을 밝히며 하지에게 적극 동조했다.

1. 소식통에 따르면 이승만이 단독으로 한국에 귀환하던 길에 10월 13일 도쿄를 방문했다고 한다.

2. 한국의 현 상황으로 보아 우리가 진보적이고 대중적이며 존경받는 지도자와 소규모 집단들을 활용해 군정과의 협조 및 지시 하에 집행·행정부적 정부기관으로 발전할 수 있는 일정한 조직의 핵심으로 활동을 개시할 수 있게 해야 하지 않겠는가? (…) 이 핵심 조직을 굳이 '한국임시정부'(The Korean Provisional Government)라 부를 필요는 없지만 일종의 '전한국국민집행부'(National Korean Peoples Executive)로 이름 붙일 수 있고, 하지 장군이 구성한 고문회의도 이 행정부에 대한 고문으로 활동하거나 (…) 아니면 상황이 전개되는 대로 적당한 시기에 이 집행부와 통합 (…) 집행부가 적어도 초기 단계에서는 이승만과 김구 및 김규식을 중심으로 구성되어야

3. 한국에 대한 적극적 조치가 취해질 시기 (…) 한 지도자나 혹은 연합체에 대해 공개적인 공식 승인이나 지지를 보낸다는 것 (…) 한국 상황은 그러한 조치를 충분히 정당화

4. 10월 13일 하지와 면담 (…) 본인의 견해에 반대하지 않음 (…) 집행부는 군정의 부속기관으로 수립[13]

핵심은 미군정이 임시정부, 이승만·김구·김규식 그룹에 대해 '공개적인 공식 승인이나 지지'를 보낸다는 것이며, 이들을 활용해서 전한국국민집행부를 군정 부속기관으로 설립하겠다는 것이다. 앳치슨의 전문은

---

13   "Atcheson to Byrnes" (1945. 10. 15), *FRUS*, 1945, volume VI, pp.1091~1092.

진주 직후인 1945년 9월 하지와 베닝호프가 제시한 임시정부 중심의 정계 개편 전략을 구체화한 것으로 세 가지 점에서 미국의 공식 대한정책에 대한 전면 부정이었고, 새로운 정책의 제시였다.

첫째, 미 국무부가 한국 문제의 국제적 해결을 위해서는 특정 정파나 정치인을 지지 또는 배척하지 않아야 한다는 가장 중요한 원칙을 파기하는 것이었다. 미 국무부는 본국 정부의 정책적 결정을 방해할 수 있는 특정 정치 세력에 대한 노골적 지지 혹은 반대를 회피해야 한다고 처음부터 누누이 강조했지만, 주둔 직후부터 미군정은 반인공, 친임정 정책을 공식화했으며, 이제 주한 정치고문뿐 아니라 주일 정치고문까지도 거기에 동의하게 된 것이다. 앳치슨의 전문에 반복적으로 등장하는 "한국의 현 상황"은 한민당이 강조한바 임시정부에 대한 전 국민적 지지와 그 반대편에 있는 인공에 대한 경계심을 의미했다.

둘째, 앳치슨의 전한국국민집행부 구상은 한국 문제 처리의 국제적 합의 가능성을 완전히 부정하는 것이었다. 즉 전시 외교에서 연합국 수뇌들이 합의한 한국 문제의 국제적 처리 방안을 부정하는 것이었다. 카이로 회담에서 한국 문제가 다뤄지는 방식과 한국 조항이 성립하는 과정을 기억한다면,[14] 전후 한국 문제의 처리는 세심한 국제적 협의 및 합의를 통해서만 가능했다. 이미 미국은 1943년 3~4월 영국 및 중국과 한국 신탁통

---

14   카이로선언의 한국 조항은 "상기 연합국은 한국인들의 노예상태에 주목해, 적절한 시기에 한국에 자유와 독립을 회복케 한다"는 것이다. 이 조항의 의미는 한국이 일본의 오랜 식민지였으므로 자치 능력이 없으며, 한국은 소련과 중국 등 강대국의 이해관계가 교차하는 지역으로 특정 국가의 이익을 옹호하거나 배제한다면 국제분쟁이 일어나게 되므로, '적절한 시기', 즉 신탁통치라는 국제적 합의 절차를 통해서 독립 방안을 모색하겠다는 것이다. 미국은 카이로선언으로 중국의 한국 영토에 대한 야심을 저지한 후 국제 신탁통치 계획안에 묶어두었고, 소련의 잠재적 이익도 중재할 수 있게 되었다고 판단했다. 즉 미국 등 연합국은 한국은 자치 능력이 없고 여러 강대국의 이해가 교차하는 지역이므로 세심하게 국제적 협의를 통해서만 독립 문제를 해결할 수 있다고 합의한 것이다. 정병준, 2014, 앞의 글.

치에 관해 합의한 바 있다. 영국과는 1943년 3월 영국 외상 이든과의 워싱턴 회담에서, 중국과는 같은 시기 중국 외교부장 쑹쯔원(宋子文)의 워싱턴 방문 때 한국 신탁통치에 대해 합의했다. 이 연장선상에서 미국, 영국, 중국의 합의로 한국의 자유·독립과 신탁통치 실시를 공언한 카이로선언(1943년 12월 1일)이 작성되었으며, 테헤란회담에서 스탈린이 이에 동의함으로써 한국 신탁통치에 대한 4개국의 사실상 원칙 합의가 이뤄졌다. 이후 얄타회담(1945년 2월)에서 루스벨트와 스탈린은 한국에 대한 신탁통치 실시를 전제로 기간과 참가국 등을 논의했으며, 루스벨트 대통령이 사망한 이후 존 홉킨스(John Hopkins)가 1945년 5월에 모스크바를 방문해 스탈린과 한국 신탁통치에 대한 명시적 합의에 도달했다. 앳치슨이 전문을 보낸 바로 이 시점에 미 국무부 극동국장 빈센트(Carter Vincent)는 미국의 공식 대한정책은 국제 신탁통치라고 발표했다. 전시에 합의된 국제적 대한정책을 공표한 것이다. 이 때문에 앳치슨과 하지의 임시정부 지지 및 활용 방안은 작게는 한반도 수준에서, 크게는 국제적 수준에서 각국 수반들이 합의한 공식 대한정책을 부정하는 것이었다. 앳치슨은 이승만의 도쿄 방문 때 자신이 하지를 만나서 이런 계획을 작성한 것처럼 설명하고 있으나, 한국의 실정을 잘 모르는 앳치슨이 이 계획을 수립했을 가능성은 없다. 앳치슨은 하지가 강조한 임시정부 수립 계획, 즉 전한국국민집행부안을 국무부에 전달했다고 봐야 한다.

셋째, 진주 직후 9월 중순부터 제기된 미군정의 임시정부 지지·귀국·활용 방안이 10월 중순의 시점에서 구체적인 결실과 가시적인 성과를 거두게 되었다는 점이다. 이제 임시정부를 대표하는 미국의 이승만이 도쿄를 거쳐서 귀국하게 됨으로써 막연한 구상과 방향이 구체적인 정책으로 실현되는 계기가 마련되었다. 앳치슨의 전한국국민집행부 구상은 탁상공론이 아니라 남한 현실에서 실체를 갖는 정치활동인 독촉중협으로 구현될 수 있게 된 것이다.

하지는 10월 15일 서울로 귀환한 직후 10월 16일 미국으로 정책 협의차 귀국하는 베닝호프에게 비망록을 건넸다. 이 비망록에서 하지는 워싱턴 관리들에게 한국의 실정을 정확히 설명해주길 요청하면서, "명목상의 최고 지도자를 가진 조직이라도 좋으니 시급히 남한에서 임시 한국 정부를 조직하고 총선거를 실시해 이를 합법화"해야 한다고 했다.[15] 최소한 하지는 국제적 합의인 신탁통치안 대신 미군정 예하에 임시정부 혹은 과도정부를 조직하고 총선거를 실시해야 한다고 확신했던 것이다. 이 시점이 되면 하지는 임시정부를 조직하고 총선거를 실시한다는 "독자적 정책 결정"에 이르렀던 것이다.

종합하면 진주 1개월 만에 미군정은 조선총독부 용도 폐기, 인민공화국 부정, 임시정부 지지·귀국·활용을 결정했으며, 이 과정에서 미군정 예하에 통합고문회의, 전한국국민집행부, 정무위원회 등 다양한 명칭으로 불리는 과도정부를 조직하기로 했다. 10월 중순 하지는 도쿄에 가서 맥아더, 앳치슨과 회동하며 신탁통치안 반대와 미군정 예하 과도정부안을 설득했고, 계획의 중심인물 이승만을 열렬히 환영했다. 같은 시기에 하지의 정치고문 베닝호프는 과도정부안을 들고 국무부를 설득하기 위해 워싱턴행 여정에 올랐다. 이 시점에서 미군정의 자신감은 최고조에 달했다.

10월 20일 국무부 극동국장 빈센트가 미 외교정책협의회에서 신탁통치가 미국의 공식 대한정책이라고 밝히자, 10월 30일 아놀드 군정장관은 미국의 공식 대한정책이 아니라고 부정했다.[16] 이는 분명 거짓말이자, 그의 권한을 넘어선 발언이었다.

나아가 하지는 10월 28일과 31일에 각각 이승만과 송진우를 불러서

15   "Memorandum by Hodge for Benninghoff" Subject: Visit of Washington, (1945. 10. 16), RG 165, OPD 091 Korea.
16   『매일신보』 1945년 10월 31일자.

장시간 대화를 나누었다. 하지와의 면담 후 이승만은 신탁통치가 반드시 실현되는 것은 아니며 그 대안으로 민족통일을 완성해야 하고 독촉중협이 민족통일의 구심체라고 발언했다.[17] 송진우 역시 신탁통치는 빈센트의 개인 견해이며, 하지가 "조선 사람들이 결속하여 독립할 만한 힘을 보여주면 이제라도 독립을 승인하겠다"고 했음을 밝혔다.[18] 미국의 공식 대한정책을 부정하고, 한국의 독립을 승인하겠다는 하지의 발언은 믿기 힘들 정도인데, 하지 자신이 그런 결정을 내릴 위치나 입장도 아니었고, 그런 권한도 없었기 때문이다. 한국인들이 결속해 독립할 만한 힘을 보여준다는 것은 독촉중협으로 정당을 통일하라는 의미였다. 독립을 승인하겠다는 발언에서 드러나듯, 이 시점에 이르면 하지는 거짓말과 미국 정부의 공식 정책 부정, 권한을 넘어선 공약을 내세울 정도에까지 이르렀다.

하지의 독단적인 고위급 정책 파기와 독자적인 정책 결정 시도가 어떤 의미인지 알려면 일본과 독일에서 이런 일이 발생했을 경우를 상상해 보면 된다. 맥아더가 미 국무부와 3부 조정위원회, 합동참모본부 등의 정책 훈령 없이 일본의 특정 정치 세력과 결탁해서 독자적 임시정부를 세우고, 멋대로 총선거를 실시하겠다는 계획을 수립하고 추진했다면 아마도 맥아더는 즉각 파면되었을 것이다. 일본 국내의 비판과 비난은 말할 것도 없고 미국 정책 결정자들의 경악과 분노를 샀을 것이며, 연합국의 항의와 도전을 감당할 수 없었을 것이다. 하지가 행한 일이 바로 그런 일이었다. 문제는 이런 정책 판단이 특정 한국 정치 세력과 결탁해서 비밀리에 추진되어 공개되지 않았다는 점이고, 미국이 점령한 다른 나라에서는 절대 벌어질 수 없는 일이 남한에서는 버젓이 일어났다는 데 심각성이 있었

---

17   『자유신문』 1945년 10월 28일자; 『매일신보』 1945년 10월 30일자.
18   「조선지식계급에게 소(訴)함」, 『자유신문』 1945년 11월 5일자; 이혁 편, 1946, 『愛國삐라全集』, 조국문화사, 56~58쪽

다. 바꿔 말하자면 한국은 2차 세계대전 이후 미국이 점령한 지역에 포함되었지만 무관심 속에 방치되었고, 한국 문제 해결을 위한 국제적 합의가 이미 이루어졌지만 주둔군 사령관이 제멋대로 고위급 정책과 합의를 전복하고 대결적인 대안을 모색했던 유일한 점령지역이었다. 쉽게 말해 식민지에서 해방된 한국은 존중되지 않았으며, 미국과 주한미군은 한국 문제를 다루는 데 있어 신중하기보다는 거리낌이 없었다.

2) '정책 결정자' 하지: 정무위원회 혹은 독립촉성중앙협의회 추진[19]

이승만의 귀국을 계기로 통합고문회의, 전한국국민집행부, 정무위원회의 현실판 독촉중협이 본격적인 궤도에 올랐다. 하지는 11월 2일 상황을 정리하는 강경한 전문을 맥아더에게 보냈고, 이는 11월 5일 육군참모총장 마셜에게 전달되었다.[20] 귀국 길에 오른 임시정부 인사들은 몰랐지만, 이때가 미군정기 임시정부의 주가가 상종가에 달한 시점이었다. 하지는 "(1) 이승만이 좌우익 정당 통일을 잘 이끌어나간다. (2) 김구가 귀국하면 이승만과 합류해 통일의 진전을 이룰 것이다. (3) 하지는 이승만, 김구와 함께 귀국할 한국인을 심사한다. (4) 대의적이고 확대된 통합고문회의를 설치한다. 이 통합고문회의의 목적은 군정기구 쇄신, 정부 실무자에 한국인을 등용하는 문제에 관한 조력이다. (5) 통합고문회의가 잘 진행되면 명목상의 한국 행정부를 설치한다. 이는 미군정의 감독을 받는다. (6)

---

19 '정책 결정자 하지'는 브루스 커밍스의 용어를 따온 것이다. 브루스 커밍스, 1986, 앞의 책(상권), 301쪽.

20 "General of the Army Douglas MacArthur to the Chief of Staff, Marshall" (1945. 11. 5), CA 54311, RG 59, State Department, Decimal File, 740.00119 control (Korea)/11-545.

일정 시기 후 총선을 실시해 국민정부를 선출한다. (7) 해방을 전제로, 북한 지역까지 이 조치를 확대시킬 것이다"라고 주장했다. 즉 이승만과 김구 중심의 정당통일운동, 즉 독촉중협을 중심으로 통합고문회의를 설치하고, 이를 명목상 한국 행정부로 발전시키고, 총선거를 실시해 국민정부를 수립하며, 이를 북한까지 확대한다는 매우 구체적이고 공격적인 구상이었다.

미 국무부는 공식 대한정책인 다자간 신탁통치안을 전면 부정한 하지의 11월 2일자 전문이 전달되자 매우 당황하며, 즉각적으로 반대했다. 극동국장 빈센트는 기존에 합의된 신탁통치 계획에 근거해 한국 문제를 해결해야 한다고 지적했다.[21] 그러나 워싱턴 내에도 하지의 지지자가 있었다. 전쟁부 차관보 맥클로이(John J. McCloy)는 10월 하순 도쿄에서 하지를 만났고, 하지의 계획을 지지했다.[22] 맥클로이는 하지 예하에 정부·자문단을 구성하며, 망명 한국인을 활용하며, 얼마 후 자유총선거를 실시한다는 하지의 구상에 찬성한다고 밝혔다. 하지가 밝힌 이승만·김구 임시정부 세력을 주축으로 '임시 한국 행정부'를 수립한 후 총선거를 실시해 정식 정부를 수립한다는 구상을 되풀이하며, 하지에게 힘을 실어준 것이다.[23]

사실 하지에게는 독자적인 정책 결정 권한이 있을 수 없었다. 그는

---

21   "Memorandum by the Director of the Office of Far Eastern Affairs, Vincent to Col. Russel L. Vittrup, War Department" (1945. 11. 7), *FRUS*, 1945, volume VI, pp.1113~1114.

22   "McCloy to Under Secretary of State Dean Acheson" (1945. 11. 13), RG 59, State Department, Decimal File, 740.00119 Control (Korea)/11-1345.

23   브루스 커밍스는 하지의 국가주의적이고 봉쇄주의적 기본 구상이 미국 외교정책의 최고결정자들인 맥클로이, 러스크(Dean Rusk), 케넌(George Kennan), 해리먼(William Averell Harriman)과 트루먼 대통령의 지지를 받고 있었다고 평가했다. 미국의 기본 입장은 국가주의적인 논리였으며, 저음부디 국제주의적 정책은 전후 세계의 현실적 상황과 맞지 않았다는 것이다. 브루스 커밍스, 1986, 앞의 책(상권), 43쪽.

군사적으로는 태평양전쟁의 영웅이자 미군 내의 전설적 인물인 맥아더의 태평양미육군총사령부(General Headquarters, US Pacific Forces)의 예하에 있었으며, 맥아더의 상급자인 합동참모본부의 지휘와 감독을 받아야 했다. 그는 육군원수 맥아더가 지휘하는 방대한 태평양미육군총사령부 예하 여러 개의 군(Army) 중 10군 예하에 있던 24군단 사령관에 불과했다. 군사적 결정은 맥아더와 합동참모본부의 권한이었으며, 외교적 결정은 국무부와 3부 조정위원회의 권한이었다. 권위적이며 신적 존재였던 맥아더, 관료주의적 장벽이 높은 육·해군 엘리트들의 집합체인 합동참모본부, 국제적 합의와 절차를 중시하는 국무부, 외교·군사적 입장을 조율하는 3부 조정위원회라는 다중의 장벽을 건너뛰고 하지가 독자적으로 구사할 수 있는 대한정책은 사실상 존재할 수 없을 것 같았다. 그러나 1943년 12월 카이로선언으로 추상적 대한정책이 결정되고, 1945년 8월 소련의 남하를 저지하는 38선 분할 결정이 이뤄진 이후 대한정책의 방기와 방임, 무책임이 지속되는 과정에서 현지 주둔군 사령관인 하지의 독자적 재량과 현상 대응적 조치는 필수불가결한 것이었다. 카이로선언에 따라 해방국이 되어야 할 한국은 점령국으로 취급되었고, 적대적 점령지가 되어야 할 일본에는 간접통치하에 주권 정부가 기능하고 있었다. 한국은 태평양 지역에서 유일하게 군정이 실시된 지역이며, 적대적 점령하에 주권 정부가 부인된 군사통치 지역이었다. 카이로선언이라는 국제적 합의에도 불구하고 이런 일이 벌어졌으므로, 한국인이 어떠한 국제적 합의나 절차에 대한 존중을 기대하긴 어려웠다.

맥아더는 일본 점령과 소련의 대일 점령 참가 방지에 여력이 없었으며, 유일한 관심사는 태평양전쟁에서의 승리와 일본 점령이라는 성공을 발판으로 공화당 대통령 후보가 되는 일이었다. 합동참모본부는 독일과 이탈리아, 일본 문제 등을 해결하느라 여념이 없었다. 미국 국무부는 유럽 문제를 해결하는 게 최우선이었으며, 아시아에서는 중국과 일본에 관심을 가졌다. 국무부 극동국에는 아직 한국 데스크나 전문가가 존재하지 않았다. 대한정책과 정책 결정이 부재한 사이 하지의 판단과 조치가 정책을 대체하게 되었지만, 도쿄와 워싱턴에서는 어느 누구도 이 문제를 중요하게 생각하지 않았다. 무관심 속에 방치된 한반도 문제는 3성 장군의 자유재량에 따라 굴러가게 되었다. 또한 전반적으로 2차 세계대전 이후 세계는 대소 봉쇄적이며 대결적인 방향으로 흘러갔으므로, 하지의 대결적이고 현실주의적 조치들이 맥아더의 묵인과 워싱턴 매파의 암묵적인 동의와 지지를 받게 되었다.

하지, 베닝호프, 애치슨, 맥클로이 등이 언급한 하지 구상의 결정판은 임시 정치고문으로 부임한 윌리엄 랭던이 11월 20일에 작성한 전문에 등장했다.[24] 1942년 한반도 신탁통치안의 강력한 주창자였던 랭던은 "신탁통치가 도덕적·현실적 관점에서 적합하지 않으므로 기각시켜야 한다"며 입장을 바꾸었다. "도덕적·현실적"이라는 평가는 외교관의 발언으로 보기는 어려운 것이다. 랭던은 한국이 일제 통치 35년간을 제외하고는 분명한 국가로 존재해왔으며, "아시아 및 중동 국가의 수준에서 판단할 때 높은 문해력, 문화 및 생활수준을 지녀왔기 때문에" 신탁통치를 설득하기 어렵고, 만약에 신탁통치를 관철하려면 무력에 의해서만 가능하다고 주장했다. 국제적 합의인 신탁통치안을 부정한 랭던은 대안으로 김구와 임시정부 세력을 활용한 '정무위원회' 계획안을 제시했다.

(1) 사령관은 김구로 하여금 군정 내에 몇몇 정치 그룹을 대표하는 위원회(council)를 조직케 해서 한국의 정부 형태를 연구·준비

24　　"The Acting Political Adviser in Korea Langdon to the Secretary of State" (1945. 11. 20), RG 59, State Department, Decimal File, 740.00119 control (Korea)/11-2145.

하게 하며, 정무위원회(Governing Commission) 조직을 위해 군정은 이 위원회에 시설과 조언, 활동 자금을 제공한다.

(2) 정무위원회는 군정(현재 전 한국의 조직으로 급속히 수립되고 있음)과 통합한다.

(3) 정무위원회는 과도정부로 군정을 승계하며, 사령관은 자신이 필요하다고 생각되는 미국인 감독관과 고문들에 대한 임명권과 거부권을 갖는다. (…)

(5) 정무위원회는 국가의 수반을 선출한다. (주) 위 계획에 앞서 소련 측에 통보해야만 하며, 위원회가 정무위원회의 구성원으로 지명한 소련 지역 내 인사들이 서울에 올 수 있게 해 정무위원회를 강화할 수 있도록 소련 측을 초청해야 한다. 그러나 소련 측의 참여가 준비되지 않는다면, 계획은 38도 이남의 한국에서만 실행되어야 한다.[25]

이 전문은 임시정부의 귀국(11월 23일) 직전에 작성된 것으로 김구와 임시정부에 대한 기대를 최고조로 끌어올렸음을 알 수 있다. 남한의 정치 상황은 이승만이 추진하는 독촉중협이 일단 출범한 상태였고, 귀국하는 김구와 임시정부 세력이 여기에 전적으로 합류해야만 성공을 담보할 수 있는 상황이었다. 랭던은 "국민들이 아직 김구에 대한 열망을 가지고 있고, 일반적으로 정치적 열병에 들떠 있는 사이에 첫 번째 조치를 취하는 것이 매우 중요하다"고 했다.

미군정은 진주 1개월 만에 임시정부 중심으로 과도정부를 수립한다

---

[25] "The Acting Political Adviser in Korea Langdon to the Secretary of State" (1945. 11. 20), RG 59, State Department, Decimal File, 740.00119 control (Korea)/11-2145.

는 구상을 확립했고, 이승만은 귀국 1개월 만에 독촉중협을 가동시켜 본 궤도에 올려놓기 시작한 상태였으므로, 이를 완성할 임시정부의 귀국과 통합의 시너지 효과가 필요한 상황이었다. 이 계획안은 (1) 먼저 김구와 이승만을 중심으로 위원회를 설립한 후, 군정이 시설과 조언, 활동 자금을 제공해서 (2) 정무위원회를 구성하며, (3) 정무위원회는 군정과 통합하며, 과도정부로 군정을 승계하고, 국가 수반을 선출하며, (4) 북한 측 인사도 초청 가능하나 거부하면 남한만으로 구성한다는 내용이었다. 사실상 임시정부 중심의 핵심 조직을 구성한 후, 이것이 정무위원회로 발전하면 정무위원회가 군정과 통합한 과도정부로 기능하며 국가 수반을 선출한다는 것이다. 실로 엄청난 마스터플랜이라고 할 수 있다. 문제는 일반 대중은 물론 주요 정당과 사회단체 지도자들에게조차 전혀 알리지 않은 채, 비밀리에 몇몇 수완가들과 함께 이런 계획을 추진했다는 것이다. 즉 하지는 워싱턴의 고위급 정책을 멋대로 파기했을 뿐만 아니라, 한국인들에게는 그저 통보만 해도 된다는 생각을 가지고 있었다.

게다가 불과 20여 일 뒤에 모스크바에서 3국 외무장관 회담이 개최될 예정이었으므로, 미군정 수뇌부는 그 이전에 독촉중협의 완성태인 정무위원회를 구성해서 신탁통치의 대안으로 미 국무부 혹은 모스크바 대표단에 제출해야 하는 시기적 제한성과 절박함을 가지고 있었다. 미국의 공식 대한정책이자 전시 외교를 통해 각국 수뇌들이 합의한 방안을 폐기하는 데서 더 나아가 반공·반소적이며 호전적인 정무위원회 계획을 제시하겠다는 것은 미군정 수뇌부의 만용과 무지를 그대로 보여주는 것이었다. 게다가 모스크바회담 일정에 맞추기 위해서는 김구와 임시정부가 귀국한 후, 독촉중협과 완전히 협력·통합하고 한국인들이 이를 전폭적으로 지지해야 했다. 그래야 미 국무부에 신탁통치의 대안을 제시할 때 최소한의 근거가 될 수 있었다.

어느 것 하나 간단하게 처리할 수 없는, 복잡하고 변수가 많은 정치적·외교적 프로세스였다. 하지와 미군정 수뇌부의 계획과 실행 방안은 거의 군사작전을 방불케 하는 타임테이블로 구성되어 있었으며, 복잡한 정치적·외교적 판단은 전혀 고려되지 않았다. 순진하다기엔 무지했고, 군인답다고 하기엔 만용으로 가득 차 있었으며, 현실 세계에서 계획과 실행은 실현 가능성이 거의 없는 상태였다.

정무위원회가 군정과 통합해서 과도정부가 된다는 구상은 이미 군정 내 실무직에 한국인들을 등용하고 있었으므로 한국인 등용을 확대하고 최고결정권을 제외한 행정 실무를 정무위원회에 넘긴다는 의미였다. 하지가 마셜에게 보낸 전문(1945년 11월 2일)에 언급한 대로 통합고문회의를 설치해 군정기구를 쇄신하고 한국인들을 정부 실무직에 등용하도록 해서, 일이 잘 진행되면 명목상의 한국 행정부를 설치하겠다는 구상과 동일한 것이다.

결국 랭던의 정무위원회안은 진주 이래로 미군정이 표방해온 정책을 구체화하며 경험적으로 정리한 내용이자 독촉중협의 진행 경과와 정치 상황을 반영한 것이었다. 랭던이 기존의 입장을 바꿔 신탁통치안을 폐기하고 정무위원회 구상을 지지하게 된 이유는 두 가지로 생각해볼 수 있다. 첫째, 한국에 부임한 랭던은 태평양전쟁기 자신이 구상했던 신탁통치 계획이 한국의 실정에 적합하지 않다고 판단했을 가능성이다. 하지 장군을 비롯한 미군정 수뇌부의 판단이 확고했고, 현지 상황에 대한 미군정 수뇌부와 윌리엄스, 한민당 등의 설명을 들어보니 신탁통치 계획이 불가능하다고 판단했을 것이다. 둘째, 미군정 수뇌부의 주요 정책 결정으로 상황이 돌이킬 수 없는 지경이라는 점을 인지했을 가능성이다. 이미 신탁통치 계획의 폐기를 전제로 정책적 결정이 내려진 상황이었던 것이다. 되돌리기엔 너무 많이 나아갔고, 많은 정책적 선택지를 활용했으며, 다른 길이 없는 막다른 골목에 이른 상황이었을 수 있다. 랭던이 신탁통치안을 도덕적·현실적 관점에서 비판하고 적극적으로 국무부에 정무위원회 계획을 개진한 것으로 미루어, 두 가지 가능성이 복합적으로 작용했을 것이다.

랭던은 미군정 수뇌부가 조선총독부-인민공화국-임시정부라는 3개의 정부를 상대하며 취한 점령 초기의 조치들이 미국 정부의 공식적인 대한정책을 뒤집는 결정이 되었으며, 돌이킬 수 없는 상황에 처했음을 알게 된 것이다. 결국 랭던은 신탁통치안의 폐기를 전제로 한 정무위원회 계획안을 내놓았고, 그것이 바로 임시정부를 핵심으로 한 범우익·중간파·중도좌파 등 남한 정계 통합방안이었다.

1942년 한반도 신탁통치 계획의 제안자이자, 한국의 자치 능력에 대해 비판적 견해를 지녔던 랭던은 하지의 정치고문이 되어서는 완전히 입장을 전환한 것이다.[26] 1943년 국무부 정치국 영토소위원회(Sub-

---

26 윌리엄 랭던(William Russel Langdon, 1891~1963)은 1891년 7월 31일 터키 스미르나에서 해운업을 하는 제임스 랭던(James Davee Langdon, 1849~1921)과 이다 퍼컨(Ida Blance Ferken, 1858~1942) 사이에서 태어났다. 40년간 외교관으로 근무했으며 일본어 전문가였다. 트리니티칼리지에서 수학했으며, 1911년 국무부 외무직에 들어갔다. 1914년 도쿄 대사관 1등 서기관이 되었고, 이시히 기쿠지로(石井菊次郎)의 회고록 『외교여록』(外交余錄)의 일부를 *Diplomatic Commentaries*에 번역했다. 1921년 요코하마 부영사, 1927년 톈진 영사, 1927년 선양 영사, 1931년 다롄 영사, 1933~1936년 조선 경성 주재 총영사, 1937년 4급 외교관 승진, 1941년 도쿄 대사관 1등 서기관, 1941년 8월 2급 외교관 승진, 태평양전쟁 발발 후 선양 탈출, 1948~1951년 싱가포르 총영사, 1951년 은퇴. 근무한 지역은 콘스탄티노플, 아테네, 요코하마, 도쿄, 지난(濟南), 몬트리올, 서울, 선양(묵던), 쿤밍, 싱가포르 등이며, 은퇴 당시 총영사였다. 이후 터프츠대학(Fletcher School of Law and Diplomacy, Tufts University)에서 극동 문제 강사로 일했다. 태평양전쟁기 국무부 극동국, 외교정책자문위원회 내 영토소위원회에서 일했으며 1942년 한국인은 자치 능력이 없으나 잠재력이 있으므로 상당 기간 열강의 보호와 지도(신탁통치)가 필요하다는 보고서를 썼다. 1944년 쿤밍 총영사로 근무하며 한국인 무장부대 창설을 제안하기도 했다. 미 국무부 내에서 현장경험이 있는 거의 유일한 한국통이었다. 14공군사령부 및 상해 국무부 대표로 미군 포로 석방에 관여했다. 1945~1948년 주한 정치고문, 서울 주재 미국 총영사, 미소공동위원회 미국 측 대표로 활동했다. 일본어에 능통했으며, 외교관 평가에서 여러 차례 '우수 외교관', '매우 우수 외교관'이라는 평가를 받았다. 로라 필러(Laura M. Filer, 1898~1989)와 결혼해 앤(Ann L. Magill, 1921~2010), 리베카(Rebecca Louise Langdon, 1922~2006), 루스(Ruth Filer Langdon, 1927~2005) 세 딸을 두었다. 1963년 7월 18일 매사추세츠 웰즐리에서 심장마비로 사망했다. https://www.ancestry.com/genealogy/records/

committee on Territorial Problems)에서 극동국 일본과의 휴 보튼 (Hugh Borton)이 한국 문제 보고서를 작성할 때 주로 참고한 자료가 1930년대 랭던이 서울에서 워싱턴에 보낸 문서들이었고, 1944년 극동 문제에 대한 국간(局間) 지역위원회(Inter-Divisional Area Committee on the Far East)의 맥큔 등이 한국 문제 보고서를 작성했는데, 그 핵심 은 한국에 대한 신탁통치 결정이었다.[27]

즉 한반도 신탁통치 계획의 구상과 정책 수립에 랭던이 중요한 영향 을 미쳤는데, 바로 그 랭던이 미 국무부의 공식 대한정책인 국제 신탁통 치 계획을 "도덕적·현실적 관점"에서 기각하고, 그 대안으로 임시정부 중심의 정무위원회·과도정부 수립을 제시한 것은 국무부 측에서 용납하 기 어려운 것이었다. 첫째, 주한 정치고문으로서 제시할 수 있는 현지 상 황에 조응한 정책 대안의 범위를 넘어섰으며, 둘째, 미국 수뇌부가 연합 국 수뇌부와 전시에 합의한 결정을 파기하고 특정 정치 세력을 지지하지 말라는 국무부의 지시를 어겼을 뿐만 아니라, 셋째, 믿기 힘든 정치적 우 극(愚劇)을 대안으로 제시하며, 미군정의 운명을 임시정부·김구·이승만 연합의 독촉중협에 걸었기 때문이다.

william-russell-langdon-24-qbh69q; "William R. Langdon Dies at 71; Consul in the Far East Until '51," *The New York Times*, July 20, 1963; *FSJ(The Foreign Service Journal)* Archive (https://afsa.org/fsj-archive); Biographic Register of the Department of State, September 1, 1944, October 1, 1945, April 1, 1951, Foreign Service List, January 1, 1945, Jaunary 1, 1946, January 1, 1947; Register of the Department of State, December 1, 1946, United States Government Printing Office, 1947; 김지민, 2002, 「해방 전후 랭던의 한국 문제 인식과 미국의 정부 수립정 책」, 『한국사연구』 119.

27 안종철b, 2010, 『미국선교사와 한미관계 1931~1948』, 한국기독교역사연구소, 234~ 238쪽. 한국에 대한 신탁통치의 근거는 첫째, 루스벤트가 태평양전쟁 발발 후 천명한 전 후 식민지 지역에 신탁통치를 일반적으로 실시한다는 원칙, 둘째, 일제 압제하에 한국인 들이 자치정부의 실질적 경험이 부족하다는 판단, 셋째, 한국 경제의 자립 가능성 문제 등이었으며, 신탁통치는 미국 단독보다는 다국적 관리위원회하의 국제 행정기구를 통해 서 감독하고자 했다. 안종철b, 2010, 같은 책, 236~238쪽.

랜던이 이 전문을 보냈을 때 베닝호프는 국무부 본부에 들어가 있었다. 하지, 윌리엄스와 함께 고문회의 등 정무위원회의 첫 그림을 그리며, 국무부의 신탁통치 계획을 반대했던 베닝호프는 본부의 강한 태도에 재차 입장을 바꾸었다. 베닝호프는 하지와 랜던이 국무부에 신탁통치안 폐기를 주장하면서 그것을 대체할 상세한 계획을 보냈을 때 자신도 국무부에서 함께 검토했다고 했다. 12월 4일 육군부에서 찰스 본스틸(Charles Bonesteel) 대령, 아처 러치 장군, 베닝호프가 참석해 랜던의 전문을 검토했다. 본스틸은 신탁통치의 필요성을 부인하며, 중경임시정부를 활용한다는 구상에 대해 한국인들의 자치 능력 결여를 고려하지 않은 것이라고 지적했다.[28] 국무부의 카터 빈센트, 휴 보튼 등도 랜던의 계획안보다는 이미 결정된 신탁통치안이 38선 폐지를 위해서도 필요한 방안이라고 했다.

베닝호프에 따르면 "상당한 검토"가 이뤄졌지만 권고가 채택되지 않았는데, 가장 큰 이유는 "스탈린의 승인을 두 차례나 받"았고, "한국 문제에 대한 신탁 방식의 접근은 소련의 관여가 전혀 없는 새로운 접근 방법보다는 안전"하기 때문이었다. 즉 국제적 합의를 폐기하고 새로운 대안을 내놓는 것은 불가능하며 베닝호프도 이 견해에 찬동한다는 것이었다.[29] 랜던과 하지가 '신탁'이 아닌 다른 용어를 제안한 것에 대해, 워싱

---

28   Col. Bonesteel, Memorandum of conversation written for Gen. Linclon, (1945. 12. 4); Landgon plan offered as substitute for trusteeship. (1945. 12. 4), RG 165, ABC decimal file, Box 31, section 17-A; 브루스 커밍스, 1986, 앞의 책(상권), 311쪽.

29   H. M. Benninghoff to Commanding General (Hodge) (undated), Memorandum for the Commanding General (H. M. Benninghoff). Subject: Telegram from embassy Moscow on Soviet attitude toward Korea, RG 554, General Headquarters, Far East Command, Supreme Commander Allied Powers, and United Nations Command, Adjutant General Files, Miscellaneous Files 1945, Folder 2 of 2, Box 71.

턴에서는 한국인의 감정을 신중히 고려한 "전반적으로 사탕발림식 아이디어"를 사용함으로써 유엔헌장에 명시된 '신탁'이라는 단어를 포기한다면 유엔 감독하의 공동 책임이라는 전체적 아이디어를 폐기하는 것이라고 비판했다. 이미 신탁이라는 용어는 모든 정치인의 발언과 세계 각국의 신문에 보도되었고, 유엔헌장에 기재되어 있는, 보호와 공동 책임과 설명 책임을 함축하고 있다는 것이다.[30] 그런데 국무차관 딘 애치슨(Dean Acheson)이 랭던에게 보낸 전문에 따르면 국무부는 랭던의 계획을 검토 중이며, 모스크바에서 회담을 준비 중인 국무장관에게도 보냈다고 했다.[31] 베닝호프는 11월 29일 하지에게 보내는 정책 지침에 서명하고 며칠 후 서울로 복귀했다.[32]

랭던은 본국의 훈령과 지시에 충실한 외교관이었지만, 본국으로부터 구체적이고 명확한 지시가 없는 상태에서 상황 대응적으로 현지의 사고와 주장에 동화되었던 것이다.[33] 국무부 외교관으로서 본부의 고위급 정

---

30 베닝호프는 이 시점에서 여전히 반소·반공적이었다. 그는 "소련화 혹은 한국의 공산화에 반대해 분투하며 우리식 민주주의(조금 과장된 용어를 사용하자면)를 강화하는 것이 우리의 일이다. 귀하가 매우 설득력 있게 지적한 것처럼, 우리는 출발부터 불리한 투 스트라이크 노 볼 상태였는데, 왜냐하면 미국인들은 어떤 방식으로도 미국의 한국 군사점령을 지원하지 않을 것이기 때문이었다"라고 썼다.

31 RG 59, Stae Department, Decimal File, 895.01/12-1945, 1945. 12. 19: 브루스 커밍스, 1986, 앞의 책(상권), 312쪽.

32 브루스 커밍스, 1986, 앞의 책(상권), 312쪽: 앞의 책(하권), 41쪽. 베닝호프는 1945년 10월 16일경 서울을 떠났고, 12월 25일 귀환했다. 『자유신문』 1945년 12월 27일자. 베닝호프가 워싱턴에 체류하는 동안 랭던이 10월 20일부터 정치고문 대리로 활동했으며, 12월 18일 정식 정치고문이 되었다.

33 1946년 6월 23일 주한 영국 영사 커모드(Kermode)의 보고에 따르면, 그는 랭던과 여러 차례 만났고, 랭던은 임시정부 수립 노력이 좌절된 과정을 설명했다. 랭던은 자신의 이름을 밝히길 꺼리면서 영국 정부가 다시 미소공위 재개에 누력해줄 수 있는지를 문의했다. 커모드는 한국 문제는 고위급 정책으로 처리하지 않으면 국제적 분쟁으로 비화할 것이 분명하다고 답하며, 자신은 영국과 무관한 이런 일에 끼어들고 싶지 않다고 말했다. 영국국립문서보관소(TNA), FO 181/1017/5 Korea, 1946. Foreign Office and Foreign and Commonwealth Office: Embassy and Consulates, Union of Soviet Socialist Republics, General Correspondence, Moscow.

[표 4-1] 미군정의 과도정부(임시 한국 행정부) 수립 구상 (1945년 9~11월)

일시 \ 단계	핵심 활용 세력	제1단계 (핵심 조직 혹은 고문회의)	제2단계 (과도정부)	제3단계 (정식정부)
① 1945년 9월 15일 하지	중경임시정부	임시정부 자격으로 중경 임시정부 귀국, 일정 시점까지 간판으로 활용		
② 1945년 10월 5일	한민당	고문회의 조직		
③ 1945년 10월 15일 딘 애치슨	이승만, 김구, 김규식(임시정부)	핵심 조직 구성	임시정부=전한국국민집행부 조직, 위원회는 통합 혹은 고문역, 군정 부속기관	
④ 1945년 10월 16일 하지			명목상 최고지도자를 가진 임시 한국 정부 수립	조속한 시일 내에 총선거 실시
⑤ 1945년 11월 2일 하지	이승만·김구 (임시정부)	정당·이념의 통일, 통합 고문회의 조직	명목상의 한국 행정부	총선으로 국민정부 수립
⑥ 1945년 11월 13일 맥클로이	망명 한국인 (임시정부)	하지 예하에 정부·자문단을 구성해 질서를 회복		자유총선거 실시
⑦ 1945년 11월 20일 랭던	김구 집단 (임시정부)	위원회 기초로 정무위원회 조직	정무위원회와 미군정 통합, 미군정 통제하의 과도정부	국가 수반 선거, 정부 수립

[출전]   *FRUS*, 1945, volume VI, pp.1061~1065; 『자유신문』 1945년 10월 15일자; *FRUS*, 1945, volume VI, pp.1091~1092; "Memorandum by Hodge for Benninghoff," (1945. 10. 16). RG 165, OPD 091 Korea; *FRUS*, 1945, volume VI, pp.1112, 1122~1124; *FRUS*, 1945, volume VI, pp.1130~1133.

책 결정을 반대·폐기하고, 실현 가능성이 거의 없는 정무위원회 계획안을 지지하는 것은 자신의 경력을 포기하는 것과 다를 바 없었다. 본국의 훈령과 공식 대한정책을 지속적이고 반복적으로 부정하며 하지에게 동조했던 랭던과 베닝호프는 국무부 내에서 좋은 평을 얻기 어려웠다. 두 사람 모두 국무부 본부에서 주요 직책을 맡거나 공사·대사급으로 승진하지 못했고, 총영사로 은퇴했다.[34]

이상과 같이 1945년 9월부터 11월까지 2개월 동안 제시됐던 다양한 과도정부 혹은 임시 한국 행정부 수립 구상안은 표 4-1과 같다.

3) "엉망진창" 하지[35]

미군정은 진주 직후 한 달 내에 조선총독부-인민공화국-임시정부에 대해 서로 다른 기준과 정책을 구사하면서 스스로의 미래를 결정했다. 한민당의 주장에 따라 임시정부 지지 및 활용 정책을 선택했고, 이승만의 귀국을 기점으로 독촉중협이라는 현실적 방안을 마련하며 정책을 구체화하게 되었다. 모든 일의 귀결점은 임시정부의 귀국과 이후 완벽한 협력이었다. 미군정은 이승만과 한민당이 차려놓은 잔칫상에 임시정부가 간판으로 앉기를 희망했다.

상황이 낙관을 불허했으나, 하지는 이승만과 한민당을 전적으로 신뢰했다. 12월 6일 하지는 이승만을 대리해 맥아더와 장제스에게 강경한 반탁 메시지를 전달했다. 맥아더에게 보내는 메시지에서 이승만은 이렇게 썼다.

---

34 랭던은 하지와 마찬가지로 한국에 대해 기록, 회고록, 인터뷰 등을 전혀 남기지 않았다. 랭던은 여러 차례 외교관 회보(*The Foreign Service Journal*)에 극동 관련 저서에 대한 서평, 자신의 선양 탈출에 관한 글 등을 기고했지만, 한국 근무 경험에 대해서는 언급하지 않았다. 랭던은 1947년, 하지는 1948년에 한국을 떠났는데, 두 사람 모두 하루라도 빨리 한국을 떠나고 싶어 했다. 진주 초기 '보수적이고 교육받은, 신뢰할 만한' 한국인들의 주장을 순진하게 따라간 결과, 하지와 랭던 모두 미국의 대한정책을 그르친 주역이 되었고, 한반도의 정치 상황을 파국으로 몰고 가는 데 큰 역할을 했다. 회고를 남기기에는 자괴감을 느꼈고, 한국에 대해 연민보다는 분노를 품었으며, 잘못된 상황에 대한 책임감을 토로하기 어려웠을 것이다. 랭던과 하지는 침묵을 지켰다.

35 "엉망진창 하지"는 제임스 매트레이가 하지를 비유해서 쓴 "Hodge Podge"를 차용한 것이다. 영단어 'hodgepodge'는 'hotchpotch'와 동의어로 '뒤죽박죽 엉망진창'을 뜻한다. James I. Matray, 1995, 앞의 글.

국무부는 여전히 신탁을 얘기하는데 이는 미국에게 어려움만을 야기할 것이다. 일본의 40년 테러리즘은 한국인을 예속시키는 데 실패했으며, 한국인들은 노예로 굴복하느니 자유를 위해 투쟁하다 죽는 편을 선택했다. 우리는 이제 〔국무부 극동국장〕 빈센트를 확신시켜야 한다.[36]

이승만은 장제스에게 보내는 메시지에서 말보다 행동으로 한국을 지지해달라면서 트루먼 대통령에게 전문을 보내 "국무부가 준비하고 있는 한국에 대한 공동 신탁에 개입"해서 중단시켜줄 것을 요청해달라고 부탁했다. 이승만은 "한국인들은 한국 공산주의 선동가들과 투쟁하고 있으며 그들을 제압할 것이다. 러시아가 철수할 때, 통일 한국은 정상 상황을 회복할 것이다"라고 주장했다.[37] 즉 1945년 12월 말 신탁통치 파동이 시작되기 전까지 하지는 이승만의 반탁 결의문과 메시지 등을 트루먼, 스탈린, 장제스, 맥아더 등에게 전달하고, 김구와 이승만 사이에 무선통신을 중개하는 데 주저함이 없었다. 주둔군 사령관이 현지 민간인의 전문을 맥아더와 장제스 등에게 거리낌 없이 전달한다는 것은 쉽게 상상할 수 없는 일이지만, 이 시점에서 이승만은 하지의 대리인이자 의중을 대변하는 행동을 하고 있었던 것이다. 하지가 남한에 주둔하고 있던 3년 동안 이런 일은 1945년 하반기에만 발생했고, 가능했던 일이다. 그만큼 확신에 찬 하지의 행동은 한국 현대사의 진로에 그만큼의 충격파를 남길 것이 분명했다.

이 시점에서 하지의 신탁 반대·반소·반공 입장은 너무나 강경하고

---

36   CG USAFIK-CINCAFPAC, no. TFGCG 178 (1945. 12. 6) RG 554. USAFIK Adjutant General, Radio Messages, 1945-1949, Box 182.

37   CG USAFIK to CINCAFPAC, no. TFGCG 178 (1945. 12. 6) RG 554, USAFIK Adjutant General, Radio Messages, 1945-1949, Box 182.

노골적이어서, 송진우와 한민당원 2명이 12월 서울 주재 러시아 영사관을 방문해 강경한 반소 입장을 표명하기에 이르렀다. 송진우는 북한 내 소련군 및 공산주의자들의 행동에 항의했고, 이들의 돌연한 방문을 맞이한 러시아 영사 폴리얀스키(Polianski)는 친절하게 응대하며, 소련은 남한 일에 개입하지 않을 것이며, 남한 공산당과는 아무 접촉이 없다고 답했다. 폴리얀스키가 소련에 대한 한국의 신뢰를 회복할 방안을 묻자, 송진우는 북한에서 소련군이 철수하는 것이라고 답했다.[38] 송진우 등의 대담하고 도전적인 언동은 미군정의 의중에 맞춘 행동이었고, 미군정의 보호와 격려 속에서 이뤄진 일이었다. 1947년 제2차 미소공위가 파열되던 시점에서 미소공위 소련 측 대표단에 대한 반탁운동 진영의 폭력적인 공격이 벌어지기 이전에 이미 남한에서는 소련에 대한 공격과 비판의 흐름이 형성되고 있었던 것이다.[39] 이런 상황은 1945년 말 신탁통치 파동이 어떻게 반소·반공·반탁운동의 프레임으로 전환되었는지 그 배경을 설명해준다.

미군정의 예상과 달리 김구와 임시정부 진영은 귀국한 뒤 독촉중협에 가담하지 않고 오히려 독자적 노선을 추구했다. 모스크바회담의 대안으로 구상된 독촉중협(=정무위원회)은 회담이 시작되는 12월 15일에야 불완전한 모습으로 발족했고, 곧 실패임이 드러났다. 랭던은 12월 14일자 전문에서 정무위원회 방안이나 남북 각각 최장 5년간 배타적 미소 신탁통치 방안 중 하나를 선택해달라고 요청했다. 정무위원회(=독촉중협)의 실패가 명백해 보였다. 랭던은 "김구나 이승만에 대한 열광적인 지지

38   CG USAFIK to SCAP, TFGCG 63 (1945. 12. 11) RG 554, USAFIK Adjutant General, Radio Messages, 1945-1949, Box 182.
39   주한미군사령부는 서울에는 소련 영사관이 존재하고 남한 공산주의자들에 대한 피난처 겸 연락 센터로 기능하는 데 비해, 평양에는 미국 영사관이 없다는 데 불만을 품었다. 주한미군사령부는 형평성의 차원에서 평양에 미국 영사관 설립을 주장했고, 소련이 이를 거부하자 서울 주재 소련 영사관을 철수시켰다.

는 거의 없다"라고 절망적으로 썼다.[40]

역사의 진실은 아이러니한데, 임시정부가 귀국한 직후 미군정이 심혈을 기울였던 정무위원회(=독촉중협)는 실패로 귀결되었고, 하지의 일급 참모 송진우는 암살되었으며, 반탁운동 과정에서 임시정부 세력은 미군정을 접수하기 위한 '쿠데타'를 시도했다. 하지 등 미군 수뇌부는 한민당을 신뢰하면서, 비현실적인 임시정부 지지·귀국·활용 정책을 추진했는데, 막상 귀국한 임시정부는 미군정의 기대를 저버렸다. 임시정부는 미군정이 운용하는 장기판의 말이 되기보다는 독자적 행보를 선택했던 것이다. 하지가 전력을 기울였던 모든 노력이 수포가 되었다. 임시정부는 군정의 지지 기반이 아니라 가장 뼈아픈 배신의 비수가 되었으며, 몇 개월 동안 미국 정부의 공식 대한정책을 부정하고 대안으로 구상했던 정무위원회(=독촉중협)는 실패했다. 모스크바회담에서 합의된 한국에 대한 결정은 원래 예상했던 신탁통치 계획이라기보다는 '임시 한국 정부 수립' 후 '신탁통치'라는 복잡한 함수로 구성되어 있었고, 하지는 반탁을 고무하다가 미군정 자체를 전복시킬 뻔했다. 하지 등 주한미군 수뇌부가 1945년 9월부터 12월까지 정력적으로 추진했던 임시정부 중심의 정국 재편 시도는 한국 현대사에 거의 기억되지 않았다. 임시정부의 반탁운동은 그만큼 충격적이었고, 그만큼 파괴력이 강했다. 그 결과 한국 현대사에서 하지의 비밀스러운 3개월은 전혀 기억되지 않았다.

하지는 궁지에 몰렸다. 공식적인 대한정책을 부정하고 그 대안을 모색한다며 임시정부 지지·귀국 활용을 서둘렀지만 대안은 실패했고, 임시정부는 미군정에 감당하기 어려운 정치적 타격을 가했다. 하지는 돌파

---

40   "The Acting Political Adviser in Korea Langdon to the Secretary of State" (1945. 12. 11), RG 59, State Department, Decimal File, 740.00119 Control(Korea)/12-1145; Dec. 14, 1945, 895.01/12-1445.

구가 필요했다. 1946년 1~2월 하지는 자신이 모스크바 3상회의에 관한 구체적인 진행 경과나 주요 내용을 알지 못했다며 국무부의 정보 불충분을 탓했다. 하지는 반탁운동 초기에 이를 후원하고 고무했으나, 반탁운동이 미군정을 접수하겠다는 임시정부 내무부의 '국자'(國字) 포고문으로 대표되는 임시정부의 국자(國字) 쿠데타로 번져 대혼란이 벌어지자 자신과 반탁운동의 관계를 부정하며, 책임을 국무부의 불충분한 정보 제공으로 몰아가려 했던 것이다. 이 직설적인 야전군인 하지는 당황해서 거짓말로 상황을 모면하려 했고, 1946년 1월 28일 사임하겠다고 몽니를 부렸다. 하지는 자신 외에 한국 문제를 맡을 장군이 없다는 것을 잘 알고 있었다.[41] 순진한 하지의 순진한 계획은 1945년 겨울 남한의 정계와 한반도의 미래를 파국으로 몰아가는 중요한 요인이 되었다.

---

41   하지의 전문과 국무부의 반박, 하지의 사표 소동에 대해서는 브루스 커밍스, 1986, 앞의 책(하권), 39~45쪽을 참조.

알려지지 않은 진정한 반탁운동
: 독촉중협의 전말

1) '잊힌 인물' 이승만의 귀국

태평양전쟁기 이승만은 한국에서 이미 잊힌 존재였다. 그가 명성을 떨친 것은 이미 사반세기 전인 1919년 3·1운동과 상해임시정부 시기였다. 1925년 임시정부에서 면직·탄핵된 이후 임시정부와의 관계가 끊어졌고, 1930년대 이후 미약하게나마 연계를 회복하기 시작했다. 1941년 재미한족연합회가 조직되어서야 이승만은 주미외교위원부·외교위원회 위원장이라는 자격을 얻어 임시정부와의 관계를 회복했다. 이승만은 임시정부 외무부 산하 주미외교위원부 위원장이라는 직함을 얻었지만, 태평양전쟁기에 별다른 활동을 할 여력이 없었다. 가장 큰 이유는 재정적 뒷받침이 되지 않았기 때문이다. 3·1운동기에 독립운동을 열렬히 지지했던 재미 한인들은 이미 노령이 되었으며, 새로 태어난 2세들은 한국의 독립운동이나 사회문제에 관심이 없었고, 새로 등장한 재미 한인사회의 지도부는 사업적 성공을 바탕으로 한 실용적·합리적 인물들이었다. 직업적 독립운동가의 시대는 이미 저물었다. 1943~1944년 이승만 중심의 주미외교위원부 개조 논쟁은 이러한 시대 변화를 반영한 것이었다. 중경에서 임시정부 내 한독당과 민혁당의 대결, 워싱턴에서 이승만과 한길수, 이승만과 재미한족연합회의 대립은 태평양전쟁기 미 국무부와 전쟁부의 한국 문제 인식에 부정적인 영향을 끼쳤다. 한국은 오랜 식민지였던 탓에 자치 능력이 없는 데다 중경과 워싱턴의 독립운동 진영이 분열되어 있는 것이 분명했기 때문에 한국 독립이나 임시정부 승인은 불가능하다는 게 그들의 인식이었다.[42]

이승만은 주미외교위원부 위원장으로 임시정부를 승인받기 위해 백악관, 국무부, 전쟁부, 국회의원 등에게 수십 통의 편지를 쓰고 청원을 벌였으나 별 소용이 없었다. 이미 1차 세계대전 때 사용했던 것처럼, 임시정부 승인을 촉구하면서 자신의 개인적 명성을 추구한 방식이었다. 미 행정부를 향한 이승만의 노력이 성과를 거두지 못했지만, 미 군부와 공작기관인 COI와 OSS는 이승만을 주목했다. 특히 COI는 1941년 중국에 공작 거점을 마련하려고 시도했는데 이승만과 연결되었고, OSS의 부국장 프레스턴 굿펠로우(Preston M. Goodfellow)는 이승만과 긴밀한 관계를 유지했다. 이승만은 OSS에 자원할 한국인 명단을 제공했고, 그중 장석윤, 이순용, 정운수 등이 OSS에서 활동했다. 장석윤은 중국 중경에 들어가 임시정부 요인들과 면담하는 한편, OSS는 김구-이승만 간의 무선 연락을 중개했다. 1941~1942년 시점에 이승만이 자신의 심복을 미국에서 중경으로 파견하고 미 군부의 무선통신망을 활용하자, 임시정부는 이승만이 미 군부 및 공작기관에 영향을 미칠 정도로 미국 내 위상이 높다고 과대평가했다. 이는 1943~1944년 재미 한인사회에서 이승만의 독단적인 외교 행태를 비판하며 주미외교위원부 개조 논쟁이 벌어졌을 때 김구와 임시정부가 국민회 등 재미한족연합회의 의견을 배척하고 이승만을

---

42   정병준, 2004b, 「1940년대 재미한인 독립운동의 노선」, 『한국민족운동사연구』 38.

재미 한인사회의 중심인물로 여기는 계기가 되었다.[43] 미 군부 및 공작기관과의 연계가 이승만이 태평양전쟁기에 획득한 중요한 강점이었다. 이들은 해방 후 이승만의 조기 귀국에 결정적인 도움을 제공했다.

또한 한국에서 추방되어 미국으로 귀국한 선교사들이 이승만을 한국 독립운동의 중심인물로 여겼다는 점도 중요한 정치적 자산이 되었다. H. H. 언더우드, 쿤스, 애비슨 등의 중견 선교사들은 모두 이승만을 가장 중요한 한국인 지도자라고 여기는 공감대를 형성하고 있었다.[44] 이승만은 재미 한인사회에서는 이미 구식이고 논란과 논쟁의 중심인물이었지만, 미국에서 유일한 친한(親韓) 세력이자 영향력 있는 선교사 집단은 이승만에게 우호적이었다.

특히 주한 선교사 및 기독교 인사들로 기독교인친한회가 조직되어 미국에서 한국 독립운동을 홍보하고 선전하는 역할을 했는데, 이들은 이승만을 한국 독립운동의 중심인물로 여겼다. 한국에서 43년간 활동하면서 세브란스의전을 설립하고 세브란스의전·연희전문 학장을 오래 지냈던 캐나다 출신의 올리버 애비슨(Oliver. R. Avison)이 중심이 된 기독교인친한회는 3·1운동기 한국친우회와 거의 동일한 조직이었다. 애비슨은 기독교인친한회를 결성하기 위해 600통의 편지를 미국과 캐나다에 보낸 바 있다.[45] 애비슨은 1943년 11월 미국과 캐나다 교회가 "연합국과 미국이 몇몇 유럽 국가의 임시정부를 승인하고, 이들의 신임장을 받은 대표들을 통해 거래하는 것을 인정하는 바와 같이 한국 독립의 즉각 승인과 워싱턴 내 신임장을 받은 공식 대표〔이승만〕를 통해 중국 중경의 한국 임시정부와 거래하도록 연합국과 특히 미국에서 승인받도록 통일된 노력을

43　정병준, 2007, 「태평양전쟁기 이승만 – 중경임시정부의 관계와 연대 강화」, 『한국사연구』 137.
44　안종철b, 2010, 앞의 책, 211쪽.
45　안종철b, 2010, 앞의 책, 210쪽.

기울여야 한다"고 주장했다.[46] 기독교인친한회는 미국의 한국에 대한 인식과 정책에 큰 영향을 끼치지는 못했으나 미국 내에서 한국 독립에 동정적인 유일한 미국인 집단이었다.[47] 미국, 중국, 러시아 등 주요 연합국에서 활동하던 한국 독립운동가 및 조직을 기준으로 생각해볼 때 주요 연합국 내에서 전국적 조직망과 네트워크를 갖추고 한국 문제에 관심을 표명했던 곳은 기독교인친한회가 유일했다. 그리고 이들은 이승만을 한국의 대표적 지도자로 생각하고 있었다.

반면 이승만은 한국에서는 거의 잊힌 인물이었다. OSS는 태평양전쟁기 사이판 등지에서 포로가 된 한인 노무자들을 심문했는데, 그들은 한국 지도자로 여운형, 엄항섭, 송진우, 조만식뿐만 아니라 친일파 윤치호, 이광수, 최린, 장덕수 등을 꼽았으나 이승만은 거론하지 않았다.[48] 이승만이 성가(聲價)를 올리던 때로부터 이미 20년 이상이 지났으므로, 이승만을 기억하는 사람들은 모두 중년 이상이었다. 그런데 1942~1943년 이승만이 '미국의 소리'(VOA)를 통해 국내외 동포들에게 연설한 내용이 국내에서 단파방송을 밀청한 경성방송국 및 홍익범, 송남헌, 양재현 등에 의해 유포된 사건이 발생했다. 소위 단파방송 청취 사건인데, 이승만이 미국에서 임시정부 대통령으로 미국과 군사협정을 체결하고 맹렬히 활동

46 　O. R. Avison, "Note on objections some missionaries and some Board Secretaries make to joining in a movement to urge the United States of America to declare the immediate independence of Korea," (1945. 11. 18), Presbyterian Church Archives, Record Group 140, Box 16, Folder 29, Presbyterian Historical Society, Philadelphia; Kai Yin Allison Haga, 2007, 앞의 논문, pp.179~180.

47 　기독교인친한회에 대해서는 고정휴, 2004, 『이승만과 한국독립운동』, 연세대출판부; 안송철, 2010, 앞의 책; 김승태, 2022, 「대평양전쟁기 미국 선교사와 그 자녀들의 대일전 참여 - 미북장로회 내한 선교사를 중심으로 (1)」, 『한국독립운동사연구』 78 참조.

48 　국사편찬위원회, 1995, 『한국독립운동사 자료 28 임정편 XIII』, 313~339쪽; "Summary of PW Interrogation Reports, Kyongsong-Inch'on-Pusan(Korea)," 26 Aug 45; "Summary of PW Interrogation Reports, Korean Political Matters," 29 Aug 45; 방선주, 1991, 앞의 글.

하고 있다는 식으로 과장되어 서울 시내 여론 주도층에게 퍼져나갔다. 좌파의 허헌, 여운형, 한설야, 문석준, 우파의 이인, 김병로, 송진우 등이 사실보다는 듣고 싶고 퍼뜨리고 싶은 이 과장된 소식을 듣고 전했다. 태평양전쟁기 '미국의 소리' 방송을 통해서 이승만의 연설을 전해 들은 여론 주도층은 해방 후 미국에서의 이승만의 위상을 과대평가함으로써 좌우파를 막론하고 이승만을 지지하게 되었다.[49] 즉 인민공화국의 여운형, 허헌 등과 국민대회준비회·한민당의 송진우, 김병로, 이인 등도 그런 영향을 받은 사람들이었다.

이승만은 우여곡절 끝에 가장 먼저 귀국할 수 있었는데, 이는 본인의 노력과 굿펠로우 등 미 군부 및 OSS 내 친구들의 도움, 맥아더의 허가, 한민당의 주장에 고무된 하지의 적극적인 후원 등이 있었기에 가능했다. 소극적으로는 태평양전쟁기 이승만에 대해 부정적으로 인식했던 미 국무부가 이승만의 출국을 저지하지 못함으로써 가능했다. 이승만은 1943년 이래 미 국무부가 임시정부를 승인하지 않는다며 적대적인 입장을 공표했으며, 1945년 5월 유엔 창설을 위한 샌프란시스코회담에서는 미 국무부의 관리들이 얄타회담에서 한국에 대한 이권을 소련에 양도했다는 소위 '얄타 밀약설'을 제기함으로써 미 국무부를 경악케 한 바 있다. 여하튼 1945년 10월 16일 해외 한국 지도자 가운데 가장 멀리 떨어진 미국에 있던 이승만이 가장 먼저 입국함으로써 국내 정치를 주도할 수 있는 기회를 얻게 되었다.[50] 게다가 국내의 정치 지형은 미군정의 적극적인 이승만·임시정부 지지 정책, 한민당 등 우파의 열성적 지지와 환영, 좌파 인민공화국의 이승만 주석 추대 등이 복합되어, 이승만은 기대 또는 상상 이상의 유리한 상황에 놓이게 되었다. 이승만에게 절호의 기회가 찾아온 것이다.

49   정병준, 2005, 앞의 책.
50   정병준, 1997b, 앞의 글; 정병준, 2005, 앞의 책.

2) 독촉중협: 임정 지지와 독자노선의 사이

이승만은 귀국 직후 정당통일운동의 일환으로 1945년 10월 23일 독립촉성중앙협의회(獨立促成中央協議會, 약칭 독촉중협)라는 단체를 출범시켰다. 해방 후 난립한 정당들을 통일하고, 건준·인공과 반건준·반인공으로 분열된 국내 정계를 통일하자는 움직임이 건준을 탈퇴한 안재홍에 의해 일었는데, 이승만이 귀국한 후 이승만 중심의 정당통일운동으로 전환된 것이다.[51]

독촉중협은 학계에서는 지금까지 거의 주목을 받지 못했다. 독촉중협은 이승만을 중심으로 한 정당통일운동을 목적으로 출범했지만, 우익 일부만을 포괄한 이승만 중심의 정치 블록으로 귀결되었다. 독촉중협에 대해서는 10월 23일과 11월 2일에 열렸던 두 차례의 협의회와 중앙조직 구성을 둘러싼 좌익과의 갈등, 임시정부 측과의 갈등 정도를 제외하곤 알려진 바가 없다. 도진순이 '중협(中協) 논쟁'이라고 다룬 정도가 독촉중협에 대해 알려진 상태였다.[52] 그런데 사실 독촉중협은 미군정이 1945년 9월부터 11월까지 다양하게 표현했던 전한국국민집행부, 통합고문회의, 정무위원회 계획의 현실판이었다. 즉 미군정이 호명한 정무위원회가 남한 정치 현실에서 독촉중협으로 추진되고 있었던 것이다.[53] 양자가 동일한 실체의 다른 이름이었음은 이 시기 미군정의 전문들과 독촉중협 진행 경과를 시계열적으로 검토하면 분명해진다. 미군정은 책상에서만 계획을 세운 것이 아니라 이승만의 귀국을 기점으로 신탁통치안의 대안인 미군

---

51   정병준, 1992, 「1946~1947년 좌우합작운동의 전개 과정과 성격변화」, 서울대 국사학과 석사학위 논문, 제1장.

52   도진순, 1993, 『1945~48년 우익의 동향과 민족통일정부 수립운동』, 서울대 국사학과 박사학위 논문, 29~32쪽 참조.

53   정병준, 1996b, 앞의 글; 정병준, 2005, 앞의 책.

정 예하의 과도정부를 구체적으로 추진했던 것이다.

혈혈단신 귀국한 이승만에게는 하늘이 내린 절호의 기회였다. 미군이 진주하자, 인민공화국이 그를 주석으로 추대했으며, 한민당 계열은 이승만이 '한국의 쑨원'이며 전 국민의 지지를 받는다고 주장했다. 우익뿐만 아니라 좌익조차 이승만을 최고 영수로 추대하자, 하지는 그의 신속한 귀국에 도움을 주었고, 도쿄까지 날아가 이승만을 영접했다.[54] 하지는 순종의 리무진, 덕수궁, 자신의 헌병 분대를 이승만에게 제공하겠다고 했으며, 10월 20일 서울 시민들이 주최한 연합군 환영대회에서 "자유와 해방을 위하여 일생 바쳐 해외에서 싸운 분이 계시다. 그분이 지금 우리 앞에 계시다"라며 이승만을 소개했다.[55] 연합군 환영대회가 아니라 이승만 환영대회나 다름없었다. 해방정국 최고의 정치인 여운형을 한 달 동안 만나지 않다가 첫 대면에서 "일본놈에게 돈을 얼마나 받아먹었지?"라고 모욕했던 바로 그 하지가 이승만 연설 동안 부동자세로 기립해 있었다. '민족 지도자' 이승만의 명성은 하늘을 찔렀다.[56]

이승만의 귀국 과정, 그리고 귀국 직후 '민족 지도자'로서의 명성을 확립하고 독촉중협을 중심으로 정치적 지지 기반을 구축하는 과정에서 하지의 태도와 후원이 결정적으로 작용했다. 1945년 11월의 독촉중협 조직, 1946년 2월 민주의원 조직, 1946년 중반 이승만의 남선순행(南鮮巡

---

54 하지는 10월 12일부터 15일까지 도쿄를 방문했다. 이승만은 도쿄에서 10월 14일 하지를 만나 '친밀한 가운데 이야기'를 나눴고, 하지의 권유로 3일간 휴식한 후 서울에 들어왔다. 이승만은 올리버에게 보내는 10월 21일자 편지에서 "하지와 나[이승만]는 모든 준비를 갖출 때까지 나의 도착을 알리지 않기로 합의했다. 하지는 나에게 구(舊)왕궁을 거처로 마련해주겠다고 했지만 거절했다"고 썼다. 하지는 11월 2일 24군단 참모회의 석상에서 "이승만의 서울 도착에 깜짝 놀랐다"고 거짓말을 했다. 『자유신문』 1945년 10월 14일자, 10월 18일자; 『신조선보』(新朝鮮報) 1945년 10월 15일자, 10월 17일자, 10월 18일자; "Syngman Rhee to Robert T. Oliver"(1945. 10. 21) Oliver Papers, XXIV Corps Staff Meeting (1945. 11. 21); Historical Journal (1945. 11. 21).

55 『매일신보』 1945년 10월 16일자, 10월 20일자.

56 정병준, 2005, 앞의 책.

4장 ─ 알려지지 않은 진정한 반탁운동과 그 귀결

行), 1946년 11월 이승만의 도미 외교는 모두 하지 등 미군정 수뇌의 전폭적인 후원이 있었기에 가능한 일이었다. 이승만의 명성, 독촉중협·독촉국민회·민주의원 등의 조직, 정치자금의 조성 및 운용 등에서 미군정의 도움이 미치지 않은 게 없었다. 특히 미군정은 대한경제보국회의 불법 정치자금을 이승만에게 제공했으며, 도미 외교자금의 불법적 강제모금과 불법적 환전 및 사용을 묵인했다.[57]

이승만에 대한 하지의 관대한 후원은 여운형, 김규식, 박헌영 등 여타 정치인에 대한 그것과는 비교할 수 없을 정도로 압도적인 것이었다. 1946년 말 이승만이 도미 외교 과정에서 하지를 공산주의자라고 비난한 후에야 양자의 관계는 파열되었고, 하지는 배신의 쓴맛을 보았다. 이승만은 자신이 미군정의 탄압과 반대에 맞서 싸운 반공의 십자군인 것처럼 선전했지만, 역사적 진실과는 거리가 멀다.

귀국 이후 이승만은 정당통일운동을 기회로 정치적 구심력을 확보하고자 했다. 이승만의 귀국을 계기로 한민당의 송진우 등은 기세가 등등했다. 정당통일이 본격화되면서, 여운형이 정당통일을 위해서 인공을 해체할 수도 있다고 했지만, 송진우는 여운형이 "인민공화국을 성립시킨 것을 잘못하였다고 서면에 써서 도장을 찍어 가지고 오지 않는 한" 공식 회담에 참석하지 않을 것이며, 자신은 중경대한민국임시정부를 절대 지지한다고 주장했다.[58] 불과 한 달여 뒤 임시정부가 귀국한 후 벌어진 사태를 복기해본다면, 송진우의 임시정부 절대 지지는 허망한 구호였다.

이승만은 10월 18일 한민당 선전부를 통해서 임시정부가 중국, 프랑스 등 연합국의 승인을 받았고 미국도 조만간 승인할 것이니, "김구 씨를 중심으로 정부를 조직"해야 한다고 했다.[59] 이승만과 송진우 등 한민당은

---

57   정병준, 2016, 앞의 글.
58   『매일신보』 1945년 10월 19일자.

합을 맞추며 임시정부가 부재한 상황에서 임시정부 지지를 기반으로 정당통일운동을 가속화했다.

이승만은 10월 18일 국민당의 안재홍, 한민당의 백관수·김준연·김병로를 만났고, 19일에는 우익의 유억겸·김활란·이극로·오천석·이묘묵·정인과·백낙준·현동완, 인공의 허헌·홍남표·최용달·이강국 등을 만났다. 이승만은 우리가 통일을 이룬다면 "지금이라도 우리의 자주독립은 실현될 것"이라고 말했다.[60] "한국인들이 통일되면 언제라도 독립을 시켜주겠다"는 하지의 발언(10월 31일)과 일맥상통하는 것이다. 이승만과 임시정부 중심의 정당통일운동으로 구심체가 형성되면, 신탁통치안 대신 전한국국민집행부·통합고문회의·정무위원회 등의 과도정부를 인정하고 총선거를 실시해 독립을 허용하겠다는 하지의 대범한 구상을 공개한 것이다.

이승만의 행보는 신속했다. 10월 23일 조선호텔에서 50여 개 정당·사회단체 대표 200여 명이 이승만과 회견하기 위해 모였다. 이 자리에서 이승만 귀국 이전 정당통일운동을 주도했던 안재홍이 각 당 대표 1명씩으로 민족통일기관인 '독립촉진중앙협의회'를 구성하자고 제안했으며 회장에 이승만을 추대하고 회의 소집권을 일임했다.[61] 이것이 바로 독립촉성중앙협의회의 출발점이었다. 10월 25일 이승만은 돈암장에서 한민당의 송진우·원세훈·백관수·함상훈 등, 장안파 공산당의 최익환, 국민대회 준비회의 서상일·김준연 등과 회담하며, "조선을 에워싼 복잡미묘한 국제정세"에 대해 장시간 설명했다.[62] 핵심은 연합국의 공식 대한정책인 신탁통치 계획을 무산시키고 대안으로 전한국국민집행부·통합고문회의·정

59   「전단」 1945년 10월 19일자.
60   『매일신보』 1945년 10월 20일자.
61   『매일신보』 1945년 10월 25일자.
62   『매일신보』 1945년 10월 30일자.

무위원회를 구성해서 모스크바회담에 제출하자는 내용이었을 것이다.

결국 이승만이 임시정부를 대리해 정당통일운동을 추진하는 모양새였지만, 조직의 핵심은 이승만·김구 등 임시정부 계열이며, 실제로는 한민당과 국민당 등 우파 정당이 주류를 형성했다. 여기에 중도파의 여운형과 좌파의 박헌영도 끌어들일 수 있다면 금상첨화였다. 이승만은 박헌영(10월 31일)에 이어 여운형(11월 1일)과 회견했고 두 사람 모두 원칙적으로 정당통일에 동의했다.[63] 그 결과 11월 2일 72개 정당·사회단체 대표 수백여 명이 참석해 제2회 독촉중협 회의가 개최되었고, 간부 인선 등을 이승만에게 일임했다.[64] 이승만은 귀국한 지 2주 만에 정당통일운동의 결실인 독촉중협을 결성했고, 이로써 좌우파 정당 및 사회단체들이 통합하는 듯 보였다.

그러나 11월 초 박헌영은 연합국에 보내는 결의문을 문제 삼아 독촉중협과 관계를 단절했고, 11월 말에는 여운형이 중앙집행위원 선정을 위한 전형위원의 형평성을 문제 삼아 탈퇴했다. 이승만은 11월 28일 중앙집행위원 선정을 위해 전형위원 7명을 임명했는데, 그중 5명이 한민당 총무(허정, 김동원, 백남훈, 원세훈, 송진우)였다. 한민당 총무진을 전형위원회로 바꿔놓은 것과 다름없었다.[65] 국내 지지 기반이 없는 이승만이 한민당의 절대적 지지 속에 미군정과 독촉중협을 논의하는 와중이었으므로 이런 상황이 발생한 것이다.

---

63   『자유신문』 1945년 10월 28일자.

64   이만규에 따르면 전형위원 7인의 선임권을 이승만에게 일임하고, 전형위원들이 중앙위원 30명을 선출하기로 결의했다. 이만규, 1946, 앞의 책, 250쪽.

65   이만규, 1946, 앞의 책, 251쪽; 김철수 증언 테이프: 이균영, 1989, 「김철수와 박헌영의 3당합당」, 『역사비평』 봄호, 275쪽.

3) 독촉중협의 지향: 국무회의·민의 대표기관, 한국 정부의 모체

그럼에도 불구하고 독촉중협의 목적은 남한 내 좌·우·중간의 모든 정당 통일을 지향하는 것이었다. 이승만은 11월 21일 독촉중협 중앙집행위원 이자 한민당 간부들에게 미군정과 독촉중협의 관계를 이렇게 설명했다.

> 군정에선 독촉중협의 조직을 초조히 고대하고 있다. 군정은 40인 정 도가량으로 결성되기를 희망했는데 그 수에 이르지 못했다. 군정에 서 독촉중협에 바라는 것은 대내 대외 관계에서 이 기관을 경유하 게 하여 이 기관을 권위 있게 만들려는 것이다. 정부가 수립될 때까 지 과도기관으로 독촉중협을 설립해 '민의를 대표'하도록 하는 것이 군정의 갈망이다. (…) 군정청은 나에게 말하기를 '인도자(引導者)의 회(會)를 종합'해 '민의의 대표기관'을 만들어달라는 것이다. 즉 정 당·사회단체 등의 대표자 모임을 종합해 '민의 대표기관'을 만들라는 말이었다.[66]

미군정이 독촉중협 조직을 "초조히 고대"하고 있으며, 40명으로 구 성된 민의의 대표기관을 만들어 정부 수립 시까지 과도기관으로 독촉중 협을 기대하고 있다는 것이다. 즉 독촉중협의 목적은 민의 기관이자 과도 정부로서 최소한 남한 내 정당·사회단체를 대표하는 40명으로 구성되길 희망한다는 것이다. 40명 규모이면 1946년 2월의 민주의원과 1946년 11 월의 입법의원의 중간 정도인데, 남한 내 모든 정당통일을 입증하기 위한 숫자였을 것이다.

---

66 『신조선보』 1945년 11월 21일자;『독립촉성중앙협의회록』 1945년 12월 15일. 제1회 중 앙집행위원회(제1차 회합). 우남 이승만 문서편찬위원회, 1998, 앞의 책.

이어지는 이승만의 발언은 독촉중협과 전한국국민집행부·통합고문회의·정무위원회의 함수 관계를 보여준다.

> 군정은 중협에 국정회의(국무회의)의 명칭을 붙이고 최고 지도자로는 김구, 김규식, 조소앙, 유동열을 염두에 두고 있으며 이에 대해 대단히 좋게 생각하고 있다. 나는 이 외에 송진우, 안재홍, 여운형, 박헌영 혹은 김철수 4명을 협의회에서 추천하면 어떨까 한다. 군정의 의견은 국무회의가 15인 이내로 구성되는 것이 어떻겠는가 하는 것이다. 최초에 아놀드 군정장관은 이 고문제도를 군정의 부속물로 만들려는 생각이었는데 나는 이에 반대해 민의의 대표로 군정청에 연락하는 국무회의(즉 한인 문관의 민의대표)로 하자고 했다.[67]

즉 미군정은 독촉중협을 국정회의(국무회의)의 위상으로 생각하고 있으며, 최고 지도자로 임시정부 요인인 김구·김규식·조소앙·유동열을 염두에 두고 있다는 것이다. 즉 독촉중협이 임시정부 절대 지지라는 명분과 슬로건 아래 조직되는 상황을 반영한 것이다. 이승만은 여기에 국내의 송진우·안재홍·여운형·박헌영(혹 김철수) 4명을 추천하자고 했다. 결국 이승만을 포함하면 임시정부 5명, 국내 인사 4명 등 총 9명으로 국무회의를 조직한다는 구상이다. 아놀드 군정장관은 임시정부 중심의 독촉중협이 민의 대표기관이자 국무회의이며, 이를 군정 부속기관으로 두자고 주장한 반면, 이승만은 민의의 대표로 군정과 연락하는 기관(한인 민의대표)으로 삼자고 주장했다는 것이다. 결국 이승만의 발언은 독촉중협이 미군정이 추진하는 조직으로 중경임시정부 세력을 핵심으로 하는 민의 대

---

67 『신조선보』 1945년 11월 21일자; 『독립촉성중앙협의회록』 1945년 12월 15일. 제1회 중앙집행위원회(제1차 회합). 우남 이승만 문서편찬위원회, 1998, 앞의 책.

표기관이자 국무회의라는 것인데, 이는 랭던이 구상한 정무위원회의 복사판이자 현실태였다.[68]

　문제는 좌파의 박헌영, 중도좌파의 여운형이 독촉중협을 탈퇴한 상황에서 독촉중협은 우파 한민당이 중심이 되어 중도우파 안재홍 정도가 참가한 정도에 지나지 않았다는 것이다. 이승만은 11월 21일 방송을 통해 자신은 공산당에 호감을 갖고 있다고 말하며 공산당을 독촉중협에 끌어들이려 노력했으나 별 효과가 없었다.[69] 이승만이 박헌영과 공산당을 정면에서 반대하지 않고 계속 호감을 표시한 이유는 간단했다. 미 국무부를 설득하고 소련 정부를 상대로 모스크바회담에서 신탁통치 계획의 대안으로 독촉중협을 제시하려면 최소한 공산당을 포함하지는 않더라도 설득하려는 노력을 보여줌으로써 독촉중협에 대한 비토나 반대를 막고자 했던 것이다. 결국 공산당은 포함되지 않았지만, 최선의 노력으로 포섭을 시도한 결과 우익·중도파·중도좌파 연합으로 독촉중협이 결성된 모습을 보여줄 필요가 있었다.

　더 중요한 문제는 임시정부와의 관계에서 발생했다. 한민당의 송진우는 "우리 정부"인 중경대한민국임시정부를 절대 지지한다고 했으나, 임시정부와는 아무 관련이 없었으며, 어떤 정보도 없는 상태였다. 더구나 이승만은 미군정과 한민당의 절대 지지 속에 한국 정치를 주도할 수 있는 절호의 기회를 잡았으나, 독촉중협을 임시정부에 헌납할 의사는 조금도 없었다. 이승만은 임시정부의 일개 부서장으로 임시정부가 부재한 상황에서 그 위광을 누리고 있었지만, 속내는 편치 않았다. 이 때문에 이승만은 기회가 있을 때마다 임시정부에 대한 다양한 비토 이유를 언론에 공개

68　1945년 12월 16일 독촉중협 제1회 중앙집행위원회 제2차 회합에서 장덕수는 국무회의(state council)의 성격을 규정한 바 있는데, 미군정이 생각하는 정무위원회(governing commission)와 동일한 것이었다.

69　「공산당에 대한 나의 관념」(이승만 방송 연설), 『신조선보』 1945년 11월 23일자.

했다.

이승만은 임시정부가 정부 자격이 아니라 개인 자격으로 귀국한다는 점을 여러 차례 강조했다.[70] 또한 중경임시정부의 귀국을 앞두고 대중적 환영 분위기가 조성되자, 기자회견을 통해 '책임 있는 발표가 있을 때까지 환영 소동은 그만두어야 할 것'이라고 비판했다.[71] 중경임시정부가 미군정으로부터 정부 자격을 인정받을 수 없는 상황이며 자신이 이끄는 독촉중협이 그 대안임을 강조한 것이다. 이 때문에 이승만은 '임시정부가 국제적 승인을 받고 국권을 회복할 때까지 국권 회복을 위하여 각 정당이 대동단결하여 한데 뭉친 단체'가 독촉중협이라고 주장했다.[72] 이승만은 독촉중협이 정부가 수립될 때까지 과도기에 남한 자치를 목표로 한 정당통일단체이며, 모든 정당을 해산하고 독촉중협을 남한 내의 유일한 조직체로 만들어야 한다고 주장했다.[73] 이런 맥락에서 이승만은 임시정부가 귀국하기 전까지 독촉중협의 조직을 완전히 갖추고, 임시정부가 입국하면 그들을 독촉중협에 받아들이는 형식을 취하려 했다.[74]

임시정부 절대 지지를 표방하면서 독촉중협으로 정당통일의 에너지를 흡수하고 정치적 성공의 발판을 마련한 이승만은 이제 태도를 바꾸어 독촉중협이 임시정부와 무관한 조직이며, 모든 정당을 해산하고 남한의 유일한 조직체가 되어야 한다고 주장한 것이다. 이승만의 주장은 미군정이 희망하는 정무위원회의 실현이었지만, '일민주의'적인 전체주의의 그

70   『중앙신문』 1945년 11월 6일자;『신조선보』 1945년 11월 20일자.
71   『자유신문』 1945년 11월 20일자.
72   『자유신문』 1945년 11월 8일자.
73   『신조선보』 1945년 11월 21일자;『독립촉성중앙협의회록』 1945년 12월 15일. 제1회 중앙집행위원회(제1차 회합). 우남 이승만 문서편찬위원회, 1998, 앞의 책.
74   이승만은 12월 15일 독촉중협 제1회 중앙집행위원회(제1차 회합) 회의에서 '과도정권이 필요하다면 우리는 '마음으로' 임시정부를 맞이하는 이외에 다른 도리가 없다. 임정이 귀국하기 전에 독촉중협이 대내·대외 문제 해결의 기관이 되었으면 좋았을 것'이라고 발언했다. 우남 이승만 문서편찬위원회, 1998, 앞의 책.

림자가 강하게 드리워진 것이었다.

　11월 23일 중경임시정부 제1진이 서울에 도착했다. 이제 이승만은 본격적으로 전형위원을 선정하고 중앙집행위원회를 구성해 독촉중협의 결성을 공식화하려 했지만, 임시정부는 미동도 하지 않았다. 11월 25일 김구가 이승만을 예방했고, 11월 26일과 12월 1일에도 김구가 돈암장에 찾아가 이승만을 만났지만 별다른 합의점을 찾지 못했다.[75] 이승만은 12월 3일에 개최된 임시정부의 '비공식 국무회의'에 참석하면서, 임시정부를 독촉중협에 끌어들이려 했지만 성공하지 못했다.[76]

　가장 큰 이유는 임시정부가 귀국 직후부터 독촉중협을 만든 이승만·한민당·미군정에 의구심을 가지고 독자노선을 모색했기 때문이다. 임시정부 절대 지지를 주장함으로써 반인공 전선을 구축하고 정세의 주도권을 장악한 한민당·이승만·미군정이 임시정부 대신 독촉중협을 조직하고 임시정부가 여기에 통합되어야 한다고 요구하는 것은 도저히 용납할 수 없는 일이었다. 이승만·한민당·미군정은 독촉중협이 임시정부를 절대 지지하는 기관이라고 주장했지만, 사탕발림에 지나지 않았다. 독촉중협은 한민당의 주장에 기초해, 미군정의 책상 위에서 구상되고 결정되었으며, 임시정부가 주인공이 아닌 이승만 중심의 조직체였다. 임시정부는 "26년 된 임시정부"를 일개 독촉중협에 흡수되는 것을 거부했고 자연스레 독자노선을 취했다.[77] 한민당의 장광설과 미군정의 순진한 착각은 현실 정치에서 단숨에 깨졌다.

　그럼에도 불구하고 미군정은 미련을 버릴 수 없었다. 미군정에게는 두 가지가 모두 중요했는데 첫째, 임시정부 세력을 독촉중협에 합류시켜,

---

75　『중앙신문』 1945년 11월 26일자; 『신조선보』 1945년 11월 27일자, 12월 2일자.
76　『자유신문』 1945년 12월 4일자.
77　정병준, 2009, 「해방 후 백범 김구의 건국노선과 평화통일 활동」, 『백범과 민족운동연구』 7, 백범학술원.

독촉중협을 민의의 대표기관＝국무회의＝정무위원회로 완성하는 작업, 둘째, 곧 개최될 모스크바회담 이전에 이를 완성해서 신탁통치안 대신 미국 정부에 대안으로 제시하는 것이었다.

이번엔 하지가 적극적으로 나섰다. 하지는 11월 말부터 12월 초까지 정치 지도자들을 만나 장시간 대화를 나누었다. 회동 내용과 결과는 비밀에 부쳐졌다.[78] 하지는 11월 30일 여운형과 면담해 미군정이 민족통일 완성 의지를 가지고 있으며, 어느 쪽이든 납득시킬 수 있는 복안을 가지고 있다고 밝혔다.[79] 하지의 복안은 인공이나 임시정부를 가리지 않고 15인 이내의 국무회의에 좌우익을 골고루 분배해서 조직하자는 제안이었을 것이다.[80] 하지는 12월 1일과 2일에 이승만을 만나 늦어도 12월 15일까지 독촉중협을 발족시켜줄 것을 요청했다. 하지는 12월 6일 이승만, 김구, 여운형을 군정청으로 불러 극비리에 회담했는데,[81] 이들에게 민족통일체로서의 독촉중협에 협력해줄 것을 요청했음이 분명하다.[82] 이어 12월 7일에는 국민당의 안재홍과, 12월 8일에는 한민당의 송진우와 회담했다.[83] 11월 말부터 12월 초순까지 하지와 아놀드는 이승만, 김구, 여운형, 안재홍, 송진우 등 남한의 정치 지도자들을 모두 만난 것인데, 이는 하지가 남한에 주둔한 3년 동안 처음 있는 일이었다. 그만큼 하지로서는 전력을 다한 셈이다.

---

78   아놀드 군정장관은 각 정당 당수와 하지의 회견 내용은 비밀이며, 통일은 한국인들의 몫이라고 밝혔다(『자유신문』 1945년 12월 12일자).

79   『서울신문』 1945년 12월 2일자.

80   한편 『1947년판 조선연감』에 따르면 이날 하지는 여운형과 만나 인공 해체 문제를 논의한 것으로 되어 있다(조선통신사, 1946, 『1947년판 조선연감』, 3/8쪽). 그런데 여운형이 하지의 제안을 흔쾌히 수락한 것으로 보아 인공과 임시정부의 동시 해체 후 연립정권을 수립한다는 내용이 오갔을 것으로 보인다.

81   『서울신문』 1945년 12월 8일자.

82   『서울신문』 1945년 12월 7일지, 12월 8일자.

83   『동아일보』 1945년 12월 11일자.

마지막으로 12월 11일 아놀드 군정장관이 박헌영을 만나 정무위원회 계획안을 설명하면서, 정무위원회, 즉 독촉중협이 "영향력 있는 각 정당의 대표자"로 구성되는 연합체가 되어야 하며, 만약 1개월 내 모든 정당의 통합이 이뤄지지 않는다면 타국의 '후견'(опека)을 받게 될 것이라고 설명했다.[84] 정무위원회(＝독촉중협)가 다자간 국제 신탁통치안의 대안이며, 만약 실패할 경우 신탁통치를 받게 될 것이라는 얘기였다. 그러나 박헌영은 미군정의 구상과 모스크바회담 및 신탁통치안 사이의 연관관계를 정확히 간파할 수는 없었을 것이다. 아마도 이날이 미군정이 조선공산당과 박헌영에 대해 우호적 태도를 보인 마지막 날이었을 것이다.

4) 알려지지 않은 진정한 반탁운동: 미군정·이승만·한민당의 3중주

독촉중협의 완성이 지지부진한 사이에 모스크바 3상회의 일정이 다가오자 미군정은 더욱 곤경에 처하게 되었다. 하지는 11월 27일 모스크바에서 미국 정부와 소련 정부가 38선 철폐 문제 등에 관한 협의를 시작했다고 밝혔다.[85] 그러나 하지는 미국의 공식 대한정책인 신탁통치 문제가 모스크바에서 협의될 것이란 점을 전혀 언급하지 않았다. 번스 국무장관을 비롯한 국무부 협상 대표들은 11월 말 모스크바로 출발했는데, 하지는 모스크바회담에서 신탁통치 계획 대신 소련 측에 '정무위원회' 계획을 제

---

84 러시아어 원문에 따르면 정무위원회는 'Государственный Совет'로 되어 있다. 이는 영어로 'State Council'이며 장덕수가 말한 것처럼 국무회의, 국가평의회 등의 의미였다 아놀드는 국가평의회 군정청 기관 각 부로 이어지는 체제가 미군 진주 이래 3~4개월의 작업 끝에 완성되었다고 말언했다. 「박헌영 동지와 아놀드의 회담」(1945년 12월 11일), АВПРФ Фонд 0102, опись 1, дело 3, папка 1, лл. 57~62 'Беседа тов. Пака с Арнольдом'.

85 『자유신문』 1945년 11월 27일자.

출해주길 강력히 요청한 상황이었으므로 시간상으로도 쫓기고 있었다.

미군정의 정무위원회(＝독촉중협) 계획에서 중요한 지점들이 존재했다. 첫째, 독촉중협 조직이 임시정부에 대한 한국인들의 절대적 지지라는 논리적 근거에 입각하고 있다는 점, 둘째, 독촉중협이 모스크바회담이 열리기 전에 완성되고 제시되어야 한다는 시간적 제약이 있다는 점, 셋째, 독촉중협이 신탁통치 계획에 대한 반대와 그 대안으로 준비되었다는 점 등이다. 모두 위험하고 충족하기 어려운 조건들이었다. 임시정부 절대 지지는 정치적 구호에 불과한 것으로 계량화하거나 항상성이 있지 않을뿐더러 미군정·이승만·한민당 각자의 입장에 따라 변화했다. 급변하는 정치 상황에서 모스크바회담 이전에 임시정부 중심으로 모든 정당을 통합한다는 것은 사실상 불가능한 일이었으며, 나아가 국제적 합의인 신탁통치안을 반대하고 독촉중협을 제안한다는 것은 거의 만용에 가까운 무지였다.

한편 이승만과 한민당은 모두 신탁통치, 후견, 훈정 등과 연관이 깊었다. 이승만은 3·1운동기 국제연맹의 한반도 위임통치를 주장한 이래 혹심한 정치적 비난과 곤경에 처한 바 있다. 한민당도 미군 진주 이후 미국만의 단독 후견(後見, custody, mandatory)을 희망했다는 사실은 잘 알려져 있다. 베닝호프는 10월 10일자 전문에서 한민당이 "한국이 피후견 기간을 거쳐야 한다는 점을 잘 알고 있으며, 소련 지도하에 있기보다는 미국의 지도하에 있게 되기를 더 바란다고 말해왔다"고 썼다.[86] 한민당 총무이자 경무부장 조병옥도 "한민당이 후견을 지지한 것은 한반도의 적화를 방시하기 위한 것"이었다고 주장했다.[87] 조선공산당 기관지 『해방

---

86   "The Political Adviser in Korea, Benninghoff to the Acting Political Adviser in Japan, Atcheson," (1945. 10. 10), *FRUS*, 1945, volume VI, pp.1070～1071.
87   조병옥, 1986, 『나의 회고록』, 해동, 142쪽.

일보』는 송진우와 김병로가 한국인들이 행정·기술을 습득하기 위해 '적당한 기간 동안' 점령의 지속을 주장했다고 비난했으며,[88] 조선공산당의 산하기관인 청총(전국청년단체총동맹) 서울시연맹과 조선근로청년동맹은 12월 19일자 성명에서 송진우·장덕수 등이 "조선은 아직 자주독립할 능력이 없으니 외국의 훈정기(訓政期)가 있어야 한다"고 공언한 것을 비난했다.[89] 그런데 실상 송진우 등이 주장한 훈정이란 후견, 신탁, 위임통치와는 용례와 결이 다른 것이었다. 이는 중국 국민당이 주장한 중국 정체(政體)의 3단계 발전단계 중 군벌 지배하의 군정(軍政) 단계, 중국 국민당이 헌정을 대신하는 훈정(訓政) 단계를 거쳐서 최종적으로 헌법에 따른 헌정(憲政) 단계 중 두 번째 훈정 단계를 의미했다. 그럼에도 불구하고 대중에게는 한민당이 후견론 신봉자로 인식되었다.

원래 후견, 훈정론을 주장하고 신봉했던 한민당은 첫째, 신탁통치 계획이 미 국무부의 공식 대한정책이라는 점, 둘째, 미국 주도로 모스크바 회담에서 신탁통치 계획이 논의·결정되리라는 점, 셋째, 미군정이 이를 무산시키는 대안으로 정무위원회(=독촉중협)를 강력히 추진하고 있다는 점을 분명히 알고 있었다. 보다 정확히 말하자면 한민당은 이러한 미군정 계획의 제안자이자 기획자였고 협력자이자 집행자였다. 이승만의 독촉중협 회의록에 따르면 군정의 최고기밀인 신탁통치 계획에 대해 군정당국은 이승만, 송진우, 장덕수, 허정 등 핵심 인물에게만 정확히 통보했다. 12월 10일 이승만은 기자회견을 통해서 이렇게 주장했다.

전쟁 시나 비상시에는 주의주장을 버리고 통일하여야 (…) 정당의 주의주장을 버려야 (…) 이런 취지에서 각 정당의 협의회를 조직하였

---

88   『해방일보』 1945년 10월 18일자, 11월 25일자.
89   심지연 엮음, 1986, 『해방정국 논쟁사 I』, 한울, 217쪽.

다. 이 협의회는 인민의 여론을 대표하는 기관으로서 우리 정부가 수립될 때까지 과도 기관이기 때문에 임시 국무원과는 직접 관계가 없다.[90]

이승만은 모스크바 외상회담에서 한반도 신탁통치 계획을 논의하고 있는 상황을 정확히 인지했으며, 이것을 "전쟁 시나 비상시"라고 표현하며 시급하게 독촉중협을 완성해야 한다고 강조한 것이다. 그렇지만 이제 막 태평양전쟁이 끝나고, 일제 식민지배에서 벗어난 한반도에 무슨 전쟁과 비상 상황이 있다는 건지 일반 대중은 알 수 없었다. 문제는 이승만도 모스크바회담의 주요 의제인 신탁통치 문제를 미리 발설할 수 없었다는 것이다. 미군정과 독촉중협의 계획이 군사작전처럼 비밀리에 진행 중이었기 때문이다. 이승만은 이 와중에도 임시정부와 독촉중협이 직접 관계가 없다는 점을 또다시 강조했다.

이승만은 모스크바회담 개최(1945년 12월 16일) 전날인 12월 15일 독촉중협 제1회 중앙집행위원회(제1차 회합)에서 분명하고 강경하게 모스크바회담 개최와 임박한 신탁통치 결정에 대해 여러 차례 언급했다.

지금 우리나라의 국운이 조석에 달려 있다. (…) 시기가 대단히 절박하니 (…) 최근 개최될 모스크바 각국 외상회의에서 한국 문제에 관한 중요한 결정이 있을 터인데 (…) 독촉중협은 원래 민의 대표기관을 만들려 한 것이 목적이다. 지금 모스크바회의 같은 데 대해서 우리의 민의를 부르짖자면 이러한 합동체가 필요한 것이다. (…) 우리는 임정의 승인을 목표로 싸워 나갈까, 독촉중협을 육성하여 나아갈까 어름어름하는 사이에 신탁단체 같은 것이 음생(陰生)되면 참으로

90   『동아일보』 1945년 12월 11일자.

야단이다. (…) 외교 관계, 신탁 문제 등에 대한 것은 나의 독단적인 의사만이 아니다. 군정당국에서도 극력으로 자기 나라의 국무성과 싸워가면서 우리를 조력해주고 있다.[91]

즉 이승만은 미군정의 계획과 독촉중협의 위치를 정확하게 알려주고 있다. (1) 한국의 운명이 경각에 달려 있다, (2) 모스크바 외상회의에서 한국 문제를 논의하면서, 신탁 문제를 결정하게 될 것이다, (3) 독촉중협은 민의 대표기관을 만들어 모스크바회의에 대처하기 위한 것이다, (4) 미군정은 국무부와 극력으로 싸우면서 독촉중협을 조력하고 있다는 내용이다. 미군정의 정무위원회 계획과 이승만의 독촉중협 전개 과정은 이렇게 서로 맞물려 추진되어왔던 것이다. 이승만이 표현한 대로 군정당국은 국무성과 "극력으로 싸워가면서" 조력한 것이 사실이었다. 이승만은 이후로도 여러 차례에 걸쳐 모스크바 결정 이전에 미국과 이승만 사이에 반탁과 그 대안인 독촉중협에 대한 합의가 있었다고 확인한 바 있다.[92]

이승만은 12월 15일 제1회 중앙집행위원회(제1차 회합)에서 이렇게 발언했다.

저 군정부(軍政府) 하지 장군은 우리를 위하야 신(神)이냐 넉시야 하면서 2주 내로 이 결성을 속히 보여달라고 요구했습니다. (…) 오날이 미국인 군정 측이 내용으로 이 결속의 결과를 보고해 달랜 최후의 한정일이오. 적어도 1주일 전(前)쯤 이 합동을 보여쥬엇드면 미국인이 우리에게 말하여줄 것이 있엇슬 것인데 참으로 유감이오.[93]

---

91 『독립촉성중앙협의회록』1945년 12월 15일. 세1회 중앙집행위원회(제1차 회합)에서 이 승만이 발언한 내용 종합.
92 『독립촉성중앙협의회록』1946년 1월 18일. 제5회 중앙집행위원회.
93 『독립촉성중앙협의회록』1945년 12월 15일. 제1회 중앙집행위원회(제1차 회합).

12월 15일이 독촉중협 발족의 데드라인이라는 하지의 말은 12월 16일 개최되는 모스크바 3상회의와 직결된 것이다. 이승만은 하지가 결정한 최후 기일을 이미 넘긴 상태로 더 이상 모스크바회담에 독촉중협=정무위원회=국무회의 대안을 제출할 수 없게 되었다며 격앙된 상태였다. 하지가 당황망조해 "신이야 넋이야" 하면서 이승만에게 2주 내에 독촉중협=정무위원회=국무회의를 완성해달라고 요구했다는 것은 이 사태의 주도자이자 결정자였던 하지로선 당연한 처사였을 것이다. 그동안 맥아더와 합동참모본부는 물론 국무부 측에 자신만만하게 신탁통치 계획 철회를 주장하며 그 대안을 마련하겠다고 호언장담했기 때문이다. 상식 수준의 정치적 감각이나 정무 능력을 갖추지 못했던 하지는 군사작전처럼 한국 정치를 쉽게 여겼으나, 곧 생물처럼 움직이는 한국 정치에 포획되어 가라앉게 되었다.

이승만은 눈가림으로라도 외국인들에게 보여주기 위해 독촉중협을 결성해야 한다며 나라의 운명이 우리 손에 있지 않고 외국의 손에 있으니, 일치단결하는 모습을 보여주어야 신탁 문제를 방어해낼 수 있다고 주장했다.[94] 이승만과 송진우 등은 모스크바회담에서 미국 주도의 한반도 신탁통치 계획이 상정되고 결정될 것임을 정확하게 알고 있었으며, 이에 반대하는 미군정 계획의 적극적인 실행자이자 협력자였다.

역시 가장 큰 문제는 임시정부의 참여 여부였다. 이승만은 임시정부를 조직이 아니라 개별적으로 독촉중협에 흡수한다는 계산이었다. 즉 임시정부 절대 지지를 내세우며 시작한 독촉중협이 이승만의 정치적 기반이 될 가능성이 농후해긴 순간, 이승만은 군정이 임시정부를 승인하지 않을 것이라는 이유를 내세우며, 민의 대표기관인 독촉중협에 임시정부 인사들이 개별적으로 참여하고 임시정부는 해산해야 한다고 주장했다.

---

94   『독립촉성중앙협의회회록』 1945년 12월 15일. 제1회 중앙집행위원회(제1차 회합).

이날 회의에서 송진우, 장덕수, 허정 등 일부 한민당 인사들은 미군정이 독촉중협을 어떤 의도로 구상·준비·추진했으며, 이를 위해 이승만·한민당과 어떻게 협력했는지를 정확하게 짚었다.

> 장덕수: 군정청의 생각은 임정을 그대로 두고 독촉중협을 장래의 한국 정부로 할 작정.
>
> 허정: 군정당국이 대외관계로 임정을 부인함으로 그 대안으로 중협을 조직한 것이며, 이것이 군정청의 요구인 가장 빠른 방법의 결정체이다. 이 기관이 순조롭게 나아가는 대로 이 기관을 통해 행정권을 위양한다는 내락이 있는 모양이다. 그렇게들 알고 너무 깊이 천착하지 않는 것이 좋을 것이다. 이 이상 알려드는 것은 최고기밀을 범하게 되는 것이다.
>
> 송진우: 나도 하지 장군을 만나 들은 바가 있거니와 참으로 긴절급박한 시국이다. 일체를 이승만에게 전임시켜 우리의 대사에 유감이 없도록 하자. 하지 장군의 말을 들으면 1~2월간이 가장 긴박하다고 한다. 이때를 지나면 1년이 지연이 될지도 알 수 없다고 한다.[95]

한민당 인사들은 독촉중협이 장래의 한국 정부가 되어 행정권을 위양받게 될 것이라는 '최고기밀'을 미군정으로부터 이미 전해 들어 알고 있었다. 나아가 미군정이 대외관계로 임시정부를 부정하므로 독촉중협은 임시정부와 무관한 조직이며, 시국이 급하므로 만사를 이승만에게 전임해야 하고, 모스크바 결정에 따라 1946년 1~2월에 가장 긴박한 시국이 조성될 것이라는 내용이다. 여기서 제시된 이야기들은 지금까지 전혀 알려지지 않았던 것인데, 미군정이 정무위원회 계획을 한국 정치현장에서

---

95   『독립촉성중앙협의회록』 1945년 12월 15일. 제1회 중앙집행위원회(제1차 회합).

독촉중협을 통해 어떤 방식으로 구현하려고 했는지를 보여준다.

이승만의 추종자이자 측근이던 허정은 더 이상 알려고 하면 "최고기밀을 범"한다며, 이승만 및 군정당국과 소통하는 자신은 알고 있지만 너희는 알아서는 안 된다는 고압적인 태도를 보이고 있다. 미국 측 자료와 이승만 측 자료에 따르면, 미군정 수뇌부와 한국 측의 이승만·송진우·장덕수·허정 정도만이 미 국무부의 신탁통치안이 모스크바 3상회의의 의제가 될 것임을 정확히 알고 있었으며, 10월 이승만이 귀국한 이래 신탁통치안을 적극적으로 반대하는 한편 그 대안으로 모스크바 3상회의 전에 독촉중협＝국무회의를 완성해서 '장래의 한국 정부' 수립으로 나아간다는 계획을 함께 추진해왔던 것이다.

미군 진주를 전후해 임시정부 절대 지지를 구실로 인공 타도를 주장했던 송진우·장덕수·허정 등 한민당 핵심들은 이 시점에서 더 이상 임시정부 지지를 주장하지 않았다. 더 정확히 말하면 이들은 인공 타도를 위해 임시정부의 명성과 위광을 활용하려 했을 뿐, 임시정부 자체를 봉대할 본심이 없었다. 장덕수는 임시정부를 그대로 두고 독촉중협을 장래 한국 정부로 만드는 것이 미군정의 생각이라고 했고, 허정은 대외관계로 군정이 임시정부를 부인해서 독촉중협을 조직했는데 곧 행정권을 이양받을 것이며, 송진우는 일체를 이승만에게 맡겨서 일을 처리하자고 주장했다.[96] 임시정부는 더 이상 중요하지 않게 된 것이다. 결론적으로 이승만은

---

96   송진우는 12월 21일 서울방송국을 통해 인공 타도와 임정 절대 지지를 주장했다. 대외적으로는 임정 절대 지지를 주장하면서 내부적으로는 임정 불가론을 가지고 있었던 것이다. 송진우는 해방 이후 연합군이 진주해 일본군을 무장해제하고 농시에 임시정부에게 행정권, 국방, 외교의 대권을 인계할 것이라고 생각했다며, "임시정부를 절대 지지함으로써 완전한 독립국가로 승인"을 받아야 한다고 주장했다. 「민족평등완성, 한국민주당방송요지」, 『자유신문』 1945년 12월 22일자. 『서울신문』 판본은 한민당의 정견을 상세히 기술하고 있지만, 위의 내용은 들어 있지 않다. 「민족균등의 발전, 한민당 송진우씨 정견 방송」, 『서울신문』 1945년 12월 22일자.

임시정부가 공인될 수 없기 때문에 임시정부의 김구와 몇 사람을 끌어들여 독촉중협을 강화해야 한다고 했다.

상황이 여기에 이르자, 미군 진주 이후 임시정부 절대 지지를 내세우고 인공 타도를 외치며 미군정의 눈과 귀를 사로잡고, 군정의 요직을 독차지한 한민당의 진짜 목적이 무엇인지 명확해졌다. 정무위원회(=독촉중협)가 국무회의가 되고 한국 정부의 토대가 되는 방향으로 일이 진행되자, 과감하게 임시정부와의 연관성을 끊어버리려 한 것이다. 손안에 들어온 권력을 임시정부와 나누고 싶은 마음은 추호도 없었다.

미국 문서와 이승만 문서가 공개되고 나서야 우리는 미로처럼 뒤엉켜 도저히 영문을 알 수 없었던 해방정국부터 신탁통치 파동에 이르는 과정의 미스터리를 풀 수 있게 되었다. 독촉중협은 이승만 중심의 우파 정치 블록이었다는 기존의 이해와 달리, 국무회의이자 민의의 대표기관으로 미국 외교문서에 등장하는 정무위원회의 실체였으며, 미군정으로부터 한국 정부로 승인받아 행정권을 이양받을 주체였던 것이다.

또한 조선총독부 고위 관리의 유임과 해임, 인공의 부정과 해체, 임시정부 지지 및 활용이라는 미군정 초기 정책이 이 시점에 이르면 독자적인 국무회의·민의 대표기관을 설립해 행정권을 이양하겠다는 계획으로 번져갔다. 하지는 미국 정부가 결정한 정책을 집행하는 현지 사령관으로서 절대 해서는 안 되는 수많은 결정을 내렸고, 그 결정의 흐름이 최종적으로 여기에 이르게 했다.

하지가 저지른 다양하고 결정적인 실수들은 다행히 1945년 말부터 1946년 초까지 벌어진 격렬한 반탁시위의 대파동 속에 파묻혔다. 그러나 하지가 선택한 정책의 관성은 종국적으로 미국이 대한정책으로 신택한 국제적 합의를 파기하는 쪽으로 작동할 수밖에 없었다.

독촉중협 제1회 중앙집행위원회 제2차 회합은 12월 16일 돈암장에서 개최되었는데,[97] 이 자리에서 이승만은 "우리의 일이 늦어져서 군정청

하지 장군은 골이 나 있다. 공산당이 불참한 것을 들으면 또 불만스럽게 여길 것이다. 이 긴박한 시국을 볼 때 2주일 3주일이라는 기막히는 귀한 시간을 허비한 것은 참으로 애닲은 마음이다"라고 했다. 독촉중협이 결성되었지만, 최초의 목적과는 달리 임시정부 측 인사들을 포괄하지 못했을뿐더러 좌익 진영 대부분이 불참했기 때문이다. 그러나 문제를 수습하거나 재조정하기엔 이미 늦은 상태였다. 모스크바회담이 본 일정에 올랐기 때문이다.

독촉중협의 중앙조직을 수습한 이승만은 12월 17일에 곧바로 공산당을 공격하는 성명을 발표했다. 방송 연설을 통해 이승만은 공산당원들은 그들의 조국인 소련으로 돌아가라며 노골적으로 비난했다.[98] 이승만의 조공 공격은 미군정의 공격적 태도와 동일한 것이었다. 이승만은 이날 회견에서 군정의 수뇌들도 공산주의를 원치 않는다고 밝혔는데,[99] 미군정은 이틀 뒤인 12월 19일 CIC를 급파해 중앙인민위원회 사무실을 포위하고 서류 등을 압수해갔다.[100]

조공도 12월 23일 이승만을 '노(老)파시스트'라고 비난하는 성명을 발표하고 독촉중협과의 관계를 단절했고, 여운형 역시 12월 24일에 독촉중협이 '반통일적 노선'을 걷기 시작했다고 지적하면서 독촉중협에서 탈퇴했다. 이제 이승만과 좌익세력은 돌이킬 수 없는 양극의 길로 갈라서게 되었다.

모스크바 결정이 워싱턴과 모스크바에서 발표되기 직전인 12월 26일에 이승만이 유례없이 강경한 어조로 반탁 성명을 발표했다.[101] 이승만은

---

97   『독립촉성중앙협의회록』1945년 12월 16일. 제1회 중앙집행위원회(제2차 회합).
98   『서울신문』1945년 12월 21일자.
99   『시울신문』1945년 12월 18일자.
100   『동아일보』1945년 12월 20일자.
101   『동아일보』1945년 12월 27일자.

위싱턴 소식통을 인용해 "신탁 관리를 강요하는 정부가 있다면 우리 3천만 민족은 나라를 위하여 싸우다 죽을지언정 이를 용납할 수 없다"라며 공산주의자들이 통일을 방해했다고 공격했다. 목숨을 걸고 강경하게 반탁을 하라는 이승만의 반탁 성명이 왜 이 시점에서 나왔는지, 왜 "신탁통치를 강요하는 정부"와 공산당이 일렬로 제시되었는지 아무도 주의를 기울이지 않았다.[102] 이승만은 12월 27일에도 외신 기자들에게 반공을 강조하는 기자회견을 했다.[103]

12월 27일 한민당 기관지인 『동아일보』는 모스크바 3상회의에서 미국은 즉시 독립을 주장한 반면 소련은 소련1국에 의한 단독 신탁통치를 주장했다고 1면에 보도했다. 모스크바 공동성명서가 한국 시각으로 12월 28일에 위싱턴, 런던, 모스크바에서 발표되기 만 하루 전에 나온 이 보도에는 인명과 지명을 제외하고 사실이란 존재하지 않았다.[104] 주한미군사

---

102 김동민은 한민당이 12월 25일 긴급간사회의를 개최하고 "연합국 측의 조선 신탁통치를 절대 반대한다고 결정"했다며 『자유신문』 1945년 12월 26일자를 인용했다(김동민, 2010, 「동아일보의 신탁통치 왜곡보도 연구」, 『한국언론정보학회보』 52, 145쪽). 그런데 『자유신문』 해당 일자는 물론 전후 일자에도 기사가 게재되어 있지 않다. 『동아일보』, 『서울신문』, 『조선인민보』, 『대동신문』 등을 확인했으나 해당 기사를 찾을 수 없다.
103 조선통신사, 1946, 『1947년판 조선연감』, 379쪽.
104 『동아일보』는 (1) 미국 대표단은 한국의 즉시 독립을 주장하라는 훈령을 받았는데, (2) 모스크바회담에서 소련은 소련 1국 단독 신탁통치를 주장했으며, (3) 카이로선언에 따라 국민투표로 한국의 독립을 결정한다는 국제적 합의는 실현이 불가능하게 되었다고 보도했다. (1)~(3)의 내용 모두 허위사실이며, 미국은 신탁통치를 주장하고 소련은 즉시 독립을 주장했으므로 사실을 정반대로 날조해 보도한 것이다. 카이로선언에서 한국인의 국민투표 운운은 존재하지 않았으며 '적절한 시기'에, 즉 신탁통치를 거쳐 한국의 자유와 독립을 보장한다고 결정했다. 따라서 이 기사에 진술된 모든 내용은 허위, 거짓, 왜곡, 뒤집어쓰기였다. 『동아일보』 보도의 경위와 사실관계에 대해서는 다양한 연구와 논의가 진행된 바 있다. 『동아일보』 측은 이 기사가 미국 UP통신의 외신을 전제한 것으로 미국에서도 동일한 내용의 "May Grant Korea Freedom" 등의 기사가 12월 26일자에 보도되었기에 왜곡보도가 아니라고 주장했다. 그런데 12월 27일 이후 『동아일보』는 해당 기사를 사실로 확정한 상태에서 반탁운동을 반소·반공운동으로 선동한 것이 분명했으며, 『동아일보』는 27일 이전에도 주필 설의식의 기명 기사 등을 통해 소련이 원산·청진 등 북한의 부동항 이권을 노리고 있다는 반소 기사 및 사설 등을 게재했다. 정용

령관 하지 중장도 12월 29일 오후에야 워싱턴과 도쿄를 거쳐 서울에 도착한 모스크바 결정서 원문을 볼 수 있었다.[105] 주한미군사령관 하지보다 이틀 앞서 모스크바 결정서를 볼 수 있는 한국인은 없었다. 따라서 기사 내용은 사실일 수 없으며, 내용상 허위 기사이며 잘해야 단신 외신 기사일 수밖에 없었다. 그런데 허위, 왜곡, 날조로 점철된 이 기사는 신문 1면 헤드라인으로 보도되었으며, 곧 한반도를 반탁운동의 거센 소용돌이로 이끌었다.

미군정과 함께 모스크바회담에서 신탁통치안이 논의되고 결정되리라는 것을 알고 있었던 이승만과 한민당 두 세력은 모스크바회담의 결정문이 공개되기 직전에 일련의 반탁 성명과 소련 일국 신탁통치 주장을 펼쳤다. 우익 진영에서는 신탁통치 결정이 내려지기 2~3일 전에 해당 사실을 알고 반탁 논설, 삐라, 성명 등을 준비했다는 증언도 있다.[106] 그렇지만 반탁운동은 독촉중협 참여를 거부하고 독자적인 길을 모색하던 김구와 임시정부 세력이 주도했다. 귀국 후 독자적 정치 세력화에 부심하던 임시정부 세력은 거대한 민족주의 에너지를 흡수한 초신성으로 눈부시게 빛났다. 그러나 빛은 오래가지 못했고, 폭발의 충격파는 해방정국에 또 다른 잔해를 남겼다. 신탁통치 파동에서 이승만과 한민당 세력은 수동적인 태도로 반탁운동의 거대한 에너지에 빨려 들어갔다.

욱, 2003, 「1945년 말 1946년 초 신탁통치 파동과 미군정 – 미군정의 여론공작을 중심으로」, 『역사비평』 62, 289쪽; 김동민, 2010, 앞의 글; 김진경, 2021, 「동아일보 신탁통치 보도전말 – 왜곡은 없었다」, 『관훈저널』 63(1).

105 *Historical Journal*, 1945. 12. 30; 정용욱, 2003, 앞의 글, 289쪽.
106 우익 중앙문화협회의 위원이었던 오종식은 "이때 우익 진영에서는 신탁통치 결정이 내려지기 2~3일 전부터 눈치를 채고 삐라, 성명으로 각 신문들은 모두 한결같이 반대의 논설과 기사를 싣기에 여념이 없었는데 그것이 상당한 효과를 내어 창덕궁 인정전에 자리 잡은 민주의원 선전부에서는 그 해당 논설이 실린 『중앙순보』(中央旬報) 5천 부를 더 증쇄해달라고 부탁해왔어요"라고 증언했다. 「내가 겪은 20세기 (39): 석천 오종식 」, 『경향신문』 1973년 2월 10일자.

결국 이승만과 한민당, 미군정은 1945년 10월부터 12월까지 임시정부 절대 지지를 슬로건으로 내건 정당통일운동의 일환으로 독촉중협을 추진했으며, 이는 미국 기록에는 전한국국민집행부·통합고문회의·정무위원회로, 이승만 기록에는 국무회의·국정회의·민의 대표기관으로 언급되었다. 그러나 독촉중협은 좌파와 중도좌파는 물론 임시정부 세력이 참여를 거부함으로써 성립은 되었지만 내용적으로 실패를 면할 수 없었다. 또한 좌파·중도파·임시정부 세력을 포함한 민족통일의 완전체가 모스크바회담 개최 이전에 완성되었어야 하지만, 시기적으로 이미 늦은 상태였다. 즉 독촉중협은 내용적으로 실패였으며, 시기적으로도 때를 놓친 상태였다. 미군정, 한민당, 이승만이 1945년 10월부터 12월까지 맹렬하게 전개한 "알려지지 않은 진정한 반탁운동"은 역사에서 전혀 기억되지 않았다.

미군정으로서는 야심찬 계획의 실패였으며, 그 책임은 누구에게 전가할 수 있는 성질이 아니었다. 진주 초기 이래 어긋나기 시작한 미군정의 초기 정책의 실수와 실패가 1945년 말에 이르러 한반도의 운명을 대파국으로 몰고 가는 신탁통치 파동으로 귀결된 것은 어쩌면 자연스러운 결과였다. 독촉중협을 민족통일전선으로 발전시키며 이승만을 정당 통합자로 상정했던 미군정의 의도는 독촉중협의 보수집단화로 인해 무산되었다.[107]

진주 초기 좋은 교육을 받은 보수주의자 및 민주주의자들의 비현실적 주장에 공명하고, 이승만의 귀국 이후 정무위원회 계획을 추진했던 미군정에게 남은 것은 미국의 고위급 외교정책을 지속적·반복적으로 부인하고 도전한 만용, 정책 대안을 제시하겠다고 했으나 내용적으로나 시기적으로 한국 정당통일을 이뤄내지 못한 정치적 실패, 한민당과 이승만 등

---

107   『주한미군사』(HUSAFIK) 2부 1장, 41쪽.

의 주장에 경도되고 말았던 하지 등 수뇌부의 순진한 어리석음 등이었다. 그럼에도 불구하고 미군정의 확신과 관성은 멈추지 않았다. 하지는 초기 반탁운동에 힘을 실었고, 이승만과 한민당을 중심으로 1946년 2월 민주의원을 조직하며, 정무위원회 계획의 불씨를 되살리려고 했다.

역사적 기억은 아이러니한데, 한국 현대사에서 반탁운동은 1945년 12월 27일자 『동아일보』의 신탁통치 보도 이후 시작된 김구 및 임시정부 세력 주도의 반탁운동을 의미하며, 그것만이 공적·사적 기억의 대부분을 차지하게 되었다. 정치적 목표 속에 "알려지지 않은 진정한 반탁운동"을 전개했던 미군정, 한민당, 이승만의 이야기는 역사에 묻혔고, 모스크바 결정문을 알지 못한 채 반탁운동을 주도한 김구 및 임시정부 세력이 1945년 말 한국 정치의 주인공이 되었다.

지금까지 한국인은 이 시기 미군정에 의해 어떤 일이 벌어졌는지 알지 못했다. 미군 진주 이후 비밀스러운 3개월 동안 한국인들과 주한미군이 서로 영향을 주고받으며 조건과 상황을 만들었다. 미군정의 초기 조치는 관성을 지니게 되었고, 곧 고위급 정책을 대체하게 되었다. 우연과 우연이 겹치고, 혼란과 혼란이 엉키고, 불행과 불행이 짝을 지어 현대 한국을 파국으로 몰고 간 것만은 아니었다. 알려지지 않은 행위의 주역들이 존재했다. "이제 우리는 알게 되었다."[108]

---

108 "이제 우리는 알게 되었다"(We know now)는 냉전사가 존 루이스 개디스의 책 제목에서 차용한 것이다. John Lewis Gaddis, 1997, *We Know Now: Rethinking Cold War History*, Clarendon Press.

1946년 5월의 대분기

주한 미24군단 정보참모부 군사실 소속 군사관이었던 리처드 로빈슨
(Richard Robinson)은 미국의 진보적 잡지 『네이션』(*Nation*)에 익명
으로 미군정 비판 기사를 투고했다가 사실상 추방되었다.[1] 격정과 분노
에 휩싸인 로빈슨은 1947년 이스탄불로 가는 배 위에서 "아직도 대외비
로 묶여 있는 많은 정보들을 인용"하면서 『미국의 배반』(*Betrayal of a
Nation*)이라는 책을 썼다. 로빈슨은 미군정의 행태에 대해 이렇게 기술
했다.

> 미국이 남한을 점령하고 있던 1945년부터 1947년 사이 작성된 보고
> 서들 중에서 적어도 75퍼센트 이상이 명백하게 조작된 것이거나 아
> 주 부정확하다는 것을 감히 단언할 수 있다. 의회 자체는 심각할 정
> 도로 왜곡된 이야기만을 접하고 있을 뿐이다. 남한에 대한 기본적인
> 정치적 정책문서조차도 '극비'라는 도장이 찍혀서 심각한 보안 대상
> 으로 분류되었다. 미국의 행정부나 남한 주재 미군정을 포함한 군부

---

1   정용욱, 1999, 「리차드 로빈슨의 한국 현대사 이해」, 한국성신문화연구원 편, 『해외학
자 한국 현대사연구분석 2』, 백산서당; 정용욱, 2004, 「『주한미군사』와 해방 직후 정치
사 연구」, 『『주한미군사』와 미군정기 연구』, 백산서당; 김환균, 「내가 만난 사람 - 리처드
로빈슨(Richard Robinson)」 (1)~(3), 『온라인 미디어 오늘, '교양 PD의 세상 보기'』,
2004년 2월 16일, 2월 23일, 3월 1일.

가 국민들에 대해서 심각하게 두려움을 느끼고 있다는 것이 바로 그 이유다. 만약 남한에서 미국의 행위들이 현 언론에 정확하게 보도된다면 사건들은—그리고 국민들도—아마 변화할 것이다. 그러나 과거에도 그러했던 것처럼 현재도 비밀주의가 널리 팽배해 있다.

주한미군(USAFIK) 사령관인 하지 중장이 그의 참모에게 하는 말을 내가 직접 들었다. 그 논의에서 일관되고 있는 정책이란, 비판을 받을 수 있다고 생각되는 군사정보는 가능한 한 비밀문서로 분류하는 방법을 써서 최대한 은폐하라는 것이었다. 이러한 작업 중에 실수한 자는 가차 없이 징계를 당하였다.[2]

미군정의 비밀주의, 자료 은폐 행태, 미군정 자료의 "75퍼센트 이상이 조작되거나 부정확하다"는 로빈슨의 지적이 얼마나 사실에 부합하는지 우리로서는 알 수 없다. 다만 분명한 것은 하지 중장과 주한미군사령부(USAFIK), 주한미군정사령부(USAMGIK) 수뇌부가 가졌던 정세 인식, 정보 판단, 정책적 결정 등에 관한 핵심적인 문서들이 충분하지 않다는 점, 현재 남아 있는 문서 기록으로는 미군정의 전체상은 물론 개별적 사안의 구체성도 파악하기 곤란하다는 점이다.

그럼에도 불구하고 미군정은 미군 시스템상 많은 기록과 흔적들을 남길 수밖에 없었다. 다행인 것은 주한미군사령부를 비롯한 미국과 한국 관련 외교·군사·경제 자료들이 발굴·축적되고 데이터베이스화되었으며, 이를 활용한 연구들이 진행됨으로써 우리에게 실제 벌어졌던 역사의 흔적을 추적할 수 있는 기회와 능력이 생겼다는 점이다.

이 책의 이야기는 1945년 말로 멈추었으나, 이후의 상황도 마찬가지

2 　리차드 로빈슨 지음, 정미옥 옮김, 1988, 「1947년판 서문」, 『미국의 배반: 미군정과 남조선』, 과학과사상, 12~13쪽.

였다. 알려진 사실과 기억된 사건들보다 중요했으나 알려지지 않은 사실과 기억되지 않은 사실들이 존재했다. 특히 1946년 5월 남한에서 벌어진 일은 표면에서 벌어진 사건과 이면에서 벌어진 사건 사이의 간극이 컸다. 대중에게 잘 알려졌으나 소리만 요란했던 사건과 중요했으나 비밀에 감춰진 사건들이 동시에 일어났던 것이다. 해방 직후사의 줄기를 분류하는 다양한 시기 구분과 중요 시점이 제기되고 있는데, 필자는 1946년 5월이 미군정기 한국 현대사를 재편하는 중요한 대분기였다고 생각한다.

가장 큰 이유는 1946년 5월의 정치적 선택과 판단이 그 이후 연속된 일련의 사태와 대응을 불러왔기 때문이다. 일반적으로 1946년 5월은 제1차 미소공동위원회가 무기한 휴회되고, 미군정의 후원하에 김규식·여운형 중심의 좌우합작운동이 시작되는 상황 정도로만 인식되어왔다. 별다른 큰 이슈가 없는 것처럼 보이는 1946년 5월에 사실상 남한 정치의 운명을 가르는 중대한 결정과 판단들이 이루어졌다. 주한미군 군사실 문서철과 하지의 정치고문 레너드 버치(Leonard Bertsch) 문서철 등에 남겨진 '흔적'에 따르면, 여기에는 정교한 정치적 공작 및 판단과 재정적 책략이 수반되었다. '군인 중의 군인'으로만 알려졌던 하지 중장과 주한미군 정사령부의 수뇌부가 극비리에 내린 정치적 결정들이 향후 남한 정치의 중요한 분기점을 만드는 출발점이 되었기 때문이다.

정치적으로 이 시점에서 미군정은 박헌영과 조선공산당에 대한 집중적인 공격, 여운형에 대한 회유와 공작, 김규식에 대한 점증하는 신임과 좌우합작운동 지지 등을 분명히 드러냈다. 정판사 위폐사건을 필두로 조선공산당 지도자인 이강국, 이관술, 박헌영에 대한 체포령이 내려졌고, 정판사가 입주한 조선공산당 본부는 몰수되었으며, 조선공산당의 기관지 『해방일보』는 정간되었다. 1945년 진주 직후 상황을 살피고 현상 유지에 집중하던 때와 달리 진심이 담긴 미군정의 총공세였고, 조선공산당에 대한 적대감과 분쇄 의지를 명백하게 표출한 상황이었다. 이에 맞서 조선공산당은 "정당방위의 역공세"를 구호로 내걸고 '신전술'을 채택해 반군정 운동을 본격화했다.

미군정은 중도파 여운형을 박헌영 및 조선공산당과 분리시키기 위한 정치공작도 병행했다. 미군정은 여운형을 직접 회유하고 설득하고 협박했으나 잘 통하지 않자, 그의 동생 여운홍에게 접근해 여운형이 공산주의자들과 발을 끊도록 만들라며 정치적으로 회유하고 정치자금을 제공했다. 여운홍은 여운형의 조선인민당을 탈당해서 사회민주당을 만들었고, 여운형의 정치적 입지는 위축되었다. 나아가 여운형의 친일행각을 조사하기 위해 미군정 외무처 장교가 일본으로 파견되어 전 조선총독 등 고위 관료를 인터뷰했다. 미군정의 정치적 압력과 공작은 정치 테러와 함께 여운형을 궁지로 몰았다. 1945년 하반기 이래 이미 정치적 난관에 처했던 여운형은 38선을 넘어 평양의 김일성, 김두봉과 소련군 사령부를 방문함으로써 돌파구를 열고자 했다. 좌우합작·남북연합 노선의 출발이었다.[3]

한편 이승만-한민당-미군정의 기축적 동맹은 탄탄하게 유지되었다. 이승만은 독촉중협(=정무위원회)의 실패 이후에도 미군정의 신임을 잃지 않았으며, 한민당은 군정의 핵심 요직에서 권력을 향유하고 있었다. 1946년 2월 미군정이 야심차게 조직했던 민주의원은 이승만의 정치고문 굿펠로우 대령이 주도한 것이었다.[4] 반탁·우익세력이 중심이 된 민주의원에 거는 기대가 대단했지만, 민주의원은 출범 직후 이승만이 태평양전쟁기 미국 동양광업개발주식회사(OCMC) 광산업자 새뮤얼 돌베어 (Samuel H. Dolbear)에게 한국의 광산 채굴권을 팔아넘겼다는 소위 '광

---

3   정병준, 1997a, 앞의 글; 정병준, 2004a, 앞의 글.

4   굿펠로우는 이렇게 썼다. "굿펠로우 대령은 정치고문으로 하지 장군에게 배속되었고, 한국에서 최초의 임시정부를 수립하는 데 큰 활약을 했다. 이 박사가 그 정부의 대통령이 되었다." Preston Milard Goodfellow Papers, Box 2, Biographical Material, Hoover Institution Archives, Stanford University; 정병준, 2005, 앞의 책, 531쪽.

산 스캔들'로 바닥까지 흔들렸다.[5] 반탁운동으로 비토 대상이 되었던 김구를 어렵사리 민주의원에 끌어들인 미군정으로서는 당황스러운 일이었지만, 이승만에게는 독촉중협, 민주의원의 연이은 실패에도 불구하고 또다시 세 번째 기회가 주어졌다. 훗날 이승만은 미군정의 반대와 탄압 속에서 스스로 독자적인 세력을 구축한 것처럼, 그리고 하지 중장이 친좌익적 좌우합작운동을 추진하면서 자신을 정치적으로 실각시키려 한 것처럼 주장했지만, 역사적 진실은 이와는 정반대였다.

이승만은 1946년 4월부터 6월까지 미군정의 든든한 후원과 한민당이 중심이 된 경찰, 행정관료, 우익 청년단체 등의 열광적 지지를 받으며 남한을 순행했다. 1909년 순종의 남순(南巡)과 북순(北巡)을 연상케 하는 거대한 행렬이었다. 대규모 병력이 동원된 경찰의 삼엄한 경비, 우익 청년단체의 보조, 지역 주민 수만 명이 강제동원된 환영행사가 시·군·읍 단위에서 벌어졌다. 이승만이 남한 각 지방을 방문하는, 소위 남선순행에 발맞춰 우익 청년단은 좌익 정당과 사회단체를 폭력적으로 공격했고, 경찰의 방관 속에 지방 사회에서 좌우 세력 균형은 역전되었다.[6] 이승만의 남선순행 전후에 벌어진 이러한 전국적 현상을 통해 대중은 미군정과 경찰·공권력이 누구를 지지하는지, 누구를 배격하고 있는지를 직관적이고 물리적으로 분명히 알 수 있었다. 여세를 몰아 이승만은 1946년 6월 남한의 최대 우파 대중조직이던 독촉국민회를 장악하는 데 성공했다. 1946년 초반 반탁운동으로 고조되었던 김구와 임시정부 계열에 대한 지지를 떠올려본다면 믿기 힘든 승리였다. 김구는 자신이 이승만 다음의 제2인자임을 인정함으로써, 우익 진영의 서열이 분명하게 정리되었다.[7]

5   정병준, 2005, 앞의 책, 527~543쪽.
6   정병준, 2005, 앞의 책, 543~588쪽.
7   "The National Society for the Rapid Realization of Independence," HQs, USAMGIK, Dept. of Public Info., July 1, 1946; HQ, USAFIK, G-2 Weekly

1946년 초반 지사적 태도와 결연한 자세로 전국적 반탁운동을 불러일으켜 남한 정계의 총아로 우뚝 섰던 김구는 반탁의 에너지를 자신의 정치적 재원으로 환원시키는 데 성공하지 못했다. 독립운동가였던 김구는 상해와 중경의 좁은 한인 공동체 속에서 투쟁했을 뿐, 대중정치인으로서 정당정치와는 거리가 멀었다. 한독당과 임시정부는 역사성과 정통성이 분명했지만, 대중의 지지와 마음을 사로잡을 정치적 구호와 역동성, 정치적 수완과 신축자재함이 부족했다. 반탁운동으로 고조되었던 대중의 열광적인 환호는 미군정의 비토와 현실 정치의 전개 속에서 식어갔다. 1946년과 1947년 김구와 임시정부 계열은 연속적으로 반탁운동 혹은 쿠데타 계획을 추진했으나, 반탁운동이 전개될수록 김구와 임시정부 계열의 추동력은 약화되었다.[8]

　　미군정은 1946년 5월부터 김규식과 여운형의 좌우합작운동을 지지했다. 하지 중장 역시 공식 지지를 표명했지만, 도대체 좌우합작운동의 목표가 무엇인지는 여전히 분명하지 않았다. 사태는 1946년 10월에 가서야 명백해졌다. 미군정은 1945년 진주 이래 추진했던 고문회의, 정무위원회, 민주의원의 실패 원인이 한국인의 대표성과 대의성이 결여된 미군정의 일방적 인선 때문이라고 판단했다. 북한에서는 정권을 한국인들의 손에 넘기고 있는 상황도 고려해야 했다. 미군정은 남북·좌우·미소 양측에 설득력을 가질 수 있는 중도파 여운형 및 김규식의 합리적 추천에 따른 입법기구를 창출하는 게 가장 좋은 정치적 모양새라고 판단한 것이다. 한국인의 추천에 따른 입법기구의 창설은 미소공위 대처는 물론 군정의 지지 기반 강화에도 도움이 되는 방안이었다. 나아가 중도좌파 여운형을 좌파 박헌영으로부터 분리시켜 중도파를 강화함으로써, 미군정이 후원하

　　Summary no.40 (1946. 6. 19): 정병준, 2005, 앞의 책, 560~563쪽.

8　　정병준, 2009, 앞의 글.

는 우파의 광주리를 확대할 수 있는 삼중의 효용을 지닌 묘수였다.[9]

이러한 정치공학적 구상과 판단 속에서 미군정은 정상적인 정치적 접근보다는 공작 차원에서 상황을 정리하고 사태를 다루려고 했다. 상대에 따라서 체포·수사·기소·재판 등의 사법 절차와 정치공작·자금지원·회유·협박 등의 다양한 방법이 동원되었다. 박헌영에 대한 총체적 공격, 여운형에 대한 선택적 회유와 공작, 김규식에 대한 소규모 지지, 이승만에 대한 압도적 지지가 이 시점에서 미군정의 선택이었다.

미군정의 속내가 가장 명확하게 드러난 지점은 개별 정치인 및 정파에 대한 재정적 후원과 공작이었다. 1946년 5월 미군정은 표면적으로 좌우합작운동을 지지한다고 했지만, 정치자금에 대한 미군정의 정책은 전혀 다른 얘기를 하고 있었다. 먼저 하지 장군은 이승만에게 1,000만 원의 정치자금을 제공했다. 친일파가 중심이 된 대한경제보국회라는 일종의 정치적 보험조직이자 엽관운동 단체가 중개 역할을 했다. 대한경제보국회 회원 10명이 조선은행에서 200만 원씩 대출을 받아 총 2,000만 원의 정치자금을 마련했고, 그중 1,000만 원을 이승만에게 헌납했다. 조선은행은 개인에게 10만 원 이상 대출할 수 없었으므로 2,000만 원의 정치자금 대출은 하지 중장의 특별명령에 따른 것이었다고 할지라도 명백한 실정법 위반이었다. 이들은 어떠한 담보도 제공하지 않았으며, 정치적 결정에 따른 것이었으므로 상환하지도 않았다.[10] 특정 정치인을 위해 조선은행의 발권력을 남용한 엄청난 규모의 정치자금 조달과 제공이었고 정치자금 스캔들이었지만, 한국인들에게는 철저히 비밀로 감춰졌다. 그 비밀은 하지 중장과 미군정 수뇌부, 이승만, 대한경제보국회, 한민당 지도

9   정병준, 1993a, 「1946~1947년 좌우합작운동의 전개 과정과 성격변화」, 『한국사론』 29집; 정병준, 1995, 앞의 책.

10   정병준, 1999, 「대한경제보국회의 결성과 활동」, 『역사와 현실』 33; 정병준, 2005, 앞의 책, 580~800쪽.

부 정도만 알고 있었다. 이들이 당시 한국의 지배 세력이었다. 필자는 이승만 문서철에서 대한경제보국회 회원들이 1,000만 원을 '애국금'으로 이승만에게 헌납한다고 연대 서명한 문서를 발견했고,[11] 이후 하지 장군 문서철에서 하지가 이들 10명에게 2,000만 원의 대부를 허가한다는 문서 (1946년 4월 25일)를 발견했다.[12] 이때까지 이승만의 정치자금 마련을 위한 2,000만 원 대부 건은 현대사에서 비밀로 묻혀 있었다.

김규식의 비서였던 송남헌은 생전 좌우합작운동에 대한 미군정의 지원금을 하춘식(하지, 춘곡 원세훈, 김규식의 합성 이름)의 명의로 받았다고 증언한 바 있다.[13] 버치 문서철에 하춘식 명의로 좌우합작운동에 300만 원을 지원하라는 하지 장군의 특별명령(1946년 11월 5일)이 들어 있다. 버치 문서철의 문서에는 '何春植'이라는 이름이 선명하게 기록되고, 한자로 새긴 도장도 찍혀 있다.[14]

미군정이 이승만에게 1,000만 원의 정치자금을 제공한 시점에 조선공산당이 입주한 정판사 건물에서 100원짜리 위조지폐 240만 원을 찍어냈다는 '정판사 위폐사건'이 발생했다. 1946년 5월 3일 경기도 경찰부는 12명을 체포했고, 그중 조선공산당원이자 정판사 직원인 김창선이 주요

11   「보고서(1946. 7. 18) 민규식·최남·강익하·박기효·하준석·전용순·공진항·김성준·장진섭·조준호」, 우남 이승만 문서편찬위원회 편, 1998, 『우남 이승만 문서 동문편』 15, 101~103쪽.

12   Subject: Extension of credit by USAMGIK, John R. Hodge to Military Governor of Korea, (1946. 4. 25) Top Secret, RG 554, USAFIK Adjutant General, General Correspondence, Decimal File 1945-1949 Conditions in Korea 1945-1948, Box 21.

13   송남헌, 1985, 앞의 책(2권), 389쪽; 「송남헌 인터뷰」(1999년 4월 15일, 4월 30일, 10월 8일, 서울 마포 한신빌딩 1715호); 정병준, 2000, 「1945~47년 우익 진영의 '애국금'과 이승만의 정치자금 운용」, 『한국사연구』 109, 195~198쪽.

14   Subject: Allocation of Occupation Funds, John R. Hodge to Military Governor, (1946. 11. 5) Bertsch Papers, Box 2-A-9, Folder "John Hodge 1946, Allocation of Occupation Funds Hah Tchun Sic."

혐의자로 지목되었다.[15] 이후 박낙종, 송언필, 이관술 등이 줄줄이 검거되어 실형을 선고받았다.

정치자금의 측면에서 상황을 헤아려보면, 미군정은 이승만에게 +1,000만 원, 김규식에게 +300만 원, 김구에게 0원, 여운형에게 0원, 박헌영에게 −240만 원을 제공한 것이다. 정치자금의 지원 규모가 해당 정치인 및 정파에 대한 미군정의 선호도를 반영한다고 봐도 된다. 정치적 기회의 측면에서도 불균등이 발생했던 것이다. 미군정은 1945~1946년에 두 차례의 대실패에도 불구하고 이승만에게 정치적 구심이 될 수 있는 전력을 다한 후원을, 김규식에게는 1946년 중반 이래 정치적 기회와 립서비스를, 김구에게는 1946년 이래 침묵 속 감시와 비협력을, 여운형에게는 회유와 공작을, 박헌영에겐 진주 직후 냉담함과 1946년 중반 이후 전력을 다한 정치적 탄압을 제공했다. 최소한 1946년 하반기까지 미군정은 이승만-한민당 블록을 중심으로 한 우익 진영에게 전폭적인 지원을 제공하고 기대를 걸고 있었던 것이다.

1946년 5월 미군정은 이승만에게 1,000만 원의 불법 정치자금을 제공하고, 박헌영에겐 240만 원의 정판사 위폐사건으로 정치적 사망선고를

15   Memorandum for General Hodge, Subject: Counterfeiting, Communist Ties With, USAFIK, HQ, CIC, File No.8-20, (1946. 5. 10) RG 554, USAFIK Adjutant General, General Correspondence, Decimal File 1945-1949. Box 16. 정판사 위폐 사건의 규모는 240만 원(1946년 5월 10일 버치 보고서), 최소 300만 원 이상(1946년 5월 15일 미군정 공보부 특별발표), 900만 원(『동아일보』 1946년 5월 17일자), 1,200만 원(재판 과정) 등으로 규모가 늘어났다. 정판사에서 1945년 10월 하순부터 1946년 2월 상순까지 총 6회에 걸쳐 총 1,200만 원의 위조지폐를 찍었고, 100원 권으로 12만 장을 위조했다는 것이다. 정판사 위폐사건에 대해서는 다음을 참조. 박수환, 1947, 『소위 '정판사위폐사건'의 해부-반동파 모략의 진상을 폭로함』, 광킹인쇄소 RG 242, SA 2007, Box 7, Item 79; 고시운, 2008, 「정판사사건 재심청구를 위한 석명서」, 『역사문제연구』 20; 임성욱, 2016, 「조선정판사 '위조지폐'사건의 재검토-제1심 판결의 모순점을 중심으로」, 『역사비평』 봄호; 김두식, 2018, 「4부 조선정판사 '위조지폐' 사건」, 『법률가들: 선출되지 않은 권력의 탄생』, 창비.

418

HEADQUARTERS
UNITED STATES ARMY FORCES IN KOREA
APO 235

091 (Korea)

25 April 1946

SUBJECT: Extension of Credit by USAMGIK

TO   : Military Governor of Korea, Seoul, Korea
         (Attn: Director, Department of Finance)

1. Under authority contained in SCAP radio #CX 59599 DTG 050755 April (inclosed), it is directed that a loan in the amount of Twenty Million Yen (¥20,000,000.00) be made from funds of the Military Government of Korea to the following Koreans. Money to be supplied in accordance with provisions of reference radio.

Cho Choon Ho	Chun Yong Soon
Min Kyu Sik	Choe Nam
Kang Ik Ha	Kong Chin Hang
Phak Ki Hyo	Chang Chin Sup
Ha Choon Suk	Kim Sung Choon

2. The maturity of this loan will be 1 May 1948. This loan will not bear interest.

3. All papers and transactions relative to this extension of credit will be treated as TOP SECRET.

JOHN R. HODGE
Lieutenant General, U. S. Army
Commanding

Incl: SCAP radio #CX 59599

TOP SECRET

Original Delivered to Lt Col Gordon, Fin Bureau
Mil Gort

TOP SECRET

(59)

대한경제보국회에 2,000만 원 대부를 허가해주라는 하지의 특별명령(1급 비밀). 1946년 4월 25일. © NARA.

내리면서, 표면적으로는 여운형·김규식의 좌우합작운동을 지지한다고 선언했다. 이런 측면에서 1946년 5월은 이후에 벌어질 남한 대격변 및 대혼란의 분기점이 되는 시점이었고, 현상적으로 드러나 중요해 보이던 일보다는 감춰져 볼 수 없던 비밀스러운 행적이 중요했던 시기다.

1946년 중반 이승만과 한민당의 관계는 믿을 수 없을 정도로 공고했다. 대한경제보국회는 하지의 특별명령과 신임하에 조선은행에서 대출을 받아 이승만과 『농민신문』, 안재홍 등에게 정치자금을 제공한 최상급 브로커였는데, 이승만과 한민당은 남한의 최고 부자인 이들이 이승만에게 더 많은 정치자금을 내야 한다고 생각했다. 김준연의 사위이자 정판사 위폐사건의 담당 검사였던 김홍섭은 1946년 9월 11일 대한경제보국회 회원 전용순과 박기효를 체포해 조사했다. 조준호는 출타 중이라 체포를 피했다. 이승만 측에게 더 많은 정치자금을 내게 하기 위해 이들을 조사하라고 압력을 넣은 사람은 검사총장 이인이었다. 이승만의 정치자금 염출을 위해 이미 이승만에게 정치자금 1,000만 원을 제공한 전용순, 박기효, 조준호를 조사하며 압박한 것이다. 김홍섭 검사는 이들에게 2,000만 원 중 나머지 1,000만 원을 이승만에게 제공하길 왜 거부하냐며 이유를 대라고 요구했다. 이들은 이 문제가 하지 장군의 정치고문의 요청에 따른 것이며, 굿펠로우 대령의 요청으로 해당 문제에 대한 취급은 군정 최고위층에서 이뤄진 것이라며, 자신들은 이 문제에 답할 자유가 없다고 했다. 김홍섭은 해당 자금이 암시장 거래에서 획득한 파생물이라고 주장하며, 이들을 기소하겠다고 했다. 몇 시간 후 이들은 풀려났다. 이들은 곧바로 하지의 정치고문 버치 중위를 찾아가 사정을 호소했다.

대한경제보국회의 실태와 이승만에게 1,000만 원의 정치자금이 제공된 내막을 잘 알고 있던 버치 중위는 깜짝 놀라 9월 18일 정판사 위폐사건 공판이 벌어지고 있던 법정을 찾아가 김홍섭 검사를 호출했다. 버치는 전용순, 박기효, 조준호는 하지 사령관의 특별명령에 따라 활동하는 사람들이니 건들지 말라며 김홍섭에게 다음 날 자신의 사무실로 출두하라고 요구했다. 김홍섭은 덕수궁 버치의 사무실로 찾아가겠다고 약속했으나, 출두하는 대신 미군 장교에게 협박을 받았다며 검사직을 사임하겠다는 기자회견을 열었다. 미군정 수뇌부의 장교가 정판사 위폐사건 공판 중에 담당 검사인 자신을 찾아와 부당하게 수사에 개입했으며, 자신에게 출두를 '지시'하고 범죄 혐의자인 전용순과 박기효에게 사과하라고 '명령'했다는 내용이었다.[16] 검사들은 물론 사법부의 한국인 직원들도 분개했다는 언론플레이가 이어졌다. 물론 김홍섭은 사임하지 않았다.[17] 대법원장 김용무, 사법부장 김병로처럼 "한민당과 아주 강하게 밀착되어 있던" 검사총장 이인은 정치적 목적으로 사법권을 남용하지 말라는 러치 군정장관의 특별명령을 반복적으로 위반하고 있었던 것이다.[18] 버치에 따르면 김홍섭은 한민당 김준연의 사위였고, 김준연은 이종형, 신익희와 밀접한 사이였다. 이종형은 악질 친일파 출신 극우파였고, 신익희는 임시정부 내무부장 출신으로 이승만의 독촉국민회에 합류한 바 있다.

대한경제보국회 회원이자 유명 공산당원 이강국의 처남이었던 조준호도 한민당의 정치자금 사냥 대상이 되었다. 2,000만 원 정치자금 모금자 중의 한 명이던 조준호는 2,000만 원을 모두 이승만에게 제공할 것이 아니라 『농민신문』을 발행해 정치교육에 사용해야 한다고 주장한 바 있다. 이 때문에 그는 대한경제보국회원 민규식의 반발을 샀다. 이미 1946년 1월 "검찰과 경찰을 장악하고 있는" 한민당 고위 간부들이 조준호를 찾아가 이익방지법을 위반했다며 기소 대상이라고 위협했다. 버치는 사

---

16   「김홍섭 검사 돌연 사직」, 『중외신보』·『서울신문』 1946년 9월 20일자.
17   Report to General Lerch, Subject: Kim, Hong Sup. September 20, 1946. by Leonard M. Bertsch. Bertsch Papers, Box 1-W-47.
18   Memorandum by John W. Connelly Jr. Director, Department of Justice, 20 September 1946. Bertsch Papers, Box 1-W-47.

업가들이 일제 패망 이후 사업 수완을 발휘해 부당거래로 돈을 벌었을 게 분명하기 때문에 협박이 이뤄진 것으로 보았다. 한민당 고위 간부들은 조준호에게 기소 대신 조국을 사랑하는 애국심으로 적절한 정치인에게 기부하는 방법이 있다고 했다. 조준호가 기부를 거절하자 기소 절차가 시작되었고, 그가 '정치교육 사업'을 위해 200만 원을 제공하자 사건이 중단되었다.

1946년 5월 조준호는 한독당에 작은 금액의 정치자금을 제공했는데, 이번에도 한민당 대표가 찾아와 적절한 정당에 정치자금을 충분히 제공하라고 요구했다. 그런데 부유한 사업가들이 참가한 한민당은 자금이 넘쳐났고, 김구 측에는 중국[국민당] 측에서 충분한 자금 지원을 했기 때문에 우익 정당들의 자금 사정은 넉넉했다. 조준호의 사정을 전해 들은 한독당 대표가 버치 중위를 찾아갔다. 한독당은 한민당의 행위가 같은 우익 동료를 등 뒤에서 비수로 찌르는 행위나 마찬가지라고 비난했다. 버치는 조준호와 직접 면담했는데, 그는 한민당이 사법부를 통제해 한민당에 재정 후원의 수단으로 삼고 있음을 확인해주었다. 버치는 7월 15일 하지 장군에게 구두로 보고했고, 러치 군정장관은 조준호에 대한 기소를 막으며 자신의 직접 명령 없이는 사건을 진행하지 말라고 명령했다. 그러나 사법부의 한국인 직원이 조준호 사건을 재개했다. 8월 1일 경찰들이 조준호 자택을 압수수색했고, 8월 2일 조준호에게 법원 심문이 통지되었다. 러치는 해당 명령을 내린 바 없고, 사법부 미군부장인 코널리(Connally) 소령도 적극적으로 관련 정보를 제공했다. 코널리는 사법부장 김병로가 조준호 기소를 강력히 원하고 있다며 정치적 고려 없이 기소할 의향이라고 알려왔다. 버치는 김병로의 의중에 순전한 정치적 목적(purely political in character)이 숨어 있음을 간파했다. 김병로는 "조준호가 넘버원 공산주의자의 밀접한 친척"이라는 사실이 유일한 정치적 고려라고 코널리에게 주장했다. 버치는 이강국의 처남이라는 게 무슨 상관이 있느냐며 코웃음을 쳤다. 그러면서 이러한 정치적 기소가 이뤄진다면 한국인 관리들이 돈을 뜯기 위해 협박하는 권리를 보증하게 될 것이라고 했다.[19]

여기에 등장하는 김홍섭, 이인, 김병로는 한국 법조계에 좋은 평판과 명성을 남긴 대표적인 법조인들이다. 김홍섭은 절친했던 천주교 신자 장면으로부터 '사도법관'이라는 칭송을 들을 정도로 신앙심이 깊고 성실 근면하고 올곧은 인물로 알려져 있다. 정판사 위폐사건에 대한 좌익의 공세에도 불구하고 사도법관 김홍섭과 민주투사가 된 조재천이 검사로 참가했기 때문에 "훌륭한 사람들이 사건을 조작했을 리 없다는 믿음은 훗날 조선정판사 위조지폐 사건 결과의 정당성을 지탱하는 든든한 방패가 되었다"는 평가가 있을 정도다.[20] 이인은 항일변호사로 이름을 떨쳤고, 미군정기에는 반공 법조인으로 대활약했으며, 한글운동에 전 재산을 희사한 인물이다.[21] 김병로는 어떠한가? 그는 한국 사법계의 말 그대로 살아 있는 전설이다. 항일변호사로 식민지시대를 일관했으며, 정부 수립 이후 이승만에 맞서 사법계를 수호한 대법원장으로 청렴결백과 올곧음으로 지금까지 명성을 누리고 있다.[22]

그런데 1946년 중반 김홍섭, 이인, 김병로가 보여준 한민당의 실체는 좀 적나라하다. 버치 중위와 같은 하지 장군의 최측근조차 제어할 수 없을 정도로 방대해지고, 무소불위의 권력을 휘두르고, 한민당과 이승만을 위해 부자들을 사법적으로 협박해서 강제로 정치자금을 모으고 있는 상황이었다. 불하받은 벼락권력이었지만, 경찰·검찰·법원을 장악하고 시간이 흘러 강한 지배력을 행사하게 되자, 자기 관성과 자율성을 구사하는

19   Report to Commanding General, XXIV Corps, Subejct: Prosecution of Cho Chun Ho, 7 August 1946. L. M. Bertsch, 2nd Lt., Bertsch Paper, Box 1-PQ-34~42.
20   장면, 「사도법관 김바오로 씨의 서거」, 『가톨릭시보』 1965년 3월 28일자; 김두식, 2018, 앞의 책, 174쪽.
21   이인, 1974, 『반세기의 증언』, 명지대학교출판부.
22   한인섭, 2017, 『가인 김병로』, 박영사.

방향으로 구동하기 시작했던 것이다.

이들은 1946년 하반기 이승만의 도미 외교 자금을 모금하기 위해 동일한 방식으로 활동했다. 주요 도시의 주민들에게 이승만 도미 외교를 명목으로 강제적인 할당액이 배정되었고, 회사원과 은행원들은 월급에서 일률적으로 헌금을 내야 했다. 공식 환율 시스템이 부재했던 미군정 치하에서 원화와 달러의 합법적 환전은 거의 불가능했다. 처음에는 인천 화교와 접촉했으나 거래에 실패했던 이승만은 한국에 미션스쿨을 소유한 미국 선교본부로부터 좋은 환율로 달러를 받는 대신 미션스쿨에 원화를 제공하는 방식을 택했다. 명백히 불법적인 거래였다. 한민당이 장악한 경찰·검찰·법원 등 사법권력과 행정권력은 오히려 강제적 모금운동을 애국적 활동으로 치켜세웠다. 미군정은 이승만의 도미 외교를 위한 강제모금과 불법적 환전을 파악하고 있었지만, 이를 문제 삼지 않았다.[23] 분명히 드러난 불법적 정치자금 모집과 불법 환전 등은 미군정의 침묵 속에 공개적으로 승인된 것이다.

1946년 말 도미 외교에 나선 이승만의 위상 대부분은 하지와 미군정에 의해 만들어진 것이나 다름없었다. 대외적 선전, 정치적 기회의 제공, 조직 장악의 방략, 정치자금 조달 등에 있어서 미군정은 최상의 서비스를 제공했다. 독촉중협, 민주의원 등의 거듭된 실패에도 하지와 미군정은 최선의 기회, 최다의 정치자금을 제공했고, 불법 및 탈법을 눈감아주었다.

1946년 12월 미국에 도착한 이승만의 일성은 "하지는 공산주의자다. 트루먼 대통령은 하지를 해임시켜야 한다"는 것이었다. 좌우합작운동을 지지해 실질적으로 좌파와 공산당을 육성한 반면, 우파인 자신을 정치적으로 배제하고 매장하려 했기 때문이라고 주장했다.[24] 친미나 보수파가

---

23   정병준, 2005, 앞의 책, 601~615쪽.
24   정용욱, 2003, 앞의 책; 정병준, 2005, 앞의 책, 623쪽.

아닌 한국인은 모두 공산주의자라고 공언했던 하지로서는 불의의 통격을 당한 셈이었다. 하지는 명성, 조직, 자금의 측면에서 전심전력을 다해 이승만을 남한 최고의 정치인으로 입신케 했으나, 이승만은 눈 하나 깜짝하지 않았다.

1946년 말에 접어들자 이제 모든 것이 명징해졌다. 미군정하의 행정 권력은 한민당의 수중에 들어갔고, 정치적 지배력은 이승만이 행사하고 있었다. 좌익은 '정당방위의 역공세'를 주장하며 9월 총파업과 10월 인민 항쟁을 벌였고, 그 와중에 과도입법의원 선거가 치러졌다. 남한은 혼돈과 혼란의 도가니가 되었다. 해방 직후 분출했던 각 정치세력의 지향과 행위 주체들의 욕망이 뒤엉켜 1946년 말의 남한을 장식했다.

38선 이북의 북한에서는 1946년 2월 이래, 북조선임시인민위원회가 조직되어 민주개혁을 앞세우면서 실질적인 단독정부로 성큼 다가서고 있었다. 1946년 말에 이르러 남한은 대혼란, 북한은 대건설의 현장처럼 보였다. 그러나 실제로는 서로 영향을 주고받으며 거울처럼 상대방을 비추고 있었다. 미국과 소련은 한반도 남북에서 각각 자국에게 우호적인 정부를 세우기 위해 최선의 노력을 경주하고 있었다.

한반도에는 좌우, 남북, 미소라는 세 층위의 갈등과 압력이 중층적으로 쌓이고 있었다. 언제, 어디에서, 누가, 무슨 일을 벌일지는 예견할 수 없었지만, 폭풍우가 몰려오고 있다는 점은 분명했다. 누구에게는 이제 끝이 보이려는 참이었고, 누구에게는 끝이 보이지 않는 혼돈 그 자체였고, 누구에게는 막다른 골목이었다. 행위 주체들에 따라 시대는 전혀 다른 이야기를 전하기 시작했다.

참고문헌

1. 미간행 자료

미국 국립문서기록관리청(The National Archives and Records Administration: NARA) 소장 자료

- RG 59 국무부 십진분류문서(State Department, Decimal File)
- 740.00119 series, 740.00119 control（Korea）series, 740.00119 Control（Japan）series, 895.01 series, 895.00 series.

- RG 84 국무부 재외공관 문서(Records of the Foreign Service Posts of the Department of State, 1788-1964)
- RG 84, Japan; Office of the US Political Adviser for Japan, Tokyo; Classified General Records, 1945-1952, Box 2.

- RG 165 민사처(CAD)·작전국(OPD)문서
- RG 165, OPD 091 Korea.
- RG 165, Civil Affairs Division General Records, Security Classified General Correspondence, 1943-1949. 7, Boxes 180, 188.

- RG 242 북한노획문서(Captured Korean Documents)
- RG 242, Korean Documents, No.201232, 「朝鮮共産黨文件」.
- RG 242, SA 2006, Box 12, Item 32 王益權, 「自敍傳」(1947. 9), 北朝人委 教育局, 一九四七年度 金日成大學發令件, 北朝鮮人民委員會 教育局, 1947.
- RG 242, SA 2006, Box 12, Item 32.1 方圓哲, 「自敍傳」(1947. 3. 24), 北朝人委 教育局, 一九四七年度 金日成大學發令件, 北朝鮮人民委員會 教育局, 1947.

- RG 226 OSS문서(Office of Strategic Services)
- RG 226, Entry 224, OSS Personnel Files, 1941-1945, Box 822.

- RG 319 육군정보참모부 IRR 파일(U.S. Army Investigative Records Repository, Intelligence and Investigative Dossiers Personal Files)
  - RG 319, Army Staff IRR Personal File, Kim, Ke Cho, File, ID: XA 511282.

- RG 331 연합군최고사령부(SCAP) 문서(General Headquarters, Far East Command, Supreme Commander Allied Powers, and United Nations Command)
  - RG 331, General Headquarters, Far East Command, Supreme Commander Allied Powers, and United Nations Command, Box 71.
  - RG 331, Supreme Commander for the Allied Powers, AG Section, Mail & Record Branch, Classified Decimal File 1945-47, Box 785-2.

- RG 554(이전 RG 332) 주한미24군단 군사실 문서(USAFIK, XXIV Corps, G-2, Historical Section)
  - RG 332, USAFIK, XXIV Corps, G-2, Historical Section, Box 27, *Historical Journal* 11 Aug.-10 Oct. 1945, etc. (4 of 6).
  - RG 332, USAFIK, XXIV Corps Historical File, Boxes 27, 32, 33, 36, 77.
  - RG 554, USAFIK, XXIV Corps, G-2 Historical Section, 1945-1948, Boxes 7, 27, 36, 51, 65.
  - RG 554, USAFIK Adjutant General, General Correspondence (Decimal Files) 1945-1949, Boxes 16, 21, 88.
  - RG 554, USAFIK Adjutant General, Radio Messages, 1945-1949, Box 182.

미국 장로교역사연구소 소장 자료(Presbyterian Church Archives, Presbyterian Historical Society)
  - RG 140, Box 2, Folder 28, John Hooper, "Letter from the Board to the Korea Mission," 22 October 1945.
  - RG 140, Box 16, Folder 29, Dexter N. Lutz, letter written from Seoul to Dr. Hooper, 7 May 1946.
  - RG 140, Box 16, Folder 29, "Re-establishment of Korea Mission work: 1943-8," Edward Adams "Report on Korea," (1946. 1. 13).
  - RG 140, Box 16, Folder 29, Edward Adams, "Report on Korea," 15 January 1946.
  - RG 140, Box 16, Folder 29, O. R. Avison, "Note on objections some missionaries and some Board Secretaries make to joining in a movement to urge the United States of America to declare the immediate independence of Korea," 18 November 1943.
  - RG 140, Box 16, Folder 29, "Notes on address by Commander George Tsur

Williams to Korea secretaries and missionaries in the Methodist Chapel, 30 January 1946."

하버드옌칭도서관 버치문서철(Leonard M. Bertsch Paper, Harvard Yenching Library)

- Memorandum by John W. Connelly Jr. Director, Department of Justice, 20 September 1946. Bertsch Papers, Box 1-W-47.
- Report to Commanding General, XXIV Corps, Subejct: Prosecution of Cho Chun Ho, 7 August 1946. L. M. Bertsch, 2nd Lt., Bertsch Paper, Box 1.-PQ-34~42.
- Report to General Lerch, Subject: Kim, Hong Sup. September 20, 1946. by Leonard M. Bertsch. Bertsch Papers, Box 1-W-47.
- Subject: Allocation of Occupation Funds, John R. Hodge to Military Governor. November 5, 1946, Bertsch Papers, Box 2-A-9, Folder "John Hodge 1946. Allocation of Occupation Funds Hah Tchun Sic"

기타

- Robert T. Oliver Papers, "Syngman Rhee to Robert T. Oliver" (1945. 10. 21), 국사편찬위원회.
- Preston Milard Goodfellow Papers, Box 2, Biographical Material, Hoover Institution Archives, Stanford University.
- 『크로프츠(Alfred Crofts) 일기』(1945년 8월~1946년 5월), 서울대 기록관.

영국 국립문서보관소(TNA) 소장 자료

- FO 181/1017/5 Korea, 1946. 소련 주재 영국 대사관·영사관 기록.

2. 간행 자료

신문

『京城日報』, 『경향신문』, 『공업신문』, 『獨立新報』, 『東亞日報』, 『로동신문』, 『每日新報』, 『서울신문』, 『自由新聞』, 『朝鮮人民報』, 『朝鮮週報』, 『中央新聞』, 『解放日報』, 『혁명신문』, 『현대일보』, Seoul Times, The New York Times

잡지

고심백, 1945, 「각당각파의 인물기」, 『민심』 11월.

金璟載, 1932, 「動亂의 間島에서」, 『삼천리』 4권 6호.

_____, 1939, 「朴錫胤氏의 印象-新任한 波蘭總領事를 보내며」, 『삼천리』 11권 7호.

김환균, 「내가 만난 사람-리처드 로빈슨(Richard Robinson)」 (1)~(3), 『온라인 미디어 오
늘, '교양 PD의 세상보기'』, 2004년 2월 16일, 2월 23일, 3월 1일.

류재순, 1990, 「이천추-마지막 사회주의자의 조용한 갈망」, 『월간 다리』 3월.

박재창, 1985, 「평남건국준비위원회 결성과 고당 조만식: 1945년」, 『북한』 8월.

宋南憲, 1964, 「不協和音의 政界山脈」, 『思想界』 12권 18호, 8월.

안재홍, 「(성명)조선건국준비위원회와 余의 처지」(1945년 9월 10일), 안재홍선집간행위원회
편, 1983, 『민세안재홍선집』 2권, 지식산업사.

_____, 「8·15 당시의 우리 정계」, 『민세안재홍선집』 2권.

_____, 「몽양 여운형 씨의 추억」(1947년 9월), 『민세안재홍선집』 2권.

_____, 「민정장관을 사임하고」, 『민세안재홍선집』 2권.

_____, 「八·一五 당시의 우리 政界」, 『민세안재홍선집』 2권.

양주군·양주문화원, 2002, 「정의와 원칙의 파수꾼: 최능진」, 『양주항일민족운동사』, 대화인쇄.

이란, 1990, 「몽양 여운형 선생을 추억함」, 『월간 다리』 3월.

李鳳九, 1946, 「거리의 情報實: 金桂祚와 國際文化社」, 『신천지』 5월.

이영근, 1990, 「통일일보 회장 고 이영근 회고록(상): 여운형·건준의 좌절」, 『월간조선』 8월.

李仁, 1967, 「解放前後 片片錄」, 『新東亞』 8월.

李庭植, 1991, 「8·15의 미스테리: 소련군 진주설의 진원」, 『新東亞』 8월.

이훈구, 1946, 「한미협회 설립의 의의와 전망」, 『亞美理駕』 1-1, 9월.

장면, 「사도법관 김바오로 씨의 서거」, 『가톨릭시보』 1965년 3월 28일자.

鄭相允, 1968, 「建準天下20日」, 『月刊中央』 8월.

崔雪卿, 1940, 「夫君 朴錫胤 氏 생각, 香港까지 愛兒를 다리고 갓다가」, 『삼천리』 12권 3호.

최하영, 1968, 「政務總監, 韓人課長 呼出하다」, 『月刊中央』 8월.

한현우, 1975, 「나의 반탁투쟁기(I) 암살전야」, 『세대』 10월.

「米英打倒座談會」, 『東洋之光』 4권 2호, 1942년 2월.

「金日成 等 反國家者에게 勸告文, 在滿同胞 百五十萬의 總意로」, 『삼천리』 13권 1호, 1941.

「新朝鮮建設의 大道」, 『朝鮮週報』 1권 1호, 1945.

「延專篇, 今後十年, 創立 三十五周年만에 五百萬圓으로 大學을-自然科學研究所와 宗敎科까
지-, 校長 元漢慶氏 談」, 『삼천리』 12권 4호, 1940년 4월.

"The Victim of Military Occupation," *The Voice of Korea*, 1947. 9. 16.

"Clin Path's first chief dies in California," *Clinical Center News*, February 1995.

회고록

고영민, 1987, 『해방정국의 증언-어느 혁명가의 수기』, 사계절.

古下先生傳記編纂委員會, 1965, 『古下宋鎭禹先生傳』, 동아일보 출판국.

고하선생전기편찬위원회, 1990, 『독립에의 집념-고하송진우전기』, 동아일보사.

金度演, 1967, 『나의 人生白書』, 경우출판사.

金俊淵, 1959, 『獨立路線』, 시사신보사(1984 돌베개 복각판).

김형민, 1987, 『눌정 김형민회고록』, 범우사.

〔노기남〕, 『노기남대주교 일기 I』(1941~1947). 1945년 9월 13일, 9월 18일, 9월 22일. (발행지, 출판연도 미상)

배민수, 1999, 『배민수자서전』, 연세대학교출판부.

백남훈, 1968, 『나의 일생』, 해온백남훈선생기념사업회.

설의식, 1947, 『해방이후』, 동아일보사.

심산사상연구회 편, 1981, 『김창숙』, 한길사.

여운홍, 1967, 『몽양 여운형』, 청하각.

H. G. 언더우드, 2002, 『한국전쟁, 혁명, 그리고 평화』, 연세대학교출판부.

오영진, 1952, 『하나의 증언: 작가의 수기』, 국민사상지도원.

오천석, 1975, 『외로운 성주(城主)』, 광명출판사.

李萬珪, 1946, 『呂運亨鬪爭史』, 民主文化社.

李仁, 1974, 『半世紀의 證言』, 명지대학교출판부.

仁村記念會, 1976, 『仁村金性洙傳』, 인촌기념회.

장리욱, 1975, 『나의 회고록』, 샘터사.

정일형, 1991, 『오직 한길로』, 을지서적.

조경한, 1979, 『백강회고록』, 한국종교협의회.

조덕송, 1989, 『머나먼 旅路 : 言論외길 半世紀의 證言』, 다다미디어.

趙炳玉, 1986, 『나의 回顧錄』, 해동.

조영암, 1953, 『고당 조만식』, 정치신문사.

최학주, 2011, 『나의 할아버지 육당 최남선』, 나남.

파냐 이사악꼬브나 샤브쉬나 지음, 김명호 옮김, 1996, 『1945년 남한에서』, 한울.

韓根祖, 1970, 『古堂 曺晩植』, 태극출판사.

한인섭, 2017, 『가인 김병로』, 박영사.

許政, 1979, 『내일을 위한 證言』, 샘터사.

현봉학, 1999, 『현봉학과 흥남 대탈출』, 경학사.

현봉학, 2017, 『현봉학: 흥남철수작전의 주역, 동포를 사랑한 휴머니스트』, 북코리아.

자료집

강만길·성대경 엮음, 1996, 『한국사회주의인명사전』, 창작과비평사.

京城日報社, 1945, 『朝鮮年鑑』(1944년판).

계훈모, 1987, 『한국언론연표 II 1945-1950』, 관훈클럽신영연구기금.

高元燮, 1949, 『反民者罪狀記』, 白葉文化社.

光州府 總務課, 1946, 『解放前後 回顧』.

國史編纂委員會, 1995, 『韓國獨立運動史 資料 28 臨政篇 XIII』.

김남식 편, 1974, 『남로당연구자료집』 2집, 고려대학교 아세아문제연구소.

김남식·이정식·한홍구 편, 1986, 『현대사자료총서』 제11권, 돌베개.

김병연, 1964, 『평양지』, 평남민보사.

김종범·김동운, 1945, 『해방전후의 조선진상』(돌베개, 1984 복각판).

민족문제연구소, 2009, 『친일인명사전 인명편 2』.

民主主義民族戰線, 1946, 『朝鮮解放年報』, 文友印書館.

북한연구소, 1990, 『북한민주통일운동사: 황해도편』, 북한연구소.

심지연 엮음, 1986, 『해방정국논쟁사 1』, 한울.

연세대학교백년사편찬위원회, 1985, 『연세대학교백년사(1885~1985)』(연세통사 상), 연세대
　　학교.

연세창립80주년기념사업위원회, 1969, 『연세대학교사』, 연세대학교출판부.

영명100년사편찬위원회, 2007, 『영명100년사』, 공주영명중고등학교.

우남이승만문서편찬위원회 편, 1998, 『우남이승만문서 동문편』 13권·14권·15권, 중앙일보
　　사·연세대학교 현대한국학연구소.

이강국, 1946, 『民主主義 朝鮮의 建設』, 조선인민보사 후생부.

李坰謨, 1989, 『격동기의 현장: 이경모 사진집』, 눈빛.

이창주, 1996, 『조선공산당사(비록)』, 명지대학교출판부.

李革 편, 1946, 『愛國삐라全集』, 조국문화사.

정용욱 편, 1994, 『해방직후 정치사회사 자료집』 2권, 다락방.

朝鮮通信社, 1946, 『1947년版 朝鮮年鑑』.

친일반민족행위진상규명위원회 편, 2009, 『친일반민족행위진상규명보고서 Ⅳ-12』.

한국민주당선전부, 1948, 『한국민주당소사』(심지연, 『현대한국정당론: 한국민주당연구 Ⅱ』, 창
　　작과비평사 수록).

한국정신문화연구원, 1991, 『한국민족문화대백과사전』(온라인판).

한림대학교 아시아문화연구소, 1993, 『조선공산당문건자료집(1945~46)』, 한림대학교 아시
　　아문화연구소.

『미국 외교문서』(Department of State, *Foreign Relations of the United States: FRUS*), *FRUS*
　　1945, volume VI.

『주한미군사』(USAFIK, *History of the United States Armed Forces in Korea: HUSAFIK*),
　　manuscript, 돌베개 복각판, 국사편찬위원회 웹서비스.

『주한미군 정보참모부 일일정보 요약』·『주한미군 정보참모부 주간정보 요약』(HQ, USAFIK,

G-2 Periodic Report, G-2 Weekly Summary).

미 국무부 발행 직원록

- *Biographic Register of the Department of State*, September 1, 1944; October 1, 1945; April 1, 1951.
- *Foreign Service List*, January 1, 1945; January 1, 1946; January 1, 1947.
- *Register of the Department of State*, December 1, 1946, United States Government Printing Office, 1947.
- *The Foreign Service Journal*, May 1929, August 1929, October 1934, November 1941, October 1945.

3. 연구 논저

저서

고정휴, 2004, 『이승만과 한국독립운동』, 연세대출판부.

구대열, 1995, 『한국국제관계사연구 2』, 역사비평.

그란트 미드 지음, 안종철 옮김, 1993, 『주한 미군정 연구』, 공동체.

그레고리 헨더슨 지음, 박행웅·이종삼 옮김, 2000, 『소용돌이의 한국정치』, 한울.

金基兆, 1994, 『38線 分割의 歷史』, 동산.

김광운, 2003, 『북한정치사연구 I』, 선인.

김두식, 2018, 『법률가들: 선출되지 않은 권력의 탄생』, 창비.

김성호, 2006, 『동만항일혁명투쟁특수성연구-1930년대 민생단사건을 중심으로』, 흑룡강조선민족출판사.

김인식, 2005, 『안재홍의 신국가건설운동 1944~1948』, 선인.

김학준, 2013, 『두산 이동화 평전』, 단국대학교출판부.

都珍淳, 1993, 『1945~48年 右翼의 動向과 民族統一政府 樹立運動』, 서울대 국사학과 박사학위 논문.

리차드 로빈슨 지음, 정미옥 옮김, 1988, 『미국의 배반』, 과학과사상.

박도원, 1985, 『한국천주교회의 대부 노기남 대주교』, 한국교회사연구소.

박문옥, 1963, 『한국정부론』, 박영사.

박일원, 1984, 『남로당의 조직과 전술』, 세계.

변은진, 1998, 『일제 전시파시즘기(1937~45) 조선민중의 현실인식과 저항』, 고려대 박사학위 논문.

_____, 2018, 『일제 말 항일비밀결사운동 연구-독립과 해방, 건국을 향한 조선민중의 노력』,

선인.

브루스 커밍스 지음, 김주환 옮김, 1986, 『한국전쟁의 기원』 상·하, 청사.

손세일, 1970, 『이승만과 김구』, 일조각.

손치웅, 2009, 『여운형의 밀사』, 몽양여운형선생 60주 추모기념회고록 호주 한국역사기념 명
　　예전당설립위원회.

송건호, 1984, 『한국현대사론』, 한국신학연구소출판부.

송남헌, 1985, 『해방3년사』 I·II, 까치.

스칼라피노·이정식 지음, 한홍구 옮김, 1986, 『한국공산주의운동사 2: 해방후편(1945~53)』,
　　돌베개.

신복룡, 2000, 『한국분단사연구』, 한울.

심지연, 1982, 『한국민주당연구 I』, 풀빛.

＿＿＿, 1984, 『한국현대정당론: 한국민주당연구 II』, 창작과비평사.

＿＿＿ 엮음, 1986, 『해방정국 논쟁사 I』, 한울.

안종철a, 1990, 『해방직후 건준의 지방조직과 지방인민위원회에 관한 연구』, 전남대 정치학과
　　박사학위 논문.

＿＿＿, 1991, 『광주·전남 지방 현대사연구: 건준 및 인민위원회를 중심으로』, 한울.

안종철b, 2010, 『미국선교사와 한미관계 1931~1948』, 한국기독교역사연구소.

안진, 2005, 『미군정과 한국의 민주주의』, 한울.

윤덕영, 2010, 『일제하·해방직후 동아일보 계열의 민족운동과 국가건설노선』, 연세대 사학과
　　박사학위 논문.

이기형, 1984, 『몽양 여운형』, 실천문학사.

이완범, 1994, 『미국의 38도분할선 획정에 관한 연구(1944~1945)』, 연세대학교 정치학과 박
　　사학위 논문.

정병준, 1995, 『몽양 여운형 평전』, 한울.

＿＿＿, 2005, 『우남 이승만 연구』, 역사비평.

＿＿＿, 2009, 『광복직전 독립운동세력의 동향』, 독립기념관 한국독립운동사연구소.

＿＿＿, 2015, 『현앨리스와 그의 시대』, 돌베개.

정용욱, 2003, 『해방 전후 미국의 대한정책』, 서울대학교출판부.

정해구, 1988, 『10월 인민항쟁연구』, 열음사.

曹圭河·李庚文·姜聲才, 1987, 『南北의 對話』, 고려원.

진덕규, 1977, 『한국정치사회의 권력구조에 관한 연구-엘리뜨 유동성과 이데올로기 연관성의
　　분석』, 연세대 정치학과 박사학위 논문.

최영호, 2013, 『일본인 세화회』, 논형.

하세가와 쓰요시(長谷川毅) 지음, 한승동 옮김, 2019, 『종전의 설계자들: 1945년 스탈린과 트
　　루먼, 그리고 일본의 항복』, 메디치.

Arthur J. Moore, 1946, *The Church Cradled in Conflict: A Report of an Episcopal Visit to*

Korea in 1946, New York: The Methodist Church.

Charles M. Dobbs, 1981, *The Unwanted Symbol: American Foreign Policy, the Cold War, and Korea: 1945-1950*, Kent State University Press.

Chung-shin Park, 2003, *Protestantism and Politics in Korea*, Seattle and London: University of Washington Press.

Clarence N. Weems Jr. ed., 1962, *Hulberts's History of Korea*, Vol.2, New York: Hilary House.

Grant Meade, 1951, *American Military Government in Korea*, New York: Columbia University Press(그란트 미드, 1982, 「미군정의 정치경제적 인식」, 『한국현대사의 재조명』, 돌베개).

Harry A. Rhodes and Archibald Campbell, 1964, *History of the Korean Mission: Presbyterian Church in the U.S.A.*, Vol.2. 1939-1959, New York: Commission on Ecumenical Mission and Relations, The Presbyterian Church in the U.S.A..

Hyung-ju Ahn, 2002, *Between Two Adversaries: Korean Interpreters at Japanese Alien Enemy Detention Centers during World War II*, Michi Nishiura and Walter Weglyn, Multicultural Publication Series, Fullerton: California State University.

James Ernest Fisher, 1928, *Democracy and Mission Education in Korea*, Columbia University Press.

_____, 1977, *Pioneers of Modern Korea*, Seoul: The Christian Literature Society of Korea.

James I. Matray, 1985, *The Reluctant Crusade: American Foreign Policy in Korea, 1941~ 1950*, Honolulu: University of Hawaii Press(제임스 I. 매트레이 지음, 구대열 옮김, 1989, 『한반도의 분단과 미국: 미국의 대한정책, 1941-1950』, 을유문화사).

James L. Gilbert & John P. Finnegan eds, 1993, *U.S. Army Signals Intelligence in World War II: A Documentary History*, Washington, D.C.: CMH, U.S. Army.

John Gunther, 1951, *The Riddle of MacArthur: Japan, Korea, and the Far East*, New York: Harpers.

Kai Yin Allison Haga, 2007, *An overlooked dimension of the Korean War: The role of Christianity and American missionaries in the rise of Korean nationalism, anti-colonialism, and eventual civil war, 1884-1953*, College of William & Mary, Arts & Sciences, Ph.D. Dissertation.

Karl Moskowitz, 1995, *Current Assets: The Employees of Japanese Banks in Colonial Korea*(カル モスコビッチ, 1986, 『植民地朝鮮における日本の銀行の従業員達』, 殖銀行友會), Harvard University.

Lee, Chong-Sik, 1977, *Materials on Korean Communism 1945-1947*, Center for Korean Studies, University of Hawaii.

Louse Yim, 1951, *My forty year fight for Korea: with the editorial assistance of E. H.*

Demby, Seoul: Chungang University.

Mark Gayn, 1948, *Japan Diary*, New York: William Sloane Association Press.

Richard F. Underwood, *What A Fun LIFE!: A Medley of Memories of an American in Korea before, during, and after the Wars*, August 18, 2018.

Underwood, Horace Grant, 2001, *Korea in War, Revolution and Peace*, Seoul: Yonsei University Press.

Won Sul Lee, 1982, *The United States and the division of Korea, 1945*, Seoul: Kyung Hee University Press.

姜德相, 2019,『日帝末期暗黒時代の灯として(呂運亨評傳)』, 新幹社.

吉野直也, 1990,『朝鮮軍司令部, 1904~1945』, 國書刊行會.

李千秋,『夢陽呂運亨先生を偲ぶ-彼の思想と行動』. (미간행)

山名酒喜男, 1956,『朝鮮總督府終政の記錄』, 中央日韓協會.

森田芳夫, 1964,『朝鮮終戰の記錄: 米ソ兩軍の進駐と日本人の引揚』, 巖南堂書店.

_____, 1979,『朝鮮終戰の記錄: 資料篇』第1卷, 巖南堂書店.

李景珉, 1996,『朝鮮現代史の岐路』, 平凡社.

早稻田大學出版部,『早稻田大學百年史』第二卷(1981), 第三卷(1987).

早稻田奉仕園, 1998,『早稻田奉仕園九○年の歩み』.

坪江汕二, 1966,『朝鮮民族獨立運動祕史』, 巖南堂書店.

논문

강덕상, 2007,「조선총독부 출신 관료들의 구술사」, 한국학기획연구사업-그 성과와 전망 (2007. 11. 29).

강인철, 1995,「미군정기의 국가와 교회-기독교를 중심으로」,『사회와역사』45집.

_____, 1995,「미군정기의 국가와 교회」, 한국사회사학회 편,『해방 후 정치세력과 지배구조』, 문학과지성사.

고지훈, 2000,「駐韓美軍政의 占領行政과 法律審議局의 活動」,『韓國史論』44집.

김동민, 2010,「동아일보의 신탁통치 왜곡보도 연구」,『한국언론정보학회보』52호.

김동선, 2017,「미군정기 미국선교사 2세와 한국정치세력의 형성-윌리엄스(George Zur Williams)와 윔스(Clarence N. Weems Jr.)를 중심으로」,『한국민족운동사연구』91집.

김상태, 2005,「일제하 개신교 지식인의 미국 인식-신흥우와 적극신앙단을 중심으로」,『역사와 현실』58.

김선호, 2022,「국가건설기 여운형그룹의 북한군 창설과정 참여와 월남」,『동방학지』197.

김성호, 2000,「민생단사건과 만주 조선인 빨치산들」,『역사비평』여름호.

김수자, 1994,「미군정기(1945~1948) 통치기구와 관료임용정책」, 이화여자대학교 사학과 석사학위 논문.

_____, 2008,「미군정의 군정기구 운영과 관료임용 정책」,『향토서울』71호.

김승태, 2022, 「태평양전쟁기 미국 선교사와 그 자녀들의 대일전 참여-미북장로회 내한 선교사를 중심으로 1」, 『한국독립운동사연구』 78집.

김지민, 2002, 「해방 전후 랭던의 한국문제 인식과 미국의 정부수립정책」, 『한국사연구』 119.

김진경, 2021, 「동아일보 신탁통치 보도전말-왜곡은 없었다」, 『관훈저널』 63(1).

김창수, 1988, 「의열투쟁」, 『한민족독립운동사』 4, 국사편찬위원회.

김태윤, 2020, 「북한 간부이력서를 통해 본 일제말 사회주의운동과 네트워크의 연속성-경성제국대학 법문학부 독서회 참여자를 중심으로」, 『한국독립운동사연구』 72집.

김학준, 2014, 「잊혀진 정치학자 한치진: 그의 학문세계의 복원을 위한 시도」, 『한국정치연구』 23-2.

독립기념관 한국독립운동사연구소, 2012, 「이란」, 『독립운동가의 삶과 회상』 2권(학생운동), 역사공간.

박순섭, 2019, 「권태석의 항일투쟁과 민족통일운동」, 『한국민족운동사연구』 101.

박영민, 1991, 「해방 직후 미국의 대한정책과 친일파」, 『殉國』 7·8월호 합본.

박태균, 1993, 「8·15 직후 미군정의 관리 충원과 친일파」, 『역사와 현실』 10.

_____, 1994, 「해방 직후 한국민주당 구성원의 성격과 조직개편」, 『국사관논총』 58.

방선주, 1991, 「美 軍政期의 情報資料: 類型 및 意味」, 方善柱·존메릴·李庭植·徐仲錫·和田春樹·徐大肅, 『한국현대사와 美軍政』, 한림대 아시아문화연구소.

_____, 1987, 「미국 제24군 G-2 군사실 자료해제」, 『아시아문화』 3.

변은진, 2014, 「1932~1945년 여운형의 국내활동과 건국준비」, 『한국인물사연구』 21.

_____, 2016, 「8·15 직전 국내 독립운동세력의 정세관과 건국준비운동」, 『한국독립운동사연구』 53.

森田芳夫, 1987, 「소련군의 북한진주와 인민위원회의 결성」, 『한국사회연구』 5, 한길사.

신종대, 1991, 「부산, 경남지방의 해방정국과 인민위원회에 관한 연구」, 경남대 석사학위 논문.

안종철a, 1985, 「건국준비위원회의 성격에 관한 연구」, 서울대 정치학과 석사학위 논문.

윤경로, 2012, 「'105인사건' 피의자의 사건 이후 행적과 활동: 국외에서 독립운동에 참여한 19인을 중심으로」, 『한국독립운동사연구』 42집.

윤덕영, 2011, 「1945년 한국민주당 초기 조직의 성격과 주한미군정 활용」, 『역사와 현실』 80.

윤소영, 「정백: 동지를 팔고 전향한 권모술수가」, 반민족문제연구소, 『청산하지 못한 역사』 3, 청년사.

이규수, 2002, 「일제하 토지회수운동의 전개과정」, 『한국독립운동사연구』 19.

이규태, 2003, 「8·15 전후 조선총독부의 정책」, 『한림일본학연구』 8.

_____, 2006, 「해방 직후 건국준비위원회의 활동과 통일국가의 모색」, 『한국근현대사연구』 36집.

이균영, 1989, 「김철수와 박헌영과 3당합당」, 『역사비평』 봄호.

이동화, 1980, 「8·15를 전후한 여운형의 정치활동」, 『해방전후사의 인식』, 한길사.

이상호, 2019, 「해방 직후 재조일본인의 한미 이간 공작 음모」, 『한일민족문제연구』 37.

이승억, 1997, 「임시정부의 귀국과 대미군정 관계(1945. 8~1946. 2)」, 『역사와 현실』 24.

이완범, 2019, 「해방 직후 국가건설 노력과 미국: 미·일관계에 규정된 조선건국준비위원회, 1945. 8. 14~9. 9」, 『한국의 대외관계와 외교사(현대편 1)』, 동북아역사재단.

이윤희, 1989, 「미군정기 인천에서의 좌우투쟁의 전개」, 『역사비평』 봄호.

이정식, 1992, 「呂運亨과 建國準備委員會」, 『역사학보』 134·135합집.

임선화, 2010, 「미군정의 실시와 전라남도도지사고문회의 조직」, 『역사학연구』 38.

장규식, 2011, 「미군정하 흥사단계열 지식인의 냉전 인식과 국가건설 구상」, 『한국사상사학』 38집.

장세윤, 1993, 「박석윤-항일무장투쟁 세력 파괴 분열의 선봉장」, 반민족문제연구소 엮음, 『친일파 33인』 2, 돌베개.

장원석, 2012, 「8·15 당시 여운형의 과도정부 구상과 여운형·엔도 회담」, 『아시아문화연구』 27.

張元碩, 1993, 「1945. 8-46. 10 慶尙南道 右翼勢力에 관한 考察」, 이화여대 사학과 석사학위 논문.

정병준, 1989, 「해방과 분단의 민족사」, 『격동기의 현장: 이경모 사진집』, 눈빛.

_____, 1992, 「1946~1947년 左右合作運動의 전개과정과 성격변화」, 서울대 국사학과 석사학위 논문.

_____, 1993a, 「1946~1947년 좌우합작운동의 전개과정과 성격변화」, 『한국사론』 29집.

_____, 1993b, 「朝鮮建國同盟의 조직과 활동」, 『韓國史研究』 80.

_____, 1996a, 「남한 진주를 전후한 주한미군의 대한(對韓)정보와 초기 점령정책의 수립」, 『사학연구』 51.

_____, 1996b, 「주한미군정의 "임시한국행정부" 수립 구상과 독립촉성중앙협의회」, 『역사와 현실』 19집.

_____, 1997a, 「여운형의 좌우합작·남북연합과 김일성」, 『역사비평』 38호.

_____, 1997b, 「해방 직후 李承晩의 귀국 과정과 '東京會合'」, 于松趙東杰先生停年紀念論叢刊 行委員會, 『韓國民族運動史研究』.

_____, 1999, 「대한경제보국회의 결성과 활동」, 『역사와 현실』 33집.

_____, 2000, 「1945~47년 우익진영의 '愛國金'과 李承晩의 정치자금 운용」, 『한국사연구』 109집.

_____, 2004a, 「해방 이후 여운형의 통일·독립운동과 사상적 지향」, 『한국민족운동사연구』 39.

_____, 2004b, 「1940년대 재미한인 독립운동의 노선」, 『한국민족운동사연구』 38.

_____, 2007, 「태평양전쟁기 이승만-중경임시정부의 관계와 연대 강화」, 『한국사연구』 137.

_____, 2008, 「패전 후 조선총독부의 戰後 공작과 金桂祚사건」, 『이화사학연구』 36.

_____, 2009, 「해방 후 백범 김구의 건국노선과 평화통일 활동」, 『백범과 민족운동연구』 7집, 백범학술원.

_____, 2014, 「카이로회담의 한국 문제 논의와 카이로선언 한국조항의 작성 과정」, 『역사비평』 107.

_____, 2021a, 「경성대학 총장 알프레드 크로프츠와 미군정 초기 대학정책」, 『사회와 역사』 132집.

_____, 2021b, 「현준혁 암살과 김일성 암살시도 : 평남 건준의 좌절된 '해방황금시대'와 백의 사」, 『역사비평』 여름호.

_____, 2022, 「해방 후 장리욱의 교육활동-미군정기 경성사범학교 교장·서울대학교 사범대 학 학장·서울대학교 총장」, 『백년 전의 꿈』, 서울대학교출판문화원.

정용욱, 1993, 「미군정의 임정관계 보고서」, 『역사비평』 가을호.

_____, 1999, 「리차드 로빈슨의 한국현대사 이해」, 한국정신문화연구원 편, 『해외학자 한국 현대사연구분석 2』, 백산서당.

_____, 2003, 「1945년 말 1946년 초 신탁통치 파동과 미군정-미군정의 여론공작을 중심으 로」, 『역사비평』 62호.

_____, 2004, 「『주한미군사』와 해방 직후 정치사 연구」, 『『주한미군사』와 미군정기 연구』, 백 산서당.

정윤재, 1992, 「해방 직후 한국정치사상의 분석적 이해-안재홍·백남운 정치사상의 비교분 석」, 『한국정치학회보』 26-1.

조준호, 2016, 「여운형과 체육인들의 건국치안대에 관한 연구」, 『한국체육사학회지』 21권 3호.

지웅, 1988, 「조선건국준비위원회연구-민족통일전선으로서의 성격을 중심으로」, 서울대 정 치학과 석사학위 논문.

최현종, 2018, 「사회자본으로서의 종교: 미군정기 관료 채용을 중심으로」, 『한국교회사학회 지』 47집.

하동호, 1990, 「한치진연구문헌지 III-1945년 8월 15일 이후분」, 『고서연구』 7.

홍인숙, 1984, 「건국준비위원회에 관한 연구」, 이화여대 정외과 석사학위 논문.

홍정완, 2010, 「일제하~해방후 韓稚振의 학문체계 정립과 '민주주의'론」, 『역사문제연구』 24.

和田春樹, 1983, 「소련의 대북한정책 1945-1946」, 『분단전후의 현대사』, 일월서각.

황필홍·이병수, 2003, 「50년대까지 영미철학의 수용과 용어의 번역」, 『시대와철학』 14권 2호.

Alfred Crofts, "Our Falling Ramparts: The Case of Korea," *The Nation*, June 25, 1960.

Clarence N. Weems Jr., 1988, "Washington's First Steps Toward Korean-American Joint Action(1941-1943)," 『韓國武裝獨立運動에 關한 國際學術大會 論文集』, 사단법인 한 국독립유공자협회.

Henry H. Em, "Civil Affairs Training and the U.S. Military Government in Korea," Bruce Cumings ed., 1991, *Chicago Occasional Papers on Korea*, Chicago: The Center for East Asian Studies.

James I. Matray, 1995, "Hodge Podge: American Occupation Policy in Korea, 1945-1948," *Korean Studies*, Volume 19.

Kai Yin Allison Haga, "Rising to the Occasion: The Role of American Missionaries and Korean Pastors in Resisting Communism throughout the Korea War," edited by Philip E. Muehlenbeck, 2012, *Religion and the Cold War: A Global Perspective*, Nashville: Vanderbilt University Press.

Philip H. Taylor, 1948, "Military Government Experience in Korea," Carl J. Friedrich and Associates, *American Experiences in Military Government in World War II*, New York: Rinehart & Company, Inc..

Robert M. Schmidt, 1993, "George zur Williams," *Journal of Medical Systems*, volume 17.

Youn-tae Chung, 2002, "Refracted Modernity and the Issue of Pro-Japanese Collaborators in Korea," *Korea Journal*, 42(3).

李景珉, 1985~1987, 「第二次大戰後の朝鮮民衆−建國準備委員會の一考察」(上·中·下), 『木野評論』, 16~18號.

李榮根, 「8·15解放前後のソウル」, 『統一朝鮮新聞』 1970. 8. 15.

上月良夫, 1979, 「上月朝鮮軍管區司令官上奏文」, 『朝鮮終戰の記錄: 資料編』 第1卷.

熊木勉, 2010, 「李泰峻の日本体驗−長篇小說, 『思想の月夜』の「東京の月夜」を中心に」, 『朝鮮學報』 第二百十六輯.

遠藤柳作, 「政權授受の眞相を語る」, 「宋氏への交涉は誤報」, 『國際タイムズ』 84號, 1957. 8. 16.

李景珉, 1984, 「朝鮮分端の過程−呂運亨,宋鎭禹にとって8·15」, 京都精華大學, 『木野評論』 15號.

日本電信通話公司, 1965, 『電氣通信史資料』 II, 朝鮮之部.

長崎祐三, 1958, 「コケシと時計」, 森田芳夫 編, 『須江杢二郎さんをぶ』, 學習院大學東洋文化研究所.

4. 기타

인터뷰

「송남헌 인터뷰」(1999년 4월 15일, 4월 30일, 10월 8일, 서울 마포 한신빌딩 1715호).

인터넷 검색

"ハリー·ベクスター·ベニンホフ"(2023년 1월 14일 검색).

FSJ(The Foreign Service Journal) Archive. https://afsa.org/fsj-archive(2023년 1월 14일 검색).

Dr George Zur "Zur" Williams (1907~1994): Find a Grave Memorial(2023년 1월 14일 검색).

Franklin Earl Cranston Williams (4 August 1883~3 August 1962): https://ancestors.familysearch.org/en/MQPK-78V/franklin-earl-cranston-williams-1883-1962(2023

년 1월 15일 검색).

Harry Merrell Benninghoff(1904~1995): Find a Grave Memorial. https://www.find-agrave.com(2023년 1월 14일 검색).

https://ancestors.familysearch.org/en/LW6B-Y4M/george-zur-williams-1907-1994

https://prabook.com/web/george_zur.williams/123801

https://www.ancestry.com/genealogy/records/william-russell-langdon-24-qbh69q

https://www.findagrave.com/memorial/19258908/harry-baxter-benninghoff

윌리엄즈(Frank Earl Cranston Williams, 1883. 8. 4~1962. 8. 3), 「한국감리교인물사전 DB」 https://kmc.or.kr/dic-search/dictionary?pageid=6&mod=document&uid=43284(2023년 1월 15일 검색).

표·도판 목록

Personnel, Defense Department and Other Government Officials, Royalty, and Heads of State, ca.1964-ca.1974.

229쪽   조지 Z. 윌리엄스. 출처: 미국 국립보건원(NIS).

246쪽   윌리엄 R. 랭던(1936년 11월). 출처: *The Foreign Service Journal*, November 1936, p. 48.

250쪽   H. M. 베닝호프(1936년 11월). 출처: *The Foreign Service Journal*, November 1936, p. 31.

419쪽   대한경제보국회에 2,000만 원 대부를 허가해주라는 하지의 특별명령(1급 비밀). 1946년 4월 25일. © NARA